JN023634

「悪」の研究

岡田武夫・著

フリープレス・刊

献辞

わたしたちが生きる日本で、隣人にイエスの福音に生きることの価値、すなわち真の生き甲斐を伝えようとするとき、大きな障がいとなるのは、人の世における「悪」の存在である。

ご自分の象(かたど)りとして人間を創られ、さらにこの世に存在する全てのものをお創りになった神は、創造のみわざを成し遂げられたとき、被造物のすべてを「善し※」とされた。にもかかわらずこの世にはびこる「悪」――

神の愛を説いているとき「それが本当なら、なぜこの世に悪があるのか」という反問をどれほど多く浴びただろうか。いつしか、神と、人の世を覆う「悪」との関係を正しく説くことなしに、善を愛する日本人への宣教を全うすることは不可能ではないか、というのが、司祭として半世紀以上、日本でイエスの愛を説いてきたわたしの胸にわだかまる〝こだわり〟となった。

そのわたしも東京大司教として定年を迎えたあと、不治の病を得て、余命の少なさを意識せざるを得ない日々を過ごしている。そこで、かねてより脳裏を離れなかった「悪」について、折々に考察したことどもをこのあたりでひとつにまとめておきたい気持ちに駆られ、本書を編んでみた。書名『「悪」

の研究』にはご批判もあろうし、自分でもおこがましいと言わざるを得ないが、共に歩み続けていただく皆さんへのエールの念を込めたつもりである。

わたしは本書を、日本宣教に全力を傾注しておられる同志の方々に、置き土産として捧げる。もちろん、隣人愛と人道の正義（それらは意識されようとされまいと、神の愛の表出である）に生かされている善意の人々にとって、本書の片言隻句（へんげんせっく）が図らずもその人と神を結ぶ〝よすが〟となるなら、これに過ぎる喜びはない。

二〇二〇（令和二）年十二月

カトリック東京名誉大司教　**岡田武夫**

※日本語聖書では翻訳により『善』に代えて『良』の字を当てているものがある。本書では『悪』と対比する意図ある場合は『善』を、その他の場合は『良』を用いて使い分けた。

「悪」の研究——目次

Ⅱ 神義論――わたしはこう考える

IV キリスト教以外の教え

V 西田哲学の「善」と「悪」

西田幾多郎が描く「悪」 202

「善」の向こうに神を見出した人　

Ⅵ 内　省――知者の試みに学ぶ

Ⅶ　真の愛とその周辺

死——そのとき、霊魂は……　412

原罪——それは「悪」の根源なのか　428

Ⅷ 思索が教える「悪」の正体

I 「悪」に関する大疑問

「悪」は存在するのか

——「毒麦の譬え」と創世記1章にあるヒント

毒麦の譬え

「神が『悪』の存在をゆるすわけ」を求めて読むと——

福音記者マタイは、次のように記しています。

——イエスは、別のたとえを持ち出して言われた。「天の国は次のようにたとえられる。ある人が良い種を畑に蒔いた。人々が眠っている間に、敵が来て、麦の中に毒麦を蒔いて行った。芽が出て、実ってみると、毒麦も現れた。僕たちが主人のところに来て言った。『だんなさま、畑には良い種をお蒔きになったではありませんか。どこから毒麦が入ったのでしょう。』主人は、『敵の仕業だ』と言った。そこで、僕たちが、『では、行って抜き集めておきましょうか』と言うと、主人は言った。『いや、毒麦を集めるとき、麦まで一緒に抜くかもしれない。刈り入れまで、両方とも育つままにしておきなさい。刈り入れの時、「まず毒麦を集め、焼くために束にし、麦の方は集めて倉に入れなさい」と、刈り取る者に言いつけよう』」（マタイ13・24〜43）。——

これはいわゆる「毒麦の譬え話」です。この世界に悪が存在することは疑いありません。なぜ神は悪の存在、悪の跋扈を赦しておられるのでしょうか？　この基本的な疑問への回答がこの譬えです。良い麦の畑に敵が毒麦を蒔きました。麦と毒麦は非常によく似ています。区別して毒麦だけを引き抜くことは困難です。それに、両方の根が絡み合っているので、毒麦だけを引き抜こうとしても、良い麦が一緒に抜けてしまいます。しかし刈り入れの時になれば、違いが分かるようになります。両方とも刈り取ってから、毒麦を分けて集め、焼くため束にし、良い麦のほうは集めて倉に収納します。刈り入れは世の終わりに行われます。その時まで毒麦は生えたままです……

良い麦と毒麦の両方が育っている状況が、今わたしたちの住む世界であり、わたしたちの教会の現状であり、さらにまた、わたしたちの心の状態を表わしています。

眠っている間に来る「敵」

では「敵」とは何のことでしょうか。

福音書全体から判断すれば、「敵」は「悪魔」「悪霊」を意味しています。イエスはしばしば悪霊と戦い、悪霊を追放するという癒しのみ業を実行しておられます。わたしたちは日々「主の祈り」を祈りますが、「主の祈り」の祈願、「わたしたちを悪からお救いください」の『悪』は悪魔であると考えられています。教皇フランシスコは使徒的勧告『喜びに喜べ』の中で、悪魔との戦いの重要性を指摘しました。

教皇は言います。

「その存在を神話だとか、一種の比喩表現だとか、記号、象徴、あるいは観念だなどと考えてはなりません。そうした思い違いは、わたしたちの警戒心を弱め、わたしたちを油断させ、無防備にさせます。悪魔がわたしたちに取り憑く必要はありません。憎しみ、悲しみ、嫉妬心、悪行というかたちで毒していくことができますから」（161項）。

教皇フランシスコの四代前の教皇で第二バチカン公会議後半を陣頭指揮した聖パウロ六世は、「悪魔」について次のように述べています。

「わたしたちの最大の必要の一つは、悪魔と呼ばれるあの悪から、身を守ることです。……悪とはただ欠点であるだけでなく、力であり、実際に生きた精神をもってわたしたちを突き落とし、堕落させる存在です。恐ろしい実在そのものです。捉えどころのない〝怖いもの〟です。

悪魔の存在を認めようとしない者、あるいは、神を起源とするあらゆる被造物とは違って、悪を単独の主人とするもの、もしくは「悪」を仮想現実、原因不明の不幸についての考えや空想の擬人化と説明する者は、聖書や教会の枠内に属していません」（聖パウロ六世教皇による1972年11月15日の一般謁見講話より。教皇フランシスコが『喜びに喜べ』の註122（邦訳版137頁）で引用しています）。

わたしたちが生きるこの地上に蒔かれた毒麦は、どんな悪さをしているのでしょうか。「悪」とは地震・津波・台風などの自然災害、病気や障がいなど人間の心身の故障、あるいは犯罪、罪など人間の過ちを含むのでしょうか。戦争・飢餓・貧困・環境破壊・紛争など〝構造的な悪〟の問題も含まれているのでしょうか。罪と病気・障がいの間には、因果関係があるのでしょうか。

イエスは病者・障がい者・悪魔憑きを癒されました。しかし差別・人権侵害・紛争などの問題には直接触れておられないようです。このような社会悪は世の終わりまで見逃がされていくのでしょうか。いろいろな疑問が生じてきます。

創世記1章1節と31節

「極めて良い世界」になぜ「悪」が？

神が創造した世界は「極めて良い」(創世記1・31)世界でした。神は六日間にわたって世界を創造し、その都度、創られたものを「良い」とされたのです。以下に、新共同訳の創世記1章を引用します。


神は造った世界を良しとされた。

初めに、神は天地を創造された。

地は混沌であって、闇が深淵の面にあり、神の霊が水の面を動いていた。

神は言われた。「光あれ。」

　こうして、光があった。神は光を見て、良しとされた。神は光と闇を分け、光を昼と呼び、闇を夜と呼ばれた。夕べがあり、朝があった。第一の日である。

神は言われた。「水の中に大空あれ。水と水を分けよ。」

神は大空を造り、大空の下と大空の上に水を分けさせられた。そのようになった。神は大空を天と呼ばれた。夕べがあり、朝があった。第二の日である。

神は言われた。「天の下の水は一つ所に集まれ。乾いた所が現れよ。」

そのようになった。神は乾いた所を地と呼び、水の集まった所を海と呼ばれた。神はこれを見て、良しとされた。神は言われた。

「地は草を芽生えさせよ。種を持つ草と、それぞれの種を持つ実をつける果樹を、地に芽生えさせよ。」

そのようになった。地は草を芽生えさせ、それぞれの種を持つ草と、それぞれの種を持つ実をつける木を芽生えさせた。神はこれを見て、良しとされた。夕べがあり、朝があった。第三の日である。

神は言われた。

「天の大空に光る物があって、昼と夜を分け、季節のしるし、日や年のしるしとなれ。天の大空に光る物があって、地を照らせ。」

そのようになった。神は二つの大きな光る物と星を造り、大きな方に昼を治めさせ、小さな方に夜を治めさせられた。神はそれらを天の大空に置いて、地を照らさせ、昼と夜を治めさせ、光と闇を分けさせられた。神はこれを見て、良しとされた。夕べがあり、朝があった。第四の日である。

神は言われた。

「生き物が水の中に群がれ。鳥は地の上、天の大空の面を飛べ。」

神は水に群がるもの、すなわち大きな怪物、うごめく生き物をそれぞれに、また、翼ある鳥をそれぞれに創造された。神はこれを見て、良しとされた。神はそれらのものを祝福して言われた。

「産めよ、増えよ、海の水に満ちよ。鳥は地の上に増えよ。」

夕べがあり、朝があった。第五の日である。

神は言われた。

「地は、それぞれの生き物を産み出せ。家畜、這うもの、地の獣をそれぞれに産み出せ。」

そのようになった。神はそれぞれの地の獣、それぞれの家畜、それぞれの土を這うものを造られた。神はこれを見て、良しとされた。神は言われた。

「我々にかたどり、我々に似せて、人を造ろう。そして海の魚、空の鳥、家畜、地の獣、地を這うものすべてを支配させよう。」

神は御自分にかたどって人を創造された。

神にかたどって創造された。

男と女に創造された。

神は彼らを祝福して言われた。

「産めよ、増えよ、地に満ちて地を従わせよ。海の魚、空の鳥、地の上を這う生き物をすべて支配せよ。」

神は言われた。

「見よ、全地に生える、種を持つ草と種を持つ実をつける木を、すべてあなたたちに与えよう。それがあなたたちの食べ物となる。地の獣、空の鳥、地を這うものなど、すべて命あるものにはあらゆる青草を食べさせよう。」

そのようになった。神はお造りになったすべてのものを御覧になった。見よ、それは極めて良かった。夕べがあり、朝があった。第六の日である。（創世記1・1〜31）

現実と記述の落差をどう説明するか――ヒントは第2イザヤ預言書に

右のとおり、神が造ったものはすべて「極めて良かった」とされたのです。六日間にわたる創造の結果はすべて、「良し」「極めて良し」とされています。それでは現実に、地上に悪が蔓延っているのはなぜでしょうか。この問題は「神義論」と呼ばれて、今日に至るまで多くの人々を悩ませています。いったい、「存在する者はすべて神によるのである」「従って、すべての存在は神の善の結果である」と言えるでしょうか。

創世記1章は、祭司伝承と呼ばれる資料によって編纂され、バビロン捕囚の体験の中で、いわば（旧約）聖書の序文、まとめとして作成された、という説が妥当であることを現代の聖書学は教えています。

すなわち、バビロン捕囚が現実となった紀元前六世紀以降（前586～538年）に編まれたのです。

ここで神ははっきりと、「光を造り、闇を創造し、平和をもたらし、災いを創造するもの。わたしは主、これらのことをするものである」（イザヤ45・7）と言っておられます。これはどういう意味でしょうか。神が創造されたものは『すべて良し』とされた、と言いながら、ここでは〝闇の災い〟も、主なる神の創造の結果であるとされています。

創世記1章からは、「神はすべてを創造し、創造されたものはすべて、『極めて良し』とされた」と読み取れるのに、第二イザヤ45章7節によれば、神は光と闇の双方を造られていることになります。

相容れないように見える二つの認識を考察するにあたって、「『創造』とは、初めに一挙に行われたわけではなく、救いの歴史の中で展開し、終末に完成する神の御業（みわざ）である」とする説もあることに注目しておきましょう。「創世記1章1～31節は『神による救いが完成した状態＝創造の完成』を述べている」と考えれば、完成までの途上に〝極めて悪い状態〟が現われ、それが「完成した状態」に至る過程だと考えることができ、矛盾はなくなります。

神にとっての「時間」が、いわば「永遠の今」であることを視野に入れて考えるなら、理解はいっそう容易となります。そのことについて、聖書の中では次のように言われています。

「愛する人たち、このことだけは忘れないでほしい。主のもとでは、一日は千年のようで、千年は一日のようです」（二ペトロ3・8。詩編90・4も参照）。

他方、神にとって創造の御業は完了しているのかもしれない、と考えることはできないでしょうか。ちなみに、ヘブライ語の動詞の時制には、完了形と未完了形の二つしかありません。創世記1章1節で、これを書いた人が「初めに、神は天地を創造された」と記した時、「創造された」という完了形表現の中には、既に完成された「創造の結果」が視野に入っていたのかもしれません。

人間は時間の中でしか物事を認識できません。「創世記1章31節は、神があらかじめ人間に『完成された創造の世界を啓示してくださった』ということではないか」と考えることにも無理はなさそうです。

その点について「黙示録」が、神の創造の完成のビジョンを「新しい天と新しい地」という表現で示していることも、右の考え方を補強していると言えそうです。以下に、黙示録の該当個所を引いておきましょう。

――わたしはまた、新しい天と新しい地を見た。最初の天と最初の地は去って行き、もはや海もなくなった。更にわたしは、聖なる都、新しいエルサレムが、夫のために着飾った花嫁のように用意を整えて、神のもとを離れ、天から下って来るのを見た。そのとき、わたしは玉座から語りかける大きな声を聞いた。「見よ、神の幕屋が人の間にあって、神が人と共に住み、人は神の民となる。神は自ら人と共にいて、その神となり、彼らの目の涙をことごとくぬぐい取ってくださる。

もはや死はなく、もはや悲しみも嘆きも労苦もない。最初のものは過ぎ去ったからである。」すると、玉座に座っておられる方が、「見よ、わたしは万物を新しくする」と言い、また、「書き記せ。これらの言葉は信頼でき、また真実である」と言われた。また、わたしに言われた。「事は成就した。わたしはアルファであり、オメガである。初めであり、終わりである。渇いている者には、命の水の泉から価なしに飲ませよう。——（黙示録21・1〜6）

黙示録のことばを借りるなら「新しい天と新しい地」が現われるまで、この世はある程度、悪の支配を免れません。ヨハネの手紙は言っています、「わたしたちは知っています。わたしたちは神に属する者ですが、この世全体が悪い者の支配下にあるのです」（一ヨハネ5・19）。

ともかくイエスの時代も今の時代も、悪の力が働いていることは疑いのないことです。それは既述のように二人の教皇、聖パウロ六世とフランシスコが強調しているとおりです。

悪の支配

旧約聖書と新約聖書で異なる〝悪魔〟像

さて、ヨハネの手紙が述べる「悪い者」は、明らかに「悪魔」を意味しています。「悪魔」とは「中傷する者」の意で、人間を誘惑し神に背かせる者であり、〝サタン〟とか〝ベリアル〟と呼ばれ、「この世の君」

（二コリント4・4）とも呼ばれます。「悪霊」は「汚れた霊」と呼ばれ、病気・障がい・災いを人間にもたらす霊と考えられています。

「悪魔」「悪霊」は新約聖書では頻繁に登場しますが、旧約聖書ではその悪の力は必ずしも明白ではありません。ヨブ記1章では、「サタン」として登場し、神の前に集まった天使に属しています。サタンは神の許しを受けてヨブに災いをもたらします。あくまでもその働きは神の許しの範囲内に限られていることに注目しましょう。

一方、新約聖書に記された「悪魔」「悪霊」は、「イエスに対抗しイエスに敵対する勢力」とされています。サタンは天使の仲間であり、神の被造物です。そのサタンがどうして「悪魔」「悪霊」になったのでしょうか。

新約聖書では、悪魔は〝堕落した天使〟とされています。「神は、罪を犯した天使たちを容赦せず、暗闇という縄で縛って地獄に引き渡し、裁きのために閉じ込められました」と二ペトロ2・4にあります。

『カトリック教会のカテキズム』によれば、悪魔は次のように説明されています。

「サタンと呼ばれる悪魔や他の悪霊たちは、自由意思を濫用（らんよう）して、神とその意図に仕えることを拒絶したために失墜した天使です。神に背いた彼らの選択は撤回できないものです。彼らは、神に対する自分たちの犯行に人間を加担させようと企てています」（412項、要約414項）。

弱い人間の神への背きは何度でも赦されますが、純粋の霊である天使の場合は、一度でも神に背けば、背きの状態がそのまま確定する――という教えです。

しかし自由意志を濫用して天使の座から失墜したとはいえ、この〝元・天使〟も神の被造物であり、「神から出た者」でした。神から出た者が神に敵対する存在となる――とは、理解しがたいところです。

「もともと悪魔の概念は、イスラエル民族がバビロンでペルシャの宗教であるゾロアスター教の影響を受けた結果生まれたものだ」という説明をよく耳にします。ゾロアスター教は二元論の宗教で、善の神と悪の神が対等に戦っていると教えます。キリスト教は唯一にして三位一体・全能・永遠の存在、そして創造主でもある神を信じる宗教ですから、神と戦う対等の悪の存在を認めることはありません。悪魔はあくまでも全能の神の支配下に置かれている被造物です。ただ神は、〝堕天使（＝悪魔）〟が悪を行うことをすぐには阻止されないのです。それは、毒麦が成長しているこの世界の状況とよく似ている、というわけです。神は悪魔の働きを放置しておられる――　この解釈をどう受け取ればいいのでしょうか。

加えて、人間の心の状態を考えてみれば、議論はさらに複雑になります。同じ人間が、聖霊の導きに従う「霊の人」であったり、悪霊に捉（とら）えられた「肉の人」になったりするのですから。

「善は悪を孕む」のか

『霊の人』であり『肉の人』でもあるわたしたち

同じ人間が相反する二面を持つわけは

このあたりの事情をガラテヤ書が説明しています。

——わたしが言いたいのは、こういうことです。霊の導きに従って歩みなさい。そうすれば、決して肉の欲望を満足させるようなことはありません。肉の望むところは霊に反し、霊の望むところは肉に反するからです。肉と霊とが対立し合っているので、あなたがたは、自分のしたいと思うことができないのです。しかし、霊に導かれているなら、あなたがたは、律法の下にはいません。肉の業は明らかです。それは、姦淫、わいせつ、好色、偶像礼拝、魔術、敵意、争い、そねみ、怒り、利己心、不和、仲間争い、ねたみ、泥酔、酒宴、その他この類のものです。以前言っておいたように、ここでも前もって言いますが、このようなことを行う者は、神の国を受け継ぐことはできません。これに対して、霊の結ぶ実は愛であり、喜び、平和、寛容、親切、善意、誠実、柔和、節制です。これらを禁じる掟はありません。キリスト・イエスのものとなった人たちは、肉を、欲情や欲望もろとも十字架につけてしまったのです。わたしたちが、霊の導きに従って生きているなら、霊の導きに従ってまた前進しましょう。うぬぼれて、互いに挑(いど)み合ったり、ねたみ合ったりするのはやめましょう。――(ガラテヤ5・16〜26)

とはいえ、どう見ても、善悪の対立軸という印象が残ります。キリスト教は悪霊と聖霊の対立を説く二元論の宗教ではないか、との疑問に教会は歴史上、幾度も応えてきました。その結果確立された教えが〈ご一体の神の属性として「父と子と聖霊」の三つの位格(ペルソナ)がある〉と説く「三位一体」の教えです。この教えは難解であるため、二元論を論破するための武器としてはなかなか説明しにくいので、帰するところ、キリスト者が霊的生活を適切に生きることによって証しするしかないように思います。

――あなたたちは、悪魔である父から出た者であって、その父の欲望を満たしたいと思っている。悪魔は最初から人殺しであって、真理をよりどころとしていない。彼の内には真理がないからだ。悪魔が偽りを言うときは、その本性から言っている。自分が偽り者であり、その父だからである。
――(ヨハネ8・44)

悪魔の本性は「人殺し、偽り者」です。このことについて、M・スコット・ペックはその著書『平気でうそをつく人たち』(草思社)の中で、非常に示唆に富んだ説明を展開しています。

「この世は本来的に悪の世界であって、それが何らかの原因によって神秘的に善に〝汚染〟されていると考える方が、その逆の考え方をするより意味を成すのかもしれない。善の不可解性よりはるかに大きいものである」(同書55頁)。

大胆な主張です。キリスト教は、今もそうですが、「この世界は基本的に善である」と主張しています。それゆえ、悪の存在に突き当たるたびに四苦八苦しています。教会は伝統的に、聖アウグスチヌスなどによって、「悪は善の欠如である」という説明をしてきましたが、それだけでは「悪」を定義したとは言えず、どこかもどかしく納得できない理論でした。確かに、善がない状態は「悪」ですが、逆に悪がないから善であるとも言えますし、循環論法に陥る恐れを感じます。

果たして、「善」と「悪」とは峻別(しゅんべつ)できるものでしょうか。同じ人間が聖人になり、悪魔になりうるのです。同じ人間の中に悪霊と聖霊が働いている、とは言えないでしょうか。

前出の著書の中で、ペックはさらに言っています。

「悪とは、とりあえず、人間の内部または外部に住みついている力であって、生命または生気を殺そうとするものである、ということが出来る。善とはこれの反対である。善とは、生命と生気を促進するものである」(同書56～57頁)。

悪魔の本性は「偽り者」であるということについて、また人間の行う悪の本質は「嘘(うそ)」であるということについては、拙著『現代の荒れ野で』(オリエンス宗教研究所)の中のⅡ‐5「わたしたちを悪からおまもりください」をご参照ください。

「神義論」が指摘する問題点

三つの疑問に集約してみると――

さて、完全・永遠・善そのものの存在である神と「悪」との関係をいぶかしく思う信仰者や哲学者は少なくありません。その〝いぶかしさ〟を主張や研究の形で言葉にした検討の塊が「神義論」。一口で言えば「神義論」とは、「神がいるならどうして悪があるのか」という問題をめぐる議論です。このあたりで、歴史上有名な、いわゆる「神義論」が指摘する問題点を整理しておきましょう。

■疑問1　地上にこれほどの悪が存在するのに、「神は完全に善である」と言えるのか

キリスト教はゾロアスター教のような、善悪の神を信じる二元論の宗教ではありません。しかし例えば、「神は善であっても完全に善であるわけではない」と言うべきでしょうか。「善でない部分がある」、あるいは「場合によっては善でない」、あるいは「神の善は隠れてしまう」ということがあるのでしょうか。

毒麦が猛威を振るっているとき、神の善はどこにあるのでしょうか。東日本大震災の発災時に、神の善は制限されていたのでしょうか。確かに神は地震が起こることを阻止されませんでした。だからといって「神は、完全には善でない」と言えるでしょうか。地上には病気、障がい、戦いに苦しむ人

のうめき声が満ちています。それでも神は完全に善であると言えるでしょうか。

既述のように、イザヤ書は言っています。「光を造り、闇を創造し／平和をもたらし、災いを創造する者。わたしが主、これらのことをするものである」(二イザヤ45・7)。神は災いを創造する、というのです。それでも神は完全に善でしょうか。

確かに神は災いの存在を許しておられます。だからと言って「神は善ではない」とは言えません、神はすべての悪を善に変えることがおできになるのですから。この問題は、次の疑問を呼び起こします。

■疑問2　悪と善は両立できるのか、できないのか

「どんな存在も、それが善であれば悪ではない。悪であれば善ではない」と考えるべきでしょうか。それは正しい主張なのでしょうか。「同じ存在であっても、善の裏側が悪であり、悪の裏側が善である」とは言えないでしょうか。諺（ことわざ）にいう「禍福は糾（あざな）える縄のごとし」であって、「善悪も糾える縄のごとし」と言えるのではないでしょうか。

毒麦の譬えは、地上における善悪並立（へいりつ）を肯定しています。「善は悪を許容する。善は忍耐深い」ものです。欠点・過ちのない人間は存在しません。神は寛容であり、「不完全なゆえに過ちを冒す人間を、否定したり排除したり滅亡させたりはしない」のではないでしょうか。

病気や障がいについて言えば、それは神の業が現われるためだと考えられないでしょうか。イエスは生まれつきの盲人を癒した時にこう言われた、とヨハネは記しています。

――さて、イエスは通りすがりに、生まれつき目の見えない人を見かけられた。弟子たちがイエスに尋ねた。「ラビ、この人が、生まれつき目が見えないのは、だれが罪を犯したからですか。本人ですか。それとも、両親ですか」。イエスはお答えになった。「本人が罪を犯したからでも、両親が罪を犯したからでもない。神の業がこの人に現われるためである。わたしたちは、わたしをお遣わしになった方の業を、まだ日のあるうちに行わねばならない。だれも働くことのできない夜が来る。わたしは世にいる間、世の光である。」――（ヨハネ9・1～5）

イエスは、「なぜこの盲人は、生まれつき目が見えないか」という問いには、答えていません。イエスは病人や障がい者を癒しましたが、その原因について直接言及することはありませんでした。従って第2の疑問への回答は「地上において悪と善とは両立できる」ではないでしょうか。

■疑問3　神が完全に善で全能なら、神はなぜ、悪の存在をゆるしておられるのか

「神は善であっても、悪がないようにはできないのではないか。そのような神は、『全能の存在』とは言えないのではないか」という疑問です。もう一度、創世記第1章を開いてみましょう。

初めに、神は天地を創造された。
地は混沌であって、闇が深淵の面にあり、神の霊が水の面を動いていた。

神は言われた。「光あれ」。こうして、光があった。
神は光を見て、良しとされた。神は光と闇を分け、
光を昼と呼び、闇を夜と呼ばれた。夕べがあり、朝があった。第一の日である。

（創世記1・1〜5）

混沌（こんとん）として闇が深淵の面にある状態は、神の創造の働きを受けていない状態であると考えられます。この状態は、善と言えないでしょう。しかし、だからといって、その状態を「悪」と言ってよいでしょうか。善悪の分離する以前の状態、中立的な状態と言うべきではないでしょうか。

以上見てきたとおり、神が6日間にわたって創造された被造物は、神の目には極めて良かった、ということには疑問がありません。他方、神が日々、人間と地上を新たにされていることにも疑問の余地はありません。

あなたは御自分の息を送って彼らを創造し／地の面を新たにされる。（詩編104・30）

知恵はひとりであってもすべてができ、／自らは変わらずにすべてを新たにし、／世々にわたって清い魂に移り住み、／神の友と預言者とを育成する。（知恵の書7・27）

互いにうそをついてはなりません。古い人をその行いと共に脱ぎ捨てて、造り主の姿に倣う新しい人を身に着け、日々新たにされて、真の知識に達するのです。(コロサイ3・9〜10)

地上の現実には、神の創造が及んでいない部分があります。その部分は、神から見て「極めて良い」とは言えません。しかし全能の神は、創造の歴史の完成の時には、(闇の部分を含め)すべての被造物に支配を及ぼされることになるのです。

従って右の三つの疑問への回答は、「地上の悪の存在は、神の全能を否定しない。地上に神の支配の及んでいない部分があることは否定できないが、終末には、すべての存在は神の支配のもとに置かれる」となります。

以上三つの疑問こそは、キリスト教との出会いを果たした日本人の多くが心の奥深くに抱えている――そしていつかは解決したい〝大問題〟ではないでしょうか。正直に言えば、他ならぬわたしもその一人なのです。

そこで、ここまで読み進んで興味を感じられた貴方とご一緒に、改めて「神義論」について、次章で詳しく検討してみることにしましょう。

【参考文献】

岡田武夫『現代の荒れ野で――悩み迷うあなたとともに』オリエンス宗教研究所、二〇〇九年。

教皇フランシスコ使徒的勧告『喜びに喜べ――現代世界における聖性』カトリック中央協議会、二〇一八年。

スティーヴン・T・デイヴィス編（本多峰子訳）『神は悪の問題に答えられるか――神義論をめぐる五つの答え』教文館、二〇〇二年。

日本カトリック司教協議会教理委員会訳・監修『カトリック教会のカテキズム』カトリック中央協議会、二〇〇二年。

本多峰子『悪と苦難の問題へのイエスの答え――イエスと神義論』キリスト新聞社、二〇一八年。

森一弘『キリスト教入門Q&A』教友社、二〇〇八年。

M・スコット・ペック著（森英明訳）『平気でうそをつく人たち――虚偽と邪悪の心理学』（People of the Lie）草思社（草思社文庫）、二〇一一年。

日本カトリック司教協議会青少年司牧部門翻訳『YOUCAT――カトリック教会の青年向けカテキズム』カトリック中央協議会、二〇一三年。
※なお、聖書は『新共同訳聖書』の本文を使用しました。

Ⅱ

神義論——わたしはこう考える

「神義論」の発生と展開

発生期の定義

「神がいるならなぜ悪が存在するか」を巡る甲論乙駁

前述したように「神義論」とは、「神がいるならどうして悪があるのか」という問題をめぐる議論です。現代に至るまでさまざまな考察がなされており、交錯する様々な主張は百花繚乱、まさに甲論乙駁の様相を呈しています（本書はわたしがその一部を垣間見た記録というところでしょうか）。

大づかみにいえば、議論の流れ（＝論点）は次のようになると思われます。

1．神がいないなら、この問題は起こらない。
2．神は完全に善であるのか。善でなければ、この問題は起こらない。
3．神は全能であるのか。全能でなければ、この問題は起こらない。
4．神は全知であるのか。全知でなければ、この問題は起こらない。

本稿では、〝神がいない場合〟を想定しません。

神は存在しておられます。しかし、わたしたちの生きる世界には悪があるのです。神が善であるなら、悪があるはずはない――　この論理は正しいでしょうか。

一つの解決策は、善と悪の二元論の神を認めることで、マニ教やグノーシス派はこの立場を採ります。善の神とともに悪の神がおり、両者は対等に争う、というのです。〝善の神が勝つと善が現われるが、悪の神が勝つと悪が地上を支配する〟というわけです。

この二元論はキリスト教の立場ではありません。キリスト教では〝悪魔〟（通常、「悪霊」と言い表わします）の存在を認めており、その働きを否定しません。イエスはしばしば聖霊の働きに直面し、その都度明確に、悪霊を追放しています。今日でも悪霊が働いていると考えられますが、キリスト教は、悪霊が聖霊と対等な勢力を持つとは考えていません。

善である神

さて、『神はいる、そしてその神は善なる存在ではない』と考えれば、この問題は解決します。神の中に善である部分と悪である部分がある、とするグノーシスの立場です。「旧約聖書の神のなかには悪である神も含まれているが、新約聖書の神には悪の神は含まれていない」と考えたマルキオン（二世紀のローマで活躍した小アジア・シノペ出身のキリスト教徒〔司祭〕）という人物がいました。マルキオンは旧約聖書を否定することによって、悪の問題を解決しようとしましたが、教会は彼の教説を排斥しました。旧約聖書の神は新約聖書の神なのであり、〝旧約の神には悪が含まれているが、新約のイエスの神は完全に善である〟という主張の前半部分は正統ではない、とされたのです。

それでは、悪魔の存在をどう考えたらよいのでしょうか。「悪魔（サタン）」も神の被造物であると考えられ、悪魔は堕落した天使であるとされています。天使は神の使い、その中に悪魔も含まれているというのです。

ヨブ記の冒頭では、神の前で開かれた会議にサタンが出席しており、神から、義人であるヨブを試練に遭（あ）わせる許可を得ています。ヨブ記の叙述に拠（よ）る限り、神が悪魔の存在を許し、ある程度〝悪の働き〟をすることを容認していることは疑いありません。他方、主イエスは弟子たちに「主の祈り」を示した際、「私たちを誘惑に陥らせず、悪からお救いください」と祈るよう命じています。この場合の「悪」とは〝悪魔の所業〟、延（ひ）いては「悪魔」を指していると考えられてきました。

神が悪魔の存在を認めていることは否定できません。では、悪魔の存在は神が善であることを否定するでしょうか。

神はイエス・キリストを人間としてこの世に遣わし、悪魔との戦いに勝利させ、さらにイエスを復活させて、キリストの弟子たちが日々悪魔と戦うことを望み、その戦いの担い手として聖霊を各自に派遣しておられます。すなわち神は、人々が悪と戦い悪に打ち勝つことを望み、その模範としてナザレのイエスを遣わされ、十字架上の死とその40日後の復活によって天の国に凱旋（がいせん）した後は、聖霊を遣わして、人々が悪と戦い悪に打ち勝つよう導き助け励ましておられるのです。このように考えれば、悪魔の存在は神が善であることと矛盾しません。

それでは、「神は善である」というときの「善」と、人間を「善」であると規定するときの「善」は、同じでしょうか、それとも、異なるものなのでしょうか。

神はアブラハムに、息子イサクを燔祭(はんさい)のいけにえとして捧げるように命じられました。これはとりも直さず〝父が息子を殺すこと〟ですから、人間にとっては実行不可解な命令であり、悪である、と映ります。

また、神はイスラエルの民に、カナン人殲滅(せんめつ)命令を出されました。カナン人にとっては到底受け入れがたい命令です。モーセに自らを顕(あらわ)した神は「イスラエルの神」と呼ばれますが、その神はイスラエル人が生き、栄えることを望むがゆえに、他民族が虐殺されても意に介さない、狭量で偏屈な神なのでしょうか。ナザレのイエスは、「神はすべての者の父である」と教え、「敵を愛するように」と戒めたのでした。

神は『イザヤ書』の中でこう言っておられます。

わたしの思いは、あなたたちの思いと異なり
わたしの道はあなたたちの道と異なると
主は言われる。
天が地を高く超えているように
わたしの道は、あなたたちの道を
わたしの思いは

あなたたちの思いを、高く超えている。（イザヤ55・8〜9）

他方、『ホセア預言書』が紹介する神の言葉はこうです。

ああ、エフライムよ
お前を見捨てることができようか。
イスラエルよ
お前を引き渡すことができようか。
アドマのようにお前を見捨て
ツェボイムのようにすることができようか。
わたしは激しく心を動かされ
憐れみに胸を焼かれる。
わたしは、もはや怒りに燃えることなく
エフライムを再び滅ぼすことはしない。
わたしは神であり、人間ではない。
お前たちのうちにあって聖なる者。
怒りをもって臨みはしない。（ホセア11・8〜9）

神は、あたかも怒りと慈しみの間で心が引き裂かれるような思いをしておられます。が、ついには、怒りに対して慈しみが勝利を収めるのです。この神の心はナザレのイエスの十字架に引き継がれていきました。

神とはどのような存在か――イスラエルの民はその歩みの中で、とくにバビロン捕囚という苦悩の体験を通して、次第に、神は〝罰する神〟ではなく「赦し慈しむ神」であることを学び、福音書のイエスの教えにつなげていったのではないかと思われます。

全能の神――神義論の発生

神が全能であるとは、どういう意味でしょうか。

「全能の神」とは、単に〝何でもできる神〟という意味ではありません。それは「人を救うためならできないことはない」と解するのが最も理に適う受け取り方だろうと思われます。神はご自分の善に反することはなさいません。当然、神は悪をなすことなどなさいません。神は善であるゆえ、自己の本性に矛盾することはなさらないのです。そこで出てくる問題が「神義論」です。

ここで思い出してみましょう、有名なアウシュヴィッツの大虐殺をはじめ、1975年から79年にかけてクメール・ルージュの指導者ポル・ポトが行った、150万～200万人と推定される大虐殺。さらには、1994年、キリスト教徒が人口の9割を占めるルワンダで起こった、10万人とも100万人といわれる大量殺戮……　「善なる神が存在する」という信仰と「大虐殺」や「自然災害」

という事実を、どのように考えれば調和させることができるでしょうか。

わたしたちの眼前で展開するこのような悲惨な事実を知って、ある人々は「神はなぜこの事態を止められないのか？　神が全能であるとは考えられない」と言うようになりました。この嘆きを換言すれば、『神が全能でないなら、どんなに悲惨な出来事が起こっても、神に責任を帰することはできない』ということになります。

しかし「全能の神であっても、神は大虐殺が起こらないようにすることはできなかった」という説もあります。例えば「ヒットラーやポル・ポトに神が働きかけて、彼らを指導し、彼らに干渉することはできなかったのだ」（クラウス・フォン・シュトッシュ〔加納和寛訳〕『神が居るなら、なぜ悪があるのか――現代の神義論』関西学院大学出版会、二〇一八年、66～67頁参照）と説く人も出てきました。

神は、人間の非道をどう看ておられるのか

それにしても、アウシュヴィッツの大虐殺（ホロコースト）や、ポル・ポトによる大虐殺をどう考えるべきでしょうか。

伝えられるところによると、虐殺は思想的な理由によって為された所業です。ホロコーストはヒトラーが、ユダヤ人の存在自体を『許しがたい』と考えたことに起因しているといわれています。当時のドイツ国民はなぜ、ヒトラーの信条に飲み込まれてしまったのでしょうか。ヒトラーはどんな神を信じていたのでしょうか（あるいは、信じていなかったのでしょうか）……　歴史上、極く少数

の狂信的な人々が偏狭な精神に汚染された例は散見されるところですが、ヒトラーは一応、合法的に政権を獲得しているのです。

ポル・ポトの場合はどうでしょう。ポル・ポト派はどのような信条・主義・主張を持っていたのでしょうか。極めて素朴な原始共産制の生活を理想としたがゆえの蛮行（ばんこう）だった、と言うべきでしょうか。現代人なら、自分と一致しない生き方をしている人間を暴力的に抹殺しても構わない、とする思想に恐怖を覚え、反感を持つはずです。にもかかわらず、権力者による蛮行は繰り返されます。これは「聖絶」の思想を連想させる史実です。その蛮行に接して、『〝異端審問〟や〝十字軍〟の思想に通じる』と感じるのはわたしだけでしょうか。畢竟（ひっきょう）、私たち自身の中にも、ヒトラーやポル・ポト、その蛮行を拱手（きょうしゅ）傍観した大衆と同じ性癖が宿っているのではないかと思わざるを得ません。例えばルワンダ大虐殺の原因は、「カトリック国であるベルギーの植民地支配の仕方に分断と抗争の原因がある」という指摘があります。同じ神、愛である神を信じる人々が互いの殺戮に狂奔するとは、なんという悲劇でありましょうか。

神は、ご自分の愛する〝子どもたち〟が殺し合っている様（さま）をどう見ておられるのか。なぜ止めさせず放置しておられるように見えるのか――　ヨーロッパの歴史を振り返るとき、いわゆる「宗教戦争」が珍しくなかった史実を、現代に生きるわたしたちはどう受け止めるべきなのでしょうか。

そういえば人間の親の場合、子どもが成長すれば、子どもが行うことには干渉しないのが原則です。心配したり不安になったりすることもあるでしょうが、子どもが自分の責任で行う重要なことがらについては、助言こそすれ、強制的に止めさせたり変更させたりはしないものです。

そこでわたしは考えます、『神の人間に対する態度も、それに似ているのかもしれない』と。人類が独自の道を歩むことを認めて、彼らにこの世の生を与えた以上、途中で人類の紛争に介入しないと決め、その姿勢を貫いておられるのではないだろうか、と考えるのです。

「神の万能」とは

しかしそれにしても、何百万もの人間が虐殺されるのを看過ごすということは、神の善に適うとはいえないと思われます。見殺しにしたくないがそうせざるを得ない、ということなら、神は万能ではないということになるでしょう。ここに至って、どう考えても神の万能とは、〝人間が悪を犯さないようにする〟という意味での万能ではない、ということは明らかです。

それではどういう意味で「神は万能」なのでしょうか。神はあらゆる悪を滅ぼすことができるという意味でしょうか。アウシュヴィッツの犠牲者はあの世においてあり余る償いを受け、喜びに浸ることができる、つまり、来世であり余るほど報われるからこの世を去るその去り方に問題はない、という意味でしょうか。

実際、『この世の問題はこの世では決着がつかない』と感じる人々は少なくありません。だとすれば結局、「この世での理不尽・不条理な現実は、あの世を想定しなければ解決はない」ということになるのでしょうか。〝地上の虐殺は天上の報償で補填(ほてん)される、だから神は善であり全能である〟と断言することにためらいを感じる人も多いはずです。困難な問題の解決を死後の解決に託すという〝信仰〟は、それ自体非常に深いと言えるでしょうが、神を信じない人にとっては〝納得の行かない説明〟でしかありません。それならむしろ、〝神の全能は、限られた条件においてのみ発揮される〟と解するほうが論理的でしょう。

おとめマリアは、大天使ガブリエルから「神にできないことは何一つない」（ルカ1・37）と告げられたとき、「わたしは主のはしためです。お言葉どおり、この身に成りますように」（ルカ1・38）と答えました。この場合、マリアは〝まったく不可能であるが信じる〟という意味ではなく、「神のなさることなら十分可能でしょう」という信仰を表明したのです。「処女懐胎」とは、生物的に不可能であっても、自然法則の創り主である神が望めば、十分に実現することの可能な出来事です。

その「処女懐胎」とは大いに異なり、虐殺・戦争でなんと多くの無辜（むこ）の命が失われていることでしょう。同じ神の子がどうして殺し合わなければならないのか。原罪をなかなか清算できないでいる人間の前に立ちはだかる有限性、不完全性という壁の厚さを感じないわけにいきません。

「全能」の定義──神が持つ二つの力

さて、右に列挙した疑問に、どう答えるべきでしょうか。神の全能が〝論理的に不可能なことができる〟という意味でないことは、すでに述べました。さらに神は、その本性に矛盾することなどあり得ません。神はウソをつくことがないし、正義を歪（ゆが）めることもないお方です。中世の神学者、聖トマス・

アクィナスは次のように述べています。

――神が全能であるという信仰告白は万人共通である。ただ困難なことは、その全能ということの意味をどこに置くか、であると考えられる。…（中略）…「神が全能であるのは、そのできるところのすべてのことができるからである」というなら、循環論法に過ぎない。…（中略）…全能である神は罪を犯すことはできないのである。――（『神学大全』より）

ここで、神義論が提示する問題を解決するための考え方として「神の二つの力」を取り上げてみましょう。後期スコラ哲学の泰斗、ウイリアム・オッカム（1285～1347年、フランシスコ会士）は次のように説明しました。

――神が全能であるということは、現在において神が何でもできるという意味ではない。神は、かつてはそのように行動する自由を持っていた。神はある行動や世界の秩序に関与する以前には「神の絶対的選択肢」（potentia absoluta）を持っていたが、現在は「神の限定された力」（potentia ordinatta）しか持っていない。それは事物が現在あって、その造り主である神によって打ち立てられた秩序を反映している仕方である。

神が「絶対的選択肢」（potentia soluta）を持っていたときは、世界に関して、創造するかしまいか、どのように創造するか、が選択肢となっていた。しかし、神がある選択をした場合、神は他の選択をしないことになる。神は今や「限定された力」（potentia ordinatta）しか持っていないので、何でもできる状態にはないのである。――（ウィリアム・オッカム〔渋谷克美訳〕『「大論理学」註解』第1～5巻、創

文社、一九九九～二〇〇三年）

神の自己限定

フィリピ書には次のように記されています。

――キリストは、神の身分でありながら、神と等しい者であることに固執しようとは思わず、かえって自分を無にして、僕（しもべ）の身分になり、人間と同じ者になられました。人間の姿で現われ、へりくだって、死に至るまで、それも十字架の死に至るまで従順でした――（フィリピ２・６～８）

神はキリストの受肉によって、自己限定の道を選ばれました。神のロゴスは自らの属性である全能・全知・偏在を無にし、その一方で「道徳的属性」である神の愛、義、聖が維持されています。ドイツの神学者、ディートリヒ・ボンヘッファー（１９０６～45年）はその獄中書簡『抵抗と信従』の中で、劇的に神の自己限定を述べています。

――神は、我々が神なしに生活を処理できる者として生きなければならないということを、我々に知らせる。我々とともにいる神とは、我々を見捨てる神なのだ（マルコ15・34参照）。神という作業仮説なしにこの世で生きるようにさせる神こそ、我々が絶えずその前に立っているところの神なのだ。神の前で、神と共に、われわれは神なしに生きる。神は御自身をこの世から十字架へと追いやられるにまかせる。神はこの世において無力で弱い。そしてまさにこのようにして、ただこのようにしてのみ、彼は我々のもとにおり、我々を助けるのである。キリストの助けは彼の全能によってではなく、彼の弱さと苦難による。このことはマタイ8・17に全く明らかだ。——（E・ベートゲ編〔村上伸訳〕『ボンヘッファー獄中書簡集　抵抗と信従』増補新版、新教出版社、一九八八年、417〜418頁）

理神論を取り巻くさまざまな主張

「自然法則として働く神」という考え方

「神は合理的で秩序ある仕方で世界を創造された。自然法則は神によって据えられたものである。この世界の中には神にとってそれ以上なすべきことは何もない。神は時計職人のように、宇宙に規則性を与え、その機械装置を始動させた。神は完全に自律的・自己充足的な〝巨大な時計〟と見做されるる。神は何もする必要がないのだ」——　理神論を端的に説明すれば、このようになるでしょう。

理神論の代表的な旗手、アイザック・ニュートン（イギリスの物理学者・神学者、1642〜1727年）が唱えた世界観によれば、「神は世界を創造したが、神はさらに世界に関与する必要を認めなかった」ということになります。

この考え方は、「神は生きている神である」「絶えず世界を新たにしている」という信仰と相容れません。

また、「求めなさい。そうすれば、与えられる。探しなさい。そうすれば、見つかる。門をたたきなさい。そうすれば、開かれる。だれでも、求める者は受け、探す者は見つけ、門をたたく者には開かれる」（マタイ7・7～8）という主イエスのことばとも矛盾します。

「神は第一原因だが、第二原因を通して行動する」という考え方もあります。この説は〝人間の苦難の痛みは第二原因に起因し、第一原因である神の直接の行為には帰せられない〟と主張します。しかし、「神が直接原因ではないとしても、間接的に責任はないのだろうか」という反問に、この説を肯定する側からの納得できる答えは用意されていないようです。

プロセス神学　イギリスの哲学者、アルフレッド・ノース・ホワイトヘッド（1861～1947年）は、実在を過程（プロセス）として考えました。「神は自然を神の意志や神の目的に従うよう強いることはできない。神にできるのは、説得と吸引力によって実在の動的な過程に内部から影響を与えようとすることであるから、それぞれの存在はある程度の自由と創造性を持つのであって、神はこれを踏み躙（にじ）ることができない」というのです。この考え方によれば、「神の超越性」という考え方は放棄されることになります。

ティヤール・ド・シャルダンのオメガ・ポイント　フランスのイエズス会士、ピエール・ティヤール・ド・シャルダン（1881～1955年）は、「イエス・キリストによる世界の完成」という主題を重視しています。この考え方は、コロサイ書1・15～20、エフェソ書1・9～10、同1・22～23などに基づくものです。

シャルダンによれば、万物はこの完成点に向かって進化しつつあり、その最終目標（完遂すべき目的）はキリストであるオメガに他なりません。シャルダンは「宇宙は進化の過程にある」と考えました。宇宙は前方および上方へ向かっており、運動を通じてゆっくり「成就」へと進化する『巨大な有機体』だというのです。

「神はその過程で内部において働いている。神は内部から方向付けをし、また過程の前方にあって働き、宇宙を神の目的と最終的な成就へ向かって引き寄せる」（アリスター・E・マクグラス〔神代真砂美訳〕『キリスト教神学入門』教文館、二〇〇二年、398～400頁参照）。

現代人の思惟構造にアピールする魅力的な説明と言えるでしょう。

リヨンの聖エイレナイオスの神義論　古典的な理論の提唱者、聖エイレナイオス（130頃～202年、古代の教父で司教。聖イレネオとも呼ぶ）は、「神が人間を悪や苦難に遭わせるのは、人間を教育・訓練して、霊的成長と成熟へと導くため」と唱えました。

しかし、アウシュヴィッツや広島の悲惨な経験が人類の霊的成熟のために必要であるとは考え難い、と考える私にとって、若い頃に接した聖エイレナイオスの説はいささか未成熟であるような気がしたまま今日に至っています。

聖アウグスチヌスの説明　悪は人間の自由意志の乱用によって生じた――　聖アウグスチヌスはそう説明します。しかしこの大神学者の説を聴くと反射的に疑問が湧き上がります。「それでは人間はどうして悪を選択したのか」「その悪はどこから来たのか」。

悪の起源はサタンの誘惑にある、と聖アウグスチヌスは唱えています。反射的な疑問は、「ではサタンはどこから来たのか」。

「サタンは堕落した天使である。天使は神に仕えるために善い霊として造られた。しかし、神のようになりたいという傲慢の罪を犯したので、悪魔に落とされた」というのが聖アウグスチヌスの返答です。これにもさらなる疑問がわきます、「ではなぜ善い天使が神に逆らう心を抱いたのか」……

結局聖アウグスチヌスの説明ではどうしても、十分に説明できない部分が残ってしまうのです。

カール・バルトの立場　20世紀のスイス人神学者、カール・バルト（1886～1968年）は次のように考えました。

「不信仰・悪・苦難に対する神の恵みの究極的勝利への信仰の側に立って、全能に関する先験的な概念を拒否する。神の恵みの究極的な勝利への確信によって、信仰者は見たところ悪に支配されている世界に直面しても士気と希望を保つことができる」（マクグラス前掲書、404頁）。

バルトは「悪」を「虚無的なもの」としましたが、その聖書的根拠には問題があるとされています。また、彼の言う『全能に関する先験的な概念を拒否する』とはどういう意味でしょうか。〈「神は全能である」という信仰の前提を棚上げする〉とも受け取られる可能性があり、にわかには肯首しがたいところです。

「創造者である神」についての諸説と教理

「創造とは、混沌に秩序を与えることである」(創世記2・7、イザヤ29・16〜44・8、エレミヤ18・1〜6参照)。

創造と一連の混沌との戦いに関わる話、とりわけ〝混沌の力〟は、しばしば竜その他の〝怪物〟として描かれてきました。これらは『服従させなければならないもの』とされます(ヨブ3・8〜7・12、同9・13、同40・15〜32、詩編74・13〜15、同139・10〜11、イザヤ27・1〜41、同27・9〜19、ゼカリヤ10・11参照)。

では、創世記の言う「無からの創造」をどう考えるべきでしょうか。

紀元一〜二世紀、すなわちキリスト教が確立された時代は、ギリシア哲学が地中海を支配していました。ギリシア人は、神が世界を創造したとは考えず、『物質はすでに世界に存在していたのであり、神は既存の物質から世界を形成した』と考えたのでした。つまりギリシア人にとって「創造」は、〈無からの作業〉ではなかったのです。〝すでに手元にある物質に基づいてなされる構築が神の創造である〟というわけです。

したがって、世界に悪、あるいは欠陥が存在するのも『潜在する物質の貧弱さ、不完全さによる』

と看做し、それゆえ「(悪や不完全な存在の欠点は)神の責任ではない」とされたのでした。発想はキリスト教と異なるものの、結論だけを見れば似たようなところに落ち着いている感じです。

しかし二～三世紀の教会は、グノーシス主義と論争するなかで、「先在する物質は存在しない」あるいは「すべては無から造られなければならない」という認識を強調するようになります。それに対して、ギリシア人の前出の聖エイレナイオスが主張するところによれば、善である神が創造した被造物は善であり、物質に悪が存在するという考えは認められなかったのです。

グノーシス主義の論客たちは、例えば次のように主張しました。

――二人の神が存在する。それは、不可視の世界の源である最高神と、物質的事物の世界を創造した低次の神の〝二人の神〟である。霊的領域は善、物的領域は悪である。この二つの世界は緊張関係にある。――

これは〝善と悪の二元論〟の前提となる考え方であり、キリスト教の創造論とは相容れないものでした。

キリスト教は、「物質の世界も神の被造物である。神によって創造されたその後(あと)、罪によって汚され、悪を帯びるようになった」と考えたからです。キリスト教の教父たちは、「霊的世界も物質的世界も共に神の被造物であり、元来は善である」と説きました。

中世になってカタリ派、アルビ派など〝善悪二元論〟を唱える異端が再び現われましたが、教会はその時点でも「神は『無』から『善い被造物』を創造した」と宣言しています(1215年の第四ラテラノ公会議と1442年のフィレンツェ公会議）。

創造の教理について前出のマクグラスは、以下の点に留意すべきであると指摘しています（マクグラス前掲書、410〜412頁）。

1　世界は神の創造の作品であるから尊重され肯定されなければならないが、他方、堕落した被造物のために贖（あがな）われなければならない。

2　創造は、世界に対して神が権威を持っていることを示す。人間は神によって被造物の管理者に任じられている。

3　神は世界を「善いもの」として創造した（創世記1章・10、18、21、25、31の各節）。グノーシスの言う〝世界は本質的に悪である〟、あるいは〝善と悪は対等に存在する〟という主張は、聖書の教えに反している。確かに現在の世界は神の本来の創造の意図から外れてしまっている。「贖い」とは被造物の本来の完全さへの、ある種の復興を意味している。

4　人間の本性は神の似姿である。聖アウグスチヌスは言っている、「あなたはわたしたちをご自身に向けて造られました。私たちの心はあなたのうちに憩うまで、休めないのです」（マクグラス前掲書、412頁の指摘）。

次いでマクグラスは「創造者なる神」の類型を挙げて、問題点を指摘しています。

1　流出――　これは無意識の創造を思わせ、非人格的な行為を連想させる。

2　建築――　「無からの創造」の教えに対立する。

3　芸術的表現——　先在する物質からの創造を思わせる、という欠点がある。

「創造」と「時間」

次に重要な問題は「創造と時間の関連」という課題です。聖アウグスチヌスは「神が時間を創造した」と考えました。現代の科学は時間と創造をどう考えているでしょうか。

１９８２年、ビレンキン博士は、「わたしたちの宇宙は空間も時間もない『無』から生まれた」という仮説『無からの宇宙誕生』を発表しました（別冊Newton『無とは何か』ニュートンプレス、二〇二〇年、１３６頁）。しかしそれに先立つ１９３０年代から、「宇宙には始まりがなく、誕生と終焉（膨張と収縮）を繰り返している」と考える物理学者も現われています。この理論（『サイクリック宇宙論』）によれば、宇宙は無から生まれたわけではない、ということになります。ずっと前から存在していて、「輪廻転生」していた——ということになるのです（同書１５６頁）。

21世紀の現世に生きるわたしたちは、科学と神学の関係をどう考えたらよいでしょうか。

かつて「進化論」は神学の外にありました。しかしシャルダン（前出）が言うように、進化論を神学と融合させることは十分に可能です。天動説と地動説の関係についても現在では、科学と神学の矛盾を考える人は少数にとどまるでしょう。

神の創造について——　既述の説明と一部重複しますが、現時点で個人としての試論を、以下のよ

うに整理してみます。

1　神が世界を創造し完成する。〝神はいったん完全な世界を創造したが、人間に自由意思を与えたために人間が傲慢の罪を犯して世界に悪を導入した〟と考える必要はない。

2　神の創造とは神の意思の実現である。神の意思は一時に完全に実行されるわけではない。神にとっての時間は人間には神秘である。神は創造の初め（アルファ）であり終わり（オメガ）である。神にとっての時間は、人間の時間とは全く異なる。

3　創造の完成は「新しい天と新しい地」（黙示21・1他）である。「新しい天と新しい地」はすでにその前表（まえにあらわれるしるし）として地上に現出している。創造とは、神が日々地の面を新しくすることである（詩編104・30参照）。

4　イエスは言われた。「わたしの父は今もなお働いておられる。だから、わたしも働くのだ」（ヨハネ5・17）。

5　「無からの創造」とは、〈素材が無である世界から神が何かを創造すること〉というよりも、〈神の支配の及んでいない闇の世界に神の光、愛、力を浸透させることである〉と理解するほうが理に適っている。科学的にも「『無』とは、何もないことではなく、種々の働きが行われている状態である」と科学者は言っている。

6　東洋の「無」と西洋の「無」を比較研究して今後の福音化を考察することが、日本の福音化の鍵であると考えられる。

7 「贖い」と「創造」は同じことの両面である。「救い」を〝かつて存在した楽園の原始的理想郷への復帰〟と考えるよりも、完全に新しくされる喜びへの希望と結びつけて、ともに祈りを深めたほうがよいと思われる。

8 神によって創造された完全な世界がまずあり、これが人祖の始原罪によって混乱に陥れられたが、救い主はこれを再び原初の完全状態に回復させる、という復元的・回帰的救済思想が支配している。だが聖書は本来完全な救いは未来のものとしてこれを待ち望むという直線的救済思想をとっている。救いは過去の完全状態の復興ではなく、未来において実現を約束されている全く新しいものとして、希望の対象である(「原罪」について述べた本書記述からの引用)。

神の全知について――「神は全知である」とはどんな意味でしょうか。神には〝予定〟ということがあるのでしょうか。『神が全知であるなら、人間の自由意思は存在しない』ということになるのかどうか――　ざっと考えても、以上のような疑問が瞬時に浮かんできます。

「神の全知」とは、あらゆる事項(自然と人間、宇宙を含めて、あらゆる事柄の過去・現在・未来)について、神の認識に入っていないことはない、という意味なのでしょうか。

例えば、入学試験。神は誰が合格し、誰が失敗するかを事前に知っておられるのか。あるいはポル・ポトの大虐殺。神は事前にそれが起こることを知っておられたのでしょうか――　試験の合否の結果は受験生の責任にかかっていますし、虐殺の事例はポル・ポトらの考え方に起因します。「神はすべての事柄の第一原因」ではありますが、その結果を直接引き起こしたのは人間です。〈神は虐殺が起こることを事前に知っておられた。しかし起こらないようにはなさらなかった〉という現実をもって、それでも神は虐殺に責任がある、と言えるでしょうか。

本書中で既に述べた「神の自己限定」という考え方によれば、神はいったんご自分の力を限定された以上、被造物（右の例では、人間）に委託した事柄について責任を負うことはない、と言うほかありません。しかし地上の論理では、任命し委託した者にはその〝任命責任〟〝委託責任〟があると考えられます。そう考えれば、『ポル・ポトの大虐殺に神は責任なし』とは言い難いことになるのではないかとも思われるのです。

けれども他方、〈神は人間をはじめとする被造物に、ある程度の自主性と判断力を与えておられ、被造物の為す行為は『与えられた自主性と判断力を被造物が行使した結果』なのだから、神は被造物の在り方に干渉することはしない〉という考え方も成り立ちます。とすれば、日常の些細なことに神が干渉することはあり得ないでしょう。しかし戦争とか大量虐殺とか、あるいは個人のかけがえのない価値が損なわれそうなとき、「神は当然、何かをする」と考えても不思議ではありません。

いったい、「神は本当に〝これから起こること〟を全て知っている」と言えるのでしょうか。ナザレのイエスは「神からの神、光からの光、まことの神からのまことの神」でしたが、同時に「まことの人間」であり、人間としての限界を持っていました。イエスは12人を選んで使徒としましたが、その中の一人だったユダは、後にイエスを裏切ります。イエスは彼が裏切ることを知っていて彼を使徒に任命したのでしょうか。

思い惑うわたしたちの心に、次の詩編の言葉が響きます。


主よ、あなたはわたしを究め／わたしを知っておられる。

座るのも立つのも知り／遠くからわたしの計らいを悟っておられる。

歩くのも伏すのも見分け／わたしの道にことごとく通じておられる。

わたしの舌がまだひと言も語らぬさきに／主よ、あなたはすべてを知っておられる。

前からも後ろからもわたしを囲み／御手をわたしの上に置いていてくださる。

その驚くべき知識はわたしを超え／あまりにも高くて到達できない。

どこに行けば／あなたの霊から離れることができよう。どこに逃れれば、御顔を避けることができよう。

天に登ろうとも、あなたはそこにいまし／陰府に身を横たえようとも／見よ、あなたはそこにいます。

曙の翼を駆って海のかなたに行き着こうとも
あなたはそこにもいまし／御手をもってわたしを導き／右の御手をもってわたしをとらえてくださる。

わたしは言う。「闇の中でも主はわたしを見ておられる。夜も光がわたしを照らし出す。」

闇もあなたに比べれば闇とは言えない。夜も昼も共に光を放ち／闇も、光も、変わるところがない。

あなたは、わたしの内臓を造り／母の胎内にわたしを組み立ててくださった。

わたしはあなたに感謝をささげる。わたしは恐ろしい力によって／驚くべきものに造り上げられている。御業がどんなに驚くべきものか／わたしの魂はよく知っている。

秘められたところでわたしは造られ／深い地の底で織りなされた。あなたには、わたしの骨も隠されてはいない。

胎児であったわたしをあなたの目は見ておられた。わたしの日々はあなたの書にすべて記されている／まだその一日も造られないうちから。

あなたの御計らいは／わたしにとっていかに貴いことか。神よ、いかにそれは数多いことか。

数えようとしても、砂の粒より多く、
その果てを極めたと思っても／わたしはなお、あなたの中にいる。（詩編139・1〜18）

「新しい天と新しい地」

右に紹介した詩編の作者は、「神はすべてを知っておられる」、「神は何処にでもおられる」という信仰を告白しています。

さらにこれも既述しましたが、この作者は「神が後悔した」という言い方をしています。

> 主は、地上に人の悪が増し、常に悪いことばかりを心に思い計っているのを御覧になって、地上に人を造ったことを後悔し、心を痛められた。主は言われた。
> 「わたしは人を創造したが、これを地上からぬぐい去ろう。人だけでなく、家畜も這うものも空の鳥も。わたしはこれらを造ったことを後悔する。」（創世記6・5〜6）

同じような例は、神がサウルを王に立てたことを後悔する、というくだりの記述にも見られます。

> 主の言葉がサムエルに臨んだ。「わたしはサウルを王に立てたことを悔やむ。彼はわたしに背を向け、わたしの命令を果たさない」。サムエルは深く心を痛め、夜通し主に向かって叫んだ。（サムエル上15・10〜11。他に関連個所として、出エジプト32・12〜14、民数記23・19、エレミヤ18・7〜10、同26・3、アモス7・3、ヨナ4・2）。

神が全知・全能であるならば、なぜ後悔するようなことをなさったのでしょうか。自分の作った人間が地上で悪いことばかりするという結果になることを、全知・全能の神があらかじめ知っておられなかったのでしょうか。神は、やがては退（しりぞ）けることになるサウルをなぜ王に立てられたのか、という疑問も湧いてきます。神が全知の王であるのなら、サウルの将来の不従順を知っておられたと考えるのが自然だからです。さらに、歴代の王たちの大部分が、神の目に「悪」とされることを行ったことは旧約聖書を通読すれば歴然としています。しかしそれでも神は、王たちが選ばれることを阻止されませんでした。それはなぜでしょうか。

もし神が時間を造られたとするなら、その時から神は、ご自分の時間の中に深く関わることが可能だったはずではないでしょうか。

いずれの場合でも、何が起こるかあらかじめ詳しく知っていながら、世界を自分の思いどおりにしようと考えられたとは思えません。次から次へと、わたしたちの脳裏に浮かんでくる疑問……にもかかわらず、神は最終結果を最初から知っておられたと考えてよいと思われます。なぜなら、最終結果は「新しい天と新しい地」であるのですから。

聖トマス・アクィナスはこう考えた

「全能で善である神が悪の原因？　あり得ない！」

「神は悪の原因であるのか」という問題について、聖トマス・アクィナスの主張を大まかにまとめれば、次のようになります。

――すべて「存在するもの」は神によって存在し、すべて「善いもの」は神から来るのであるから、神は決して悪を意図的に生ぜしめないことをわれわれは知っている。――

そこでまず、「すべて存在するものは神によって存在する」という命題は正しいかどうかを検討してみましょう。

「悪」は存在するのか、しないのか

検討はまず、「『存在する』とはどういうことか」を考えるところから出発しなければなりません。

わたしたちは、この世に「悪」が存在することを否定できないでいます。「すべて存在するものは神によって存在する」という命題が正しいとするなら、「悪」も神によって存在することになるでしょう。

しかしもし、悪が神によって存在するものではないなら、「悪」自体が存在しないことになります。

「悪」は存在しないから、「神は善である」という命題には矛盾しません――

右の説明は、悪が存在するにもかかわらず「存在しない」とすることによって、論理の一貫性を取り繕(つくろ)ったのではないか、と思わないわけにはいきません。ならば、それ以外の論理で「悪」が存在しないことをどう証明すべきでしょうか。

一つには「悪は善の欠如である」とする考え方があります。善だけが存在するのであり、その「善」が自身の持つ属性の欠落している状態が〝悪〟だとすれば、悪は〝状態〟に過ぎず「存在」ではない、と言えないこともなさそうです。そう考え至った時点であらためて、「存在とは何か」が問われることになります。

そこで、堂々巡りの循環論法になりかねない危うさを承知のうえで、哲学の一分野である「存在論」に目を向けてみたいと思います。

人間は神の思いを知り得るか

唐突ですが、「存在」とは『神の支配の充満』ではないだろうかと思っています。つまり、ものが「存在する」とは、そのものに創造者である神の意向が十分に行き渡っている状態を指す、と考えているのです。そう理解すれば、例えば「罪」とは、神の意思が行われないこと、あるいは十分に行われていない状態、ということになります。

前章で検討した「病(やまい)」はどうでしょうか。病気とは神の力が浸透していない状態と言えるでしょう。

そう考えなければ「悪」の存在を説明できないのではないでしょうか。逆に言うと、被造物はその現状のすべてが〝神の完全な意向の反映〟というわけではないのであって、病に苦しむ状態はその典型例と言えます。例外はイエス・キリストで、神から生まれたのですが、神が造った作品ではありません。そしてイエスだけが、神と完全に一致しています。神の望みを完全に知り、完全に実行できたのでした。

さて、被造物である人間が、神の思いを知ることができるでしょうか。イザヤ書はこう言っています。

わたしの思いは、あなたたちの思いと異なり／わたしの道はあなたたちと異なると／主は言われる。天が地を高く超えているように／わたしの道は、あなたたちの道を／わたしの思いは／あなたたちの思いを、高く超えている。雨も雪も、ひとたび天から降れば／むなしく天に戻ることはない。それは大地を潤し、芽を出させ、生い茂らせ／種蒔く人には種を与え／食べる人には糧を与える。そのように、わたしの口から出るわたしの言葉も／むなしくは、わたしのもとに戻らない。それはわたしの望むことを成し遂げ／わたしが与えた使命を必ず果たす。（イザヤ55・8～11）

人はその不完全性ゆえに、神の思いと違(たが)えずに生きることはできません。それでは、人は正しく神の思いを知ることができるのか……　果たして神は、聖書が述べているように思っておられ、人にその思いを伝えておられるでしょうか。

その疑問を、人間の側からのものに置き換えれば、「旧約聖書の啓示を、人は正しく受け取っただろうか」ということになるでしょう。神の思いと違えずに生きるためには、啓示の発展という側面を考えなければならないと思います。

現代人を戸惑わせる「聖絶」「カナン占領命令」

出エジプト記に、分かりにくい表現が出てきます。「神がファラオの心を頑なにするので、モーセの申し入れを承知しないだろう」（出エジプト4・21、7・3、14・7）という記述がそれです。

その箇所を読むとき、わたしたちは、神が自作自演しているような印象に囚われます。まるでマッチポンプを楽しむかのように、自分で原因をつくりながら、自分で原因を抹消させる文章構成になっています。

また、カナン先住民の殲滅命令というのがあります。これは「ヘレム」と呼ばれる『神の命令』で、「聖絶」と訳されます。本来は「捧げられたもの」の意であり、「奉納」「奉納物」「奉納物として滅ぼされる者」「滅び」「滅びに定める」「滅ぼす」「全き滅び」などとも訳されてきました。「神の裁きによる判決を人間の手を通して行う死刑執行、と定義することができる」（H・クルーゼ『神言』南窓社、16頁）という解釈もあります。

現代人にとっては非常に不可解な神の命令……

それだけではありません。「イスラエルの神がカナンを占領するように命じた」という記述なども、解釈に苦しむ箇所です（『聖絶』『カナンの占領に関する倫理的問題』については拙著『現代の荒れ野で』〈オリエンス宗教研究所〉に詳述）。

さらにまた、本書中で既に述べたことですが、「神がアブラハムに独り子イサクを燔祭の生贄として献げるように命じた」というくだりも問題となるでしょう。アブラハムが誤ってそう解釈したのか、あるいは、神が本当にそのような不可解で残酷な命令を下したのか……　と戸惑うとき、『アブラハムの誤解であってほしい』と思うのは私だけではないと思われます。

聖トマス説「『悪』とは善の欠如」を再検討する

「神学大全」の中にあったキーワード

ここで、「悪」について聖トマス・アクィナスはどう教えているか、あらためて振り返ります。前述のとおり、聖トマスは「悪とは善の欠如である」と言っています。以下に、聖トマス・アクィナス著『神学大全』第48問題、ならびに第49問題、そしてその解説書〈稲垣良典『トマス・アクィナス「神学大全」』講談社〈選書メチエ〉、二〇〇九年〉から学んだ事項を、わたしなりに整理してみましょう。

聖トマスの説明は、わたしにとって決して理解しやすいものではありません。けれどもわたし自身、何度も読み反芻を重ねているうちに、理解の〝キーワード〟が複数あることに気づきました。それが「宇宙的秩序」(ordo universi)と「付帯的」(per accidens)という語句です。

聖トマスはこの世界に悪が存在することを否定していません。それでは「善の欠如」とはどう意味でしょうか。

「欠如」とは、あるべきであるのにない、という状況を指す単語で、ラテン語privatio の日本語訳です。前述したように「病気とは、あるべき健康が欠如していること」。ただし〝能力の不足〟などは、「欠如」とは言いません。生物の間には能力の差異があります。人は、獲物に飛びかかるライオンのような強さを持っていませんが、それを「欠如」とは言わないでしょう。〈他の動物を襲って殺害しそれを自分の餌とする能力は、人間本来の在り方の中に含まれていない〉と考えられるからです。

別の言葉で説明してみましょう。

物事が生起するのには原因があります。そしてその「原因」には、目的因と能動因があります。物を動かす力が「能動因」で、電車を動かす電気エネルギーなどがこれに当たります。一方、電車を動かすには〝何のために動かすのか〟という目的があります。電車は人間を移動させるために動く――これが「目的因」です。

さて、神は人間に善を与え、人間を幸福にするために人間を造りました。良いことを目指して行われているのだから「目的因」自体は善です。しかし結果として「付帯的」(per accidens)に（偶有的に、とも訳します）悪が生じることの避けられない場合もあります。例えば、癌(がん)の治療のためには抗癌剤を使いますが、どうしても副作用が生じてしまいます。現在の医学では副作用のない抗癌剤はないようです。副作用は〝善の欠如〟と言えるでしょう。

あるいは人が遭遇する場面によって、『二重結果の原理』が想起され得ます。胎児を救うために手術する結果、母体の生命が失われる場合などが具体的事例となります。母体と胎児の両方が救われればよいのですが、胎児の生命は救われても母親の生命が結果的に失われる――といったことが起こり得ます。

このように人間世界でも自然界でも、さらには宇宙でも、〝一方に善ければ他方には悪であること〟が起こっています。ライオンが獲物を食い殺すという場合、ライオンにとってその行為は善ですが、犠牲になる獲物にとって食い殺されることは決して善ではありません。ライオンの餌食となることはシマウマにとっては悪です。しかし宇宙全体の秩序から見れば、ライオンとシマウマの関係に調和を見出すことも可能ではあります。さらに視野を宇宙に広げ、宇宙全体の秩序を見れば、個々の悪は解消されて調和と秩序が生まれていたりします。聖トマスも以下のように言っています（第48問題第2項より引用）。

――もし神がいかなる悪のあることも許さないとしたら、幾多の善が失われたに違いない。たとえば驢馬が餌食になることなしに獅子の生命が保たれることはないだろう。さらに不正というものがなくしては、それの償いを求める正義や、それに耐える忍耐が賞賛されることもないに違いない。

人間には自由意志がある。しかし物事の原因の中の第一原因は神である。人は行為の原因でありうるがすべての原因にはなりえない。能動因として人間は行為の主体であるが、その行為自体がかならずしも善の欠如であるわけではない。単純に神の意志不在のままの行動であるのでその行動自体は悪ではない。そこから悪が生じるのは、人が神の掟への注意を怠った場合である。注意を神の定めに向けるべき時に怠り、自由意志を乱用するために悪が生じるのである。悪は人間の意志に付帯的に生じるのであり、決して神が人間に悪をなさしめるのではない。――

実は聖トマスによるこの説明には、わたしがまだ納得できない部分が残っています。聖トマスが行った「悪」についての説明が十分に納得できるものであったとは言えません。残念ながら説得力のある説明にはなっていないと言わざるを得ないのです。

聖トマス・アクィナスは神学を下敷きにして説明を試みましたが、ここはいったん神学を離れ、哲学分野の知見で「悪」の問題を考えてみるほうが分かり易いかもしれません。次項以下は、微力なわたしが行った、そのような試行錯誤の一つだと思し召してお付き合いください。

神の選びと予定

神はすべての人の救いを望んでおられる

二重予定説への戸惑い

歴史上多くの信者を悩ませてきた神学理論の一つに「二重予定説」があります。これは、「神は或る人々を救いに予定し、或る人々を滅びに予定している」という説です。『もしや自分は〝滅び〟の方に予定されているのではないか』と考える信者を、恐怖と不安に陥れる恐ろしい思想でした。

二重予定説は聖アウグスチヌスに遡るとされ、宗教改革者カルヴァンが引き継いだ後、その後継者がさらに明確に普及させた、と言われています。わたし自身も若い頃この〝教え〟に出会い、運命論や宿命論と相俟って多いに悩まされたものでした。

聖アウグスチヌスの予定説は、ペラギウスとの論争の過程で、また彼個人の体験によって、形成されていったようです。その見解はおよそ次のようなものでした。

――人間は誰しも生来、罪深い。その人間が救われるのはただ神の憐れみの恩恵による。もともと人は、神から恩恵としての賜物を受ける資格など何も持っていない。神はただ憐れみによって人間を救う。
神が誰に恵みを与えるかということは、全く神の自由な判断に帰する。神は自由に人を選び、憐れむべきものだけを憐れむ。誰を選ぶかは神の専権事項であり、人間の関与するべきことではない。
――

その結果、聖アウグスチヌスは「選ばれて恵みに与る者だけが救われる」という結論を導き出しました。「アウグスチヌスが、『これは、ある人々が地獄へと予定されているという意味ではない』と強調していることに注目することが重要である」（マクグラス前掲書、636頁）といった弁護論もありますが、〝ある人々だけは救いに予定されている〟ということは、〝ある人々は救われない〟という論理を誘導しかねません。実際、ここから「二重予定説」へと論理が展開することになりました。

聖アウグスチヌスの予定説の特徴は、〝予定〟を徹頭徹尾『神の恩恵』としたところにあります。神の絶対的な主導性と恩恵の非撤回性、そして限定性（『限定性』とは、限定された選ばれた人々の身が救われ、残りの人は原罪の状態のまま取り残されるという考え）[註1]が強調されました。

ジャン・カルヴァンは『キリスト教綱要』で次のように述べています。

「われわれが予定と呼ぶものは神の永遠の定めであって、それによって神は各人が何をなすことを自ら望むかを決定した。というのも神は、すべての人間を同じ条件に造ったのではなく、ある者は永遠の生命へ、他の者は永遠の断罪へと定めたからである。」(『新カトリック大事典』の「予定」の項を参照)。

自然災害と神の善

神が完全に善であるなら、なぜ自然災害が起こるのか? ——この疑問への回答として次のような説明が成り立つでしょうか。クラウス・フォン・シュトッシュはその著、『神がいるなら、なぜ悪があるのか——現代の神義論』(以下、『現代の神義論』と略記)の中でライプニッツの考察を引いてこう書いています。

——ライプニッツは次のように考えたと言われている。「神は無上に賢明で善であるのだから、可能な限りの最もよい世界を創造したはずだ。もし神を信じるならば、『われわれは考えられる最善の世界に生きているのだ』という事実を受け入れるべきだ」(『現代の神義論』88~89頁)。——

一読して感じられるとおり、これは信仰に名を借りた、はなはだ一方的な主張です。「神は善であるから神の造ったこの世界を最善のものとして受け入れなさい」という説明は、「神は『善』であるのになぜ『悪』があるのか」という問いへの回答になっていません。「悪の存在は神の善を否定するのではないか」という疑問に対して、「いや、神は善だから問題ない」という返答は答えになっていないというべきでしょう。これでは実りのない循環論法、堂々巡りに過ぎません。

シュトッシュは、こんな説明をも紹介しています。

――宇宙は自然法則によって運航している。人間の自由はこの自然法則の上に成り立っている。たとえば、地面に穴が出現するというような、何の法則性もない出来事が頻繁に起きるならば、人間は自由に安心して交通することができない。自然法則は予測可能な法則である。自然災害はその自然法則が引き起こすのであり、自然法則がある限り自然悪は避けられない」（前掲著、93～95頁より）。
――

この論理にも納得できません。地震は自然法則が引き起こすものですが、〈自然法則を神が創り支配している〉とすれば、「地震の原因は神自身にある」と言えることになります。従って「神義論」の立場から言えば、むしろ神には不利な議論となるではありませんか。

すぐに反論したくなるところを我慢して、シュトッシュが紹介する〝ライプニッツ的考察〟に、いま少しだけ耳を貸してみることにします。

――「自然の変化はすべて神の定めた法則によって成立し進行している。今の世界は最大量の幸福と善、最小限の不幸と悪によって構成されている。

問題のない世界などありえない。新しい問題を生むことなしに、〝物理的・肉体的に人間を改善でき、深刻な問題を生じないで済む解決策〟が果たしてあるだろうか。

病気について考えてみよ。仮に癌（がん）を引き起こす病原菌が絶滅するとすれば、それは人類の福祉への大きな貢献になるが、他方、既存の世界と自然の調和と秩序に微妙な影響を惹き起こすことになり、現状より良好な世界は保障されない。

地震、津波、台風、旱魃、洪水などの自然災害は人類に多大の損害をもたらすが、それでも現状が最善であると言わざるを得ない。これらの災害は自然法則によって起こるのであり、自然法則は神が決定した秩序であって、神といえども〝これ以上の善である法則〟を定めることはできない。善である神は〈これ以上の善はあり得ない世界〉を創造した。世界は諸法則の調和の上に展開するのである。自然悪、苦しみ、痛み、死とは、高度に進化した生命が不可避的に支払う代償である」（同書102頁）。

この〝回答〟を妥当と言えるでしょうか。現状を改善し改革するために神は絶えず聖霊を送り、地の表を新たにしておられます。そしてわたしたちは救い主であるイエスに付き従いながら「新しい天と新しい地」を目指す旅をしています。地震は自然法則が必然的に原因となる災害であり、「現状がせいぜいの最善である」という理論など、到底受け入れ難いものとして却下しなければなりません。神義論から言えば、何ら神の正義を弁護していることにはならないからです（ただ、「人間が進化するためには支払うべき代償があった」という主張には、無視できない説得力があると思われます）。

さらに「神義論」を考える

人間に自由意志はあるのか――分析哲学の視点から

それでは、自然災害と自然法則が不即不離の関係にあるとして、神は災害を呼び起こさないような自然法則、人間の苦しみをより少なくする自然法則を造ることはできなかったのでしょうか。「自然悪（自然法則が結果的にもたらす災害）は人間の進化と自由の代償である」「自然悪はいわば副産物であり、人間の向上と自由と不足不可分である」という説明を一応認めると仮定しても、次の問題が出てきます。「それでも、人間には『自由意志』があるのか」という問題です。

人間には果たして自由意志はあるのでしょうか。脳科学の立場からは次のような主張がなされています。

――「精神的現象はすべて神経細胞の働きに帰着する。人間の思考作業は結局人間の脳から生じるものであり、自由意志による自己決定などは存在しない。」――（同書、114頁参照）

もしそうなら、人間の行う悪行は人間の自由意志によらないものと位置づけられ、そのような人間を造った神に責任があるということになり、神義論は破綻(はたん)します。すなわち仮に、人間がいつも善に向かうように操作されているとしたら、結局は神から与えられた自由が帳消しにされてしまい、人は自分のアイデンティティーを確立することができなくなってしまいます。その場合、人間の悪行は、人間自身にとっては不可避なので、人間の責任を問うことはできません。

マルティン・ルターの場合――具体的な事例を分析してみましょう。十六世紀の宗教改革者、マルティン・ルターの場合はどうでしょうか。ルターは神聖ローマ帝国の議会に召喚されて自説の撤回を求められたとき、その要求を拒否してこう言ったと伝えられています、「わたしはここに立っています。ほかに何もできません」。

こう答える以外、他に選択の余地が彼にはありませんでした。その意味で彼には自由がなかったのですが、そのとき発した彼の言葉は、教会改革を目指したルターの胸の中で長い時間をかけて形成されたものです。言い換えれば、彼は自由に長い年月をかけて「自己決定的意思決定」をしてきたのでした。ですからルターの「否」は熟慮と祈りの結論だったのであり、その自由な意思決定の内容には彼自身の十分な責任があるわけです。

他方、奇妙に思われるかもしれませんが、ルターは「人間と神の間に自由は在り得ない」という命題を主張しています。これはどういう意味でしょうか。わたしの個人的な見方ですが、彼は『神の恩恵の一方的な授与の前に人間には何の功徳もない』と言おうとしたのだろうと思います。ルターは、「人間はその存在の根本まで罪に汚染されているので、神にふさわしい状態に在ることは不可能である」と断じました。

しかしその論理には疑問が生じます。神の恵みの前に腐敗しきった罪人であるとすると、その〝罪人である人間を「義」としてくれる神〟を信じる信仰は、他の誰でもない、その罪人自身の信仰です。神の赦しを信じるのはその当人です。信じるか信じないかはその人の問題であり、その人の自由にかかっているのではないでしょうか。信じる主体の信仰は他の人が代替できません。それとも、信仰の主体にかかわりなく神は人の罪を贖い救うのでしょうか。信仰の応答なしに神は人を赦し救うのでしょうか——

この疑問は、『カール・バルトの救済論をそのように理解してよいのか』というさらなる疑問を派生させます。

「信仰による自由な従順を通して、人は救いへと導かれる」（ローマ書を参照）と、わたしたちは信じています。信じて義とされ、義とされて聖とされるのです。聖とされる人は、神の聖性＝聖霊に導かれて生きます。聖霊にとらえられた人には聖霊から逃がれる自由はありません。ルターが言っているのはその意味でしょうか。聖霊に満たされた人には聖霊に逆らうという自由はない……　そのような意味なら、霊の人に自由はありません。「文字は殺すが、霊は生かす」からです。また、霊に導かれた人は霊の実りをもたらします。

「神はわたしたちに、新しい契約に仕える資格、文字ではなく霊に仕える資格を与えてくださいました。文字は殺しますが、霊は生かします」（二コリント3・6）。

「霊の結ぶ実は愛であり、喜び、平和、寛容、親切、善意、誠実、柔和、節制です。」（ガラテヤ5・22）。

しかしキリスト者の自由は〝不完全な自由〟です。というのは、彼はいつどこにいても完全に「霊の人」になり切っているわけではなく、彼には「肉の業」が残っているからです。パウロはこう言っています。

「わたしが言いたいのは、こういうことです。霊の導きに従って歩みなさい。そうすれば、決して肉の欲望を満足させるようなことはありません。肉の望むところは霊に反し、霊の望むところは肉に反するからです。肉と霊とが対立し合っているので、あなたがたは、自分のしたいと思うことができないのです。しかし、霊に導かれているなら、あなたがたは、律法の下にはいません。肉の業は明らかです。それは姦淫、わいせつ、好色、偶像礼拝、魔術、敵意、争い、そねみ、怒り、利己心、不和、仲間争い、ねたみ、泥酔、酒宴、その他このたぐいのものです。以前言っておいたように、ここでも前もって言いますが、このようなことを行う者は、神の国を受け継ぐことはできません」（ガラテヤ5・16〜21）。

キリスト者とは、キリストの霊に従って歩む人です。その限りにおいて彼は霊の人であり、霊に逆らう自由はありません。しかし、聖化が進行中の人は、霊と肉との葛藤の下に置かれているのです。わたしたちは神に出会い捉えられたとき既に、信仰によって応答するかどうかを決定し、さらにその後、神への応答をどのように維持するかという態度決定をして、それを維持するのです。そのことを、使徒パウロは「霊に従う生活」あるいは「霊的生活」と言っているのです。

「自由意志による」という擁護論――シュトッシュの主張

自由意志による擁護論は、「神の全能をどのように考えるか」という落想点から出発します。そして、「全能の神により、神の似姿として創造された人間に、自主性と自由が与えられている」というところに行き着きました。

それでは、神が自由であるということと、被造物（である人間）が自由を持っているということは両立するでしょうか。神の意志によって与えられた〝被造物の自由〟が、与え主である神の自由と抵触することはあり得ない、と考え得るかどうか……　それは〈「自由」をいかに定義するか〉にかかっています。

クラウス・フォン・シュトッシュの前出論考、『神がいるなら、なぜ悪があるのか――現代の神義論』（本稿では『現代の神義論』と略）の第5章、「三　自由意思を保った場合に苦しみが減少する可能性」を読解しながら、わたしの理解を述べてみます。

著者は次のように述べています（正確には、シュトッシュの記述は次のように読めます、というべきでしょうか）。

――自由意思とは結局のところ善を行うものなのでしょうか。あるいはなるべく苦しいことを避けようとするものなのでしょうか（『現代の神義論』150頁）。（中略）苦しみの量を減らすことによって、果たして神への信仰をより納得に行くものにすることができるのでしょうか（同書、150～151頁）。――

同書では以下のように「第5章 - 三項」で同じテーマについてさまざまに議論が展開されています。言葉の意味が多義的、かつ曖昧なので、議論が堂々巡りになっている感のあるのが難点ですが、お付き合いください。その著『現代の神義論』によって、いま一度「『自由』とは何か」を考えてみましょう。

まず、それがルターの言う〝キリスト者の自由〟を意味するなら、「キリスト者に自由はない」ということになります。ルターは、「人間は聖霊に支配されるか悪霊に支配されるかのどちらかの状態にある」と言っているようです。人間には聖霊の促（うなが）しに応諾する自由はないのでしょうか。確かに人は神を信じ、あるいは神を信じない存在です。つまり、信じる主体はその人です。この際はルターの言う「自由」という単語を使用停止にするか、あるいは棚上げにしないと、議論が混乱するかもしれません。

人間には神の呼びかけに心を開くこともあり、閉ざすこともあります。「神」と言わなくとも、善悪を判断し選択する可能性を持っています（『持っている』と考える立場がある、と言い換えても構いません）。

一方、現実に「悪」が存在します。人は何をもって善と考え、何をもって悪と考えるのか――　その判断をするとき、その人の持つ「良心」が働きます。良心とはConscience、語源から言って〈共に知る〉ということです。事実、人には〝自分で選択できないこと〟が多くあります。むしろ人生の大部分において、自分の選択肢に関係なく物事が展開します。そもそも生年月日や出生地は、外から与えられたものです。

――「知的に理解可能な根拠に基づいてさまざまな可能性から何かを選択するというのは、そとからの関与を受けずに、つまり当事者が自律的に何かを決定することによってのみ、そういうものだと言えます。この事実は、外からの操作による介入とまったく相容れません。ですから、私たちが自由である可能性に対して、わたしたちが悪より善を選ぶことが多いように神が操作を加えるというのであれば、厳密にいえば、その神はわたしたちの自由を尊重しているとは言えません。あるいはまた、「神という存在は、わたしたちが自由を乱用しないように、自由そのものに原理的な限界を設けているのだ」という想定は、『自由』および『可能性』という概念の本質に矛盾しています。人間が自由であるということには、本質的に限界などありません」(『現代の神義論』151頁)。――

私たちの信仰に則して読み直す

これは、さらに不可解な論の展開と言うべきでしょう。神は人間に、判断し選択する能力を与えたのではなかったでしょうか。この能力や可能性を「自由」と呼ぶなら論理が混線します。神の計画は、人間に善しか選択しないようにはできていないのです。

神が人間に「自由」を与えたという前提は何を意味しているのでしょうか。信仰の立場で言えば、神は「善」に向かう人を励まし、「善」を奨め、「善」へと導きます。これは信仰の真理です。「神から人間への働きかけがある」という真理を、〃干渉〃ないし〃操作〃などと解釈することは到底、妥当とは言えません。『現代の神義論』の著者・シュトッシュは、①人間は自由である　②人間の自由には限界がない――と主張しているのでしょうか。それとも誰か他の人の説、あるいは〃考え得る仮説〃として展開しているのでしょうか。

他方、〈「愛」とその前提である「自由」は被造物が支払うべき代償である〉というシュトッシュの主張には納得のいく部分があります。愛は自発的で自律的であってこそ価値があるものです。人が愛を選択できたとき、その選択は他の人々のおかげであり、「神の恵みによる」という考え方とも両立が可能です。ただしこの場合「自由」という用語の使い方には十分留意しなければなりません、愛とは端的に言って〈人の善のために苦しむこと〉だからです。

とはいえ、シュトッシュの記述が「愛」や「自由」を語るなかでナチスによるジェノサイド（特定人種の大虐殺）に言及している部分は少なからず気になります。アウシュヴィッツの大虐殺を想起しながら、『結局、世界の悪は人間に原因があるのだ』と結論づけているのですが、それでは何の解決ももたらしません。シュトッシュの主張は「神は善である」という前提に固執するがゆえの〝苦し紛（まぎ）れの論理〟ではないでしょうか。「神が善であるので悪は存在しないはずである」――この命題に立ち戻って再検討するほかに、この袋小路を出る道はないと思われます。

そこで、もう一度考えてみましょう。「神が善である、とはどう意味か」「悪は存在しないはずである、とはどういう意味か」を考えるにはまず、「悪は存在しないはずだ」という断定を棚上げする必要があります。すなわち、「全知・全能にして完全に善である神が、その聖性を一部でしか実現していない」という事実を率直に認めることが必要です。

『現代の神義論』全体を見渡しても、キリスト者の信仰に触れている部分は少ないようです。著者は神義論の論理を展開するため、として論点を整理し、五つの仮説を提示しています（同書144～145頁参照。表記は岡田による言い換え）。

1　人間は善悪を判断し選択する可能性を持っている。

2　人間は道徳的に正しい選択をすることができる。
3　人間は道徳的過ちを犯す。
4　善の選択が悪の選択を上回る可能性がある。
5　キリストへの出会いは、人生の最期において、あらゆる苦悩・悲惨・不条理の体験にもかかわらず、人生には意味があることを教える。

日本の少女の問いと教皇の答え

２０１１年３月11日に発生した東日本大震災に際して、日本の少女が教皇ベネディクト十六世に送った質問に、教皇が誠実に回答したことは、非常に感動的なエピソードというだけでなく、右に上げたシュトッシュの主張の当否を判断する上でも示唆に富んでいます。

日本に住む7歳の少女エレナさんは、２０１１年３月11日、東日本大震災が起こったとき、教皇ベネディクト十六世に質問を送りました。

「どうしてわたしはこんな怖い思いをしなければならないのでしょうか。なぜ日本の子どもたちが深く悲しまなければならないのでしょうか」

教皇はこの質問を受け取ると、すぐに返事を認（したた）めました。その要旨は次のとおりです。

「どうして皆さんがこれほど苦しまなければならないのか、わたしには答えることができません。でも神様は皆さんの側にいてくださいます。神様は皆さんを助けてくださいます。いつか、この苦しみがなぜ起ったのか、分かる時がくるでしょう」

人は幸せな時、楽しい時、「なぜ、自分は幸せなのか」と問うことはあまりありません。しかし苦しい時、悲しい時、辛い時には、「なぜ、自分はこのような目に遭わなければならないのか」と自分に問い、他者にも問い、そして神にも問うことになるのです。

このエピソードに顕われたエレナさんの問いは、実は非常に重大な神学上の問題を含んでいます。すなわち、神が創造したこの世界になぜ、災害という恐ろしいことが起るのでしょうか？

創世記第一章によれば、神は六日間にわたって天と地、一切の被造物を創造されました。神は第一日目に光をつくられ、光をみて「良し」とされました。第二日目には天と地、海を創られ、これを見て「良し」とされました。以下第三日目、第四日目、第五日目と創造の業が続き、第六日目にはわたしたち人間をご自分にかたどり、ご自分に似たものとして創られ、これを「良し」とされたのです。

神が「良し」とされ、「極めて良かった」とされているこの世界。しかしこの世界には災害が起こり、また犯罪も絶えません。なぜでしょうか？　この世界の現実と神の創造の関係をどのように説明すべきでしょうか？　わたし自身は、東日本大震災が起こった時、ローマ書8章のパウロの言葉を思い出し、何度もその意味を考えながら黙想しました。

「被造物は、神の子たちの現れるのを切に待ち望んでいます。被造物は虚無に服していますが、それは自分の意志によるのではなく、服従させた方の意志によるものであり、同時に希望も持っています。つまり、被造物も、いつか滅びへの隷属から解放されて、神の子供たちの栄光と輝く自由に与れるからです。被造物がすべて今日まで、共にうめき、共に産みの苦しみを味わっていることを、わたしたちは知っています。被造物だけでなく〝霊〟の初穂をいただいているわたしたちも、神の子とされること、つまり、体の贖われることを、心の中でうめきながら待ち望んでいます」（ローマ8・19～23）。

考えてみれば実に不思議な言葉です。人間以外の被造物も、解放され贖われる時を待ち望みながらうめいている、というのです。

この「うめき」とは何でしょうか？　わたしの想いはどうしても自然災害に繋がってしまいます。全能の神が造られたこの世界になぜ、災害や犯罪などの悪が存在するのか――　本書の底流に横たわるこの問題を解決したいという願いは強まるばかりです。

『カラマーゾフの兄弟』イワンの提起

J・B・ラッセルは『悪魔――古代から原始キリスト教まで』（野村美紀子訳、教文館、一九九五年）というタイトルの書を著し、ドストエフスキーの作品『カラマーゾフの兄弟』の中でイワンが述べている〝到底受け入れ難い悪魔的所業〟を紹介しています（同書中の二、三の挿話）。

1　嬉しそうに笑いながら無邪気にピストルを取ろうとして小さな両手を伸ばしている幼児に引き金を引き、小さな頭をめちゃくちゃにして喜ぶ兵士の悪魔的行為。

2　教養ある両親がお漏らしをした5歳の自分の子を極寒の便所に閉じ込め、子ども自身の排泄物（はいせつぶつ）を無理やり食べさせる話。

3　猟犬に食い殺される下男の子どもの戦慄すべき挿話。2000人の農奴を抱えた引退将軍の下男の息子（8歳）が、石投げ遊びをしていて将軍お気に入りの猟犬の足にケガをさせてしまう。将軍はその男の子を捕らえた上、夜明けとともに猟の体制を整える。子どもは裸にされて引き出され、母親の見ている前で猟犬をけしかけた。犬たちは母親と召使いらの見ている前で子どもを食い殺してしまう。

（ドストエフスキー〔亀山郁夫訳〕『カラマーゾフの兄弟』2、光文社〔古典新訳文庫〕二〇〇六年、239〜240頁参照）

この作品でドストエフスキーが提出している問題は実に深刻です。信仰者なら、死後の神の予定調和や死後の報いという理解に、この問題の解決策を求めるでしょう。しかしラッセルは、「イワンにしてみれば、人間は罪深いものだから、地上で生涯を過ごす間に、そのような虐殺に出会っても仕方がないが、罪を犯す前の幼児や子どもが、そのような苦痛を受けなければならないとは納得できない」

「イワンは、幼児が死後において報いを受けるから、神の虐殺見逃がしは受容できる、とは思っていない」と言っています。

信仰者なら、このイワンの反発にどう答えることができるでしょうか。そういえば、ナザレのイエスの誕生に際して、ヘロデ王は罪なき幼子を虐殺したのでした。

さて、ヘロデは占星術の学者たちにだまされたと知って、大いに怒った。そして、人を送り、学者たちに確かめておいた時期に基づいて、ベツレヘムとその周辺一帯にいた二歳以下の男の子を、一人残らず殺させた。こうして、預言者エレミヤを通して言われていたことが実現した。「ラマで声が聞こえた。激しく嘆き悲しむ声だ。ラケルは子供たちのことで泣き、慰めてもらおうともしない、子供たちがもういないから」（マタイ2・16〜18）。

四福音書の中でマタイだけが伝えるこの惨事を、わたしたちはどう受け取るべきでしょうか。この子どもたちはたまたまイエスの誕生の巻き添えになったわけですが……　神義論を突き詰めていくうちに、わたしたちも「神の義」と「現にある悪」の間で翻弄（ほんろう）され、判断を迫られているようです。

（註1）Ｊ・アリエタ、石井祥裕「予定」（praedestinatio）〔『新カトリック大事典』第Ⅳ巻、研究社、二〇〇九年、２６３〜２６６頁。高柳俊一「予定」（praedeterminatio）同、２６６頁〕参照。

III

考察のヒントを求めて
——太田道子氏との語らいから

聖書は「義」を示して「悪」を扱う

旧約の民が育んだ思考回路

創世記冒頭の記述が「日本の福音化」を妨げている?!

岡田　わたしはこの歳になるまで、微力ながら「イエスの福音を人々に宣べ伝える」ことを心掛けて歩んできました。わたしだけでなく、イエスを信じる人ならどなたでも、非常に重要な使命と心得ておられると思います。その使命を一言でいえば福音宣教、あるいは福音化ということになるでしょう。ところが振り返ってみると、日本では福音化がいっこうに進んでいないように感じられます。人々にイエスの福音というものが染み渡らない。

他方、「聖書」というものの存在は広く知られていて、「本棚の隅に聖書がある」とか「手に取ったことがある」という人はことのほか多いようです。だから聖書学者として長い間研鑽を積まれた太田先生が引っ張りだこになっておられるのも、日本人の間にある「聖書を学びたい」という潜在的なニーズの大きさを物語っているような気がします。

太田　もちろん、聖書を学ぶことと信仰の糧にすることでは、着想点が異なりますが、聖書を学びたいという方々の意欲には頭が下がります。

岡田　日本ではキリスト教信者の割合が、全ての教派・教団を合わせて人口の1％と言われています。100万ちょっとくらい。非常に少ないわけです。数字だけ見れば、福音化が進まないのも仕方がないという見方もあるでしょう。しかし、なぜイエスの福音が人々に行きわたらないのかという疑問については、いろいろな人がいろいろなことを考え、書いておられ、それを読めばいくつかの原因が浮かび上がってきます。

わたしもこれまでに、難しい本から易しい本までいろいろ読んでみているのですが、そこには共通した指摘があることに気づきました。それは日本人の福音化を期するうえで〝躓き（つまず）の原因〟と言ってよいかもしれません。

その指摘とは、「限りなく善であるとされる神が創られた世界に、なぜ多種多様な『悪』が蔓延（まんえん）しているのか」という疑問です。旧約聖書の冒頭、「創世記」の書き出しに「神が造った世界は良いものである」と明記されています。この部分でまず、「良いもの」として創られた世界に『悪』が蔓延（はびこ）っているのは大きな論理破綻（はたん）、ないし自己否定ではないか、と日本人は考えるわけですね。そこで太田先生のご意見を伺いながら、そのあたりの〈聖書の読み方〉を検討したいと思います。

余談ですが、仏教では「四苦八苦」といって『人生には四つの苦しみ、八つの苦しみがある』と教えます。「生老病死」「怨憎悔苦」「会者定離」などですね、こちらの方は本当に分かりやすくて共感できる。わたしも今、「生・老・病・死」の中の「病」で苦しんでいますけれども、「ああ、なるほどね。仏教は本当に実感を伴う教えだな」と感じる。実行するのは難しいことですが、そういう恐れやこだわりから離脱する道が仏陀の教えだと言われれば、納得できるような気がします。

その点、キリスト教はどう言っているのか。話をあまり広げず、創世記1章の1節と31節に絞って太田先生と話を進めたいと思います。

太田　よろしくお願いします。

創世記1章の1節と31節に絞って検討するわけ

岡田　わたしはこの翻訳が正しいかどうかを判断する立場にないのですが、創世記の1章1節は「はじめに神は天と地とを創造された」となっています。その部分を今まで、何の疑問も感じずに読んできました。しかし最近では、「ちょっと待てよ？　そう言われても納得できないな」という気持ちが生じています。

というのも、同じ創世記1章の最後、31節に「神はお創りになったすべてのものをご覧になった。見よ、それは極めて良かった」とあります。「極めて良かった」のですよ。

いったん創り終えた被造物をご覧になった神が、「極めて良かった」と評価された、と読める箇所です。話が分散するといけないので、祭司伝承に拠って書かれた創世記1章に絞りますと、これを読んだ人々が素朴に感じる疑問――キリスト教では『この世界は良いものだ』と言っているけれど、とすればなぜ、悪いことがたくさん起こっているのか――に応えたい。「神さまは『良い』と言われたけれども、それは本当ですか」という疑問にどう答えるかについて、話し合ってみたいのです。

そこでまず、聖書のことばをわたしの１００倍もよくご存じの太田さんに、二つの点をお訊ねしたいと思います。

第１のお訊ねは、「神は『はじめに』天と地を創造された」とありますが、「はじめに」とはどういう意味でしょうか？ また「天地を創造された」という表現は、創造のみわざは既に終わっているという意味ですか？ もし「……された」が完了形だとすれば、それはどういう意味ですか？ 未完了を意味するのならどういう意味でしょうか――というのが一つ。

第２のお訊ねですが、「見よ、それは極めて良かった」は神さまが仰ったわけで、人間は「神さまがそう仰った」と言っているだけです。ところが、祭司伝承の創世記が「見よ、極めて良かった」という表現を取り入れて編纂されたこの時期、人々は「極めて悪い」状況の中にいた。バビロン捕囚という、イスラエル民族にとって非常に悲劇的、かつ残酷な状況の中で、彼らはつくづくと考え、祈った。その結果、祭司という階層の人たち――彼らはインテリですよね――が遺した〝反省の記録〟が創世記なのでしょうか？ 太田さんはかつて、著書『ことばは光 - 1』（新教出版社、二〇〇六年）で、そのことについて触れておられます。

太田 古い本ですが……

岡田 バビロン捕囚という出来事（バビロニアという国にユダ王国の指導者階級が強制移住させられた事件）について書かれたその本の中に、非常に印象的なことばがあります。要点を引用させていただきますと——

「王家、貴族、高級官僚、軍人、祭司団、長老団、技術者など、敵側に危険視される指導者層やインテリ階級が引かれていったのです」。

「彼らはある程度の自治を認められ、主に首都バビロン地方で共同生活していたようです」

「イスラエル再興（神の赦しによる契約再締結）の可能性を追求する作業が、捕囚という奴隷（どれい）化された状況にもかかわらず、何種類もの高度な文学を生み出すことができたのです」

「捕囚という民族存亡のもっとも深い闇の中で、神の創造した世界を観察し、不思議な秩序を認め、全ては『見よ、極めて良かった』『闇と光は分かたれるべきだ』と。これは驚くべきことです」——（同書103〜140頁）。

話を戻しますが、日本でキリスト教を伝えたいというとき、それはイエス・キリストを伝えることなのですが、イエス・キリストが生きた時代、その背景となる聖書全体——特に旧約聖書の冒頭にある「神はこの世界を創られた」ということと、「神の創った世界は極めて良い」という教え——が、日本人の目には納得できていないのではないでしょうか。だから、「どういう意味ですか?·」という質問になるわけで、それに対していろんな人がいろんな説明をしているんですけれども、どう応えたらいいでしょうか。長くなりましたが、これが二つめの論点。どうでしょうか（笑）。

太田 「はじめに」が槍玉（やりだま）に挙（あ）がっていますけれど、それよりもっと基本的な問題があります。それは「聖書に対してどういう読み方で向かい合うか」という問題です。

聖書学という分野は、20世紀半ば——戦後から非常に速いスピードで、過激に発達しました。そして21世紀には、〝第二次大戦以前のドイツから出てきて日本人の学者が盛んに真似をした聖書学〟というものは「もう学問としては古い」「まったく新しくしなければならない」というのが、今日、研究者たちの共通認識です。

特に、日本でも大災害が続き、人々が新型コロナウイルスの世界的蔓延を体験している今の時代、創世記の編まれた時代背景を正しく知るなら、聖書の読み方も変わらざるを得ません。

岡田 そう、コロナ禍や、相次ぐ自然災害の下で人々が、「どうして『この世界は良い』と言えるのか」という疑問を持つとしても、不思議ではありません。

太田 その時代に則（そく）して新しく読むためには、これまでのやり方では人々の心に響かない。ところがキリスト教側にはその点についての反省や自己改革の動きがほとんどありません。

岡田 まあ、まったくなかったわけではなくて、聖職者の中にも信徒の中にも、指摘する人はいたのですが、大きな声にはなっていなかった。

太田 ルーテルの改革は聖書へのアプローチや教義内容の改革というより、制度・政治の問題でしたから。

岡田 そのあたりの認識を統一するために第二バチカン公会議が開かれ、人々のニーズに応えようとしたのですが、現代世界の諸問題の分析と対応に重きを置くあまり、聖書へのアプローチそのものへの言及は比較的少なかった。

太田　旧来の聖書の読み方ではこれ以上人々の心を掴めないことも分かってきて、カトリック教会は第二バチカン公会議を開いたんだと思います。それまで聖書への向かい方についての論述が少なかったのは仰るとおりです。

〔古代史研究者・太田道子〕の軌跡

岡田　太田さんの「聖書」に懸ける熱意と研究実績はカトリックの世界でもよく知られていますし、研究歴も相当長いとお聞きしています。

太田　私は16歳くらいから勉強を始め、大学卒業後、海外に留学して聖書を学んできました。50歳くらいのとき日本に帰ってきましたが、エルサレムにいた私がローマに拠点を移したのは、第二バチカン公会議閉幕の直後です。

１９８０年頃、日本では聖書の共同訳事業が難しい状況になっていて、帰国した私は共同訳の最終原稿を作ることになった１９８２年から、刊行を見届けるまでの間、働いたんです。その時期に、日本の教会と日本の聖書学の状況を目の当たりにしました。

岡田　聖書に対する興味というか、関心が芽生えたきっかけはどんなことですか？

太田　私自身はヘボンさん以来の古いプロテスタント一教派の出身で、三代目です。ですからプロテスタント側の事情や推移はよく知っています、幼稚園から大学まで日本のプロテスタントの学校ですからね。プロテスタント主流派の東京神学大学、明治学院大学などを建てたプロテスタントに属し、そして最初に『文語訳』を作ったヘボンさんの翻訳グループに関係した一族です。

岡田　ローマ字表記で「ヘボン式」というのがありますが、そのヘボン？

太田　そうです。日本ではプロテスタント最初期の宣教師ですね。明治の前、キリスト教が解禁になる前に来た人です。ヘボンさん主導のグループが聖書（文語訳）翻訳をしたのですが、そういうところに関係のある家です。祖父母や両親の時代すでにキリスト教批判、教会批判が甚(はなは)だしくなっていて、その中で私は育ったので、神学に関しては『そのままは受け取らないぞ』と、筋金入りの批判分析をするほうでした（笑）。

大学卒業とともに日本から出て、以後ずっと聖書学とその背景である古代オリエント学を学んできました。当時一番新しいとされていたことを勉強して帰ってきましたから、共同訳の仕事を始めた時、いわば「古い聖書学」と「古い神学」と「古い教会論」と「古い宣教学」のままでは宣教できないのは当然だ、聖書を読めないのも当然だと思いました。以来、それをどうするかという課題に取り組んでいます。

岡田　わたしたちが若い頃学んでいたのは「古い聖書学」や「古い神学」、「古い教会論」と「古い宣教学」ですか……　耳が痛い。

太田　１９８０年代の日本のキリスト教界は疲弊(ひへい)していて、気鋭の若手司祭や牧師が退場していった結果、プロテスタントの中にもカトリック側にも「なぜうまくいかないかを反省して、徹底的に新しくなろう」という動きがなかったと思います。そう思っても、手も足も出ない状態でしたね。

私の共同訳の仲間は木田献一、左近淑、和田幹男……などの各氏。日本で有名な学者たちです。

その人たちの所論――日本の教会の話、聖書学の話、キリスト教系大学の話、神学校の話、そこで何を教えているかという話――を、作業しながらさんざん聞いた結果、私が痛感したのは「自分は日本では役に立たない」「日本の大学や神学校ではとても教えられない」ということ。

一般キリスト教世界の認識と学問的知見が古過ぎると思いましたし、「新しくなろう」という気持ちがない主張や持論を指して「それは古い」と言っても、単なる批判と嫌味になるだけです。

それで私は大学の教師になったり書斎に閉じ篭る学者になったりするのではなく、「一般の人で本当に聖書を読みたい人に、小さなグループで説明することをしよう」と決心したんです。

私が各地を巡って〝小グループ〟単位で勉強会をすると、参加された方々は司祭や修道者に言いにくいことを、私に訴えてこられます。したがって、人々は何が分からないのか、何に困っているのかを勉強会の席で、またそこでの付き合いを通じて、把握できるのです。

しかしそうは言っても、小グループによる『聖書を読む会』の立ち上げと継続は非常に大変です。どうしても頭が切り替わらない人がいます。先入観とそれまでの知識や思考回路が邪魔をして、私が「新しい聖書学では、この箇所はこう読めるのだ」と言っても、それを素直に受けてもらえません。日本で40年近く頑張ってきましたが、もうくたびれ果てているところです（笑）。

岡田　その上そこに、昨今の新型コロナウイルス騒ぎが加わりました。太田さんの勉強会への影響はどうですか？

太田 外出自粛や3密回避という社会的要請を、私は〝ときのしるし〟と受け止めました。神さまからのしるし、「この機会にやり直しなさい」という私へのしるし。

2020年の2月以降、新型コロナウイルス感染の拡大を防ぐ目的で、カトリックもプロテスタントも3密を避けるために聖堂を閉め、教会活動を制限したわけですが、私の勉強会は幸い少人数で、3密を避けることができるグループもあります。

私たちはこの時期に、聖書を読むという基本的なことから、宣教の使命を果たす実践的な部分まで、すべての段階でやり直すことに迫られている、と思いますね。今までの神学、今までの聖書学、今までのことば遣いで何とか〝継ぎを当てる〟だけではもう通用しません。カトリックで言うと、教会全体がよほど堅く決心して、「これから新しい聖書の読み方に取り組もう」と司教団から仰っていただく必要があります。

岡田大司教さんが本書を通して主張されたいことを十分検討するためにも、それを先に申し上げておかないと、この対談に無理が生じると思います。「こういう質問があります」と大司教さんが仰っるのに対して、「それはこういう意味で、こう答えるのが筋です」と申し上げるだけでは、新しい聖書の読み方を示すことが難しいのです。

創世記が記す「はじめに」とはこういう意味です、と申し上げるのなら簡単ですけれど、そんな問題ではありません。

旧約聖書編纂の最後期に纏められた「創世記1章」

岡田　創世記にある「創造した」という表記が現在形か過去形かという詮索とか、〝ヘブライ語には過去形がない〟といった蘊蓄とか、そういう問題ではないというわけですね。

太田　はい。大司教さんがお取り上げになりたい創世記1章の1節と31節の動詞は、時制を超える思考を促します。なぜなら第一に、「創造する」とは〝物を作ること〟ではないのです、私の本に書いたようにね。

さっき、出典を「祭司資料」と仰いましたが、ここを書いた人たちが祭司だったかどうかは分かりません。昔、祭司資料（P資料）と名前を付けられた文書は、今日では「時代的に一番新しい資料」と考えられています。あの分厚い聖書の最後に書かれた部分が、創世記の1章だというのです。だから、〈なぜ創世記の1章にこんなものを書いて聖書全体への序文としたか〉を知るには、その時の彼らの社会状況と時代背景——生きるうえで何に困っていて、どういう思想を持っていて、何のためにこの文書を書いたか——を解明するところから始めないと、真意を汲み取れません。このまま昔風に読み進み、一字一句を説明するということでは、おそらく間に合いません。

岡田　そこのところ、だいたいこう読まれ理解されているとわたしは思います——すなわち、「神さまは良い世界を創られた。次に、人間を創られた。しかし人間は神さまに不従順で、せっかく神さまがくださった世界を滅茶苦茶にしてしまった。そこで神はイエス・キリストを遣わして人間に反省させ、人間を罪から贖い、そしてもう一度、世界を良い世界に作り直そうとしておられる」——と。

今それが進行中だという理解が、まあ正統的なというか、無難な読み方ではないでしょうか。

太田 私はそれを、〝昔からの伝統的な読み方〟と申し上げているのです。それでは、なぜ膨大な旧約聖書の中で最も遅くその部分が編まれたか、を説明したことにはなりません。

岡田 確かに、わたしの中でも説明がつかないな。今は自分がよく分かっていないということに大変違和感があるので、率直に「変だな」「知りたいな」と感じる箇所を分かち合って、どう考えたらいいか、示唆を得られればありがたいのですが。

太田 お気持ちはよく分かります。そこで、創世記第1章の「はじめに」を考えてみましょう。「はじめに」と訳されている部分を直訳すれば、「頭に」です。「はじめに」と訳してもいいけれど、「物事の頭のところ」という意味――そう書いてあるんですよ。「頭に」を時間的に言おうとすれば「はじめに」となる、というわけですが、原意は、単に時間的な表現というわけではないことを知っていなければ、正確な読み方を追求する第一歩になりません。

それをしばらく措くとしても、大司教さんは「創造された」という部分を説明されるとき、「創造する」という部分の文字として、「創る」「造る」という漢字を心に描いていらっしゃるでしょ？　「創造」ということばを音としてお聞きになったとき、やはり「つくる」とお思いになるのですか？

岡田 創世記の場合、「創造された」と訳されていますからね。日本語訳の旧約聖書を、全部ではありませんが数種類調べたら、なかには「創造し始めた」と訳している例も、一つ二つありましたが……

太田　「創造」という語にどんなイメージを抱くかによって、理解は決まるんです。だから「物をつくる」「川をつくる」「国をつくる」「地球をつくる」という、その「つくる」で「創造」ということばを捉えていらっしゃるとすれば、その理解は不十分と言わざるを得ません。

私は70年間くらい勉強していますけれど、その勉強の最初の半分は、昔風の〝定説〟を脱却する過程で、「創造する」という語（日本語は「創る」「造る」という漢字を充てます）、が、どんな難問を生むことになるかというところを日本語の中で考えようとしています。

結論から言えば、この語の意味は分からないのです。「神」が主語のときにしか使わない動詞ですから。〈人間のすることには使わない動詞を使っているそのことは、何を意味するのか〉が分からないんですよ。まずそれから説明しなきゃいけないでしょ？

岡田　神が主語となる場合にしか使われない語なのですか。

太田　そうです。「バラ」という動詞ですが、正確な意味は本当には分かっていません。研究する上で、意味が分からないならどうするかというと、ひとつには、〈この文書――P資料――はいつ、何のために書かれたか〉を考えることで、少しは探りを入れることができます。どういう時代に何のために書いたか、その時にユダヤ人を取り巻く世界環境はどうであったのか。実際には、彼らが置かれた環境は非常に乱れていたのです。イスラエルは捕囚の後ですし、国は滅びて存在しない……

岡田　滅ぼされて、強制移住させられた時期ですね。

太田　文書にしたのはその後で、ペルシャ時代。P資料が一番新しい資料、考え方だといわれる所以（ゆえん）

です。ユダ国が滅びて国民が捕囚となり、そこで世界中の文化に出会って精神的にも文学的にも宗教的にもすごく飛躍した時期ですね。それで考えが深まり、ものの見方も深まったところで最後に書いたのが「創世記」。ヘレニズム期になると「ユダヤ人の若者の中にはギリシア人になりたい人が多くて、このままではユダヤ共同体が消えてなくなる。どうしても国家再建の基礎文書を成立させなければ」という危機感から、いわゆる旧約文書群を編んだ。編纂するにあたって周りを見渡すと、世界は大変なカオス状態にあった——　そこから推察しますと編纂者たちの主眼は、「地球をつくる」「人間をつくる」などを含め「つくる・つくらない」というよりは、世界と人間の「秩序」に置かれたのではないかと思います。

　だから先ほど大司教さんが紹介してくださった私の本も、秩序を中心にして書いています。「宇宙には、もともとは、良き秩序があったはずだ」というのが、この文書を作った人たちの最終的な実感であり、結論だったと思いますよ。「秩序」をテーマにする場合、私の勉強会でも必ず創世記第1章の説明をするんですが、「神的秩序」と言っても日本ではなかなか理解されません。秩序ということばを日本人は好きではないのかなと思いますが、聖書の世界で「秩序」を語ればそれは「神の秩序」であり、「物事の正しいありよう」ということです。だから「作られた」「造られた」という印象が強いと理解しにくくて、私が何を言いたいのかが伝わりません。そこを、「この宇宙の全体には秩序があるはずだ」と理解すれば良いのですが、難しいのでしょうかね？

岡田　日本人の中には、宇宙の果てまで視野を拡げてのんびり見たり考えたりできる人って、ほとんどいない。「勧善懲悪」と「目先の損得」に心を奪われているように思われます。

太田　「人間」と「人間を囲む環境」全部のことですが、そこまで思考が広がらないのでしょうか。

岡田　わたしたちが感じるのは第一に毎日の生活であり、目を転じても国と国との衝突、非道な殺戮や飢餓、自然災害といったところが精一杯でしょう。そういうものが満ち溢れているこの世界を生きるのに、「神さまの秩序」なんて悠長なことを言っていられないのですね。目を凝らして見れば「神の秩序」が見えるかもしれないけれど、そんなものを注視している暇はないんです。

太田　そんなに急がれたら困ります。「人間」と「人間を囲む秩序」に対して人間がどう対応するかというのが、創世記1章の趣旨ですから。「人間が神の整えられた全世界・全宇宙の秩序の中に自分を置いて、その内的世界に正しい秩序を立てないと、人間は環境に対応できない」というのがここの話の中心点なんですよ。

今の世界的な状況が非常に悪いのは、〈キリスト教の言い方ですが〉神の立てられた秩序に対して人間が自分たちの内的な秩序をおろそかにして、背いた。――　旧約聖書は「契約宗教」を主張しています。この世のカオス状態は「神と神による良き秩序に背いた結果」なのです。従って当然、「罪」とか「罰」とか言いません、「背く」「従う」が尺度であり、それは「契約」を重視したものの考え方です。

聖書を読み始めるときの視点が古いままだと、新しくなれず、この論理を理解できません。今がチャンスだから、〈新しいことば遣いで、新しい考え方で聖書を読み直し、信仰を見直す〉という試みをなさるといい、私は信徒対象の勉強会でその試みを続けています。お分かりいただけるでしょうか。

岡田 ことばは分かりますけれども、教外の一般人には通じないような気がします。

太田 いえ、私は月に何回も「一般の人」を集めた勉強会をしていますが、こういう話なら通じます。もちろん、一般信徒(クリスチャン)にもね。私は神学をやっているのではなくて、「一番大事なのはこの地上での人間の生活だ、それが秩序の中心だ」と言っているだけです。

うち続く天変地異の捉え方

岡田 2011年に東日本大震災が起こりました。地震と津波と原発事故の三重苦。それより前の阪神淡路大震災もそうだったし、最近各地を襲っている大水害でもそうですが、災害に遭った人が右往左往したりパニックに陥ったりするだろうという行政側の予測は外れて、どの被災地でも皆さん、落ち着いて行列を作り、文句を言わずに整然と対応しておられます。外国から来たボランティアがそれを見て驚いたという報道がありました。多分、日本の社会には、何かをやるとき人を掻き分けたりしないで、行列ができていたら並ぶことを良しとする〝心の秩序〟が確立されているのではないでしょうか。そこに「天祐神助」「神のはからい」といった概念の浮かぶ余地はあるだろうし、逆に「神さまがいるのにどうしてこんな災害が起こるのか」という議論だって起こるかもしれませんが、そんな議論に時間を費やすくらいなら、今はまずメチャメチャになっている被災地を片づけて、一日も早く「人間らしい生活」ができるようにしようという意識が先行する。それが前向きな態度だと評価される下地があります。

だから「神さまの秩序」を持ち出すまでもないし（と言ったら神さまに失礼だけど）、神さまがいなくても差し支えない――というのが一般の日本人の感じではないかと思わないでもありません。現実に、神さまを持ち出すとしらけちゃうケースもありますし。

太田　持ち出し方が悪いからです（笑）。私も、今回のコロナ禍で移動が制限されて不自由な思いをしています。たとえば福島県いわき市で行われた「3・11の被災者支援の勉強会」に2月13日に行き、そこで足止めになって東京に戻れなくなったりしています。その間に地元信徒の皆さんから聞いたのは、「教会はわたしたちを見捨てた」という嘆きです。

この地方の人々は「この際、カトリック信仰というものをちゃんと説明してもらいたい」という気持ちを非常に強く持っておられます。教会側の「聖堂に来てはいけない」「ミサはやらない」というコロナ禍への対応が、誤解を招いたんです。「教会は一番大変な時に、わたしたちを導くんじゃなく捨てるのか」と受け取られてしまっていました。

そんな中でどうやってこの人たちに、「これから教会がどう対応するか分からないけれども、聖書とイエスさまに信頼して、自分たちの信仰を育てよう」という話ができるか……　あれ以来ずっと、それを考えてきました。

そして私は、「今こそチャンスなのだから、教会も信徒も司祭も修道者も皆、悔い改めて、新しい聖書へのアプローチをしましょう」「新しいキリスト教へのアプローチをしましょう」と呼び掛ける時だと気づき、希望を持っているんです。

まさに「時は今」なんだから、大司教さんが本をお出しになるならぜひ、そういう思いを込めて出していただきたいのです。

岡田 唐突に「大司教さま」と言われても、わたしはもう司教らしい働きをやってませんから(笑)。

太田 では「岡田さん」でも構いません(笑)。本をお出しになればやっぱりインパクトは強いですからね。

岡田 司教といえば、現役の司教は大変で、日本の教会の歴史上初めて、新型コロナウイルス感染拡大を防ぐために、それぞれの判断で期間を区切って「わたしの教区は公開のミサをしない」と決めたし、教会活動を縮小・中止・延期しています。

「すべての命を守る」という世界教会に共通の大命題に沿う動きですが、考えてみればこれは大変なことで、〈『ミサがあるかないか』なんて、人間の命の尊さの前には吹っ飛んじゃう問題〉だという考えですよね。わたしはこの選択を正しいと思います。

けれどもその選択を『見捨てられた』と感じる人がいるのも事実です。わたしなんか古いタイプの司祭なので、自分が病気で入院してミサを毎日挙げることができないようなときには、ものすごく引け目を感じたりしてきました。

病気が重症化・長期化した今ようやく慣れて、ミサをやらないことに引け目を感じなくなっています。わたしだけでなく、ミサに懸(か)ける信徒の思いはそれほど心の奥深くまで染み込んでいますから、現在のような非常時に「ミサに出るな」と言われれば、『見捨てられた』となるのでしょう。

聖書の言葉を宣教に生かすために

岡田 それにしても、人間の目には世界が混乱を極め、悲惨、残酷な状況に見えても、神から見たら「極めて良い」ということなんですかね？ それでも現実を「神の目で見て『良し』としなさい」ということなんですか？ はっきり言って、よく分からない。

どうも、その辺を誤魔化してきたんじゃないかという気がします。「今はこうだけど、いずれ良くなるんだから待っていなさい」、あるいは「これは神さまが与えた試練なんだ」とか、教会はいろんなことを言ってきたわけですよ。

もちろん、一生黙々と、人々と苦しみを共にした人はいた。教会の歴史を見ると、人々と苦しみを共にした司教・司祭・信徒がいたことは事実で、だからこそ教会は続いているわけですが、大体はそうしないまま、「神の創られた世界は極めて良かった」と嘯いてきた。これでは教外の人々に納得していただけないでしょう。

だから創世記の記述を理解しようとするとき、たとえばヘブライ語の動詞の問題を取り上げれば、なんとか説明可能かなと思っているのです。だって神さまは、最初に一仕事されてそれで終わり、後は人間任せで手を拱いておられるのではなく、今もいつも働いておられるわけでしょ、理論的に言えば。

太田 それは、ものの言い方です。神のことを言う時はどうしても擬人法を使わざるを得ませんからそういう言い方になりますけれど、日本人がそのようなことを要求しているとは思いません。

岡田 日本の教会では司教、司祭が要理教育に熱心に取り組んできましたが、説明の裏付けとして聖書の記述を引くことにはあまり熱心とは言えなかった。時間をかけてひと通りカトリック要理を教えてから洗礼を授ける、というパターンは消えつつありますし、要理を教える方も、聖書のことばをどう関連づけていいのか分からない、というより、関連づけることに大きな意味を感じなくなっています。教えを受ける求道者の方でも、『神父さんが汗をかいて一所懸命教えてくれるから、じゃあわたしも信者になろう』と、あまり抵抗を感じずに受洗に至る。

わたし自身も、自分なりに考えて要理の内容を理解したつもりですが、後になって考えてみると、『待てよ? あの時自分は何を理解したんだろう』と、今頃になって考えることがあります。教理に取り組んでいる時点で、あまり聖書そのものを勉強しなかった、その弊害を感じるようになったので、今ごろになってあらためて勉強しようと思っているんです。

太田 私のアプローチの仕方を申し上げていいですか? 大司教さんは常日頃、「なぜ日本でキリスト教宣教がうまくいかないのか」「なぜ聖書が日本人に分かりにくいのか」について考えたい、話したいと言っておられます。そこで、お目にかかればその話になるかなと思い、私もそのことを考えてきたんです。

日本でのキリスト教の歴史――私が知っているのはプロテスタントが主ですけど――を見る限り、宣教の初めから問題がありました。「キリスト教の入り方も悪かったし、もたらし方も悪かった。うまくいくはずがない」と子どもの頃からそれを聞かされて育ちましたが、今の私の受け止め方も同じです。〈それなら自分は何をすべきか〉ということを今まで80年間も考えながら過ごしてきました。

この際、そんな人間の見方を聞いてくださった方がいいかもしれませんね。

岡田　太田さんの感じておられる問題と、わたしが今言っている問題の核心とは、ちょっとズレているような気がします。

太田　そのとおりです。私が申し上げているのは、この説がこうで、この単語の意味がどう、とかという前に、「一体聖書とは何か、どんな書であって、私たちはどういうアプローチをするべきか」を、きちんと理解し、説明すべきだということです。大司教さんが仰るように、教会がそれをしてこなかったとすれば、おそらく日本の教会自体が聖書をよく理解していなかったのかもしれません。

初めにお話ししたように、聖書学は非常に発達した学問ですが、同時に世界で一番古い、紀元前から続いている学問です。そして世界中で研究がなされてきて、第二次大戦後に大進化を遂げました。ですからまずは「これまでの教会の聖書の読み方では『創世記』一つとっても正しい理解ができないから、読み方を新しくする決心をしましょう」というところから始めないと、次の段階に進めません。

岡田　「そもそも聖書は――」という説明の仕方もあるでしょうが、そうではなくて「今現在、多くの人が感じている問題について、聖書はどう説明できますか」というのがわたしなりのアプローチ法なんです。

太田　それならなおのこと、「いったい聖書とは何か」ということこそが、すべての疑問を解くカギになりますから、最低でもそれを理解することが議論の前提です。今までの聖書論――「神さまの命令だ」とか「神さまが全ての物を作られた」とかを信じ込む古い読み方――のままでは、現代日本の人々や意識の高い信徒たちの相手をすることはできない、と申し上げたいですね。

岡田　取りあえず、今はわたしの相手をしてください(笑)。棺桶に片足を突っ込んでいる人間が、最後に「こうなんだ」と理解してサヨナラを言えるように、相手してください。

太田　私より10歳もお若い方が、何を仰いますか(笑)。

聖書を知ることは〝回り道〟か

岡田　今まで感じてはいたけれども、それほど強く意識しなかった問題で、いろんな任務から解放されて「限られた時間」しか残っていないと気づいたとき浮上してきた問題点がいくつかあります。その中で割におとなしい方の問題を今日、取り上げて話し合いたいと思っています。もちろん問題点はそればかりではありません。一番深刻な問題は、いくら引退しているとはいえ、それを口外することはちょっと穏やかでないので、それは後回しにしたいと考えています。それは多くの人が言っていることなんだけど、恐ろしくて言えない。

一方、信者になる時に多くの求道者が感じている「神さまが創られた世界にどうしてこんな悪いことが起こるんですか？」「わたしの人生はさんざんでしたが、それでも神さまはいるんですか？どう説明してくれますか？」という疑問には、これまでも実に丁寧に、いろんな識者が一所懸命に説明しています。そこでは誰も、「聖書とはこんな書物で、書かれた時代はこうだ、ああだ」なんて説き起こし方はしていません。聖書の成り立ちや聖書が編まれた時代背景などを考慮しなくても、理解できるのではないでしょうか。

太田　私は、聖書について知ることが悠長だとか回り道だとは思いません。そこができていないから、岡田大司教さんが仰るように「今まで日本人の心を捉える宣教をすることができなかった」と反省する仕儀になったのではないか、と申し上げているのです。

何度も言いますが基礎文書、キリスト教の土台が「聖書」です。イエス様もそれで育っておられるのです。ひと口に「イエスの御心（みこころ）」と申しますが、イエス様が何を考え、なぜそう言い、なぜこういうことをなさったかは、彼が旧約聖書で育っていることを抜きにしては理解できないでしょう。

岡田　だけど、旧約聖書の概念は我々にはもう通用しません。ただ「旧約聖書でこう言っていること」を、今のことばでどう言ったら分かるか――というのがわたしたちの課題なんです。

太田　教会はそれをやってこなかった、とわたしは言っているんです（笑）。

岡田　ああ、それをわたしはやろうと思っているのです。わたしはね、旧約聖書に頻出（ひんしゅつ）する「贖い（あがない）」などということばはもうダメ、分からないです。

太田　「贖い」なんてどうでもいいのです。「贖い」と言う単語も概念も、「原罪」と同時に言うのでなければ必要ありません。

大司教さんが私にお電話をくださって、「自分は本郷教会の小教区管理者をやることになった。ここで旧約聖書の勉強会をしたいから、あなたにはそこで話をしてほしい」と仰ったとき、私はようやく希望を持つことができたんですよ。本郷で勉強会を15～16人の方と始めて、私が今言おうとしているようなことを説明する場を与えられたのですから。始めてみると、参加された皆さんはよく分かってくださる。それは私にとって今も大きな希望になっています。

岡田 そこに同席しているわたしだけが、分かっていないんですね(笑)。

太田 神学やら何やらの先入観と、既成のいろいろな知識がおありだから、それが邪魔をする……

岡田 もう何十年も神父をやっているから、「こうだ」と思っている先入観を措(お)いておいて虚心坦懐(きょしんたんかい)に人の話を聞くというのが難しいんですかねえ。

太田 そうでしょうね。

岡田 だから今まで遠慮していたことや、おかしいと思いながら口にしてこなかったことを、今、率直に言うようになったんです。「全然良くない世界を神さまはどうして良いと言われるのだろうか」「もしかすると『良くなるよ』と言われたのかな」、それとも『そのままにしておけばいいじゃないか、最後は良くなる』という意味なのか」とね。

そんな疑問の一つが、「聖書って、いったいどういうものなんだろうか」。あるいは「この無茶苦茶な世界の中に、神さまの意思があるのか。よく見れば『神さまの働き』『神の創られた秩序がちゃんと見える』のか。そうであれば希望をもって歩けるぞ――と。

聖書誕生の背景となった国と人々

太田 創世記1章に限って言うならば、これが出来たのは、イスラエルという国が滅びたにもかかわらず、不思議なことにイスラエルの民が、国とともに消滅することなくユダヤ人と呼ばれて残った時代のことです。世界で、国とともに消滅せず、滅びた国を基盤とした国民が今日まで存在している例は他にありません。世界史上唯一の出来事です。なぜそういうことが起こったか。そういう歴史を背負った人たちが聖書を作り、我々に残してくれたのです。

なぜそうなったか。古代イスラエルの人々がバビロン捕囚後、世界中に広がって（その動きを「ディアスポラ」と言います）、全世界の文明を見渡しながら「なんとか故国を再建しよう」と思って生きていた当時、彼らが見渡した世界は非常に悪かった。なぜならそれは偶像崇拝の世界だったからです。

ここでいう偶像崇拝とは、あそこやここで御像が拝まれているという風習を指す狭義の意味ではありません。「何を最終権威とするか」という共通認識の在りようによって、偶像崇拝という問題が生じるのです。王とか独裁者とかの社会システムが人間を押さえつけていて、人間は聖書が言うように自由でもなければ独自の価値を持つ存在でもない——　そういう世界を是とする思考が、偶像崇拝です。

イスラエルの民の場合、捕囚となったのは、首都エルサレムにいたインテリや技術者でした。その人たちが捕囚に行って、当時の全世界のすごい文化に出会い、そして考え詰めて、何百年か経ってからこの創世記冒頭の文を、聖書全体への序文として**最後に**まとめたのです。

だから、いったい何のために、どういう背景で、何を言いたくてこれが出来ているのかを、そういうふうに歴史から理解していくと、当然そこに——その当時の彼らの学問的レベルは全世界の文化レベルに達していますから、神さまが粘土でも捏ねるように被造物を作ったというのではなく——、「この人間の世界の秩序は大きく狂っているけれど、我々の神がこんな狂った世界を創造するはずがない」「こんな秩序を与えられるはずはない」という確信が生まれ、「それなら、こんなに人間の世界が悪いのはなぜだろうか」「どこに原因があるのか」「神さまが悪いのか、人間が悪いのか」を、捕囚後何百年もかけて考え続けることになりました。そして、到達した結論が、創世記1章から11章の文学になったのです。

だからこの部分が聖書全体を貫く人間論として、また宇宙論として、一番大事なんです。そういうふうに、聖書学が到達した新しい考え方で創世記の冒頭部分を読めば、これまでの理解とは全く異なる読み方ができると思われませんか。

基本的な価値観を持っていたからこそ見えた「この世の乱れ」

岡田　それはそう思いますし、そう理解しています。「偶像崇拝」ということばは、わたしたちには分かりにくいけれども、偶像崇拝に陥ってしまったユダヤの民が捕囚後、よく反省してみた結果、〈神さまが本来望んでいる世界〉が見えてきた、だんだん分かってきた、というわけですね。

太田　なぜ彼らが「これが本当のはずはない」と考え得たかというと、イスラエルの人々は、ダビデ王が国を造って以来、彼らがヤハウエと呼ぶ神との契約による伝承を持っていました。国が滅びてバビロン捕囚になってもなお、その精神性を堅持し、その伝承——最後は「律法」という翻訳になりましたけど――、つまり純粋な法的精神を持っていたから、そのヤハウエの法から見るとこの世界は非常に乱れている、と言えたのです。基本となる価値観を持っているからこそ言えたんですよ。

岡田 乱れているかどうか、〝乱れていない価値〟を覚知していなければ、乱れているとは思わないですからね。

太田 国を滅ぼされ捕囚となった少数民族の人々――負けて世界の文明の中心に連れてこられた捕虜――が、なぜ戦勝国のすばらしい大文明を「これはダメだ」と言えたか。創世記をお読みになるなら、そこをお考えになることをお勧めします。

岡田 ダメだと言えたのは、ダメでない世界に目覚めたというか、ある程度感じたというか、知ったからですか？

太田 いえ、伝統を持っていたからです。法的な伝承を持っていた、律法として結実するヤハウエの伝承を持っていた、それに詳しい人たち――エルサレムのインテリ――が捕囚に行ったから、行った先で「なぜ自分たちは負けたのか、どこが悪かったのか」と考え続けた。

岡田 反省の結果ですかね？

太田 そうです。「なぜ負けたのか」『なぜこんな悪い世界に我々が負けなければならなかったのか。それは神さまのせいか、自分たちのせいか」。そこを真摯に自問自答して初めて、創世記2章以下が書けたのです。「我々は最初に設定された神の秩序を全部裏切り、背いてきて、挙句の果てに自分たち（の国）も滅びた。この神の法を知らない世界がこんな状態であるのは無理もない」と。

岡田 わたしもだいたいそう解釈してきたのですが、その割にはゴリゴリとたくさんの律法を発布して守らせようとしたんじゃないですか？　バビロン捕囚の後に民族の意識を立て直し、「出エジプト記」という記録も作って、律法ないし規則、定めなどいろいろな名前の〝守るべきこと〟を定め、「なんで出来ちゃったの？」という結果になったんじゃないですか。

ユダヤ教を絶ち、「律法」を捨てたキリスト教の今

太田 それは「律法」をどう考えているかによります。やはりキリスト教は――

岡田 キリスト教のことは後にしましょう。

太田 いえ、「律法」ということばが一般に誤解されていると思いますから、私が「律法」と言うときに何を意味しているかを、ここでお話しておきたいと思います。

キリスト教が始まったのは紀元後四世紀。イエスから300年も経ってからキリスト教が発足したわけです。

その時のローマ帝国支配下の政治状況では、ユダヤ教を断って新しい宗教を作らなきゃならなかった。そうするとユダヤ教はダメ、もう捨てるとなっていく。それに伴って「ユダヤ教の律法」も捨てられました。だから、「律法はもういらない」という考え方を福音書に書いて、そのまま今でも誤解したまま。現在のクリスチャンも「律法」と聞くと、「ああ、いろいろ、ああしろ・こうしろって書いてあって、今はもう役に立たないものね」と、パッと反応しますが、そんな誤解を捨てないと、多分、

聖書を正しく理解できません。イエスは律法を否定していないし、十全に律法の中で生きて死んだ方なのですよ。

岡田 そこは難しいところで、「わたしは律法を廃止するために来たのではなく、完成するために来た」とイエスは言っている。だけど結果的に彼は律法や安息日の掟を破り――

太田 破っていないでしょう？ 読み方が悪いんですよ。だからキリスト教はやり直さなきゃダメだと言うんです（笑）。

岡田 じゃあ、「破った」という理解は間違っているわけですね？ でも、あんな何百もある規則を……一般の人は覚えきれないし、守り切れるわけないですよ。

太田 いえ、私は1962年からイスラエルに住み、ユダヤ人の傍らにいた人間ですから、いったいユダヤ人にとって律法とは何で、ユダヤ人の生活はどういう風に律法に従うのかを――もちろん、まるで同心円のように、人によって〝守る程度〟は違いますけれど――つぶさに見てきました。

そして、律法の故に現在もユダヤ人という存在があり、それはどういうことかが、よく分かったのです。

キリスト教が外からユダヤ人を見て、旧約聖書もよく読まず、律法のこともよく知らずに、「律法はもう捨てられたものだ」とか「律法は人間を縛るだけだ」とかいうのは間違いです。

岡田 いや、律法を捨てたんじゃなくて――

太田 そう言ってきたでしょ、キリスト教は？

岡田　確かに、意味が失われたものは顧みられなくなりましたから、「食物規定」とか「祭儀」の仕方に関する決まりごとは捨てられていきました。しかし、基本的に彼らの生き方が旧約聖書に立脚していたことは、教会も肯定しています。イエスの福音が、旧約聖書から多くの教えを汲み上げていることも、教会は認めています。

たとえば使徒言行録を開くと、ユダヤ教徒と初代教会のキリスト教徒がだんだん分離していく様子を窺うことができます。最初の頃はペトロもヨハネも、神殿に詣でていたし、「何時のお祈りに出かけた」なんて書いてある。けれどだんだんキリスト信者は締め出されて、シナゴーグに入れてもらえなくなりました。

太田　それはずっと後の話です。

岡田　バビロン捕囚でエルサレムから強制連行されたユダ国の指導者たち、特に祭司たちは、「どうしてこういうことになっているのか」と突き詰めて振り返った結果、「自分たちは偶像崇拝に陥って乱れてしまっていたのだ」という反省に達しました。

太田　いえ、神との約束を破ったからだ、と気づいたのです。

岡田　神さまとの約束を破った？

太田　キリスト教の好きなことばの一つに「罪」があります。だけど、「罪」という語は使わない方がいいと思います。より的確な用語を充てようとするなら、「背く」という語の使用をお勧めします。「約束に背いた」と仰ればいい。

学問的な裏付けある聖書の読み方を勧めたい

「シナイ契約」

岡田 神との約束はいくつかあるけれど、今わたしが触れたのは「シナイ契約」のことです。

太田 シナイ契約というのは旧約聖書の中で律法の源泉、歴史文書を指す言い方ですね。それなら、律法の根源をどこにどういう形で歴史文書として置くか、ということを先に考えるべきです。

ユダヤ人が今でも幼稚園児の頃から教えられている「現代イスラエル国の公式歴史」があります。その中ではアブラハムが先祖で、その子孫がエジプトに入っていって、そこから「出エジプト」という事件を起こして出てきて、荒れ野の旅があって、約束の地に入った——と教えられます。それからダビデが王国を作り、しかし神に背いて滅ぼされた、とね。この辺りまでのこと、ユダヤ人の幼稚園児でもペラペラ言えるんです。

ユダヤ民族はそれを旧約聖書から汲み取り、そのままイスラエルの国史として、旧約聖書から作ってきたんです。それをヘブライ大学でも教えていたから、私は「これはこのままでは受け入れられない」と判断してエルサレムを離れました。

古いクリスチャンの頭に入っているのも、政治的な理由でイスラエルが旧約聖書に基づいて作っているこのイスラエルの正式な国史です。トランプさんはじめアメリカに1億人からいるという原理主義的福音派のクリスチャンが、現代イスラエル国をサポートするために使っている旧約聖書の読み方、それが「原理主義」的読解法なのです。ですからそれは否定してもらわないと話が進みません。

さっきから申し上げているように、聖書学的にも社会学的にも歴史学的にもちゃんと裏付けの取れる聖書の読み方をしましょう。古代オリエントからイスラエルの歴史という分野は現在、日本史よりもよっぽど詳しく知ることが可能なのですから。

聖書の背景を知ることとは、そんなに難しいことではありません。日本の信徒で聖書に強い関心を持つ人たちは、そういう話を知りたかったんだろうと思います。

だから神学校でそういうことを神学生に教えてほしいのです。今日の対談に私が希望を持ったのは、岡田大司教さんから司教団に働きかけていただいて、「神学校で、新しい学問的知見を取り入れた聖書の勉強をしよう」と呼び掛けていただけないか、と期待したからです。

岡田　あいにく、神学校とわたしの間には何の関係もありません(笑)。太田さんは誤解しておられる、カトリック教会の「大司教」という虚名に幻想を抱いておいでだ(笑)。

太田　何を仰いますか、名誉大司教さん。どうぞ頑張ってください。神学校で未来の司祭たちにちゃんと聖書を教えてくださらないと。教えるべきことを教えてくださらないと、困るのは信徒です。きちんと聖書を勉強した神父さんがいてほしいですから。ローマから帰ってきた私に、何人かの神父さんが同じことを言いました、「あなたは聖書を勉強して帰ってきたから僕のミサには来ないでね。話しにくくなる」と。

岡田　いやあ、その神父の気持ちは分かるような……（笑）

「出エジプト記」創作の事情

岡田　振り返ってみると、聖書の読み方については「こうだ」と聴いたまま何となくそう思っていているうちに、司祭になるための勉強が終わっていたような気がします。だから例えば、「出エジプト記」の叙述について太田さんの勉強会で、「あれは大体、史実ではない」という指摘がチラッと出てくると、『えッ！』となる。太田さんは、「バビロンから解放されたときの体験を『出エジプト記』という形で編纂したという説が有力だ」と仰った。

太田　そういう表現ではありませんが——

岡田　でもそれに近いことを仰ったでしょ？

太田　確かに、史実ではありません。ただ「歴史性は出エジプト物語の中にいくらかある」とも申しました。

岡田　いくらかあるけど、「十二部族」なんていうのは後から——

太田　その部分について言えば、〝イスラエルの先祖がエジプトから出た〟という話ではありません。ダビデ王朝が成立してから国際社会の仲間入りするためには、アイデンティティーを明らかにする歴史物語が必要でした。古代世界では自分の国の歴史をちゃんと持っているということが重要だから、彼らが歴史書を構成し始めたのです。ダビデ王国が成立して、２代目のソロモンの時代には宮廷文化が発達する。そこにインテリを集めて歴史書を編纂させるときに、「出エジプトをし、それからエジプトからここまでの距離の荒れ野の旅という期間を置き、約束の地という神学を作り、今ここに我々の国がありますす、我々は、どこの馬の骨か分からない民族ではありません」という歴史を、「出エジプト」を発端にして作ったんです。なぜなら彼らにとっては、自律した人間というのが社会的に一番大事だったからです。そのため、「エジプトの奴隷にされたので、それに抵抗して脱出した」と主張した。

彼らはすごく面白い歴史物語を書いたと思いますよ。それを現在の形の聖書に編纂したのは、ペルシャ時代以降でしょ？　その頃までには歴史記述の伝承を持ち、その他に「律法」と呼ばれるようになるさまざまな思想も生活の仕方も成立させています。国際政治の中では捕囚になったけれど、アイデンティティーは保ち続けた。だからユダヤ人は消えなかったんです。独自の生活の仕方も持っていますし、法的な思考力に長けた民族です。自分たちのアイデンティティーを語る歴史も持っている。そうやって生き延びてきたんですよ、今日までね。

旧約聖書の最後の形を作った時には、実に広い世界的な知識を持っていた人たちが、出エジプト物語に捕囚から故国に帰るという希望を重ね合わせ、出エジプトと出バビロンを一つにして構成したのです。イスラエルの歴史を編むなかで、捕囚後の民の行動や思考の纏め方に納得がいったんでしょうね、だから「ヨセフ物語」も作ったし、アブラハムをはじめとする「族長物語」も作っている。その中には〈史実ではないけれど、歴史性はあるもの〉もあるんです。

今の歴史学から「アブラハムの物語」を見ると、当時遊牧民がそういう生活をしていたということは歴史として正確です。アブラハムさん、イサクさんという人物がいたわけじゃないけれど、全部でたらめな物語を書いたわけではありません。ちゃんと世界史を知っていて、その知見を使って自分たちの歴史を書いたことは、今、古代オリエント学をやれば分かるんです。それはそんなにこんがかった話ではないですよね、一般人にもよく分かる話だと思います。

岡田 う〜ん…… 壮大な話ですねえ。

太田 ですから、なぜ「旧約聖書」というものを纏(まと)めなきゃならなかったのか、どうしてもこれを作らなきゃならなかった理由は何か、それを先に知れば、大司教さんがお持ちの疑問の形も違ってくると申し上げているのです。

神殿が再建されたエルサレムは国際的に、ペルシャ時代にもヘレニズム時代にも、ユダヤ民族にとって一番重要な町と認められています。旧約聖書には、「求心力をかけて故郷にユダヤ人の若者を帰したい、次世代がギリシア人になってしまわないように、ユダヤ民族共同体の存続のための基礎文書が必要だ」というユダヤ民族の思いが込められているのです。

岡田 戦後の日本人が、アメリカ人にならないようにと、日本の良さを熱心に説いた、それと同じような心情ですかな。

太田 そのとおりですが、彼らのやり方はもっと緻密(ちみつ)でした。しっかりした歴史文書にするために、それまで持っていたいろんな文書を収集してきちんと振り分け「五書」に整理もしたし「預言書」も整理しました。そしてもろもろの文学作品も集め、「これを基礎文書として、将来再建すべきイスラエルの土台にし、ユダヤ人を一つに集めて、我々がギリシア人になってしまわないようにする」という意思を鮮明にしたのです。「旧約聖書」とは、その努力の結晶なのです。

ですからバイアスがかかっていると言いましょうか、目的がはっきりしていますから、その目的から逆算してどういう編集がされているかを見れば、読み取り方は分かります。

世界の初めから順番に時系列に沿って書かれたものではありませんから、聖書のどこかを開けたとき、そこに窺(うかが)える思想は、それを読む人やそこを書いた人たちの生きていた時代の世界的な文化、そして世界的な広がりを持っているユダヤ人社会の思想、その時その時の思想の文書化されたものです。だから、一貫性がないと感じられるのは当然です。初めから読んでスーッと分かるものではないと思います。

岡田 そうすると、わたしたちが日頃抱えている問題について解決のヒントを聖書の中に求めるのは、聖書の〝目的外利用〟になってしまう?

太田 聖書の記述には歴史における神の導きが溢れていますから、現代人の疑問への答えやヒントはたくさん含まれています。しかし聖書が編まれた目的がどこにあったかを、ぜひ知っておいていただきたいと思います。

旧約聖書の出来具合を簡単にでもいいから把握して、そして何のために一冊の書物――まあその時は一冊の書物じゃなくていくつかの巻物群だけど――を、そうやって集めて失われることのないようにした、言い換えれば「文書化した」のは、いったいなぜだったのかを知る必要があるでしょう。

その時の目的はこうだったから、書き方がこうなっているのだ、こういう視点で編まれたからこうなんだ、とね。

聖書編纂の時系列でいえば全体の最後に、序文として創世記1章を作ったとき、ユダヤ人たちは非常に悪い状態の世界の中にいて、「それでもこれは、神さまが初めから悪い状態を作ったのではない、神はすばらしい世界と極めて良い秩序を立てられた。人間にとっての物理的な世界、つまりフィジカルな世界の秩序に対して、人間の心の中、内的な世界の精神の秩序も極めて良かった」とわきまえた上で、自分たちの目に「悪い」と映るならそれは、「我々が神に背き、我々が壊したのだ」という気づきを物語にした。それが創世記の1章から11章です。

イスラエルの民の悟りを聴けば現代人の疑問は解決する

岡田　イスラエルの民にとっては国史の裏付けとして拵えた公式史料かもしれませんが、今それを読む私たち現代人にとっては、分かるような、分からないような……　聖書を遺したのは人間であって、その中から汲み取るべき「啓示」を「神がこう言っておられる」という形で記録し、伝達してきたわけですが、神が本当にそう言ったかどうかは、どのように証明されるのでしょうか。

太田　天から声が聞こえるわけではありませんから、いずれ人間が長い苦しみの後で「そうだったのか」と悟るしかありません。悟って、結局はそこでようやく「分かった」となる——

岡田　「悟った」「分かった」と……　それは塗炭の苦しみを味わい、さまざまな問題の中に置かれている人が、もう一度心静かに神さまの声を聞こうとするとき、個人的にじゃなくて、このイスラエルの指導者の集団――特に祭司階級の人々――がたどり着いた結論を聴かされることになるんですかね。

太田　預言者の書を読むと、イスラエルの指導者たちの役割について書いてあります。例えば「預言者はこういう役割なのにそれを裏切った」「祭司は律法を教える係――つまり生活指導担当――だったのにそれをしなかった」「知恵者はこういうことをするはずなのに、それをしなかった」という記述にしばしば出会います。そんな部分を集めて読んでいくことによって、ユダヤ人社会の構造が分かるわけですね。

まず、祭司団とは何をする人の集団か、が浮かび上がってきます。神父さんが何人か出ておられる勉強会で私が、「『祭司』って、何をする人だと思いますか」と訊いたら、「祭りを司る人です」というお答えが返ってきました。でも、そうではないのです。祭儀をやる人ではなく、生活指導をする人。その生活指導の手本が「律法（トーラー）」なんですよ。

「律法を守ったら誰でも健康でちゃんと暮らせるけれど、何か自分の気づかないところで律法に背いたことが、病気とか事件となって現われることもある」と信じられていたので、そんなとき、誓いを立てて治してもらうという祭儀を生活指導者がすることから、「祭司」と呼ぶのです。先立つのは「暮らし方・生き方」なんですよ。神殿があって「祭儀をやっています」ではありません。だからレビ族の祭司たちはきめ細かい生活指導ができるように、他の11部族に与えられた地域に、彼らのための町をもらい、散らばって生きることになっているんです、最初から。それはヨシュア記にも士師記にも書いてあります。

祭司は頻繁(ひんぱん)に儀式をし、犠牲の動物を捧げた

岡田 レビ族――

太田 それはなぜかって言うと、人々の傍(そば)に寄り添って教えていかなければならないから。その教えの集積が律法(トーラー)と称される。「トーラー」とは、「物を投げる」という動詞から出た語で、「方向指示」という意味です。困ったことに直面した時、「どうしようか」と思案しますね、そのとき「こっちにしなさい」と導くのが祭司の仕事で、無事に推移したら神へのお礼の儀式をする。そんなわけで、祭儀だけが彼らの仕事なのではありません。

ほんとうは「トーラー」に「律法」という、まるで罰則付きの刑法みたいな翻訳を充てたのが悪いんです。私は先ほど、『創造』が誤解されやすいのは、『創る』とか『造る』と書いてあるからだ」と言いましたけど、そうやって漢字は具体的に目に見えるイメージを与えるでしょ？　だから「祭司とはなんですか」と神父さんに聞くと「祭りを司る人」と答えられることになる。「違います」と私が言ったらビックリしていらした(笑)。

岡田 でも実際、生贄(いけにえ)を捧げた人でしょ？

太田 それより先に、民の生活の問題がなかったら、祭儀はしないんですから。そこを理解しませんとね。

岡田　問題がなければ祭儀をしなくてもよかった。とはいえ、祭儀の種類をやたらに詳しく分けて、ついには神さまから「あなた方の動物の生贄はもう飽きた、結構です」と言われちゃった、という記述があります。

太田　「人々の生活上の問題」という実態がないのに、祭司が何かにつけて生贄を捧げるようになったのはなぜか。それは、人々の生活のために生贄を捧げるというよりは、農民から動物を搾取するため。その一部を「いけにえ」と称して祭壇に捧げ、あとは彼らのものにしたんです。

岡田　あとは自分たちのものにしたと……

太田　そうです。

岡田　だから祭司が〝恨みを買う存在〟になっちゃったんだな。イエスの時代には既にそうなっていたみたいですね。

太田　実際にはそれよりずっと古く、旧約の時代からです。イエスの時代の方が、祭儀は少ないです。イエスの時代にはファリサイ派の人々がいて、彼らが聖書の理解と日常生活へのアプリケーションを指導するようになっていました。これは役職としてそうしたのではなく、「しっかりした信徒」みたいな人々です。

岡田　そうすると、我々が「祭司」と呼ぶ人たちは南北に分かれた二つの王国が存続していた間、きちんと本来の任務を執行せず、その結果、神さまの不興を買った――

太田　ちゃんと生活指導をしないと、どういうことが起こるか、という話です。ヤハウエの民というのはイスラエル王国ではマイノリティー（少数派）なんですね。あとはみんな先住民のカナン人です。

　そうすると〈ヤハウエの契約に属する人たち、ヤハウエの教えによって生きる人たち〉は、周りをカナンの肥沃宗教の人たち――彼らの方が文化程度も高いし金持ちだった――に囲まれて生きていたわけですから、祭司たちはヤハウエの民を守るために、生活指導をしなければならない。そのためには「ヤハウエはこういうふうに生きろと言っておられる」「あなたたちは高い所に行って偶像を拝めばいいというものではない」と、言い続けなければならなかった。それを応援したのが預言者たちです。

岡田　うん。

太田　なにしろ小さな集団ですからね、ヤハウエの民っていうのは。古代イスラエル国に属する人々の大部分は先住民ですから。

岡田　先住民にとっての神さまは「バアル」とか、なんとか、かんとか、いろいろいてね。ソロモンは何百人もの奥さんを作って、それぞれの奥さんの宗教を認めちゃったから宗教の系譜が滅茶苦茶になっちゃったとか――

太田　それは順番が逆で、ソロモンはどれほどヤハウエに背いて、あっちこっちに――

岡田　列王記によれば、あの人は登場したときはよかったかもしれないけれど、途中から逸れちゃった。

太田　列王記によらなくてもいいですよ。そんなことは古代オリエント世界の王さまのやり方を考えればすぐに分かります。いろんな国からたくさんのお嫁さんをもらったから悪いというのではなくて、ソロモンがヤハウエに忠実でない政策を執行する、いろんな異教国に譲歩していく。そのことを「あっちの王さまの娘をもらって、こっちから側女が来て」と、そんな書き方をするんです。それは古代オリエント学をやれば分かります。「3000人側女がいた」とか「4000人いた」「エジプトの王の娘をもらった」などという記述はみんな、政治的、社会的な現象を、文学的な書き方で表現しているのです。

岡田 なんだか、旧約聖書が大衆文学のように思えてきます(笑)。

太田 だから私はさっきから、「聖書には読み方っていうものがある。しかも難しくないから、ちょっと我慢して勉強しましょうよ」と言っているのです。

聖書は「義」を示すことによって「悪」の問題を扱う

岡田 しかし現実にわたしたちは、東日本大震災のような大災害を目の当たりにしているわけですよね。「極めて良かったという世界を作ったはずなのに、なんでこんな酷いことがあるのか」と思った信徒は少なくなかったと思います。

太田 覚えています、「信徒がこんな疑問を抱いている。聖書学の立場から説明してほしい」という内容のファクスをくださったでしょ?　その時、「創世記1章がちゃんと教えられていないんだ」と思ったんです。それ以来私はどこの勉強会に行っても、創世記の1章を説明することにしています。宇宙にある秩序――宇宙と言う代わりに日本、ないしは福島県と言ってもいい――は、どういうフィジカルな秩序の下に出来ているのか、考えてみよう、とね。人間に内的な秩序が整っていないと、地震があって津波があって「台風銀座」でもあるそんな国に原発なんか作っちゃう。そういう具合にセットになっているんです。そう話せば、福島の人ならすぐ理解していただけます。「ああ、神さまが悪いものを作ったんじゃないのか」「人間は神の語られた良き秩序を見極め損(そこ)ない、特に自分の内的な、人間の精神的な秩序の養成を学んでいないんだ」と。生活の大事な部分と直結していますから、それは誰にでも分かります。それではダメですか？　そういう言い方では。

岡田　いや、だから神さまが人間を含めて神の秩序、人間の内面にも神の秩序が作られて――

太田　人間の内面は人間が自分で責任を取るべきものです。

岡田　……神はご自分の働きを見て、それが良いと言われたんでしょうけど、外には「闇」があるわけですよね？

太田　ありますよ。闇って「悪」のことでしょ？　聖書は、「絶対悪」について抽象論を展開しない書物です。「神の創られたものはすべてが良い」と書く書物で、悪の責任は、〈極めて良いものとして秩序立てられているのに背いて壊す人間〉に帰している。罪悪論とかそういうことはしないんです。だから聖書を読むときには、〈聖書は悪について抽象的に書かない。「義」という表現で、「神の立てられた正しい関係の秩序」という話をするのだ〉とわきまえて、そちらを追求していくべきです。

岡田　揚げ足取りになるかもしれないけど、イザヤ書の45章7節にこういうことばがあります、「光をつくり闇を創造し、平和をもたらし禍を創造するもの。わたしは主、これらのことをするものである」。

太田 それは、第二イザヤの非常に大事なところです。ただ、その1節を抜き出して解釈するのは——

岡田 光があれば闇ができるわけだ。それにしても、「闇を創造する」って訳されています。

太田 古代イスラエルは「光と闇」というペアで文学は書かなかったのです。ペルシャはゾロアスター教ですから、闇と光というのがペアで出てくるのは、創世記1章かヨブ記か、新しい第二イザヤなどの新しいところばかり。イスラエルが滅び、生き残った人々が「ユダヤ人」と称されるようになった後のことです。ペルシャ文化の下で、捕囚になりながらなお生き続けた民が、おそらくペルシャ語も学び、ゾロアスター教の研究もする、そして紀元前500年から400年のアテネの悲劇についても知っている——それらを全部身につけて文明的に飛躍し、最後に創世記の1章が出てきているのですよ。単に「神さまが極めて良かったというのに、何で悪いことが起こるのか」レベルで創世記1章を読むことはできないんです。

当時の全世界の文明を知ってからこれを書いた人が、どれほど多くの知識を持ち、その知識を駆使してどれだけ考え抜いたか。創世記を編んだ人の目的は、〈人間の世界はなぜこんなに悪いのか、その中で「善」や「義」を信じて——つまり明日への希望を持って——生きていく意思〉を記すことだったのですから。「悪」や「悪は誰が作ったか」などということにこだわっていないんです、聖書の記述は。

何度でも言いますが、聖書は何をテーマにし、何を目指して作られていて、どの部分がいつの時代に作られたかということを日本のキリスト教会指導者は理解して、信徒にも司祭にも教えることが必要です。そしてそれは、そんなに難しいことではありません。

福音を宣べ伝える人の「聖書」との向き合い方

岡田 話を元に戻しますが、日本でイエス・キリストの福音を宣べ伝えるのがわたしたちの使命です。それを前提として、信徒も聖職者も含めすべての宣教従事者にとって、〈自分が伝える「福音」とは何か〉を考えるとき、『自分が生まれ育っている世界は良いものだ』と思うか、それとも『悪いけれども中には良いこともある』と思うのか、あるいは『良いものもあり、悪いものもある』と思うかは、自分が実践する宣教活動の力点の置き所の大きな違いとなって表われると思います。

早い話、宣教の対象となる人々の中には、何不自由なく育った人もいれば、苦労続きで生まれてこのかた、幸せだと感じたことがないという人だって少なくありません。そういう人に、「神さまはこの世界を良い世界として創られた。だからあなたの世界は良いものであって、あなたも〝良いもの〟として創られたんだよ」と言えるか……

太田 福音を伝えようとするときには、「神さま」から始めない方がいいですよ、イエスさまから始めた方がいいです。ご存知のように、「福音」という語の意味は「『勝った』という知らせ」のことです。だからイエスは、「わたしは勝った」と言われた。勝ち負けの勝ちです。「イエスは『勝った』と言った」とヨハネも書いています。

岡田 勝った知らせ、ね。

太田　「勝った」ということは、闘わなきゃいけない状態があったってことでしょ？

岡田　「オレには関係ないよ」と言う人や、毎日打ちのめされている人に、その勝ち負けの〝勝ち〟をどう説明したものか。「キリストは勝ったかもしれないけど、俺には関係ないよ」と言われるのがオチではないでしょうか。

太田　そんなときは、「イエスの真似でもしてごらんなさい」と言ってあげる他ないですよ。「勝った」という事実は、配給できるようなことじゃないんです。イエスが勝ったと仰っている以上、イエスと一緒に、彼のしたようなことをしていく以外に、勝つ方法はありません。

岡田　極端な話、今、自殺しようとしている人に、そういう余裕はないわけですが……

太田　そういう人に掛ける言葉は、今のキリスト教には何もないんです。「神は愛である」なんて言ったって通じない。

岡田　確かに、「神は愛である」とか「そもそも聖書とは」とか言っている場合ではありません。その人に「あなたは大切だ」と、緊急に伝えないといけない。

太田　そんなことばは、彼が落ち着いてから掛ければ十分。まずは、「一緒においで」と招くこと。だからイエスは積極的に仲間づくりをなさった。福音書の中には、「わたしと一緒に来ればなんとかなる」と仰る場面が何度もあります。

岡田　「来てみなさい」と言われましたからね。

太田　単に「来てみなさい」ではなくて、「来て、一緒にご飯を食べなさい」です。だから現代の宣教者は、しかつめらしい説教をするのでなく、「神さまはこうです」「イエス様がこう仰ったから、こうしましょう」と言うのでもない、やっぱり「共同体作り」を意識することが大事なのではないでしょうか。そのためには、もう少し身近なところからボチボチやる他ないでしょう。イエスの日常はその原型じゃありませんか。今、大司教さんは「自殺しようとしている人に言うことがない」と仰ったけど、口で言うことは一つもありません、連れてきて一緒に暮らす他ないのです。

岡田 ほほう……

太田 だから教会が宣教するとしたら、やっぱり「勝った」という共同体を作ることです。

「刑法に違反した人」と「神との約束に背いた人」の違い

岡田 「あなたは罪人です」と言われても、日本人はキョトンとするか、あるいは「大きなお世話だ」と怒りだすか――

太田 そうです、大きなお世話ですよ。初めて教会に来る人を捕まえて「罪人です」とは何事かと、私は子どもの頃から思っています。冗談じゃないですよ、人間論をちゃんとやらないからそんなことを平気で言えるんです。

第一、罪人なんかじゃないですから。日本で「罪人」と言えば「刑法に違反した人」という意味でしょ。「神に背く」のと「刑法に違反する」のでは、意味がまったく異なります。だから罪人と言っちゃいけないんです。聖書の共同訳はその「罪人」という語を止めようと努力したんです、翻訳者の多くは相変わらず使っているけれど。

岡田 「罪」ということばを使わないとして、ではどんな語を充てるかが大切になりますね。

太田 その点、共同訳は——

岡田 「贖罪」とか「義」ということばも使わないことにした？

太田 いえ、「義」は「極めて良かった」ということですから。関係用語は3つ4つありますけれど、一番悪いのは、人を神の義に照らして「罪人」呼ばわりすること。実態は「神に背いている」ことなのに。

岡田 「罪を犯す」ではなく、「背く」なのですね。

太田 ええ。それから〈信仰とは、「どう生きるか」に関する超越者と自分との約束だ〉と知ることが必要です。神との約束を破るか破らないか。だからカトリックのミサでは、「破りました」という悔い改めから式を始めるでしょ。

岡田 「約束は守らなければいけない」と、皆、思っていますよ。でも日本人の99％は、神と約束しているとは思っていないんですから。

太田 いや、だから99％はどうでもいいんです。問題は残り1％のクリスチャン——

岡田 クリスチャンだって、「神と約束している」という意識がどれだけあるか……

太田 洗礼に導く最終段階で、「これはイエスとあなたの間で、あなたの生き方についてする約束なのですよ」と教えないと。

岡田 一応、確認しています。そうでないと洗礼を受けられないから。機会あるごとに洗礼の約束の更新もしているし、司祭になった人は司祭の叙階の時に約束の更新をしています。

太田　現状で、神さまとの約束を意識しているか、神さまとの約束の更新になっているかは、大いに疑問です。「神さまと自分が、自分の生活のことについて約束をしている」という内容ではないですよ。単に、「カトリック要理の内容を信じます」という意思表示ではありませんか？　私が持っている勉強会に集まる方たちも、訊くと「そんな約束、一度も聞いたことがないし、した覚えもない」と仰います。要理の内容を信じる約束の前に、「あなたは生き方についてイエスさまを見習い、それについてこうしますって約束するのです」と、視点を絞って強調しておくといいと思いますね。

岡田　旧約聖書の伝統文化の中からイエスの生涯が生まれたこと、イエスもユダヤ人で、イエスの弟子であるペトロやパウロが始めた集団が教会の始まりだけど、旧約時代のユダヤ民族は民族のアイデンティティーを後世に残すために旧約聖書を編み、最後にその序文として創世記をくっつけたこと、キリストの教会は徐々にユダヤ教から分離して世界的広がりを持つに至ったこと——　今日はいろいろなまとめができました。聖書に記されている概念の中には我々にとって難しいものも多いので、まずは日本人の心に響くことばに言い換える必要があることも勉強しました。

太田　私にとってはそれが一番の問題です。キリスト教会は１５００年かけてわざわざ難しくしてきましたからね。「キリスト教」を始めたのは、ギリシア哲学で育ったお坊ちゃんたち。そういう身分の人々が「使徒教父」とか「教会教父」となった。ギリシア哲学で育っているその人たちが信仰集団としてのキリスト教を、紀元後４世紀に作ったのです。だから彼らが持っていた元々の精神風土は、ガラリヤのイエスではなくギリシア思想、ギリシア哲学でした。そんな背景の下で編まれた新約聖書を、代々の教父たちが難解なキリスト教にして、その後ドイツやフランスの学者がさらに難しくしてきた。それを直輸入したって、日本人の心に届かないですよ。

岡田　確かにそれはそうです。ここでは意見が一致しましたね（笑）。とにもかくにも、太田先生に伺ったことを参考にして聖書の言葉を読み直しながら、「悪」の問題を考えることにしましょう。

Ⅳ キリスト教以外の教え

東洋哲学と仏教が説く「悪」

イエスの教えと東洋思想

創世記の記述の大切さを強調した使徒パウロ

前章を参考に、旧約聖書冒頭に置かれた「創世記」をもう一度手元に広げて、「天地創造」の次第を復習しておきましょう。


初めに、神は天地を創造された。

地は混沌であって、闇が深淵の面にあり、神の霊が水の面を動いていた。

神は言われた。「光あれ。」こうして、光があった。

神は光を見て、良しとされた。神は光と闇を分け、
光を昼と呼び、闇を夜と呼ばれた。夕べがあり、朝があった。第一の日である（創世記1・1〜5）。

神は言われた。「我々にかたどり、我々に似せて、人を造ろう。そして海の魚、空の鳥、

家畜、地の獣、地を這うものすべてを支配させよう」。

神は御自分にかたどって人を創造された。神にかたどって創造された。男と女に創造された。

神は彼らを祝福して言われた。「産めよ、増えよ、地に満ちて地を従わせよ。海の魚、空の鳥、地の上を這う生き物をすべて支配せよ」。

神は言われた。「見よ、全地に生える、種を持つ草と種を持つ実をつける木を、すべてあなたたちに与えよう。それがあなたたちの食べ物となる。

地の獣、空の鳥、地を這うものなど、すべて命あるものにはあらゆる青草を食べさせよう」。

そのようになった。

神はお造りになったすべてのものを御覧になった。見よ、それは極めて良かった。夕べがあり、朝があった。第六の日である（同1・26～31）。


この「1章」に続く創世記2章～3章は、最初の人間・アダムとその妻エバがエデンの園から追放される次第を述べます。4章には人類最初の殺人が書き留められています。アダムとエバの子カインが弟アベルを殺してしまった事件です。5章はアダムの系図の説明。6章～8章ではノアの洪水の物語が、次のように展開します。

主は、地上に人の悪が増し、常に悪いことばかりを心に思い計っているのを御覧になって、地上に人を造ったことを後悔し、心を痛められた。主は言われた。「わたしは人を創造したが、これを地上からぬぐい去ろう。人だけでなく、家畜も這うものも空の鳥も。わたしはこれらを造ったことを後悔する」（創世記6・5～7）。

「神が造った神の似姿であり、極めて良い存在のはずの人間は、「常に悪いことばかりを心に思い計っているのをご覧になって地上に人を造ったことを後悔し、心を痛められた」（同6・5～6）。

神は洪水を起こしてすべての肉なるものを滅ぼされました。ただしノアとノアの箱舟に乗った生き物だけは助けられました。水が引いて洪水が収まったとき、ノアは神に〝焼き尽くす献げ物〟を捧げます。神はそのとき言われました。

主は宥(なだ)めの香りをかいで、御心に言われた。「人に対して大地を呪うことは二度とすまい。人が心に思うことは、幼いときから悪いのだ。わたしは、このたびしたように生き物をことごとく打つことは、二度とすまい」（同8・21）。

神の最高の作品である人間が堕落していることについて、使徒パウロは激しい口調で人類の罪を弾劾しています。

彼らは神を認めようとしなかったので、神は彼らを無価値な思いに渡され、そのため彼らは、してはならないことをするようになりました。あらゆる不義、悪、むさぼり、悪意に満ち、ねたみ、殺意、不和、欺き、邪念にあふれ、陰口を言い、人をそしり、神を憎み、人を侮り、高慢であり、大言を吐き、悪事をたくらみ、親に逆らい、無知、不誠実、無情、無慈悲です。彼らは、このようなことを行う者が死に値するという神の定めを知っていながら、自分でそれを行うだけではなく、他人の同じ行為をも是認しています（ローマ１・28〜32）。

さらに、同じローマ書で詩編を引用しながら「正しいものは一人もいない」と断言しています。

既に指摘したように、ユダヤ人もギリシア人も皆、罪の下にあるのです。次のように書いてあるとおりです。「正しい者はいない。一人もいない。悟（さと）る者もなく、神を探し求める者もいない。皆迷い、だれもかれも役に立たない者となった。善を行う者はいない。ただの一人もいない。彼らの喉（のど）は開いた墓のようであり、彼らは舌で人を欺き、その唇には蝮（まむし）の毒がある。口は、呪いと苦味で満ち、足は血を流すのに速く、その道には破壊と悲惨がある。彼らは平和の道を知らない。彼らの目には神への畏れがない」（ローマ３・９〜20）。

その他多くの箇所から、聖書は人間がすべて、罪のもとに置かれていることを指摘しています。それでは、キリスト教は人間の本性については性悪説を説いているのでしょうか。教会の伝統的な教えによれば、「人間は本来『善』であるが、堕罪の結果、『生来、悪に汚染された存在』となっている」とされています。これがいわゆる「原罪」の教義です。原罪の教えについては後ほど検証するとして、その前に紙数を割いて、有名な東洋の思想、「性善説と性悪説」を考察したいと思います。

人の本性は善であるのか悪であるのかという「性善説」と「性悪説」――孟子の性善説と荀子の性悪説を知っておきましょう。

紀元前を生きた中国思想家たちの思索

孟子「性善説」の根拠は「惻隠の情」

中国には西暦前に、「春秋戦国時代」と呼ばれる時代がありました。年代については諸説ありますが、ある説によれば紀元前７７０年～紀元前２２１年を指します。その頃の中国には、後代に「諸子百家」と呼ばれる思想家が多数現われて、種々の説を立てました。

その中に孟子と荀子がいます。孟子は「性善説」を説き、荀子は「性悪説」を説いたと言われています。あたかも全く対立する説を唱えたようですが、その主張を調べてみると、結果として大きな差異はありません。

「性善説」とは、「人は本来、善である」という考え方。そして「その善は、絶えざる努力によって開花し、その結果、人は立派な人間になることができる」という論です。

それに対して「性悪説」は、「人は本来、自己中心的な存在であるが、環境によって変化することが可能であり、そのためには礼儀と規約の存在が重要である」と主張します。

従って「性悪説」と「性善説」は相対するものではなく、「人間の本性とはどのようなものか」という点の捉え方の違いであり、両者とも、目指すゴールは「望ましい社会の建設」というところにあるのが、両説を比較考察する上でのポイントです。

孟子は性善説の根拠として「忍びざるの心」と「惻隠（そくいん）の心」を挙げています。「忍びざるの心」とは〝人の苦難を見過ごしにできない〟心です。例えば幼児が井戸に落ちそうになるのを見ると、反射的に助けようと心が動き、そのために思わず体が動きます。最近、駅のホームで線路に落ちた人を見て思わず線路に飛び込み、助けようとしていのちを落とした人のことが報道されました。その心の動きが「忍びざるの心」です。同じく、惻隠の心とは、思わず知らずに人の不幸や危険に同情し心を痛めることです。

孟子は、「惻隠の心は仁（じん）の端なり」と述べて、思いやりの心は「仁」という大道の端緒であるとしています。「惻」は傷みの強いこと。「隠」は傷みの深いこと。「惻隠の心」とは、人に同情して、忍びがたい心情の謂（い）です。

「惻隠の心」の後に孟子は、「羞悪の心は、義の端なり。辞譲の心は、礼の端なり。是非の心は、智の端なり。人この四端あるは、猶、其の四肢あるがごとし」と続けて述べています。人の本性には仁・義・礼・智の端緒となる心が既に備わっている。人は自分の中にある良い心の萌しを拡張し、その心の及ぶ範囲を広げていかなければならない。そのためには「礼」が重要であり、「礼」を実現できるように政治が行われなければならない――と孟子の主張は続きます。以下に孟子が述べた言葉の邦訳を引用します（宇野精一『孟子』全訳注、講談社〔講談社学術文庫〕二〇一九年より）。

――人々にはみな人に忍びざるの心、すなわち人の難儀を見過ごしにできない心持がある。昔の聖王はもちろん人に忍びざるの心があったから、自然、人に忍びざるの政治を行われた。このように人に忍びざるの心をもって、人に忍びざるの政治を行うならば、天下を治めることなど、手に平でものを転がすように容易である。

なぜ人にはみな人に忍びざるの心があるかというと、今かりに突然幼児が井戸に落ちようとするのを見れば、誰でもはっと驚き深く憐れむ心持ちが起こって助けようとする。それは子どもを救ったのを手づるに、その両親に交際を求めようとするからでもなく、村人や友人にほめてもらおうとするからでもなく、見殺しにしたら悪口を言われて困るというので救うのでもない。利害得失を考えた結果ではなく、反射的にすることだ。

これによって考えてみると、痛ましく思う惻隠の心がないのは人ではない。同様に不義不善を恥じ憎む羞悪の心がないのは人ではない。他人に譲る辞譲に心がないのは人ではない。是非善悪を判断する是非の心がないのは人ではない。この惻隠の心は仁の萌芽であり、善悪の心は礼の萌芽であり、是非の心は智の萌芽なのである。

人にはこの四端があることは、それはちょうど両手両足の四肢があるようなものである。この四肢がありながら、仁義礼智を行うことができないというのは、自暴自棄というものでありながら、おのれの仕える君が行うことができないという者は、その君を傷つける者である。すべて自分に四端があるからは、これを拡大して充実し、仁義礼智の徳を完全にすることを理解できるはずである。その四端は燃えだしたばかりの火、噴き出した泉のごとく、微小なものであるが、いやしくもこれを拡充したならば、広い天下を十分保有することができるし、もし拡充しないなら、父母に仕えるという卑近なことさえ出来ないであろう。――(『孟子』「公孫丑上」)

さらに仁義の徳を拡充することについて次のように言っています。

――人にはみな人を害するに忍びない心、気の毒なのを見過ごしにできない心がある。この心をもって、今まで気の毒とも思わなかったことにまで押し及ぼすのが、仁である。人はみな不義不正をなさぬという心がある。この心をもって、今まで平気でやっていたことにまで推し及ぼすのが、義である。人はこの人を害することを欲しないという心を拡充することができれば、仁心はそこに備わって、その適用は尽きることがない。人は垣に穴をあけたり、塀を乗り越えたりせぬという、つまりかかりにも不当な利益をむさぼらぬ心を拡充する事ができれば、義心はここに備わって、その適用は尽きることがない。また、人が他人からこの野郎などと呼ばれてけいべつされることがない実体を拡充できれば、行くところ、行うところ、どこでも義でないところはないということになる。ところで士たる者は、言うべきでないのに言うのは、言うことによって人の気を引こうとするものであるとし、言うべきであるのに言わないのは、言わぬことによって人の気を引こうとするものである。これらは、みな、盗人の同類である。――(『孟子』「尽心下」)

性善説といっても、人の心を放置したままにすればよいのではなく、四端の心を実践し、実行の範囲を広げ、その心を強く深くすることが必要であり重要である――と主張していることが分かります。「王たるものは自らその模範を示して『王道政治』を行わなければならない」と説くのはその一例です。

孔子から「礼」を受け継いだ荀子(じゅんし)の「性悪説」

孟子の性善説に対して荀子(紀元前313年頃~238年頃の人)は「性悪説」を唱えました。孔子は「仁」とともに「礼」を重んじた人ですが、荀子(じゅんし)は孔子の教えから「礼」を受け継ぎ完成させた人物として評価されています。荀子の主張はおよそ以下のように要約されます。

――人の本性は悪である。人は生来自分の利益を求め、人を憎み、人を退けるエゴイストである。そのような人間を野放しにしておけば社会は混乱し秩序は崩壊する。人間の生まれたままの本性は(放任しておけば)必然的に悪(即ち人間関係が妥当でない)という結果を齎すものであって、その善(即ち人間関係が妥当する)というのは人間的努力の結果である。今、人の性を考えてみると、人は生来利益を好む性質があり、それに従っていくので他人と争い奪い合う事となって、譲るという事がなくなってしまう。又、生来嫉み憎む性質があり、それに従っていくので他人をそこなう事となって、誠の心がなくなってしまう。又、生来耳目の欲があって美声美色を好む性質があり、それに従っていくので、みだらな行いが発生して礼義や条理がなくなってしまう。こう考えてみると、人の生まれつきの性のままに従い情のままに応じていくと、必然的に奪い合う事となり、分限を犯し条理を乱す事になって、ついに混乱状態に陥る事となる。――(藤井専英・井ノ口哲也編『新書漢文大系25　荀子』の「性悪篇五六、解釈」明治書院、二〇〇四年、79~80頁より引用)

「そこで教育によって礼儀を教え礼儀を実行させせなければならない。人に礼による節制を教えるのは国家の役割である」というのが荀子の主張です。

すなわち「人間の欲望」について、それを無欲にし、あるいは寡欲にするのではなく、欲望を節制する道を選びます。「欲望を否定せず適切に導くことによって民を治めれば、社会に善が実現する」と説いているのです。

荀子研究家が示すところによると、荀子の教えは次のように展開します。

――人の目は美しいものを好み、耳は美しい音を好み、口は美味を好み、心は利を好み、身体は安楽を好む。これらは皆、人の本性から生まれる。このような人の本性を変化させ『偽』を生じさせなければならない。偽を実行した人が聖人である。偽から礼儀が生じ、礼儀から法規が生まれるのである。法規によって人に生来の悪を節制させる働きをすることこそ政治の役割であり君主の使命である。
――

荀子は人間の性を『悪』すなわち利己的存在と認め、君子は本性を『偽』すなわち後天的努力(学問を修めること)によって修正して善へと向かい、統治者となるべきことを勧めました。礼の起源については「礼論篇」で次にように述べられています。

――礼は何のために起こったのか。曰く、人間は生まれたままの姿において本能的に欲求する心があるのであり、欲求心があってその目的が達せられないと飽くまで追求せずにはおられぬのであり、その追及に一定の限度限界がないと(有限の物で無限の欲求を満たす事は不可能だから)必然的に争いを起こさぬわけには行かなくなる。相争うこととなれば社会は混乱し、混乱すれば窮地に陥る事となる。そこで先王たる聖王は、その混乱をにくみ嫌ったのである。故に礼儀を制定し種々の分界を設け、それによって人々の欲求を適切に育て上げ、人々の追求心を満足させ、欲の方が無限に増大してものを悉く己の手中に取り入れようとすることなく、物もまた人の欲求心を刺戟して際限なく生起させるような事をしない、というように、欲と物との両者をお互いに相俟って調和のとれるよう育てていこうとするのである。これが礼の発生した起源である。」（『新書漢文大系25　荀子』64～65頁より）

また、「富国篇」で荀子は次のように言っています。

――規範（＝「礼」）の起源を社会の安全と経済的繁栄のために制定されたところに見出し、高貴な者と一般人民との身分的・経済的差別は、人間の欲望実現の力に差別を設け、欲望が衝突することを防止して、欲しい物資と嫌がる労役が身分に応じて各人に相応に配分されるために必要な制度である。そのために墨子による、非楽（音楽の排斥）・節葬（葬儀の簡略化）・節用（生活の倹約）の主張を過ちとし、上下の身分差別をなくすことは欲望の衝突を招き、結果社会に混乱をもたらすだけであると主張した。」――（金谷治訳注『荀子』（上）、岩波書店（岩波文庫）一九六一年の「富国篇第十、一五」より要約）

さらに、王制篇では次のように言います。

――身分が同じで欲求や好みが同じであり、物品がその欲求や好みを充足させられなければ、きまって争奪が起こる。争奪が起これば決まって混乱し、混乱すれば行き詰まる。先王はその混乱をにくんだ。そこで礼による秩序を定めて区分を設け、富貴貧賤の等級をつけ、身分の上の者が下の者に臨めるようにした。これこそ天下の人々を大切にする根本である。――(『新書漢文大系25　荀子』65頁より)

以上から理解できることとは、孟子の性善説も荀子の性悪説も、人間の本性への理解は正反対であるものの、「本性のまま放置すればよい」という主張ではなく、両者とも何らかの努力をする必要を説き、そのために礼を重んじ、礼に基づく政治を求めているのです。両者ともに、非常に政治的な思想であることには違いがありません。

孟子と荀子の思想についてはさらに考究すべきでしょうが、以上、ひとまず孟子の「性善説」と荀子の「性悪説」を概観したことにします。

東洋哲学・思想の考え方は

自分の眼で自分を見ることはできない

さて、その点、関連する東洋の哲学・思想ではどうでしょうか。

既に「山川草木悉皆成仏」という語の意味内容を本章前半で検討しましたが。インドのヒンドゥー教では「真実の自己の探求」について「『わが内なる本来の自己アートマンは、宇宙の根本原理であるブラフマンと同一である』という真理を悟ることが、輪廻から脱出して真の自己を知ることである」と説かれています（本書では稿をあらためて、ヒンドゥー教や仏教の考え方を学びます）。

日本の哲学者・西田幾多郎は、その最初の著作『善の研究』で、前述のように「善とは真の自己と出会うことである」と明言しました。以後、西田は「いかにすれば真の自己と出会うことができるか」という課題に取り組んでいきます。西田の生涯はそのために捧げられた真摯な努力と思索の日々でした。

西田だけでなく、「真の自己に出会う、真の自己を知る」とは東洋の哲学や宗教が深く求めた課題です。自己とは何か。自己とは誰か。自分は何処から来て何処へ行くのか——このような自問は誰もが抱く重要な落想点であり、人は誰しも人生のどこかの機会で、この問題に直面するのではないでしょうか。

この問いは、極めて宗教的な問題でもあります。西田幾多郎自身、極めて宗教への傾倒度の強い人でしたが、この問題を宗教と切り離し哲学者として解き明かそうと努めました。彼の思索は、『善の研究』以来、終始、そうした取り組み態度の結実だったと言えましょう。

西田のみならず、「人は、直接自分自身を見ることができない」とは、東洋の思想家がよく強調するところです。哲学者間の論争や検討のなかで、それは自明の理とされています。すなわち、人間の目は自分の目以外の物を見ますが、自分自身の目そのものを見ることはできません。目という存在は見るためにあるのであり、見られることを予想していないのです。

それは、火が、他の物を燃やし破壊するためにあるのであり、火が火自身を燃やすことはない、というのと同じです。

自分自身を見ることのできない人間は、他の人に自分自身を見てもらうことになります。中国の歴史書『史記』の中に、こんな有名な言葉が残っています、『士はおのれを知る者のために死し、女はおのれを喜ぶ者のために容づくる(化粧をする)』。実際、人の強い願望の中には、『自分を知ってもらいたい』という欲求があります。人は自分を知ってくれる人のためなら、自分を自分として評価してくれる人に出会ったなら(言葉を換えれば、自分のすべてを知ってもらうためなら)、命すら要らないと思うものです。

自分で自分を直接知ることができない人間は、自分を知る者に出会うことによってそれを可能にします。しかし体験的に言えば、それはなかなか難しいことで、できたとすれば、むしろ珍しい事例と言えるのではないでしょうか。

しかし西田幾多郎の考察によれば、「自分の中に自分を映す鏡のような場所がある」ようです。その「自己の中に自分を映す鏡」のことを、西田は「絶対無の場所」と呼んでいます。それでは「絶対無の場所」とは何であるのか――　本書では、この問題を考察するために章を割いてみました。

「他の誰でもないその人」を位階別で分類すれば

ところで、本項前段に「人は他の人を鏡としてそこに自分自身を認める」と記しました。そのことについて、いま少し考察を進めておきたいと思います。

人は自分自身を伝えようとして、自分についての情報を提供します。例えば名前、住所、生年月日、経歴、職業……　例えば就職を希望する人は、履歴書を提出します。採用する側は、履歴書に基づいておよその人物像を想定し、さらに面接して、最終的な判断を下します。採用の場合はそれで済みますが、それはある組織・団体がある人を採用するかどうかの判断であり、その人が誰であるのか、何であるのかを判断しているわけではありません。生物としての人間は、いったい自分をどのように位置づけるのでしょうか。

昔、高校で「生物」[註2]を履修して学んだときのことを思い出してみましょう。人間は他の生物と同じように、段階別に分類されます。その位階は――種・属・科・目・綱・門・界――です。

この定式に従って、わたし岡田武夫を〝仕分け〟してみれば、〈動物界→脊椎動物門→哺乳綱→サル目→ヒト科→ヒト属→ヒト種〉に属する存在である、ということになります。そしてヒト種の下には、各個別の階層が存在します。例えば〈ヒト→日本人→男性→東京都民→文京区民→本駒込5丁目4番地3号の住民〉と細分化されていき、これ以下には細分できません。

それでも、より具体的に分類すれば、個人を特定することが容易になります。例えば〈岡田武夫は日本人です→岡田武夫は男性です→都民です→文京区の区民です→本駒込5－4－3の住民です〉のように。

目下のところ本駒込5－4－3の住民は岡田武夫一人です。すると文京区本駒込5－4－3の岡田武夫が特定されることになり、〈これ以下に細分化されない個人〉が浮かび上がります。地球上に生きている何十億の人類は、このような方法で特定の個人に収束されるのです。

人に限りません。いまわたしはマグカップでコーヒーを飲んでいます。同じ製品は他にも存在するでしょうか？　いえ、これは唯一の品です。もう30年くらい大いに愛用しており、取っ手が壊れたのをある人が修復してくれました。世界中に、これと全く同じマグカップは他には存在しません。

究極の到達点で「真の自己」を知る

さて、ヒト種に属する岡田武夫は動物界に属しています。そこで「岡田武夫は動物です」「岡田武夫は都民です」という命題は成り立ちます。しかし、「動物は岡田武夫です」「都民は岡田武夫です」とは言えません。

主語と述語からなる文章では、主語は述語の中に含まれています。「動物」は、岡田武夫を包摂する、より広く高い概念です。岡田武夫は述語になり得ても主語にはなり得ません。最終的に「岡田武夫は岡田武夫です」としか言いようがないのです。岡田武夫という存在は、個別化・特殊化するうえで〝究極の到達点〟です。「真の自己を知る」ということは、この「個別化された岡田」を岡田自身が知ることです。

それでは、特定の個別化された人物を〝包摂（ほうせつ）する概念〟である述語の上限はどうなるでしょうか。「岡田は動物である」という命題は「動物は被造物である」という一段階上位の命題につながります。

それでは、被造物の上位の範疇は何でしょうか。見つかりません。

キリスト教では、被造物は神によって造られたと考えられています。そうなると、被造物の上位のカテゴリーは「神」であるということになります。こう考えれば、全ての「被造物」を包摂する被造物がない以上、全被造物を創造した神が最上位の存在となります。

ここにおいて、存在するものの位階は終結し、〈全ての被造物を存在させた存在〉である創造主へと論議はつながれていきます。これが〈ユダヤ教―キリスト教―西洋哲学〉の論理です。

「有」の世界で自分を知るとは、他者との関係で自分を知るということになります。

他者との関係といえば、聖書は「愛する」という論理を展開します。[註3]

キリスト信者に対して、聖書は明白に「敵を愛しなさい」と命じます。真の自分を知ることは、人との関わりにおいて可能となるのであり、他者との関わりの中に自分の姿が現われます。そして、この掟を命令している神を信じる人は、神とその独り子イエス・キリストの前での出会いと交わりのうちに自分自身を映し、真の自分の姿を知るのです。

人は「性善」か「性悪」か——西田説以前

「自己証明」から「山川草木悉皆成仏（さんせんそうもくしっかいじょうぶつ）」まで

このところわたしは、偉大な日本の哲学者、西田幾多郎の思想と向き合い、悪戦苦闘しています。たいへん難しい闘いで、とても西田の著書を十分解読するには至りません。苦闘の概要紹介は次章に記すつもりでいますが、ここではまず、西田説を含め、東洋哲学や仏教などが説く「悪」と向き合い、ただぼんやりと、いま思うところを記してみます。

さて、「真の自己に出会う」「真の自己を知る」とは、東洋の哲学や宗教が深く求めてきた課題でもあります。

「真の自分」に出会うために

人は自分を直接見ることができません。鏡に映して自分の顔を見れば、鏡に映る自分は確かにその時の自分の姿ですが、左右が反対になっていたり、鏡の表面にある凹凸（おうとつ）のため歪（ゆが）んで写ったりして、完全にそのままの自分を正確に映しているわけではありません。

そもそも「自分」とは何でしょうか。生まれたばかりの幼児には、自分と他の人間との区別はありません。母と一体の存在です。そして成長するに従い、次第に「自分」と「自分の外（ほか）」との関係を知るようになります。自分と母との関係を知り、家族や外界との関係を漠然と知るようになります。このようにして、人は自分と自分以外の人とのかかわりの中で自分を位置づけしていくのです。

仮に、ここに一人の男性がいるとします。彼が結婚していれば、妻に対して「夫」という立場にあります。その彼を妻は何と呼ぶでしょうか。もし子どもができれば、いつの間には妻は夫を「お父さん」と呼ぶようになるでしょう。夫が自分の父ではないことは十分に承知しているのですが、それでも自分の立場を子どもに置き替えて「お父さん」と呼ぶことが多くなるのです。夫自身も、自分の子供に向かってごく自然に、自分を「お父さん」と呼んでいたりします。それは子どもにとって自分が何であるかを、無意識に考慮した場合の呼び方でしょう。

もし彼が教師の立場にあるとすれば、彼が教室で自分のことを「先生」と自称して何の違和感もありません、「先生は、昨日、都合によって授業を休みました」という具合に。

もし彼が会社員であれば、上司に向かって自分のことを指すため常に「わたし」と言うでしょうか。また上司に「課長」と呼び掛ける代わりに「○○さん」と呼び掛ける可能性は？　そう言うかもしれませんが、そうは言わずに主語を書略し、呼び掛けるにしても直接相手の肩書を呼ぶことが多いのではないでしょうか。「わたし・岡田は」ということもできますし、相手の上司に向かってその人の肩書をつけて呼び掛け、例えば「田中課長」とか「渡邊社長」と言うことができます。

日本語の日常会話では、相手が誰であれ、いつも不変で独立した個人を表わす一人称「わたし」を前面に出す言い方は、無意識のうちに控えられているようです。しばしば主語が省略されるので、人は前後の文脈から、主語が誰であるのかを察しなければなりません。

それでも、誰が誰に、なぜ、何を言うのか——というような論理的な話し方は、極力敬遠されます。格式張る、角が立つなど、相手との交流を円滑に進めることが妨げられると忖度されるからです。

「違うが同じ」「同じだが違う」は同時に成立し得るか

右に見たとおり、人は自分を直接見ることができず、直接知ることもできません。他者に映った自分を通して自分を知ることになるのです。家庭で子供が見る父の姿と、社員が会社で見る〝社長である父親〟の姿は、かなり異なったものとなりましょう。

社会通念として、人は他者をいつも、その立場から「肩書のある人」と看做しています。人を紹介するとき「□□大学文学部の哲学科准教授」と肩書付きで紹介すると、何となくその人のイメージが浮かんできて固定されます。紹介される側の人が既にその肩書への理解を持っている場合、その理解の枠の中でその人を理解するように促されるからです。

以上によって、「人は同じであってもその役割・立場の違いにより、いろいろな顔を持っている」ということが分かったとして、それでも、そこにいる〈いつでも、どんな場合でも変わらない自分〉とは何者でしょうか。

そもそも人は生物学上、その身体からして刻々と新陳代謝を果たし、常に変化し続けている存在です。それなのに「昨日の自分と今日の自分とは同じ自分である」と言えるでしょうか。もしそう言えるのなら、それは「同じだが違う」「違うが同じ」という矛盾を肯定することになるのでないでしょうか。

人は日常、さまざまな場面で他者と契約します。例えば買い物がそうです。商品の提示・選択・代価支払・譲渡というプロセスを経て「何々を、幾らで売り買いする」という約束（契約）をするとして、その約束は日にちが経ってもそのまま有効でしょうか。通常の約束では有効期間が定められていますし、契約当事者が同じ人であること（同一性）が前提となっています。

もしも〝契約した時のわたし〟と、数日後に入手した商品を〝消費するわたし〟が「違う人間」となるのであれば、どんな約束もできないことになるのではないでしょうか。そんな疑問を封じるために、わたしたちの住む社会では次のような合意が共有されています。すなわち、「人の状態は日々変わる」ことを互いに諒解（りょうかい）しながら、「特定のことについては、期間を区切り、有効な契約として、信頼をもって実行する」ことを、互いに前提としているのです。

岡田は岡田であることを証明できない

それにしても、人は自分が「変わらない自分である」という「自己証明」をどのように実践しているのでしょうか。

最近、証明するための書類（ないしそのコピー）の提出を求められることが増えました。ことあるごとにマイナンバー、運転免許証、パスポート、健康保険証などをもって、「自分は東京都文京区に居住する岡田武夫という住民である」ことを証明しなければならないのです。住民であることはそのようにして証明できますが、住所、所属、肩書などを離れて存在する自分、人間存在として「原初の自分」「(さまざまな属性を取り払った)取っ払いの自分」を、どうすれば証明できるのでしょうか。

結論から言えば、人は自分で自分を証明することはできません。電話を掛けて「もしもし、わたしですが、何々さんいますか?」と訊ねても、電話を受けて応対した人が電話の掛け主である人物を知らなければ、「どちらさまですか?」と誰何することになります。自分は自分であることを知っていて、それ以上当然のことはないのですが、それが相手には通じないのです。

そうなると、〝自分が岡田武夫という人物であること〟を、国家や信頼されている公共機関に証明してもらうほかありません。しかし、日本国籍を持つ人は1億2000万人もいて、自分はその中の1人に過ぎないのです。唯一無二の自分であることを、どう自覚できるでしょうか。

理論的に言って、「自分という人間」は、過去にはいなかったし、これからも現われないはずの存在です。唯一無二の自分を、唯一無二としてくれる「証し」は何か。自分で自分を証明しても、その証明している自分を誰が証明するのか……

例えば、岡田武夫-1という人がいます。その同じ岡田が岡田-2を証明します。するとその岡田を証明した岡田-2を誰が証明するのか。そこで岡田-3が必要になります。するとその岡田-3を証明する岡田-4が必要になります。かくて、無限に自己証明の連鎖が続くことになる結果、岡田は同じ岡田を証明できないということになります。ではどうしたらよいのでしょうか……

自己の中の対立と葛藤が遠ざける「証明」

結局、人を証明するのは、人を超越した存在である超越者(例えば、神)でなければならないことになります。以下にそう考える根拠を述べてみます。

キリスト教の場合は、イエス・キリストという存在が、父である神へ取り次いでくださる仲介者であると考えられています。先日、聖クララが書いた手紙を読みましたが、聖クララは主イエスを「わたしたちの聖なる鏡」と呼んでいます。

西田幾多郎はこの問題をどう解決したのでしょうか。彼は、真の自分を映す鏡を想定します。その鏡を「場所」と呼んでいます。では、この場所とは何を意味するのでしょうか。場所とは、自分を空(むな)しくして映し出す場所です。その「場所」を理解するにはかなりの紙数を要しますので、章をあらためて考察することにいたします。

「自己同一の証明」を考察しているうちに気づいたことですが、同じ自己でありながら、自己の中には対立と葛藤があります。それによって、人は、自分が秩序正しく統一された存在ではないと感じます。第一に「病気」があります。病気は身体の秩序の乱れです。次に、心の問題があります。人の心は、憎しみ・恨み・妬み・不安・乱れた欲情……で揺れ動いています。人はしばしば平和と安寧に身を置くことから遠ざけられているのです。同じ自己でありながら自己の中に矛盾があり、調和がない

――昭和時代前半に活躍した日本の哲学者、西田幾多郎が多用した、「絶対自己矛盾的自己同一」という難しい用語は、この人間の矛盾をも含む状態を指しているのではないかと思われます。西田は次のように述べています。

「真の自己を知るとは人類一般の善と一つになることであり、神の意志と一致することとなる。しかし、真の自己を知り神と合一するには、主客合一の力を得なければならない。そのためには、自分の偽我を殺し尽くし、この世の欲に死んで蘇(よみがえ)るのでなければならない。」(『善の研究』第十三章「完全なる善行　四」より)

この結論が、西田幾多郎個人の宗教体験と宗教理解を背景にしていることに注目する必要がありそうです。

仏教の「善悪」観と西田説の魅力

人生の真実を見つめ理論化に努めたひと

西田幾多郎は一九四五年、終戦の八月十五日を前にした六月七日に亡くなっています。75歳でした。西田は明治・大正・昭和の激動の時代を生きました。八人の子供に恵まれましたがそのうち五人に先立たれていますし、最初の妻も五年間の病床を経て先立ちました。家族についてだけでも、悲しみの体験の多い日々を過ごしています。

司祭になるための勉強中に、わたしも哲学を学びましたが、今思い出すのは次の命題です。「哲学の初めは驚きである」。この命題の中にある「驚き」は、ラテン語でadmiratioという単語の邦訳です。むしろ「感嘆」というべきかもしれません。この世界は〝驚くべきすばらしいことで満ちている〟という内容ではなかったかと思います。

しかし、西田にとって哲学の動機は「悲哀」でした。人生の途上で遭遇する数々の哀しい出来事が彼をして人生の意味への思索へと駆り立てたのです。彼は座禅をする人であり、また浄土真宗に深く帰依する人でしたが、あくまでも哲学者として、人生の困難な問題に取り組みました。

彼の哲学論文はその悪戦苦闘の記録です。もちろん宗教を信じる者にとって信仰は人生の苦難を克服するための慰めであり支えであり、そこに自分を託しさえすれば、思索によって苦闘する必要はないでしょうに、彼は人間として極限までこの問題――人生の真実を見つめ理論化する作業――に努めたようです。

西田はその著作『善の研究』で、「善とは真の自己と出会うことである」と明言しました。以後、彼は「いかにすれば『真の自己』と出会うことができるか」という課題に取り組んでいきます。

仏教の歴史と展開が及ぼした西田への影響

西田個人は、前述のように、浄土真宗に深く傾倒した人であります。そこで西田の倫理観のバックボーンとなっている日本仏教に焦点を当て、「この問題に関して仏教ではいったいどう考えるのだろうか」という素朴な疑問を落想点として、ささやかな考察を進めてみましょう。

自己の解脱（げだつ）・悟りによって苦悩からの解放を説くブッダの教えから出発した仏教は、自分自身と如来の一致を説く教えに変容し、さらに「ブッダへの帰依は、個人のみならず他者（衆生）をも救う」と教える大乗仏教に発展していきました。

軽率な結論は厳に慎むべきですが、非常に魅力的な考え方だと思いますので、以下にその一端を紹介します（以下は主として、佐々木閑『集中講義・大乗仏教――こうしてブッダの教えは変容した』（別冊100分 de 名著）二〇一七年、NHK出版によりますが、適宜他の資料も参考にしています）。

すなわち、仏教は今から2500年前にインド北部（現・ネパール）の釈迦族の王子として生まれたゴータマ・シッダルタ（以下、釈迦と記します）を開祖とする宗教です。釈迦は人生の苦悩を克服するために修行し、35歳の時、菩提樹の下で悟りを開きました。釈迦は80歳で亡くなるまで各地を遍歴し、自分の悟りを教えました。この教えが仏教の基本です。

仏教は中国を経て日本に伝えられ、中国と日本で新たな変貌を遂げました。それはもはや釈迦の最初の教えとは似ても似つかない『大乗仏教』の教えとなっています。佐々木閑著『集中講義・大乗仏教』は繰り返し、「大乗仏教は本来の釈迦の教えとは異なる別個の宗教である」といっています（同書9頁他で何度も言及しています）。

浄土教については「ここまで変貌してしまうと、『釈迦の仏教』とは似ても似つかないものです」（128頁）とシビアです。

しかし、だからといって著者の佐々木氏は大乗仏教の価値を否定しているわけではなく、むしろ評価しているのです。例えば次のように言っています。

「浄土教の教えは、お釈迦様の教えとはかけ離れたものになっているのは事実ですし、仏教で最も重要であるはずのお釈迦さまもどこかに吹っ飛んでしまっています。『釈迦の仏教』からは、『法華経』よりもさらに遠くに行ってしまった印象は否めません。でも、それはそれで価値を認めるべきです。宗教に、正しいも間違っているもありません。大事なのは、『それを信じた人が幸せでいられるかどうか』、この一点です」（132頁）。

大乗仏教はそれぞれ、自分たちの拠って立つ基準となる経典を定めました。そのなかでも『般若経』『法華経』『華厳経』『涅槃経』などがよく知られています。それぞれ大変魅力的な内容を持った経典で、民衆の救いという観点を重視しています。そしてそのために道をそれぞれ誰でも歩めるような具体的な道筋を提供する叙述になっています。

今日、日本の仏教宗派のほとんどは、「人は既に生まれながらに『仏性』、ブッダとしての本性・性質を持っている」と説いています。自らの中に在る仏性に気づき、人として正しく生きていれば誰もがブッダに成れる――という教えです。『涅槃経』という経典は、ブッダはこの世に常に存在しており、さらに「一切衆生悉有仏性」という思想を掲げています。「一切衆生」とはすべての生き物、「悉」とは「ことごとく」という意味ですので、涅槃経は、「すべて生きとし生けるものは仏性、仏の本性を持っている」と説いているのです。

「山川草木悉皆成仏」を巡るエピソード

涅槃経の「一切衆生悉有仏性（いっさいしゅじょうしつうぶっしょう）」という思想はさらに発展し、日本では「山川草木悉皆成仏（さんせんそうもくしっかいじょうぶつ）」となりました。この言い方については以下の興味深い記事を参照ください。「宮澤賢治の詩の世界」というサイトのインターネット記事「『山川草木悉皆成仏の由来』（1）」からの引用です（https://ihatov.cc/blog/archives/2020/03/post_959.htm）。

——もともとインドの大乗仏教では、成仏できるのは「有情」あるいは「衆生」と呼ばれる「心を持った生き物」、すなわち人間と動物に限るとされていました。それが中国の三論宗や華厳宗において、「草木成仏」という思想が生まれて、植物も成仏できると考えられるようになったのだそうです。

これがさらに日本に入ると、「草木国土悉皆成仏」という形で、無機物である「国土」までもが成仏できるのだと説かれるようになったということで、このあたりの事情は、岡田真美子氏の「東アジア的環境思想としての悉有仏性論」という論文に記されています（『木村清孝博士還暦記念論集　東アジア仏教——その成立と展開』春秋社、二〇〇二年、355〜370頁）。「草木国土悉皆成仏」という言葉は、能の謡曲には経文の一節としてしばしば登場するそうですが、現実の経典中にはこの言葉は見当たらず、末木文美士（すえきふみひこ）氏によれば、最初に登場するのは、平安時代の天台僧安然が著した『斟定草木成仏私記』においてだということです（末木文美士『平安初期仏教思想の研究

――安然の思想形成を中心として』春秋社、一九九五年、および『草木成仏の思想――安然と日本人の自然観』サンガ（サンガ文庫）、二〇一七年）。

一方、現代において、この「草木国土悉皆成仏」よりもはるかに親しまれているのは、「山川草木悉皆成仏」という言葉です。しかし、上記の岡田氏の論文によれば、この「山川草木悉皆成仏」という言葉は、仏教関係の文献を歴史的にいくら調査しても見つからず、むしろごく最近になってから、主に仏教者以外の人々によって使用されているというのです。

「山川草木」という言葉も、仏典に限らず一般の漢文ではあまり用いられないもので、同じ意味の「山河草木」であれば、『大乗玄論巻第三』に登場するということです。すなわち、「古文、漢文の世界では、むしろ「山川草木」より「山河草木」ということばのほうが伝統的である」というのが、岡田氏の見立てです。

また、宮本正尊氏は一九六一年に「『草木國土悉皆成佛』の佛性論的意義とその作者」という論文（『印度學佛教學研究』日本印度學佛教學會、262～291頁）において、「草木国土悉皆成仏」という言葉の由来について綿密な調査を行ない、この言葉も現存する大蔵経中のどの仏教文献にも見出せないことを明らかにしています。そして、驚くべきことにこの論文では、現代でははるかに普及している「山川草木悉皆成仏」という言葉は、一切触れられていないのです。

これらの所見から岡田氏は、「「山川草木悉皆成仏」は伝統的な仏教用語ではなく、少なくとも1961年以降、現代になってから人口に膾炙（かいしゃ）するようになった仏教用語らしい」という仮説を立てます。

これに関連して袴谷憲昭氏によると、この「山川草木悉皆成仏」という言葉は、哲学者の梅原猛氏がさかんに用いて有名になり、さらに1986年に中曽根康弘首相(当時)が施政方針演説中に用いたことがきっかけで、広く世間に知られるようになったのだということです。梅原氏が委員をしていた臨教審の答申が中曽根の演説の前に出されていることから、袴谷氏がその答申内容を調べてみると、予想通りこの思想が盛り込まれていたことを確かめた上で、中曽根は梅原委員から「山川草木悉皆成仏」ということばを教えられたのであろうと推測しています。

このような流れから岡田真美子氏は、「山川草木悉皆成仏」という言葉は梅原猛氏による造語ではないかと考え、梅原氏に質問の手紙を出したということですが、返事が得られずにいました。そんな時、岡田氏の夫君の岡田行弘氏が、たまたま新幹線で梅原氏に遭遇し、「山川草木悉皆成仏」は氏の造語ですかと尋ねたところ、氏はそれを肯定し、「山川草木悉皆成仏　梅原猛」と紙に書いてくれたのだということです。

以上、ちょっとしたミステリーのようなお話で、一見すると歴史的由緒のありそうな有り難い言葉が、実はごく最近になって作られたものだったという結論は驚きですし、とりわけ「たまたま新幹線で遭遇して……」という展開は、いかにも現代的で面白いです。この謎解きをコンパクトにまとめ、現代の環境問題にもつながる岡田氏の「東アジア的環境思想としての悉有仏性論」は、知的刺激にもあふれた魅力的な論文です。

ということで、この論文を読んだ時には「一件落着」と思って頭の片隅にしまい込んでいたのですが、ふと賢治の書簡を見ると、「山川草木悉皆成仏」に非常に似た言葉が、二度も登場するではありませんか。

ねがはくはこの功徳をあまねく一切に及ぼして十界百界もろともに仝じく仏道成就せん。一人成仏すれば三千大千世界山川草木虫魚禽獣みなともに成仏だ（「保阪嘉内あて書簡」63、一九一八年五月十九日）。

わが成仏の日は山川草木みな成仏する。山川草木すでに絶対の姿ならば我が対なく不可思儀ならばそれでよささうなものですがそうではありません（保阪嘉内あて書簡76、1918年6月27日）。

前者には「虫魚禽獣」という語句が余分に入っていますが、それでも意味としては同じですし、後者の「山川草木みな成仏」に至っては、「山川草木悉皆成仏」と、実質的にほぼ同じとも言えるでしょう。

岡田真美子氏が指摘するところの「山河草木」ではなく「山川草木」になっている語法も、これが伝統的ではなく新しいものである可能性を示唆しています。

一方で、これが当時の賢治によるオリジナルな造語であるとも思えず、また「山川草木・・・成仏」という型は二つの書簡に共通していることから、やはり賢治の使用の元となる何らかの出典が、当時存在したのではないかと考えるのが、自然な感じがします。

賢治が上記の書簡を書いた1918年(大正7年)は、彼が田中智学の思想に入れ込み始めた時期ですから、ひょっとして智学の著書に由来しているのではないかとも思い、『本化摂折論』や『日蓮聖人の教義』や『妙宗式目講義録』の一部をざっと見てみたのですが、見つけることはできませんでした。

ということで、岡田真美子氏による調査をさらに推し進めるために、賢治の「山川草木みな成仏」の元となる出典があるのならば、それをぜひ知りたいと思っている次第です。

また、もしも「出典」なるものは存在せず、これが賢治によって初めて使用された言いまわしだったとすると、宮澤賢治にも造詣が深かった梅原猛氏のことですから、当然ながらこれらの賢治の書簡を読んでいて、その潜在的な記憶を意識しないまま、1970年代になって「山川草木悉皆成仏」という言葉を作り出したということになるのでしょう。——(以上、インターネット記事二〇二〇年三月一日/内容分類:伝記的事項ｆより)。

本来、釈迦の仏教では、各自が修行して苦悩から解脱することを教える自力救済の宗教でした。しかし、中国から日本へ伝達される過程で仏教は著しく実質的変貌を遂げました。そして成仏の主体も、人間から他の生き物へと拡大され、さらに生物以外の被造物である山川草木にまで拡張されたのでした。

キリスト教の被造物認識

ここでキリスト教の立場から想起すべきことがあります。人間は創造主である神から自然などの被造物を治める務めを受けながら、その役割を濫用し、今日の環境破壊という問題を引き起こしている――これは教皇フランシスコの回勅『ラウダート・シ』の指摘するところです。人間は被造物の一部であり、その成長・生存を自然に依存していながら、大地とのつながりの中で存立できて来たことを失念し、思い上がった暴挙に出て、自らの足元を危機に晒してしまっています。創世記2章によれば、最初の人間であるアダムとイブが創造主への従順と信頼をないがしろにするという過ちを犯したため、人間と自然との関係にひびが入ってしまい、人間と自然とのあるべき良好な関係が壊れてしまったのでした。この状態は修復されなければなりません。聖書は、神の救いの御業の結果「新しい天と新しい地」が完成すると言っています(ヨハネの黙示21・1、二ペトロ3・13、イザヤ65・17など)。さらに使徒パウロは、被造物の贖(あがな)いについて、こう言及しています。

――現在の苦しみは、将来わたしたちに現されるはずの栄光に比べると、取るに足りないとわたしは思います。被造物は、神の子たちの現れるのを切に待ち望んでいます。被造物は虚無に服していますが、それは、自分の意志によるものではなく、服従させた方の意志によるものであり、同時に希望も持っています。

つまり、被造物も、いつか滅びへの隷属から解放されて、神の子供たちの栄光に輝く自由にあずかれるからです。被造物がすべて今日まで、共にうめき、共に産みの苦しみを味わっていることを、わたしたちは知っています。被造物だけでなく、〝霊〟の初穂をいただいているわたしたちも、神の子とされること、つまり、体の贖われることを、心の中でうめきながら待ち望んでいます。わたしたちは、このような希望によって救われているのです。見えるものに対する希望は希望ではありません。現に見ているものをだれがなお望むでしょうか。わたしたちは、目に見えないものを望んでいるなら、忍耐して待ち望むのです。――（ローマ8・13～25）

人間は過去の長い間、自分たちだけの救いを考えてきました。しかし、他の被造物との切っても切れない関係にある人間は、自然・宇宙の贖いと救いの中に自分の救いを位置付けなければならないのです。このように、パウロの手紙や教皇フランシスコ回勅『ラウダート・シ』が表わしている「人間と被造物のあるべき関係」を知れば、キリスト教徒の倫理観と大乗仏教の主張との間に通底するもののあることが分かります。

曹洞宗の仏性認識

前項で述べた「自分の中に在る仏性に気づく」を、「主観と客観、自己と世界が分かれる以前の存在そのものに立ち戻ること」だと理解すれば、西田幾多郎が目指した境地はこれかもしれません。その境地に至るためには雑念を取り払い、心を無にすることが必要となります。

座禅はこの「無心」の境地を目指す修行の一つと考えられています。道元が創始した曹洞宗では「只管打座」――ただひたすらに座禅すること――の大切さを教えています。道元は座禅について「人は本来仏性を有している。座禅は自分の力で煩悩を消して悟りに至る修行ではなく、自分がすでにブッダになっていることを確認する作業である」と説きました(『大乗仏教』174～175頁)。

けれども、この考え方は誤解されやすいかもしれません。『自分は既にブッダになっているから何の努力も修行も不要となった』『既にブッダになっているのなら、努力や修行をする必要はないではないか』といった、間違った考え方を生みかねません。道元が教える「既にブッダになった」とはどういう意味でしょうか。人が煩悩を抱えたままの身であっても、そこには既にブッダが宿っていて、共に煩悩(ぼんのう)と戦ってくれる――と考えたほうがよいと思われます。ブッダになる可能性を与えられている、ブッダになる〝種〟、あるいは〝胎児〟が宿っている、と考えてもよいでしょう(高崎直道『仏性とは何か』法蔵館〔法蔵館文庫〕、二〇一九年参照)。

さて、「仏性」「山川草木悉皆成仏」について現在の曹洞宗はどう考えているのでしょうか。それを知るために、曹洞宗東海管区教化センター編『道元さまのお言葉　正法眼蔵諸弁道話の巻』というホームページから以下の記事を引用することをお許しいただきたいと思います(http://soto-tokai.net/cgi-bin/kotoba.cgi?page=2)。

――「佛家には教の殊劣を対論することなく、法の深浅をえらばず、ただし修行の真偽をしるべし。

草華山水にひかれて、仏道に流入することありき。いはんや広大の文字は萬象にあまりてなほゆたかなり。転大法輪また一塵にをさまれり。しかあればすなはち即心即佛のことば、なほこれ水中の月なり、即座成仏のむね、さらにまたかがみのうちのかげなり。ことばのたくみにかかはるべからず。いま直証菩提の修行をすすむるに、佛祖単伝の妙道をしめして、真実の道人とならしめんとなり。」

真言宗では「即心是佛　即心作佛といふて、多劫の修行をふることなく、一座に五佛の正覚をとなふ」つまり是の心がそのまま佛であるから、あらためて修行しなくても即座に佛の位につけるという教えがあります。但しここにいう心とは「得道妙心」の心であり、欲望や煩悩妄想に侵されている自己中心的な心ではありません。否そのような心もある意味からはそれに含まれるのかもしれません。しかし「心」というのはやはり、いわゆる心の奥の奥にあるところの宇宙をあらしめているところの純粋な「心」でなければならないのであります。つまり心理学的に言うところの心ではなく、佛の真心という時の「心」なのであります。これを佛性とか法性とか真如とか言いますが、これを究明することが出来た人を悟りを得た人、つまり「覚者」というのであります。そしてそのような心の世界を悟りの世界、浄土ともいうことができると思います。この世界を日常体現し、この佛の真心で日常の行動の価値基準を決め規定するならば、この人は悟りを成就した人といい、「是心作佛」ということになります。この「心」を調整すれば宇宙の真理の世界が現れ、毘盧遮那佛の世界に住（すまい）することが出来るという教えがあります。この「心」

の調整の最上無為の方法を道元さまは「坐禅」であると説かれるのであります。仏法にはお釈迦さまの教えを法華経を中心とか華厳経を中心とか般若経を中心とかさまざまな中心のおきかたがありますが、もともと宗教とは思想・観念だけにとどまるものではありません。むしろその教えによって日常生活が豊かになり、限られた生命を全うできるかということが大切であります。したがって教の殊劣を対論し、法の深浅を論ずることは、無意味なことと言わなければなりません。いずれの教えもお釈迦さまの説かれた教えであり、どの教えから仏法に入っても悟りの世界は開けるのであります。要は実践こそ最も大切なことであります。

正しい実践修行をするなかで、例えば草華山水を観ることの機縁によって悟りの境地に到ることもあるのであります。渓川のせせらぎの音を聴くことの機縁によって開悟することもありましょう。「草華山水にひかれて、仏道に流入することありき。」とはこのことであります。また天地自然宇宙万物のあるがままの姿こそ真理そのものであり、広大な文字であります。この生きた文字を観ることなく、教義の深浅を論じ、観念の世界にのみとどまるなど無意味なことであります。一片の塵にも宇宙の真理が宿り、それを観じ実践するならば「いはんや広大の文字は萬象にあまりてなほゆたかなり。転大法輪また一塵におさまれり」となるのであります。あらゆる存在のあるがままの相こそ転大法輪であり、生きた経巻であります。身心一如、修証一等という教えがありますが、これらの教えは仏法は観念ではなく実践であるということを説いたものであります。

このことを道元さまは「しかあればすなはち即心即佛のことば、なほこれ水中の月なり、即座成仏のむね、さらにまたかがみのうちのかげなり。ことばのたくみにかかはるべからず。いま直証菩提の修行をすすむるに、佛祖単伝の妙道をしめして、真実の道人とならしめんとなり。」と説かれるのであります。

釈迦牟尼仏言、一切衆生、悉有仏性、如来常住、無有変易、これわれらが大師釈尊の獅子吼の転法輪なりといへども、一切諸仏、一切祖師の頂寧眼睛なり。――（『正法眼蔵　仏性の巻』より）

この「仏性の巻」は先の「正法眼蔵　弁道話の巻」「正法眼蔵　現成公案の巻」と併せて、正法眼蔵の中では特に大切な巻とされています。この三巻の中で道元さまは「真理」を説き、「悟り」について説いておられます。この巻でいう「仏性」ということにつきまして道元さまが比叡山でのご修行中よりいだき続けられた疑問でありました。しかし、当時日本では道元さまのいだく疑問を満足に解きあかしてくれる人がいませんでした。それで道元さまはこの疑問を解くべく中国に渡られたのであります。

この巻は仁治二年十月興聖宝林寺において弟子たちに説かれた巻であります。仏性ということは大乗仏教の成立とともに取り上げられた大きな問題であり、特に「大般涅槃経」ではこれを深く掘り下げられています。道元さまは中国に渡っても、すぐにはこの仏性について納得できる答を得ることが出来ませんでした。それで道元さまは諸々の経典、諸説を学び、多くの祖師に参じたのであります。

ここにあります「釈迦牟尼仏言、一切衆生、悉有仏性、如来常住、無有変易」というくだりは「大般涅槃経」の中にある一句であります。この意味は普通に読みますと「お釈迦さまが言われるには一切衆生にはことごとく仏性がある。それは常住で、変わることが無い。」ということになるのでありますが、実は道元さまはそのようには捉えていなかったのであります。

仏性とは「仏であることの本質」であります。ここでいう仏というのは「ものごと」が真理に従って、あるべきようにあることでありまして、執着を離れることであります。先の現成公案の巻や弁道話の巻においてお話しいたしました「あるがままにある」「空」の道理に従って「因縁所生」にあるということをいうのであります。

それを悟られたのがお釈迦さまであり、諸仏諸祖であります。曹洞宗では道元さまの師匠天童山の如浄禅師までにお釈迦さまから数えて五十人の祖師方がいます。その方々は仏性の道理を正しく捉えて悟られたのであります。そして道元さまは一切衆生、悉有仏性を「一切衆生はことごとく仏性がある」とは捉えず、涅槃経にありますように「一切は衆生なり、悉有は仏性なり」と読み、ことごとくあるその全存在が衆生であり、その内も外も全て仏性であるというのであります。お釈迦さまの全存在、全行動が仏性であります。諸仏、諸祖の皮肉骨髄、頂寧眼睛全存在、全行動が仏性であるということになります。さらに申せば森羅万象全てが仏性ということになります。また「仏性は成仏以後の荘厳なり」と説いておられます。一切は衆生であり、全存在が仏性であるというのでありますが、しかし、この仏性は弁道話のところでもお話しいたしましたように「修せざるにはあらわれず、証せざるには得ることなし」であります。発心し、修行し、菩提し、涅槃してはじめて現成するのであります。つめて言えば、正しい発心、修行、菩提、涅槃がそのまま仏性ということになります。

自己のあるべき姿とは「自己をわするるなり」であります。つまり無我になりきることでありま す。それは自己と他己との対立を捨て去ることであり、執着を離れることであります。そうすることにより「萬法がすすみて自己を修証する」境地が開けるのであります。道元さまのことばに修証一如というのがありましたが実践の中に悟りがある、あるがままの実践が本来の衆生であり、全存在であり、悟りであります。

正しい体験の世界に没入するとき、融通無礙の自己を会得しうるのであります。仏性は常住不滅でありまして、悟りを開かれた祖師方は不断の仏作仏行により煩悩の火が二度と起こらないのであります。したがって開悟された祖師方でもその後もたゆまぬ修行をつづけられるのであります。行持道環であります。道元さまはこのことを次のように詠じておられます。

峰の色 渓のひびきも みなながら 我釈迦牟尼の 声と姿と ——(正法眼蔵仏性の巻より)

このような「仏性(ぶっしょう)認識」は、キリストに帰依するキリスト教信徒の自己理解と似ています。既にイエス・キリストと出会い、聖霊を受けているのがキリスト者です。キリスト者の体は聖霊の神殿となっています。しかし、悪の誘惑から完全に解放されているわけではありません。日々聖霊の導きを受けて浄められ、新たにされ、より聖なる者となるべき存在です。使徒パウロが言っているように、キリスト者は肉の業を避け、礼の導きに従って歩むべきものです。ガラテヤ書は教えています。

——わたしが言いたいのは、こういうことです。霊の導きに従って歩みなさい。そうすれば、決して肉の欲望を満足させるようなことはありません。肉の望むところは、霊に反し、霊の望むところは、肉に反するからです。肉と霊とが対立し合っているので、あなたがたは、自分のしたいと思うことができないのです。しかし、霊に導かれているなら、あなたがたは、律法の下にはいません。肉の業は明らかです。それは、姦淫、わいせつ、好色、偶像礼拝、魔術、敵意、争い、そねみ、怒り、利己心、不和、仲間争い、ねたみ、泥酔、酒宴、その他このたぐいのものです。以前言っておいたように、ここでも前もって言いますが、このようなことを行う者は、神の国を受け継ぐことはできません。これに対して、霊の結ぶ実は愛であり、喜び、平和、寛容、親切、善意、誠実、柔和、節制です。これらを禁じる掟はありません。キリスト・イエスのものとなった人たちは、肉を欲情や欲望もろとも十字架につけてしまったのです。わたしたちは、霊の導きに従って生きているなら、霊の導きに従ってまた前進しましょう。うぬぼれて、互いに挑み合ったり、ねたみ合ったりするのはやめましょう。——（ガラテヤ5・16〜26）

仏教、特に大乗仏教の主要な教えを知り、キリスト教の人間観、救済論に照らし合わせればそこに、西田幾多郎の倫理観における「善」「悪」認識が浮かび上がってきそうです。

パウロの確信と私たちの日常の間にある〝落差〟

人はいかにして真の自己と出会うことができるでしょうか。真の自己とは何でしょうか。難しい問題です。

西田幾多郎の『善の研究』は、「善とは真の自己を知ることである」としています。「悪」を考察するには「善」を考察しなければなりません。その「善」の探求は、自己の探求と結びついています。人の生涯は自己の探求であり、人類の歴史も自己の探求と切り離せないと思われます。東西の哲学・宗教の歴史も「自己の探求」の歴史ではないでしょうか。

『ソフィーの世界』が問いかける「あなたは誰か?」

ここに一冊の哲学の入門書があります。この本のタイトルは『ソフィーの世界』(註4)。帯には「世界で一番やさしい哲学の本」と銘打ってあるとおり、14歳の少女ソフィーに「あなたは誰でしょうか」と問いかける、という内容になっています。

著者はノルウェー人の作家で、本書は世界中でベストセラーになりました。著者はファンタジーを織りまぜながら、デモクリトスから始めて、主要な哲学者の口を通して「あなたは誰か」という問題の解説を展開しているのです。結論はどうかと言えば、あまり明確ではないと思われますが、分かりやすい言葉でこの命題を説明している点が魅力です。

デカルト、カント、そしてヒューム

「自己を知る」というときの「自己」とは何でしょうか。人には種々の顔があります。どの顔もその人のすべてではないし、その人の真の姿であるとはいえないでしょう。そもそも「真の自己とは存在するのか」が問題です。自己の探求は東洋においても重要な課題となってきました。

それでは、「自己の探求」について、西洋と東洋の違いはどこにあるのでしょうか。ある見解によれば、東洋の哲学・宗教では、自分の内側から自己とは何か、を考えたが、西洋では人間の外側から「人間とは何か、世界とは何か」を追求した、と言われています〔飲茶（yamcha）『史上最強の哲学入門、東洋の哲人たち』、マガジン・マガジン、二〇一二年、26頁以下より〕。

ところで、哲学の課題のなかに「認識」の問題があります。人はこの世界と自分の外にある対象を、自分をどれだけ正確に知ることができるか（――認識できるか）という問題です。18世紀のこと、英国にヒューム（1711～1776年）という哲学者がいました（以下は、飲茶『史上最強の哲学入門』河出書房新社〔河出文庫〕、二〇一五年、の中の、デカルトとヒュームの項を参考にしています）。

ヒュームの哲学は「経験論」と呼ばれます。デカルトという哲学者（1569～1650年）はすべてを疑ってついに辿り着いた結論が「どんなに疑っても疑っている自分が存在することは疑いない」という命題でした。そこから始まって、人間の理性によって認識する能力は確実である、と結論したそうです。

しかしヒュームは違います。〈人間の認識は物事を知覚することによるが、人間が知覚によって得る経験は現実と一致しているという保証はない。「わたし」という存在はさまざまな知覚の集まりの体験にすぎない〉と主張しています。

デカルトの時代以前の哲学者が当然の前提と考えた「神の存在」についてまでもデカルトは疑いの目を向けました。〈人間は不完全な存在であるから完全な存在である神を知ることはできない。神は人間の有限な経験の組み合わせによって造られた創造の産物に過ぎない〉と考えました。

そのような状況で登場したのが、偉大な哲学者、エマヌエル・カント（１７２４～１８０４年）です。彼はデカルトの合理主義とヒュームの経験主義を統合した哲学者であるといわれています。カントは合理主と経験主義のそれぞれの長所を取り入れ、新たな哲学を樹立したとされています。

「確かに人間の経験は相対的であり、人によってかなりの相違がある。しかし、人間として、時間と空間の中で生きる人間は、同じ結論を得ることができるような認識能力を、人は生得的（アプリオーリ）に与えられている」とカントは考えました。人類共通の経験の受け取り方には形式があり、その範囲内でなら、人は普遍的な真理に達することができる、とカントは考えたのです。

しかし同時にカントは、「人間は『物自体』を認識できない」と言います。ここが分かりにくいところです。人間にとっての真理とは人間にとっての「現象」であり、そのもの自体ではない、と考えます。「人間は時間と空間の中で普遍的な認識をすることができる。しかし、時間と空間を超えた世界においては人間の認識の力は及ばない」と考えました。例えば「神は存在するかしないか」という問題は人間の通常の認識の枠を超えた問題、いわゆるアンチノミー(二律背反)だというのです(石川文康『カント入門』筑摩書房〔ちくま新書〕、一九九五年、第一章の「純粋理性のアイデンティティー」を参照)。

難解なカントの思想を正しく理解したかどうか自信がありませんが、カントの思想は「真の自己を知る」という目的にどのように貢献しているのか、正直に言って理解できていないのです。「他の誰でもないこのわたしは誰であり、何のために生まれ、何のために生きているのか」という問題にどのようにカントの思想が関わっているのでしょうか。

人は人生の体験上、他者を理解することがいかに困難であるかを知っています。他者を理解できない一方で、自分も理解してもらえない――この事実をどう受け止めるべきか。ヒュームのいう経験論の中に、このわたしたち人類の体験が入っているのではないでしょうか。理解とは共感です。それはほとんど不可能だという気がしますが、しかし、ある程度可能です。分かってもらえた喜びを人は経験します。理解されるより理解することを求める者であることができるよう、日々祈るのが人の道でありましょう(聖フランシスコの「平和を求める祈り」が思い起こされます)。

カント哲学の範疇を認識すれば人は救われるでしょうか。他の誰でもない自分として理解されることを、人は求めているのです。「人間とは何か」「人はいかに認識できるか」という高度で抽象的な議論に、人はどれほど関心を持つでしょうか。

このような問いかけ自体、カントの哲学の枠に収まらないのかもしれません(しかし、膨大で深遠なカントの哲学をさらに読み込んでいけば、この疑問への回答に出会うかもしれません、今のわたしには困難な道ですが……）。

「そうすれば、平和の神はあなた方と共におられる」

カトリック教会では２０２０年10月４日、主日ミサの第二朗読で、使徒パウロのフィリピの信徒への手紙が読まれました。

――（皆さん、）どんなことでも、思い煩うのはやめなさい。何事につけ、感謝を込めて祈りと願いをささげ、求めているものを神に打ち明けなさい。そうすれば、あらゆる人知を超える神の平和が、あなたがたの心と考えとを、キリスト・イエスによって守るでしょう。

終わりに、兄弟たち、すべて真実なこと、すべて気高いこと、すべて正しいこと、すべて清いこと、すべて愛すべきこと、すべて名誉なことを、また、徳や称賛に値することがあれば、それを心に留めなさい。わたしから学んだこと、受けたこと、わたしについて聞いたこと、見たことを実行しなさい。そうすれば、平和の神はあなたがたと共におられます。――

このときパウロは獄中におり、またフィリピの教会には深刻な抗争が進行中であったと推測されています。そのような困難な状況にあってもパウロは「主において常に喜びなさい」（フィリピ４・４）

と言っています。

これは実に驚くべきことではないでしょうか。人間的には心配しあるいは煩悶して当然です。しかしパウロは「主において喜びなさい」と言っているのです。

喜びの動機と理由は主イエス・キリストにあります。十字架の苦しみに打ち勝ったキリストがパウロと共にいて、いわばパウロと一致して生きているのです。キリスト教という宗教は十字架と復活という過ぎ越しの神秘を生きる宗教です。

(註2)

生物とは、生きた物のこと。バクテリア(菌類)も植物も動物も生物です。たくさんの生物は、類縁関係が近い種ごとにグループ分けされています。

地球上には、バクテリアから植物や動物まで、発見されているだけで約100万〜170万種の生物がいるとされています。その分類のありようは、

類縁関係が近い種類をまとめて1つの「種(しゅ)」

種同士で類縁関係が近い「種」をまとめて「属(ぞく)」

属同士で類縁関係が近い「属」をまとめて「科(か)」

科同士で類縁関係が近い「科」をまとめて「目(もく)」

と分けられています。

分類の区切りは階層と呼ばれ、大きな階層から順に、「界（かい）」「門（もん）」「綱（こう）」「目（もく）」「科（か）」「属（ぞく）」「種（しゅ）」に分けられています。

人間はヒトという「種類」に属し、大括りから細分化方向に向かって〈動物界↓脊索動物門↓哺乳綱↓サル目↓ヒト科↓ヒト属↓ヒト種〉の生き物、というわけです。

普通、グループとか仲間という意味で「類」も使われます。「哺乳綱」とか「鳥綱」と言い表わすよりも、哺乳類とか鳥類と表現するほうが、一般的でおなじみとなっていることはご承知のとおりです。哺乳類・サル類ヒト科ヒト……という具合に。

（註3）

例えば、2020年9月10日のミサで読まれた福音書（ルカ6・27〜38）は以下のとおりです（文中に肩付き小文字で節を表示しました）。

——そのとき、イエスは弟子たちに言われた。[27]「わたしの言葉を聞いているあなたがたに言っておく。敵を愛し、あなたがたを憎む者に親切にしなさい。[28]悪口を言う者に祝福を祈り、あなたがたを侮辱する者のために祈りなさい。[29]あなたの頬を打つ者には、もう一方の頬をも向けなさい。上着を奪い取る者には、下着をも拒んではならない。[30]求める者には、だれにでも与えなさい。あなたの持ち物を奪う者から取り返そうとしてはならない。[31]人にしてもらいたいと思うことを、人にもしなさい。[32]自分を愛してくれる人を愛したところで、あなたがたにどんな恵みがあろうか。罪人でも、愛してくれる人を

愛している。[33]また、自分によくしてくれる人に善いことをしたところで、どんな恵みがあろうか。罪
人でも同じことをしている。[34]返してもらうことを当てにして貸したところで、どんな恵みがあろうか。
罪人さえ、同じものを返してもらおうとして、罪人に貸すのである。[35]しかし、あなたがたは敵を愛し
なさい。人に善いことをし、何も当てにしないで貸しなさい。そうすれば、たくさんの報いがあり、い
と高き方の子となる。いと高き方は、恩を知らない者にも悪人にも、情け深いからである。[36]あなたが
たの父が憐れみ深いように、あなたがたも憐れみ深い者となりなさい」。
[37]「人を裁くな。そうすれば、あなたがたも裁かれることがない。人を罪人だと決めるな。そうすれば、
あなたがたも罪人だと決められることがない。赦しなさい。そうすれば、あなたがたも赦される。[38]与
えなさい。そうすれば、あなたがたにも与えられる。押し入れ、揺すり入れ、あふれるほどに量りをよ
くして、ふところに入れてもらえる。あなたがたは自分の量る秤で量り返されるからである。」——

（註4）
ヨースタイン・ゴルデル（池田香代子訳）『ソフィーの世界』日本放送出版協会、一九九五年、を参照のこと。

V 西田哲学の「善」と「悪」

西田幾多郎が描く「悪」

「『善』とは真の自己を知ること」の先に待つ苦吟（くぎん）

西田の考察「無の世界では自己において自己を知る」

前章では、いわば「有」の世界に目を向けて考察しました。それでは「無」の世界では、その点はどうなるのでしょうか。

東洋には「無」の世界を考える伝統があります。「有」の世界では一般と特殊、主語と述語の関係を追及すると神という存在に到達しますが、「無」の世界ではどうでしょうか。

西田哲学によればそれは、「絶対無」という「場所」になる、と前章で触れました。西田が主張する自己認識の道は「自己において自己を知る」ということです。これはどういうことでしょうか——ちょっと立ち止まって、そのことについて考えてみましょう。

真の自己と出会うために「自分」という個人から出発し、〈個人→人間→創造主〉という順番で自己を探求する方法が、従来西洋で展開された「有」の哲学・神学の方法でした。キリスト教徒のうち司祭職を志願する者は、その養成の枠組みの中で、神学を学ぶための前提として西洋哲学を学び、認識論や存在論に親しんでいます。その上で、神の啓示である〈人間とその救い〉を教える神学を学んでいくのです。しかし少なくともわたしが神学生だった時代、「絶対無の場所」からの考察については、全くの門外漢であったという他ありません。そこで、西田哲学を道づれに、「絶対無の場所」に立ってみたいと思います。

まず「無」の思想を考えてみましょう。

「無」とは何か。文字どおり「存在しない」「何もない」ということなのでしょうか。

「有とか無とかいう概念は、存在するとか、存在しないとかいう意味ではない」と西田哲学はいいます（以下の記述は、主として小坂国継『西田幾多郎の思想』講談社〈学術文庫〉二〇〇二年の第四回西田哲学の性格（2）『無の思想』55頁以下に拠ります）。

「この点に関して言えば、有も無も、真の意味で存在するもの、すなわち真実在を表わす言葉である」というのが西田の主張です。関係箇所を原文のまま引用します。

――なぜ真実在を無といったりするのであろうか。真に実在するものは有であるのが当然で、真実在が無であるというのは矛盾ではなかろうか。このように考えるのは、ある意味でもっともなことである。しかし、ここで有というは、具体的に、『形がある』ということであり、反対に無というのは『形がない』ということである。したがって、正確に言えば、真実在を『形のあるもの』と考えるのが有の思想で、反対にそれを『形のないもの』と考えるのが無の思想という事になる。――

それでは、聖書で提示された神はどんな神なのでしょうか。神は「わたしはあるという者」(出エジプト記3・14)であり、存在そのものであってしかも形のないものです。イエスもサマリアの女に向かって「神は霊である。だから、神を礼拝する者は、霊と真理をもって礼拝しなければならない」(ヨハネ4・24)と言っています。神は靈であるので、偶像をもってその存在を表現することを、厳しく禁じています。

――あなたはいかなる像も造ってはならない。上は天にあり、下は地にあり、また地の下の水の中にある、いかなるものの形も造ってはならない。あなたはそれらに向かってひれ伏したり、それらに仕えたりしてはならない。わたしは主、あなたの神。わたしは熱情の神である。わたしを否む者には、父祖の罪を子孫に三代、四代までも問うが、わたしを愛し、わたしの戒めを守る者には、幾千代にも及ぶ慈しみを与える。――(出エジプト20・4〜5、他を参照)

「有」と「無」と「無である有」と

聖書の神は実に形のない霊である神です。もう一度、聖書に耳を傾けてみましょう。旧約聖書「創世記」の1章は、天地万物の創造を語っています。

初めに、神は天地を創造された。

地は混沌であって、闇が深淵の面にあり、神の霊が水の面を動いていた。

神は言われた。「光あれ。」こうして、光があった。

神は光を見て、良しとされた。神は光と闇を分け、
光を昼と呼び、闇を夜と呼ばれた。夕べがあり、朝があった。第一の日である。

………

神はお造りになったすべてのものを御覧になった。見よ、それは極めて良かった。夕べがあり、
朝があった。第六の日である。

天地万物は完成された。

第七の日に、神は御自分の仕事を完成され、第七の日に、神は御自分の仕事を離れ、安息なさった。

この日に神はすべての創造の仕事を離れ、安息なさったので、第七の日を神は祝福し、
聖別された。

これが天地創造の由来である。（創世記1・1～中略～2・4）

神が創造されるより前、「地は混沌（こんとん）であって、闇が深淵の面にあり、神の霊が水の面を動いていた」のでした。この説明を通常、「無からの創造」と言っていますが、それを「何もないという意味の『無』からの創造」と解釈することに拘（こだわ）る必要はありません。「（この箇所は）『すべての物が神を原因とし

ており、神によって造られないものは何ひとつない』と説いたものであり、一切の有の根源としての純粋形相（ぎょうそう）である神（絶対有）の存在が想定されている」（同書57頁）からです。もちろん、形のない「無」自体、神の創造によると考えられます。

「それに対して東洋では伝統的に、あらゆる〝形あるもの〟の根源に〝形のないもの〟を考えてきた。すべて形のあるものは、形のないもの――すなわち無――から生じる、という考え方がそれである。言い換えれば、『一切の有は無の顕（あらわ）れだ』というのである。したがって、ここでは、恒常不変（こうじょうふへん）な実体は否定される傾向にある。永遠に変化しないようなものは何一つとしてない、という東洋の伝統的な考え方であった」（同書57～58頁）。

わたしたちが引き継いでいるキリスト教思想は、多分にギリシア化されたものです。本来のヘブライ思想がギリシア社会へ伝えられる過程で、少なからずギリシア哲学の影響を受けています。わたしたちが受けた哲学の講義もその核はスコラ哲学であり、存在は形相と質量――すなわちformaとmateria――によって説明されました。小坂氏は前掲書の中でこう言います。

「ギリシアにおいては、無は形の欠如したもののことであり、また形をもたないもののことであった。しかし、東洋においては、それはあらゆる形の根源であり、あらゆる形を生み出す原動力のことであった。……　ギリシアにあったのは有の反対概念としての無であり、有の欠如としての無であった。有とは、形相すなわち形をもったもののことであったから、それと反対に無とは、形のないもの、形を欠いたもののことであった。したがって、それは正確に言えば、無ではなく『非有』であったのである。」

世界の始まりをどう考えるか、という問いに答えようとするとき、対応は大きく二つに分かれます。世界の始まり・根源を「形のあるもの」と考えるか、あるいは「形のないもの」と考えるか、です。有にはその存在の根拠・原因がなければなりません。その原因を追究していくと無限の連鎖に陥って(おちい)しまいます。そこで第一原因、すべての存在の根源となる原因として創造主という存在を挙げるわけです。この創造主は果たして「形ある存在」の有であるのか。形のない有である「無」であると考えることも可能ではないかと思われます。

世界の根源は最も普遍的なものであり、一切を含むものです。それが「形あるもの」と考えれば、それを包むより大きな形あるものが想定されなければならなくなります。それが「形のない有」と考えれば、一切のものを含むことが可能となります。

彼岸にある「無」を出発点として

既に述べたように、西田の哲学の動機と出発点は、自己の人生の悲哀でした。家族を襲った数々の不条理極まる悲惨な出来事に直面したとき、彼は徹底的に自己の内面に沈潜し、「自己の内なる根源に向かうことで、もはや、人生の悲痛や苦悩を楽しみに一喜一憂している自己や自我なんぞというものを消し去ってしまおうとしたのです。その先に彼が見出したものは『無』としか呼びようのないものでした。根源にあるものは、すべての現象の彼岸であり、またそこからすべてを生じさせる『無』に他なりません」（佐伯啓思『西田幾多郎――無私の思想と日本人』新潮社〈新潮新書〉、二〇一四年、43頁）。

これは経済学者・佐伯啓思の言葉です。『善の研究』において、善とは真の自己を知ることであるという結論に達し、そこへ到達するために西田幾多郎は哲学者としての真摯な歩みを開始しました。

そのための拠り所とした最初の概念が「純粋経験」（直接経験）でした。純粋経験はさらに「場所」の論理、さらに『絶対無の場所』、そして最後には、晩年に至って「絶対矛盾的同一性」という論理に到達します。その次第は上田閑照編『西田幾多郎哲学論集』Ⅰ、Ⅱ、Ⅲ、岩波書店〈岩波文庫〉、一九八七・八八・八九年、により追跡することができます。特に、『西田幾多郎哲学論集Ⅲ』に収載されている二つの論文、「絶対矛盾的自己同一」と「場所的論理と宗教的世界観」の中で繰り返し西田哲学独特の論理を展開しています。

とはいえ、その用語と説明は極めて難解ですし、その叙述は、あたかも他者に説明するというより、自問自答を繰り返しながら苦吟しているような印象です。自分で自分に言い聞かせているような言い方を理解するのに、読者の一人としては困難を感じざるを得ません。

しかしこのなかには、日本の福音宣教に資する非常に重要な内容が含まれています。熟慮の結果、宗教家であるわたしの心に強く響いた事項、あるいはよく理解できた事項に限って、その内容をご紹介し、感想を記すことにしました。

西田論文は悪魔の存在を肯定している?!

驚くことに、『絶対矛盾的自己同一』の世界には悪魔が潜んでいる、と西田は言います。「悪魔」という表現の突出…… これはどういう意味でしょうか。この語に出くわしたときの直観としては、わたしたちを唆し魂を殺してしまう悪の力が潜んでいる」と言っているように読み取れるのです。

以下に、該当する箇所を引用します。

——絶対矛盾的自己同一の世界においては、主と客とは単に対立するのではない、また相互に媒介するのでもない。生か死かの戦いである。絶対矛盾的自己同一の世界においては、直観的に与えられるものは、単に我々の存在を否定するものではない。われわれの魂を否定するのでなければならない。単に我々を外から否定するとか殺すとかいうのなら、なお真に矛盾的自己同一的に与えられるものではない。それはわれわれを生かしながら我々を奴隷化するのである。我々の魂を殺すのである。…… 環境が自己否定的に自分自身を主体化するということは、自分自身をメフィスト化することである。直観的世界の底には、悪魔が潜んでいるのである。…… 作用が我々に逆に向かい来る所に、真の直観というものがあるのである。故に真の直観の世界は、我々が個別的であればあるほど、苦悩の世界であるのである。……（中略）……　本能的動物は悪魔に囚われるということはない。直観とは、我々の行為を惹起するもの、我々の魂の底までも唆かすものである。――（『西田幾多郎哲学論集』Ⅲ所載、「絶対矛盾的自己同一」62～63頁）

〈判断と意志の主体である個別的自己〉としてのわたしたちは、日々、世界の中で能動的・創造的に生きるよう招かれています。創造の立場から見れば、過去と未来は対立する概念です。それを念頭に置いて、西田の所論に接してみましょう。

――（その際）歴史的過去として、直観的に我々に臨むものは、我々の個人的自己をその生命の根底から否定せんとするものでなければならない。かかるものが、真に我々に対して与えられたものである。行為的直観的に、我々の個人的自己に与えられるものは、単に質料的でもなく、単に否定的でもなく、悪魔的に我々に迫りくるものでなければならない。――（同書、66～67頁）

西田幾多郎の哲学によれば、この世界は「絶対矛盾的自己同一」の世界です。この世界に置かれている人間はもちろんその『絶対矛盾的自己同一』を免れないことになります。彼はドストエフスキーに言及しながらこう言います。

――我々の自己というものは、考えれば考えるほど、自己矛盾的存在であるのである。ドストエーフスキイの小説というものは、極めて深刻に、かかる問題を取扱うたものであるということができる。（『西田幾多郎哲学論集Ⅲ』所載、場所的論理と宗教的世界観、３４４頁）
――（人間は、それぞれこの世界に存在する無数の個物として我々は自己成立の根底において自己矛盾的なのである。――（『西田幾多郎哲学論集』Ⅲ所載「絶対矛盾的自己同一」77～78頁参照）

西田はさらにキリスト教の「原罪」にも言及して、次のように言っています。

――人間はその成立の根源において自己矛盾的である。知的なればなるほど、意的なればなるほど、爾（しか）いうことができる。人間は原罪的である。道徳的には、親の罪が子に伝わるとは、不合理であろう。しかしそこに人間そのものの存在があるのである。原罪を脱することは、人間を脱することである。それは人間からは不可能である。唯、神の愛の啓示としてのキリストの事実を信じることによってのみ救われるという。――（『西田幾多郎哲学論集』Ⅲ所載「場所的論理と宗教的世界観」３６４頁）

わたしたちは「真の自己を知る」という目的に向かって歩んでいます。この歩みの中で宗教とは何でしょうか。宗教は「我々の自己自身の存在が問われる時、自己自身が問題となるとき、初めて意識される」（同論文、322頁）と西田は言います。宗教とは「我々が自己の根底に深き自己矛盾を意識した時、我々が自己の自己矛盾的存在たることを自覚した時、我々の自己存在そのものが問題となるのである。人生の悲哀、その自己矛盾ということは、古来言古された常套句である。」（同論文、323頁）とも。

「死」と「生」は矛盾するのか

同じ論文の324頁に西田は、「我々の自己存在の根本的な矛盾の事実は、死の自覚にあると考える」と書いて「死」に言及しています。これはいったいどういう意味でしょうか。〝根本的な自己矛盾〟とは何なのでしょうか。

人は「死」という絶対的事実を自覚します。死という厳粛な事実の前では、自己の存在自体に思いを馳せざるを得なくなるのです。肉体的な死は誰しも自覚します。では精神的死、あるいは霊魂の存続についてはどうでしょうか。人は死後の存在をどう考えているのでしょうか。

人は不可逆的な人生の終局――つまり「死」――を意識するとき、永遠の世界、すなわち絶対に無限である世界、あるいは絶対者の存否を意識するもののようです。意識するということは、永遠への思いが人間には宿っているということです。

地上の人生に終局があるということには疑いがありません。人は自分で地上の存在を永続できないのです。そう思うとき同時に（または連鎖的に）、人生の唯一性、一回限りの時間を意識します。

永遠への思いをなくすことはできません。死はこの世における生の終わりではありますが、自分と他者との関係の終わりではありません（「終わりではないのではないか」という考えも含めましょう）。人の生涯は死への道程です。死と生、終わりと始まり（死を新しい出発と考える立場、例えばカトリック教会の教え）といった相対立する二項目が同時に存在しています。果たして、死と生とは矛盾するのでしょうか。「死は生であり、生は死である」と言えないでしょうか。死をはらむ生を、矛盾と考えなくともよいのではないか、とも思われます。

預言者イザヤの指摘と西田の主張

さて、「相対的なものが絶対的なものに対するということが死である」（同論文３２６頁）とも西田は言っています。確かに預言者イザヤは神を見たとき、こう言いました。

「災いだ。わたしは滅ぼされる。わたしは汚れた唇の者。汚れた唇の民の中に住む者。しかも、わたしの目は、王なる万軍の主を仰ぎ見た。」（イザヤ６・５）

相対的なものが絶対者に対するとは言えないとすれば、相対に対する絶対は「絶対」ではないことになります。

それでは、どんな意味において「絶対」は真に絶対であり得るのでしょうか。「絶対は無に対することによって真の絶対である。自己の外に自己を否定するもの、自己に対立するものがあるならば、その自己は絶対ではない」というのが、西田の主張です。

――絶対は、自己の中に、絶対的自己否定を含むものでなければならない。而して自己の中に絶対的自己否定を含むということは、自己が絶対の無になることでなければならない。自己が絶対的無とならざる限り、自己を否定するものが自己に対して立つ、自己が自己の中に絶対的否定を含むとは言えない。故に自己が自己矛盾的に自己に対立するということは、無が無自身に対して立つということである。

真の絶対とは、此の如き意味において、絶対矛盾的自己同一的でなければならない。我々が神というものを論理的に表現する時、斯く言うほかはない。そこで神は自己自身の中に絶対的自己否定を含むものである。絶対とは無対立であるだけではなく絶対否定を含むものである。絶対はどこまでも自己否定において自己を有つ。…神は愛から世界を創造したというが、神の絶対愛とは、神の絶対的自己否定として神の本質的なものでなければならない。――（岡田註：この論理は同論文３２６～３２８頁などで展開されています）。

「神が自己否定する」とはどういう意味でしょうか。確かに「愛」は自己否定と深く関わります。神はその独り子を賜るほどこの世を愛してくださいました。そして、愛する御子イエスが十字架に架けられることを敢えて妨げられなかったのです（ヨハネ3・16参照）。神が御子を派遣されたこと、御子が十字架に架けられたことなどは「神の自己否定」と言えるでしょうか、神の愛とは言えるでしょうが……　これと関連して、ホセアの預言が想起されます。

ああ、エフライムよ
お前を見捨てることができようか。
イスラエルよ、お前を引き渡すことができようか。
わたしは激しく心を動かされ
憐れみに胸を焼かれる。
わたしは、もはや怒りに燃えることなく
エフライムを再び滅ぼすことはしない。
わたしは神であり、人間ではない。
お前たちのうちにあって聖なる者。
怒りをもって臨みはしない。（ホセア11・8～9）

ここでは、神は激しく身悶(みもだ)えし、怒りと憐みに心が引き裂かれています。が、結局、神は怒りに打ち勝って憐れみの方を選びます。このホセアの預言は「神の自己否定」を表わしているのでしょうか。

全能の神なのに、自分の決定を悔い決定を覆すというようなことがあり得るのでしょうか。創世記にはそのように読める記述があります。

——主は、地上に人の悪が増し、常に悪いことばかりを心に思い計っているのを御覧になって、地上に人を造ったことを後悔し、心を痛められた。——（創世記6・5〜6）

キリスト教の神と、西田の「神理解」の共通点

さて、先に本稿では「神自身が絶対矛盾的自己同一である」という西田幾多郎の考え方を取り上げ、その際、「悪魔的」という表現さえ使われていることを指摘しました。西田は論文「場所的論理と宗教的世界観」の中の別の箇所でも、「悪魔的」という表現を使っています。

——神が自己自身において自己の絶対的自己否定を含み、絶対の自己否定に対するということは、単に神のない世界、いわゆる自然の世界に対するということではない。単なる自然の世界は無神論的世界である。あるいはまた無神論者的に、自然の秩序に神の創造を見るということができる。真に神の絶対的自己否定の世界とは、悪魔的な世界でなければならない。・・・極めて背理のようではあるが、真に絶対的なる神は一面に悪魔的でなければならない。」「絶対の神は自己自身の中に絶対の否定を含む神でなければならない。悪逆無道を救う神にして、真に絶対の神であるのである。」「絶対のアガペは、絶対の悪人にまで及ばなければならない。神は逆対応的に極悪の人の心にも潜むの

である。単に鞫く神は、絶対の神ではない。斯く言うのは、善悪を無差別視するというのではない。」「わたしの神と言うのは、…自己自身において絶対の否定を含む絶対矛盾的自己同一であるのである。」

――（「場所的論理と宗教的世界観」334～335頁より）。

このような西田哲学の論理を、キリスト教の立場からはどのように評価すべきでしょうか。「神とは絶対の否定を含む絶対矛盾的自己同一である」という西田の主張をどう理解すべきでしょうか。

わたしたちは、自分自身が矛盾という問題を抱えた存在であるということを直観的に理解しています。キリスト教ではそれを「原罪」と言います。キリスト教徒でなくとも、人間は有限な存在であり、不完全であり、人生の途上で種々の困難に直面するものであると理解している人は多いでしょう。生・病・老・死、（会者定離、怨憎会苦、求不得苦、五陰盛苦）の「四苦八苦」は、この世を生きていく人々が遭遇する当然の苦悩と理解しています。そのような人間存在を自己矛盾と規定することも理解できないわけではありません（もっとも、〝絶対矛盾〟とは分かりにくい言い方だと思いますが）。さらに、この世界の中に矛盾することが多々あることも、人々は何となく直観的に理解しています。それでも、神・仏を「絶対矛盾的自己同一」であると理解することは、すこぶる困難です。西田の論文は用語が難解で、論旨を追うこと自体、容易ではないのですが、「絶対矛盾的自己同一」という語が行く手を阻んでいるように思われます。

しかし、キリスト者なら、熟読玩味しているうちに『全知全能の神という存在は〈矛盾のない均一の存在〉として認識されるべきではないか』と、西田の主張に反論したくなるかもしれません。『ホセア預言書』あるいは『創世記』が〈葛藤し煩悶する神〉の心を伝えているにしても、神の中に矛盾があるとは、少なくともキリスト信者なら夢にも考えないでしょう。

　わたしたちはカテキズムの学習を通じて「神とは不動の動者である」と理解し、この「神理解」を前提とした信仰箇条を信じています。不動の動者とは、それこそ誰かによって、何かによって動かされることのありえない存在です、自らは動くことなく被造物を動かすのが創造主である神です。

　ただし、これはギリシア哲学の思考回路に沿った〈「神」観〉であり、聖書が直截に示す神に人智を加味した見方です。聖書の神、イエスの語る神は人々の悲しみ苦しみに深く共鳴する神、スプラングニゾマイ（イエスが人々の苦しみに深く同情したとき使われたギリシア語の動詞。項末の説教を参照）の神です。

「絶対の神」が被造物になることはありません。しかし「永遠のみことばが敢えて人となられた」のです。それは西田哲学のいう「神の自己否定」にあたるかも知れません。とすれば、わたしたちの「神理解」は、西田幾多郎の神理解に通じます。

　愛である神は超然として上から支配することを良しとはなさらず、自ら民に預言者を遣わし、最後には御独り子イエスを派遣されました。そして、イエスが磔刑に処せられるのを敢えて妨げられなかったのだ、とキリスト教は理解しています。

　このような神は、西田幾多郎が〝そうであってほしい〟と念じた神と、ほぼ同じなのではないでしょうか。

『善の研究』を読み解く

人間のどんな行為が「善」、どんな行為が「悪」なのか

前章で、人間の本性についての東洋の代表的な学説、「性善説」と「性悪説」を概観し、個人的な感想として『両者には根本的な相違はないように感じられる』と記しました。

ところで、性善説と性悪説を比較考察するならば、その前提として「何が善であるのか」を論じなければなりません。そこで次に、日本の偉大な哲学者、西田幾多郎の『善の研究』を取り上げます。『善の研究』は非常に難解であり、わたしが正確に理解しているかどうか覚束ないところもありますが、以下に、わたしが同書を理解した断片を記します（この作業にあたっては、主として小坂国継全注釈『善の研究』講談社（学術文庫）二〇〇六年を用いました）。

「善」とはどんなものなのか——すなわち、どのような行為が「善」であり、どのような行為が「悪」であるのかは、もとをただせば倫理学上の問題です。西田幾多郎は、倫理学説を次の三つに大別しました。

直覚説

他律的倫理学説

自律的倫理学説

以下、各学説を一つずつ見ていきましょう。

1 直覚説 「わたしたちの行為を律する道徳の法則は直覚的に明らかなのであって、他に理由はない。人は善悪を直感的に知ることができる」という説がこれです。

しかし、各自の直覚による判断の間には、一致が見られないのが通常です。直覚とは良心の声を指すのか、それとも快・不快の感情か。理性に従う、といったところで、直覚説の内容は不明瞭で、信頼に足る善悪の基準ではありえないと考えざるを得ません。

2 他律的倫理学説 別名「権力説」といわれる学説です。これによれば、善と悪との区別は権力者の命令によって定まることになります。道徳的善は、自己の快楽あるいは満足というような人間自身の要求ではなく、厳粛な命令を意味しており、わたしたちに絶大な威厳をもって対する者、または権力を持つ者の命令によって善と悪の区別が判断され、評価されることになります。

外界の権力者と考えられるものには、君主を想定した〝君権的権力説〟と、神を元とした〝神権的権力説〟の二つに分かれる、と西田は規定しています。

この権力的倫理学説によれば、権力に従うのはその権威が動機なのであり、命令内容の善悪の価値によるのではありません。権力者の圧力、暴力に対して恐怖を覚え、盲目的に服従する場合もあり得ます。命令の内容が善であると理解して従うならば、その理由を理解し賛同するゆえに従うのであり、権威に従うのではありません。その命令の価値を認め「善である」と判断した結果として従うのです。また同じ行為が命令する者の判断によって〝善〟にも〝悪〟にもなり得ます。

権力説の問題点はこのように、善悪の区別と基準が不明になってしまう点にあります（上位聖職者の《教導権》に従うよう要請されているカトリック教会の理解は、もしかするとこの中に含まれるかもしれません）。

3 自律的倫理学説

善悪の基準を人性に求める説がこれで、次の三つに分かれます。

①合理説　道徳上の善悪正邪は理性による真理の認識による、という説。しかし人間は必ずしも理性の判断を行動の決定の意志に反映させるとは限らない。意志は感情または衝動から起こるものであって、単に抽象的論理よりおこるものではない。人の苦しみへの同情から人は思わず知らずのうちに人を助ける行動を起こすのである。

②快楽説

i　自己快楽説　自己の快楽をもって人生唯一の目的とし、たとえ他人のために善を行う場合も、実は自己の快楽を求めているのである、とする。最大なる自己の快楽が最大の善であるとする。

ii　公衆的快楽説　社会公衆の快楽をもって最上の善とするという考え方。最大多数の最大幸福が最上の善であるとする。（※快楽説に対しては、「どのような快楽も同種であって、大小の数量的差異があるに過ぎない」という批判があります。もし、快楽に性質上の区別があり価値が異なるならば、快楽という価値以外の価値に基準を認めなければならないことになる、というわけです。それは快楽説の趣旨を否定することになりかねません。また、快楽は人により、場合により、文化により、その受け取り方には差異があるとなれば、客観的な基準を置くことができません。さらに、人には生来、ほかの人への愛のために自分の快楽を犠牲にする行為があり得ます。他者のために快楽を否定して心の深い欲求を満たすことが認められるのです。人間が持つこの情動も快楽説では説明できません、苦痛の中にも満足は存在するというのですから。）

③活動説　善は意識の外側からではなく、意識の内面的欲求から説明されるべきではないか。「善」とは、わたしたちの内面的欲求である理想を実現すること、人間の意志の発展・完成を志向する思いと行動である——とするのが「活動説」。

（※これを換言すれば「幸福の実現に向けた活動は善、幸福実現を阻害する活動が悪」ということになります。快楽と幸福は似て非なるものです。快楽は幸福をもたらすとは限りません。幸福は「理想の実現による満足の結果」と言えるでしょう。

それではこの善の欲求である理想はいかなるものであるのか。善とは自己の発展・完成self-realizationにほかなりません。松は松、竹は竹であるように、人が自分の天性自然を発揮することが人間の善であり、その意味で「善」は、自己固有の性質に従って働く徳の結果である、と言えるでしょう。）

真の善とは「真の自己を知る」こと

以上の考察を基に、西田は次の結論を導き出します。

「真の善とはただ一つあるのみであり、それは『真の自己を知る』ということに尽きる」（『善の研究』

第十三章　完全なる善行四より）。

自己を知るとは、自己の内面的要求を満足させるということだ、というのが西田の主張で、「それは人格の要求を満足させるということである」と西田は言います。ここで西田がいう「人格」とは、人間の諸意識を統一する「意識の統一力」であり、それは同時に宇宙の根源的統一力をも意味します。意識の統一力である内面的要求が、同時に、宇宙の根源的統一力と一致するとき、そこに人格が実現する――というのが西田による考察の骨子です。

つまり西田によれば、真摯な自己の内面的要求に従うということが真の人格を実現することでありますが、ただし、それは同時に世界を主観的に自己に従わせるということではありません。反対に自己を滅却し消耗し尽くすことによって達することのできる一致のことである、ということになります。

西田は以下のように述べています。

「真の自己を知るとは人類一般の善と一つになることであり、神の意志と一致することとなる。しかし、真の自己を知り神と合一するには、主客合一の力を得なければならない。そのためには、自分の偽我を殺し尽くし、この世の欲に死んで蘇るのでなければならない。」（同、第十三章　完全なる善行四より）

ここに至って、西田哲学は著しく宗教的・キリスト教的となります。

主イエスは言われました。「自分の命を得ようとする者は、それを失い、わたしのために命を失う者は、かえってそれを得るのである」（マタイ10・39）。使徒パウロもまた言います。「キリスト者とはキリストと共に古い自分に死んで新しい自分として生まれ変り、キリストの復活の命を与えられた者のことである」（ローマ6・1〜14参照）。

またヨハネの福音で次のようにも言われています。「キリスト者とはキリストの永遠の命に与っている者であり、永遠の命とは、唯一のまことの神であられるあなたと、あなたのお遣わしになったイエス・キリストを知ることとです」（ヨハネ17・3）。

汎神論的見解へと転じる西田学説の鋭敏と限界

真の自己を知るためにはイエス・キリストとの出会いがなければならないし、イエスを通して父である神を知らなければならない、と述べているかと思われるほど、『善の研究』における西田幾多郎の「善」に対する理解は、著しくキリスト教的であると言えそうです。が、それでは、彼の倫理学上の主張はキリスト教と一致していると言えるでしょうか。西田はまた「われわれの真の自己は宇宙の本体である。」（同、第十三章　完全なる善行四、より）とも断言しているのです。これを、キリストに帰依するわたしたちはどのように受け取るべきでしょうか。

この一節に限らず、西田哲学には汎神論的な傾向がみられます。それについて、『善の研究』に注釈を加えた小坂国継氏は次のように説明しています。

——神は宇宙の外に存在する超越的存在ではない。神は人の中に存在するし、内から人に働く、という。しかし、汎神論的であっても、個々の万物がそのまま神であるという意味ではない。西田の考える神は汎神論(pantheism)の神というより、万有内在神論(panentheism)の神に近い。そこでは、万有に神が内在しているというよりも、むしろ万有が神に内在していると考えられる。いずれにしても、神は宇宙の根底であり、したがってまた我々の自己の根底である。そして我々は自己の根底において宇宙の内面的統一力としての神を直接見るがゆえに、「我は神において生く」という宗教の神髄に到達できるのである。——(第四編、第二章　宗教の本質四、の〈解説〉から)。

もしそうであれば、それは、創造主と被造物とを峻別するキリスト教の神学とはかなり離れている見方ではないでしょうか。この点を中心に西田の思想について、さらなる考究が求められます。

そこで、再び『善の研究』に目を向けてみると、まず、前出の「真の善とはただ一つあるのみであり、それは真の自己を知るということに尽きる」で見てきたように、哲学者・西田は「真の自己を知るために前提となる鍵は『純粋経験』である」と述べていることに気づきます。

「純粋に知る」の意味を「虹」の色で考える

『善の研究』の第一編は「純粋経験」、第二編は「実在」、第三編は「善」、第四編は「宗教」という編題となっており、第一編の第一章も「純粋経験」というタイトルになっています。「純粋経験」という概念が西田哲学理解の鍵を握っていると思われる所以です。

西田は『善の研究』の冒頭で結論を述べています。それは次のような言葉です。

「経験するというのは事実をそのまま知る、の意である。まったく自己の細工を棄てて、事実に従って知るのである。純粋というのは、普通に経験と言っているものもその実なんらかの思想を交えているから、毫も思慮分別を加えない、真に経験そのままの状態をいうのである。例えば、色を見、音を聞く刹那、未だこれが外物の作用であるとか、我がこれを感じているというような考えがないのみならず、この色、この音は何であるという判断すら加わらない前をいうのである。それで純粋経験は直接経験と同一である。自己の意識状態を直下に経験した時、未だ主もなく客もない、知識とその対象とが全く合一している。これが経験の最醇なるものである」。

この難解な文章をできるだけ理解するように努めてみたいと思います。

まず「純粋に知る」とはどういう意味か、を考えます。「純粋に知るとは、何らの思想をも交えず、少しも思慮分別を加えず、自己の細工を棄てて、虚心坦懐に知るということだ」と西田は説きます。そしての例として「色」が挙げられています。西田の説く考え方の核心を掴むため、わたしたちもここで、「虹」の色を考えてみましょう。『新明解国語辞典』は「虹」について以下のように説明します。

「（太陽と反対側の）雨上がりの空や、大きな滝のあたりなどに、七色の弓形をして見えるもの。空中の水滴に日光が当たって出来る。」

Wikipedia の説明から、参考になる部分をピックアップしてみると、科学的な説明として、以下の記述が参考になりそうです。

・虹(にじ)とは、大気中に浮遊する水滴の中を光が通過する際に、分散することで特徴的な模様が見られる大気光学現象である。

・虹は、円弧状の光の帯であり、帯の中には様々な色の光の束が並んでいるように見える。色の配列は決まっており、端は必ず赤と紫である。

・英語の Rainbow(レインボー)は「雨の弓」を意味する。またフランス語では arc-en-ciel(アルカンシエル)といい、「空に掛かるアーチ」を意味する。

・日本では一般に 赤・橙・黄・緑・青・藍・紫の七色とする。アメリカ合衆国では一般的に六色とされることが多い(赤・橙・黄・緑・青・紫)。また、ドイツでは五色とされることも多い。

・日本でも五色(古くは八色や六色)、沖縄地方では二色(赤と黒、または赤と青)、中国では古くは五色とされていた。なお現代でも、かつての沖縄のように明、暗の二色として捉える民族は多い。インドネシアのフローレンス島地方では、虹の色は、赤地に黄・緑・青の縞模様(色の順番としては、赤・黄・赤・緑・赤・青・赤となる)とするが、この例のようにスペクトルとして光学的に定められた概念とは異なった順序で虹の色が認識されることも多い。

・虹の色は言語圏によっても捉え方が異なる。実際に、ジンバブエのショナ語では虹を三色と捉え、リベリアのバッサ語（英語版）を話す人々は虹を二色と考えている。このように、虹の色とはそれぞれの言語の区切り方によって異なる色の区切り方がなされるのである。

・虹の色が何色に見えるかは、科学の問題ではなく、文化の問題である。何色に見えるかではなく、何色と見るかということである。

考えてみれば相対的・恣意的な「色」の捉え方

さて、日本では誰しも「虹の色は七色だ」と思っています。それは日本の文化がそうなっているからであり、各自が自発的に研究し判断して出した結果ではありません。色とは連続している現象であり、「色」という現象をどこで区切って別の存在であると考えるかは、その時代、その場所の通念、あるいは文化によって定義が異なってきます。現代の日本では多分、幼時から「七色の虹」がどの国民の脳裏にも等しくインプットされていると思われます。

ついでに言えば、交通信号の色は何色だとお思いでしょうか。通常、わたしたちは、「赤・黄・青」と言ったり書いたりしています。しかしあらためて注目してみると、どう見ても青ではなく緑色ではありませんか。青色と緑色の区別は相対的なものです。〝いつかどこかで誰かが「青」と言った〟ので、それがそのまま現在につながっているに過ぎません。

そもそも日本人にとって「青」と「緑」の区別は曖昧でした。「草が青々と茂っている」といい「青物市場」と言い「青田」とも言いますが、決して色の「青」を認識して口にしているのではなく、伝統的な表現をなぞって緑色の草、野菜、稲などを「青」と表現しているのです。エスキモーの世界では、色と言えばほとんど「白」です。それを前提として、高温多湿地帯に住むわたしたちが「白」で統一している色も、エスキモーの人々にとっては、多くの種類の色に分けられ、幾つもの独立した色となっています。

それは〝日本人が「魚」と耳にしたとき連想する種類の多さ〟と同じ現象です。日本は四周を海に囲まれた海洋国家、食卓に上る魚の種類が豊富で、お寿司屋さんに行くと、魚扁の付く文字が多数見られます。しかし、海の魚を見たことのない内陸の人々にとって、マグロもカツオも「魚」なのであり、マグロかカツオかの区別は意味がありません。

ことほど左様に、人は自分の認識の枠組みに従って物事を理解するのです。スコラ哲学の認識論にある「人は自分の受け取り方に従って物事を受け取る」という命題もそのことを言っているのでしょう。(whatever is received into something is received according to the condition of the receiver.〟Quidquid recipitur ad modum recipientis recipitur. Cf. *Summa Theologiae,* 1a, q. 75, a. 5; 3a, q. 5. In the *Summa Theologiae,* 1a, q. 12, a. 4を参照)。

主客の区別が消えて「合一」の境地に至る

さて、西田哲学の「純粋経験」に話を戻します。既に、「純粋」に知るとはどういう意味かを考え、それは「何らの思想をも交えず、少しも思慮分別を加えず、自己の細工を棄てて、虚心坦懐に知るということである」という西田の学説に触れました。さらにその具体的な例として、虹という現象を見るとき、何ら既存の判断の枠組み、知識、体験をも用いないで、そのままの事実を見るとき、そこに純粋経験・直接経験が成立することに気づき、西田の主張を肯定する方向へ導かれているのを感じます。

西田は「純粋（直接）経験」の例として、以下の場合を挙げています。

「一生懸命に断崖を攀ずる（＝登る）場合の如き、音楽家が熟練した曲を奏する時の如く、全く知覚の連続といってよい。また、動物の本能的動作にも必ずかくの如き精神状態が伴っているのであろう。これらの精神現象においては、知覚が厳密なる統一と連絡とを保ち、意識が一より他に転ずるも、注意は始終物に向けられ、前の作用がおのずから後者を惹起してその間に思惟を入れるべき少しの亀裂もない。これを瞬間的知覚と比較するに、注意の推移、時間の長短こそあれ、その直接にして主客合一の点において少しの差別（差異）もないのである」（第一編　純粋経験　第一章　純粋経験三、34〜35頁）。

右の言葉をわたし流に解すれば次のようになります。

――崖を攀じ登るときの必死の体験、夢中で我を忘れ、ひたすら手掛かりを掴んで上に登ろうとする意識の中には、恐怖という感情の入る余地はないだろう。恐ろしいという感情に襲われたら何もできなくなるだろう。

演奏家がひたすら演奏の世界に没頭するとき、時間の経過は意識されない。自分の体をどう動かすかということも意識には上らない。音楽と自分の間には主客の区別が消滅しているのだ。直接経験とは主客合一の経験にほかならない。他者との直接経験とは、その人との間に何もなくなるという一致の経験である。——

これに、わたしなら次の聖句を付け加えたいところです。

「イエスは言った。『わたしが父の内におり、父がわたしの内におられると、わたしが言うのを信じなさい。もしそれを信じないなら、業そのものによって信じなさい。』」(ヨハネ14・11)

「すべての実在の根底に、統一的普遍的な存在の働きがある」

さて、以上のように「直接経験」を理解するとして、次に「実在」とは何であるのかを考察してみましょう。

「第二編　実在　第二章」の冒頭で西田は次のように断言しています。「少しの仮定も置かない直接の知識に基づいて見れば、実在とはただ我々の意識現象すなわち直接経験の事実あるのみである。この外に実在というのは思惟の要求より出でたる仮定に過ぎない」。また『善の研究』の注釈者、小坂国継氏の解説によれば、「通常われわれは意識の外に独立した物の存在を考え、また意識の本体として精神や心を考えているが、それらはただ直接経験の事実を系統的に組織し体系化するために仮定された仮構物にすぎないのである。われわれが一般に物といっているのは、意識現象の中で『各人に共通で不変的関係を有するもの』を抽象して、それにつけた名称に他ならない。」（前掲書150頁）というのです。

要するに、直接経験以外に「真に存在する『実在』」はあり得ず、精神は各自に不変の関係を抽象して名前を付けたものに他ならない――ということになります。

直接経験の事実そのものの中には、主客未分離の経験があるだけです。すばらしい演奏を聴く者はわれを忘れてその演奏に心を奪われ、いわば自身がその楽（がく）の音（ね）と一つとなっているのです。

ところで、すべての実在もしくはその根底には、統一的普遍的な存在の働きがあることを認めなければなりません。

本項で上げた「色」の例えを引いてみましょうか。

「赤」という色を認めるためには、赤でない色（例えば「青」）がなければなりません。そして、赤と赤でない色、青があるためには「色」という共通の存在がなければなりません。ここにおいて「色」は、赤と青を統一する働きをしていると言えます。赤と青は相対立し矛盾する存在ですが、「色」において統一される、というわけです。

「色」は周知のとおり、絵画芸術の重要な要素を占めています。が、絵画は色だけでは成り立ちません。色の他に、種々の要素がなければならないのです。たとえば描かれている物の形状がある。色彩と形状が相俟（あいま）って、一つの共通の世界を構成します。その背後・根底には、まとまりのある世界を構成する力が働いていると認めざるを得ないでしょう。同様に、自然についていえば、存在する山川草木虫魚禽獣の背後・根底には、自然を統合する力が働いていると考えられます。

キリスト教の概念とは異なる、西田哲学の「神」

それでは、自然と精神との関係はどうでしょうか。

従来、「自然」と「精神」とは対立的に考えられてきました。しかし、精神が実在(自然)を統一的に把握するとすれば、統一される自然を離れての統一作用は成りたちません。客観的自然を離れて主観的精神はありえないのです。

「我々が物を知るということは、自己と物とが一致するというに過ぎない。花を見た時はすなわち自己が花になっているのである。花を研究してその本性を明らかにするというは、自己の主観的臆断を棄てて、花そのものの本性に一致するという意である。理を考える場合にでも、理は決して我々の主観的空想ではない。理は万人に共通なるのみならず、また実に客観的実在がこれによって成立する原理である。動かすべからざる真理は、常に我々の主観的自己を没し客観的となるによって得られる。これは要するに我々の知識が深遠となるというはすなわち客観的自然に合するという意である。………意思はただ客観的自然に従うによってのみ実現し得るのである。水を動かすのは水の性に従うのである。人を支配するのは人の性に従うのである」(『善の研究』第二編、第九章 - 六より)。

西田哲学によれば、「神」という概念は通常わたしたちが持つそれとかなり異なっています。「神は宇宙万物の根源的な統一の根底であり根本である」とする表現は一瞬、キリスト教の示す神に相似しているとも思われるでしょうが、似ているのはそこまで。西田はその後に独特の「神」観を展開します。

西田によれば「神は宇宙の外にあって外から宇宙を支配している人格的な存在者ではない」し、また「宇宙の創造主でもない存在」です。〈宇宙におけるすべての目的であり調和の原因である神〉でもなく、〈道徳的秩序の維持者である神〉でもありません。彼の神概念は、むしろ汎神論的な神に近いと思われます。外からの知識の対象として神を捉えるのではなく、「自己の中から体験的、直感的に捉える〝神〟」が考えられているからです。そしてその〝神〟は、〈真の自己を知るために不可欠な存在として、われわれを他者との交わりと一致に目覚めさせる働きをする実在〉であるというわけです。

「悪は実在体系の内部矛盾・衝突により生じる」

西田幾多郎における「神」概念の特徴が明らかになったところで、本書の主題である「悪」の問題に触れたいと思います。見てきたように、西田哲学は難解ですが、なんとか嚙み砕いてみることにしましょう。

「万物は神の表現であり、神は万物の中に内在する」という汎神論的思想に対しては、悪の存在をそれではどう説明できるのか、という問題が生じますが、その点について、西田はこう言います。

「元来、絶対的に悪というべきものはない。物はすべてその本来において善である。実在は善である。物そのものにおいて本来悪であるものがあるのではない。従って、ある善なるものがあったとして、それよりも大いなる善があるとすれば、前者の善は悪ということになり、また悪と考えられるものより大いなる悪と比較すれば、前者は善ということになる。また時代の変化や社会構成の変化によってそれは変遷していくものである。その本性上悪であるものは存在しない。悪は実在体系の内部における矛盾・衝突より生じる。矛盾・衝突があった実在体系が分化・発展していく」(同書、第四編、宗教、第四章、神と世界、の解説より)。

「実在は一に統一されているとともに対立を含んでおらねばならない。ここに一つの実在があれば必ずこれに対立する実在がある。そしてこの二つの物が互いに対立するのは、二つの物が独立の存在ではなくて、統一されたものでなければならない。すなわち、一つの実在の分化発展でなければならない。そしてこの両者が統一されて、一つの実在として現われた時、さらにもう一つの対立が生じなければならない、その時、両者の背後にはまた一つの統一が働くことになる。かくして無限に統一の働きが進むこととなる。…(中略)…意志と理想の関係について考えてみればこのことがあてはめられる。理想が実現したときさらに新たな理想との間に矛盾対立が生まれ、さらにより新しい理想との出会いが生じる」(以上、第二編・実在、第七章「実在の分化発展」より)。

西田によると、もともと善悪の概念は相対的なもので、わたしたちが事物を相互に比較するところから生じます。したがって悪は実在体系の矛盾・衝突から生じるのです。衝突は実在の分化作用に基づくもので、実在発展の一要件であり、実在は矛盾衝突によって発展するというのです。

終末に初めて決着がつく長い長い葛藤

ここで本書第Ⅰ章の冒頭で引用した「毒麦の譬え」を思い出してください。マタイによる福音書の一節です。

（そのとき、）イエスは、別のたとえを持ち出して言われた。「天の国は次のようにたとえられる。ある人が良い種を畑に蒔いた。人々が眠っている間に、敵が来て、麦の中に毒麦を蒔いて行った。芽が出て、実ってみると、毒麦も現れた。僕たちが主人のところに来て言った。『だんなさま、畑には良い種をお蒔きになったではありませんか。どこから毒麦が入ったのでしょう。』主人は、『敵の仕業だ』と言った。そこで、僕たちが、『では、行って抜き集めておきましょうか』と言うと、主人は言った。『いや、毒麦を集めるとき、麦まで一緒に抜くかもしれない。刈り入れまで、両方とも育つままにしておきなさい。刈り入れの時、「まず毒麦を集め、焼くために束にし、麦の方は集めて倉に入れなさい」と、刈り取る者に言いつけよう』」（マタイ13・24〜43）。

〝麦と毒麦が両方とも育っている畑〟はこの世界そのものであり、わたしたち自身でもあります。わたしたちの心には神の恵みとともに悪魔の誘惑も働いています。この現実は、使徒パウロが教える〈聖霊と共に悪霊も働いている人間の心の状態〉に当て嵌まるのではないでしょうか。西田哲学の言う実在も、ある程度当て嵌まるように思われます。

聖霊の恵みを受けた人間は神のいのちに与っています。しかし同時に、内面では、善と悪の葛藤を体験していることは、私を含め読者諸兄姉が日々体験しておられるとおりです。この葛藤は聖霊と悪霊の闘いであると言えるでしょう。「毒麦を引き抜くと、よい麦も一緒に抜けてしまう」と聖書の譬えが教えているように、両者は不可分の関係にあると考えられます。この葛藤はわたしたちにとって、いわば生涯の課題です。人生の最後、あるいは人類の終末に至って初めて決着がつく、長い長い葛藤なのです。

「善」の向こうに神を見出した人

研究者・白井雅人氏に聴く西田の思想

右に考察した「東洋的〝善悪論〟」の中で重点的に取り上げた西田幾多郎の主張について、さらに深く掘り下げたいと思い、西田哲学の研究者、白井雅人博士(立正大学非常勤講師)の知見を伺いました。以下に、白井氏とわたしが交わした対話のあらましをご紹介して、読者諸賢のご参考に供します。

いま、なぜ「西田哲学」か

岡田　白井さんは、千葉県にあるカトリック茂原教会の白井正司・康栄ご夫妻のご子息で、哲学者・西田幾多郎の専門家です。西田幾多郎について勉強され、博士号を受けておられると聞き及び、ぜひご研究の一端を伺いたいと思いました。

よく知られているとおり、西田幾多郎を知ろうとしても、研究者が一生かかってもやり尽くせないくらい膨大な研究対象素材があります。わたしなどはちょっと覗いたに過ぎないわけですが、たまたま茂原教会を訪問したとき、お父上に「今、西田幾多郎という哲学者のことを勉強しているんだけど、難しくてもう本当にお手上げです」と言ったら、黙って聞いておられた（笑）。

今、『悪の研究』上梓に向けて、西田の主張や考え方に関する原稿を用意しているところですが、それらを下敷きにして、白井さんの卓説に触れたいと考えたわけです。

白井　よろしくお願いします。

岡田　「悪」をテーマにしたいと思ったわたしの落想点は、日本人と福音の接点を深く考えたいという思いです。日本人への宣教にあたっては何が必要なのか、何が足りないのか……　それを知るために、西田幾多郎という人のことを勉強したい、彼が得た知見をヒントの一つにしたいと思っています。

キリストの福音を伝えることは、今の日本に生きておられる方々にとってどういう意味があるのか、教理伝達の方法にどういう問題があるのか……　わたしたちはしばしば、キリスト教についてのいろいろな疑問を耳にします。その中に「日本人として、あるいは東洋人として、さらには人間として、非常に分かりにくい」「受け取りにくい」という反応が含まれています。

そういう中で、日本人によく知られている西田幾多郎という人、また彼が書いた『善の研究』という本が広く読まれているにもかかわらず、彼が何を言っているのか、西田幾多郎の主張は何かということについて、専門家は別としてほとんどの人はよく知らないように思われます。恥ずかしながら、私も知らなかったし、今も知っているかどうか、あやふやです。

哲学者・西田幾多郎は１９４５年に亡くなっています。ちょうど敗戦の直前くらい。享年75という没年齢からみると、当時としては、結構長生きした人物です。その西田の著書『善の研究』は、倉田百三が取り上げてから有名になったそうで、刊行当時、若い人の間でかなり読まれたわけですが、この本のどんなところが当時の若者を引き付けたのか――　今日でも西田幾多郎を学ぶ人は陸続(りくぞく)として絶えません。白井さんもそのお一人ですね。

白井　そうですね。

岡田　わたしが読んだ限りでは、結局「人間とは何であるか」というのが、この本を貫くテーマのようです。人間はやはり「『何のために生まれてきて、何のために生きているのか』ということを我が身に問う存在」なんですよね。人が人生の中で出会う問い、「何が『善』で、何が『悪』か」の答えにたどり着くことはなかなか難しい問題なんですが、『善の研究』を読んでみると(読み方が間違っていなければ)、彼は繰り返し「真の自己を知る」「真の自己に出会う」と言っているわけです。

そうすると「真の自己」とは何か?　それについて西田幾多郎がどう言っているのか、直接読んで確認したいと手に取ってみたのですが、とても難しい。そこで、この本について解説している研究書を開き、解説者の説明を聞いてみると、その説明がまた、原文よりは易しいけれども、分かりやすいとはとても言えません。

白井　その点は、研究者の責任ですね(笑)。

「絶対無の場所」「絶対矛盾的同一」の意味を知りたい

岡田　そこで今日は、西田幾多郎について勉強してこられた白井さんに助けていただいて、西田の考え方を知り、わたしたちの目的である〈イエス・キリストの福音を宣べ伝える〉ということとどう関係するかを、一緒に考えたいと思います。

特に伺いたいのは、西田哲学の中にある「場所」という独特の理論です。人が座る〝場所〟のことですが、西田はこの言葉を「絶対無の場所」というように使っています。聞いただけで頭がクラクラするような用法ですね。それから「絶対矛盾的自己同一」という、舌を噛みそうな言葉についてもお教えいただきたい。「絶対矛盾的自己同一」…… これで合っていますか？

白井　合っています。

岡田　合っていましたか（笑）。それにしても、〝絶対に矛盾している自己同一〟ねえ…… 〝自己同一〟だけなら当節流行り（はや）の言葉でアイデンティティーと言い換えられますが、それが「絶対に矛盾している」とはどういうことなのでしょうか。また、キリスト教と西田幾多郎との間に、どういう接点があるかも知りたいところです。

唐突ですが、白井さんのお父さんは千葉県の地元では有名なカトリック信徒ですが、白井さんご自身も信徒ですか？

白井　父は有名なんですか？（笑）　私は違うんですけど。

岡田　それでは信徒でないお立場で、キリスト教と西田幾多郎にどういう接点があるかについて、もしお気づきならばご教示いただきたいと思います。

そこで初めに伺いたいのですが、「西田幾多郎」を勉強されるようになったのはどういう経緯だったのでしょうか。併せて、白井さんの研究内容を分かりやすくお話しいただければありがたいと思います。その辺からお話しいただけますか？

白井　はい（笑）。論文で学術的にまとめた考えを、分かりやすく噛み砕いてお話するというのはなかなか大変な作業なんですけども、できるだけ頑張りたいと思います。

まず、なぜ西田を研究するようになったか、ということから。私の場合、卒業論文ではドイツの現象学、解釈学、そして——ハイデガーが有名ですが——「実存思想」「実存哲学」について、上田閑照（うえだしずてる）という人の思想を突き合わせながら考えました。上田閑照という思想家は、西田幾多郎の孫弟子に当たりますので、上田の主張を通して西田を知り、大学院に入ってから本格的に西田に取り組んだ——という順番なのです。

そんなわけで、研究初期の対象はハイデガー。この人は実存哲学の旗手だと一般的には思われています。実存哲学とは（それもいろいろ定義があるわけですが）、「自分が存在することを問う」、そういう哲学です。だから最初から「自己への問い」というもの——「自分ってなんだろう」「自分が生きるとはどういうことなんだろう」ということ——を知りたかった、ということになります。

それで、ドイツ哲学と日本人哲学者・上田閑照の関係について卒業論文を書いたときに、『西田幾多郎まできちんと遡（さかのぼ）って勉強しなければダメだ』と気づき、大学の修士課程からずっと西田幾多郎に取り組んでいます。

つまり、ご質問の「どうして西田を読むようになったか」に答えようとすれば、〈私自身の出発点として最初に「自己への問い」があり、そして西田にも「自己への問い」があった。その「自己への問い」に惹かれていった〉――そういうことになるかと思います。

岡田　なるほど。ハイデガー―上田―西田と繋がっていったわけですね。

西田が説いた「対象論理」と「場所的論理」

白井　哲学にはいろいろな分野があります。たとえば「認識論」と言われる分野、「存在論」という分野、哲学の中ではかなり特殊な形態である「倫理学」という分野など、いろいろな分野の勉強をすることが可能なんです。

私の場合、どの分野を勉強しても飽き足らなかったというか、〝お勉強〟がなかなか自分自身の血肉とはなりませんでした。

例えばカントが唱えた説を学びました。カントに依って「認識の構造を解き明かす」のが目的でした。まあ一所懸命勉強したのですが、結局、『カントに詳しくなったところで、自分自身については何も分からないんだ』というような感覚が残ってしまいました。

そこから最終的にハイデガーとか「現象学」「解釈学」に向き合ってみたら、実存哲学として自分自身を問題にできる学問だという手応えがあって、そこに惹かれていったわけです。

つまり西田的な言い方をすると〈「対象論理」と「場所的論理」という二つの論理の「型」がある〉という表現になるんですけど、〝対象論理的に物を知る〟というのは、例えばコップ一つ見ても、「このコップには取っ手がついている」「コップとは飲み物を入れる食器である」というふうに、コップを〝対象〟として捉える理解の仕方がありますね。

しかしそういう対象的理解とは別に、現実にコップのある暮らしの中では、自分との関わりの中でコップというものが意味を持ってくる場面も多いわけです。私自身の体験に例を取ると、私は去年のホワイトデーに、妻にマグカップを贈り、そのマグカップを妻がいつも使っています。それは、今述べた対象論理的な「これはナニナニである」という、そういう分析の仕方とは違う、人格的な関わりの中でのマグカップに意味がある。つまり、「対象」として知るのではなくて「自分のこと」として知りたい——そういう動機があって、そこから「現象学」「解釈学」に踏み入りました。

そしてそれらを勉強しながら、上田閑照という人の本を読み、日本語で哲学し、かつ自分自身のことを語れる哲学だという実感を得て、上田閑照と現象学、解釈学を取り上げて卒業論文を書いたのです。

そのうちに、上田閑照は西谷啓治という人の弟子であり、その西谷啓治の師匠が西田幾多郎であるという関係を知りました。当然、上田の説を知るためには西田を知る必要があり、そこまでちゃんと遡(さかのぼ)って勉強しないといけないということになります。そこで、西田を読みました。

西田を読んでみたことによって、対象論理ではなく、(西田の言い方をすれば)場所的論理によって自分自身が、あるいは自分自身が生きているこの場所が問題になってくるし、問題にすることができる——ということで、西田幾多郎への取り組みを加速させたと、そういうことになります。

岡田 「場所の哲学」(と言うかどうかは知りませんけど)という言葉、あまり聞かなかったなあ。西田幾多郎は「場所」という概念を非常に重要視しているようですけども、ではその辺を説明していただければ――

白井 「場所」からいきますか? それとも『善の研究』の話から?

岡田 どうぞお話をし易いようになさってください。

私たちが日常こなしている「純粋経験」

白井 じゃあ最初に『善の研究』の話をしましょうか。『善の研究』というと西田の著作の中では読み易い方なんですが、それでも、まあ難しい本ですよね。なので、結構、誤読されていると思います。一例を挙げれば、『善の研究』の冒頭にこんな言葉があります。

「経験するというのは事実其儘(そのまま)に知るの意である。全く自己の細工を棄てて、事実に従うて知るのである。純粋というのは、普通に経験といっている者もその実は何らかの思想を交えているから、毫(ごう)も思慮分別を加えない、真に経験其儘の状態をいうのである」

このくだりを読んだ多くの人が、「事実そのままに知るためには、自己の細工を捨てないといけない」とか「思慮分別も捨てないといけない」と西田が言っている、と受け取っておられます。西田が何か〝悟りの境地〟のようなものを示している、と捉えられがちなんですね。

そうすると「悟りの境地は『禅』だから、純粋経験とは『禅の悟り』のことを言っている」という定義になりかねません。その結果、「自己自身を知ることがなぜ善になるのか」という問題に出くわすことになって、なかなか分からないというか、悟ればいいという話に聞こえてしまうというか……そういう誤解がありがちなんです。

でも、じつは「事実そのままに知る」とか「思想を交えない」「思慮分別を加えない」というのは、そんなに特殊なことではありません。

簡単な例を挙げましょう。自転車を運転しているときに、「自分は自転車を運転している」「自分は右脚を下して左脚を上げる、次は左脚を下して右脚を上げる」なんて、いちいち判断したり考えたりしている人はいませんよね。自転車と一体になって自転車を漕いでいるうちは、普通に何も考えず自転車を漕ぐことができているわけです。むしろ「自転車をどうやって漕いだらいいのか」といちいち考えていたら、自転車を漕げないでしょう。つまり、自分が自転車を漕いでいることをいちいち意識しないでも、スゥーっと自転車で走っていける、そういう状態が私たちの普通の経験です。

このように、私たちが日常的に経験しているとき、その経験を分析したり定義づけたりすることはありません。

例えば今、私は喋(しゃべ)っていますけれど、「自分は喋っている」と自覚したり判断したり、思慮分別を交えたりすることなく、ただ喋っているわけです。そういう経験を、思慮分別を交えて行うというほうが、ある種〝特殊〟で、むしろ日常的には私たちは純粋に経験そのものになりきっていると言えなくもない——というのが、実はこの冒頭の話なんです。ちょっと後ろには、「崖を登っているときにいちいちものを考えない」とかそういうことも書かれています。

ですから「純粋」というのは決して特殊ではなく、私たちが生きているこの世の、日常的な在り方を指しているもので、西田はそれを言おうとしているというのが、この分かりにくい冒頭の部分なんです。

同じようにちょっと先には、「音楽家が熟練した曲を奏する時の如き、全く知覚の連続perceptual trainといってもよい」というくだりがあります。これもやっぱり、音楽家が「次、何の音を出そう」とか「次、指をどういう風に動かそう」といちいち考えているようでは、それは下手な演奏、未熟な子どもの演奏みたいなもので、ちゃんと演奏できているときにはもう、何も考えずに弾けている。それがむしろ「純粋経験」なんだとする考え方、それが最初の取っ掛かりになります。

繰り返しになりますが、私たちは、「私」があって、「自転車」があって、「私が自転車を漕ぐ」と意識するというやり方で生きているのではなくて、むしろ自転車と自分が一体となって自転車を漕いで生きている。その在り方が根本なんだ、純粋経験なんだということになります。

易しく噛み砕いたつもりですが、こんな説明でいいですか。まだちょっと難しいですかね（笑）。

純粋経験の深まりが人を「善」に近づける

岡田　西田は「主客合一」ということを盛んに言っていますね。

白井　そうですね。随所で「主客合一」と言われています。「私」という主体と、客体としての「自転車」

が別々にあるわけではない、という意味です。「経験」としては、〈客体としての自転車と私という主体が一つになって自転車を漕いでいる〉こと。「主客合一」とは「自転車と漕ぎ手の自分が一つになっている」ということですね。だから、自転車がパンクしたりすると「あ、自転車がおかしい」ということであらためて自転車が意識される。日常的に〝自転車を漕ぐ〟という経験が成り立っているときには、自転車と私は常に一体になっている——

岡田　問題なくいっているときは、一体感がある……

白井　そうですね。

岡田　事故に遭ったり故障が起きたりすると、『自分と自転車は別ものだ』と意識することになる。

白井　そうです。あるいは、自転車を漕いでいて人とぶつかりそうになった瞬間に、ハッと気がつくことがあるでしょう。そんなときも、自転車を漕ぐことを自覚させられますね。「自転車を漕ぐときに自分は歩行者に注意しなければいけない」とあらためて知る、ということになります。

極端に言えば、一度危ない目に遭ったりすれば自転車と自分の関係を認識することができるわけです。誰しも、自転車操作に不慣れだった幼少時、お母さんやお父さんと一緒に自転車を漕いだ時期に、歩行者がいるときには注意が必要だということをガミガミ言われて、安全な乗り方を学びその繰り返しで上達していくわけですね。言い換えれば、上達するためには一度ぶつからないといけない、というのは極端だとしても、〝うまくいかない経験〟をすることも必要です。そうすることにより、経験の幅が広がっていく。そうやって深まっていくのが経験なんだ——　これが「純粋経験」の二つ目です。

つまり、主客合一なんだけれども、その主客合一を行っているとき、うまくいかないことにしょっちゅうぶつかる。自転車で言えば、歩行者にぶつかりそうになって『注意しないといけない』ということを反省したりする。そういう反省を経て、より経験が広がっていき、よりうまく自転車を漕ぐことによって、道路と自転車と自分が一つになれる、というふうに広がっていく。そのプロセスでは、歩行者や他の自転車にぶつかって反省するということは、純粋経験が発展していくための重要な契機になる――というのが、西田幾多郎の言う「純粋経験」の特徴ですね。

この話を敷衍すると、主客合一だけれども、必ずその主客合一は破れる。破れたことへの反省を通じてより経験が広まり、深まっていく。そうやって発展していくものが「純粋経験」なのだ、ということになります。純粋経験の広まり・深まりは徐々に「善」に近づいていくということにもなる、という考え方です。

岡田 我を忘れる、と言ったらちょっと違うかもしれませんが、すばらしい美術工芸や音楽を鑑賞していると、すっかり惹きつけられて自分自身の意思というものが一瞬、なくなるという体験をすることがあります。そんな体験に通じているかもしれませんね。

西田が言っているのは音楽の例でしたか、すばらしい演奏を聴いているうちに忘我常態、我を忘れる状態になる、というくだりがありますね。あと、先ほど出ましたが、崖をよじ登るという、あまりありえない例もあります。「必死で崖をよじ登っている時は、他の事を考えることはない」と。やったことないけど、「明日何をしようか」とか「えーっと、あれをどこにしまったかな」とか、そういうことを私なんかはしょっちゅう考えているけども、崖を登っているときそんなことを考えていると滑落してしまいますから、必死ですよね。なんかそういう場面を思い起こせば理解し易いのかな。

西田は『善の研究』の冒頭で、そんな並立を越える経験を「純粋経験」とか「直接経験」とか言っているように思います。このあたり、分かるようで分からない、分からないようで分かるという考え方です。彼はそこから出発しているんですかね。

白井 そうですね。

似て非なるW・ジェイムズと西田の主張

岡田 『善の研究』にはいろいろ難しい概念や定義が出てきますが、当時のヨーロッパ哲学の影響があるんですかね？

白井 一応、「純粋経験」という用語自体はアメリカのウィリアム・ジェイムズが唱えた「プラグマティズム」に依拠しているようです。

「プラグマティズムとは何か？」という定義付けは哲学者によって微妙に違いますが、一般的な理解としては、「実用論」「現実論」という感じでしょうか。「どのように言語を用いているのか」とか、「実際にどういう経験をしているのか」を、経験に即して叙述する、そういった学問ですね。で、そのうちの「経験」に関する叙述の中で「純粋経験」を言っているのがウィリアム・ジェイムズということになるかと思います。

ですから、用語だけ見ると西田はジェイムズの影響を受けているということになりますが、中身が大分違うので、かなりオリジナリティーがあるというか、ジェイムズが知ったらむしろ「自分が誤解された」と思うくらい違う内容になっています。影響関係だけを見れば他にも、当時の日本の哲学全体とも無縁ではあり得ず、例えば井上円了とか清沢満之といった人との流れの中に位置している哲学者だという見方もできると思います。

とにかく西田が言いたかったのは、「基本的には、いちいち『私』と『対象』を分けた経験をしていない」ということです。人はフライパンを振っているとき「自分はフライパンを振っている」なんて意識していない。で、食材がボソッと零(こぼ)れてしまうと、「あっ、フライパンの振り方が悪かったんだ」と、そこで初めて反省する。別の例を挙げると、散歩しているときに、「自分は散歩している」とはなかなか思わない。そんなことは意識しないまま、風を楽しんだり鳥の声を楽しんだりしながら歩くでしょ。

岡田 そうすると、純粋に経験する――直接の経験をする――なかに、「自分自身が経験している」という認識が裏にあると言うか……

白井 そこが難しいんです。

岡田 西田はその線で追求したわけですかね。

白井 そうですね。「純粋経験は日常的で簡単なのだけれど、『本当の自己』『自分自身』が見つかる場所というのが難しいんだ」ということになります。

人間は自分を知ることができるのか

岡田　言われてみると、純粋経験は日常的なことなんですね。我を忘れて夢中になって後でハッと気が付いて「あれっ、自分はどこで何をしていたんだろう」と。

白井　それは〝認知症〟かも知れませんが（笑）。

岡田　あ、そうか。そうなると別の話だ（笑）。ただ、「自己を知る」の「自己」というのが難物で、人も分からないのに自己が分かるのか、と考えてしまいます。同じ人と一緒に暮らしているとか仕事をしていても、「こいつ、俺のこと分かっていないな」と思うもので、同じことを相手も思っている。あるいはそれ以上に相手は「岡田ってやつは分かんねえな」と思っているけども、「分かんねえな」と毎日言っていたんじゃ仕事にならないから、我慢している——という感じでしょ。理論的に〈人間は自分を知ることができるのか〉という難しい問題が横たわっています。

白井　そうですね。

岡田　だって理論的に、人間は自分で自分を見られないのですから。自分の眼で自分の眼を見た人は誰もいない。そういうふうに出来ているのに、どうやって自分を見るのか。その疑問を解くために西田幾多郎の理論を借りれば、「自分を写す場所」があって、真の自己を知ることができる、ということですかね？「場所」って、どういう理論展開から出てきたんですか。

白井　それを知るには先に「善」まで行かないと、「場所」が出てくる前後の経緯を理解することが難しいでしょうね。

岡田「純粋経験」から「善」、そして「場所」という順序ですか。

白井 そうなんです。それで、なぜ真の自己を知ることが善なのか。お話ししているように、私たちは純粋経験を積み重ねているわけですけども、逆を言うとそんなときの私たちは〝忘我〟状態にいるのですから、日常的に「自分は何」と分かっていないまま暮らしているのです。

もちろん「私は自転車を漕いでいる」と意識することなく自転車に乗っているときも、交通標識や規制を無視して反省した瞬間には一応自分自身が見出され、自転車を漕いでいる意識を自分自身に向け直すことになります。漕ぎ方がまずかった、標識を見落とした――　自分自身を反省しないといけないということが起こるわけです。

岡田 意識を自分に向け直す、ですか。

白井 このように、一度純粋経験が破れると、自分自身が「あれはどうだったんだろう」「失敗だったな」「自分はどうしたらよかったんだろう」と、自分自身を反省するのが普通です。ただその場合、「反省している自分」は、「鏡に映った自分」でしかない、その時自分は〝鏡の中の自分〟を見ているに過ぎない、とも言えます。「反省」を英語で言うとリフレクション、「反射」とも訳せる言葉です。だから「鏡に反射した自分を見ているだけでしかない」ということがまずある。そして、少しずつ経験が深まっていきます。

岡田 鏡に映った自分を見る経験を続けているうちに、その積み重ねによって「真の自己」に出会う、とも受け取れますね。

「善」から「神」に至る思索の道程

「個性を発揮できればそれが善になる」

白井　西田が「自己をどう見出すか」について言及している部分を拾い出すと、例えば『善の研究』の第三編一二章「善行為の目的」の最初の方に「我々は先ず個人性の実現ということを目的とせねばならぬ」とあります。そして「即ちこれが最も直接なる善である」と続いている。「善」を「個性」と言ってもいいと思いますが、西田幾多郎は「個性を十分に発揮できればそれが善になる」と言っているのです。

岡田　ああ、確かに「個性を十分に発揮できれば……」と言っていますね。

白井　だから本当の意味での「個性」「個人」を実現できればそれが善なのだ、という言い方です。今までに「純粋経験は発展していく」というお話をしましたが、その「十全な発展」を果たすと、個人性（＝個性）が本当の意味で発揮できるようになるというわけです。十全に発展すれば、幅が広がっていく、社会的にどんどん広がっていくものですけれども、社会的な広がりとともに自分の個性の「深さ」が深くなっていく、というのが純粋経験の特徴になるんです。

だから西田自身、「個人性というものは私利私欲とは異なっている」と明言しています。彼が言う意味での「個人主義」と〝利己主義〟とは「厳しく区別しおかねばならぬ」と、彼自身が言っている。つまり私利私欲とか利己主義とか、自分の快楽を追求することと、自分の個性を本当の意味で発揮するということは全く違うと強調しているわけで、そこが大事になります。

西田に言わせると、「共同主義と個人主義は一致する」けれど、「利己主義と共同主義は一致しない」ので、「利己主義と個人主義は一致しない」のです。共同体の構成員がそれぞれ自分の利益だけを追求したらその共同体はうまくいきません。でも西田の言う「個人主義」は共同主義と一致しているから、むしろ健全な社会になる。

西田は「社会が大事で個人本位はダメだよ」という「個人主義を否定する社会」は決して健全とは言えないとも言っています。社会が上でそれに個人が従属しているような社会は、社会としてダメなんだという言い方の背景には、彼の家庭論から出発する、社会関係論があります。

私たちはまずは家族の中で育つわけですね。で、例えば、家族の中で私は2番目の息子なので次男だ、両親の子どもだ、息子だと、そういう自覚を持って生きている。家族が一つの共同体の中で息子であるとか子どもであるとか次男であるとかそういう自覚は普段の暮らしの中で意識することは少ないけれど、経験は確実に広がり、深まっていきます。次男が小学校に通い出すと、何々小学校の生徒であるという属性が加わり、本人も社会性に目覚めて、家族を少し越えた範囲に〝世界〟が広がります。

そして、長じるに従って、世界がより広がっていくと、自分自身の経験もより厚くなります。私の場合は町田市民ですから「市民」意識が生まれ、町田市民として選挙権を行使して投票するとか、東京都民として都知事選に投票してきたとか。次には日本国民として国政選挙に投票する――という具合に、成長とともに自分の活躍の枠が広がっていくわけです。

岡田 うん、そのとおりですね。小学生の間は市内で遊ぶだけで十分だったのが、中学生になると町田市よりももうちょっと都会に出て、渋谷に足を延ばす、みたいなことがあったりする。大学生になると全国を旅行したりする。

西田が理想に掲げた「パウロのキリスト教」

白井 そのようにどんどん経験が広がっていくなか、取り敢えずは「国家」との関係性を意識することで一区切りつくのが普通ですよね。国家が法的に個人を保障しますから、国家というものに対応して一つ「自己の在り方」が規定される、発達の一区切りが国家にある、というふうに西田は言っています。

つまり、「最初は家族という中で人格というものを認め合っていたのが、国家との関係に置き換わっていき、国家によって個人性が認められるというところでいったん区切りがつく」というのが西田の考え方。

話が前後して申し訳ありませんが、西田幾多郎より前の哲学者も、「国家と自己・個人」の問題を追及しています。「教育勅語」は明治天皇が「汝、臣民よ」と呼び掛けているわけですが、その呼び掛けに応えることで「『臣民』としての個人」が成立すると、西田より前の哲学者・井上円了は、そういう考え方をしています。

西田の場合は、「『国家』というものは法的に一つの人格を認める『場所』としてあるんだ」という形になっています。ただ、人の経験がどんどん発達していくと、基本的には国家というところで一区切りつく、ということになるのですが、そこで終わらないのが西田らしいところで、「国家は今日のところでは統一した共同意識の最も偉大なる発現であるが、我々の人格的発現はここに留まることはできない。なお一層大なるものを要求する」とも言っています。

つまり、それまでは〈共同体の中でそれぞれ個性を発揮してうまくいくのが良い〉と言われてきたわけですが、西田はこう言いました。

「なお一層大なるもの、それは即ち人類を打して一団とした人類的社会の団結である。此(かく)の如き理想は巳にパウロの基督(キリスト)教において、またストイック学派において現れていている。しかしこの理想は容易に実現はできぬ。今日はなお武装的平和の時代である」

換言すれば「人格の究極の目的は、国家を超えた人類的社会の共同的団結にあるのだ」と言っているんです。そしてそこにおいてこそ、自己が本当の意味で個性を発揮できるのだ、という主張です。

岡田　そこまで伺って、西田がキリスト教の教えを〈実現すべき理想〉と位置づけている理由がようやく分かりました。わたしが彼に惹かれるのも、そのあたりに同じ価値観を認め合っているからかもしれないな。

白井　岡田大司教も言われたように、幼少期の「人」の世界は、実のところ家庭内でしかないし、受け持つ役割も家庭内の役割でしかありません。しかし、経験がちょっと広がる学齢期になると、児童・

生徒としての役割を持つようになる。しかしそれはまだ本当の意味での個性ではなくて、「児童・生徒はかくあるべし」というルール、周囲が求める在り方に従っているに過ぎません。それでも、少年時代に千葉県民だった私も千葉県の県民性みたいなものを持っていたりする。他の千葉県民と同じように千葉県を愛し、千葉県の魚が大好き、みたいなところがあって……　でも西田流に言えば、それはまだ「個性」ではありません。

成人すると経験はより広がり、「日本国民」となっていきます。日本国民になるとかなり枠が大きくなるので、それぞれがバラバラに自由に活動しているように見えます。家族の役割とか市民としての責務よりも、より広い立場に立って自由に活動しているように見える。でも結局、国家の枠組みで日本人として生きているうちは、やはり「日本人」という枠の中に自分が嵌められているわけですから、まだ本当の意味での個性を持っていることにはなりません。まだ「日本国民」という枠組みの中に閉じ込められているのです。

だから最終的にはそれも越えていかないといけない、というのが西田の説なんですね。それが「人類を打して一団となす人類的社会の団結」です。そこまでいくと日本人という枠組みをはるかに超え、それぞれが「個」の人格として、本当に生きられる立場になる――

でも、それでは具体的にどんな個人性を描き得るかと言うと、それがまさに「最後の問題」。取り敢えずの答えとしては、「個人が本当の意味での自己を実現していくということは、同時に共同体の調和を実現することでもある」ということになります。西田自身、「今日はなお武装的平和の時代である」と言っていますが、その〝武装的平和〟の時代を乗り越え、最終的には世界各国が調和して、人類が団結した社会になるのであって、そういう意味で「善」になっていく——というのが西田の構想です。

「神に由りて生きんとするの情」とは

岡田 個人がそれぞれの個性を自由に発揮できるようになるとともに、その共同体の中で調和のとれた状態が実現する。それが「善」なんだ、という主張なんですね。

白井 そして、本当の個人性が実現されるべき場所はどこかというと、それはまさに宗教の部分なんです。『善の研究』の宗教編、第四編一章の部分をお読みいただくと、非常に分かり易く書いてあります。

「宗教的要求は自己に対する要求である。自己の生命についての要求である。我々の自己はその相対的にして有限なることを覚知すると共に、絶対無限の力に合一してこれに由りて永遠の真生命を得んと欲するの要求である。パウロが『すでにわれ生けるにあらず基督我にありて生けるなり』といったように、肉的生命の凡てを十字架に釘付け了りて独り神に由りて生きんとするの情である。真正の宗教は自己の変換、生命の革新を求めるのである。基督が『十字架を取りて我に従はざる者は我に協はざる者なり』といったように、一点なお自己を信ずるの念ある間は未だ真正の宗教心とはいわれないのである」

こう引用すると難しいことを言っているようですが、「本当の自己が実現する」とは、単に人類が団結する、人類が一つになるっていうレベルじゃないんだと言っているんですね。そうではなくて、本当の自己を実現するのは、「自分が有限で相対的だ」「そういう相対的なものに過ぎないんだ」と自覚するとともに、その相対的で有限な自分が絶対的なものの命を生きている、その命に与っているということを自覚することによって、本当の意味での個人が実現される——ということになるわけです。

岡田　なるほど。言葉は文語体で馴染みにくいけれども、すばらしい洞察力ですね。宣教師の容喙（ようかい）がなくとも日本人はここまで考察を深められるという好例ですね。

白井　この第四編の四章では、イリングウォルスという人の言葉を引いて、「一の人格は必ず他の人格を求める。他の人格において自己が全人格の満足を得るのである。即ち、愛は人格の欠くべからざる特徴である」とも言っています。

「他の人格を認めるということは即ち自己の人格を認めることである」としたうえ、「而（しか）してかく各（おのおの）が相互に人格を認めたる関係は即ち愛であって、一方より見れば両人格の合一である。愛において二つの人格が互に相（あい）尊重し相独立しながら而も合一して一人格を形成するのである」（『善の研究』第四編第四章）と言い切っています。

そして、ここからが重要なんですが、「かく考えれば神は無限の愛なるが故（ゆえ）に、凡（すべ）ての人格を包含すると共に凡ての人格の独立を認めるということができる」と言っているんですね。

つまり、人類を一団にするというか、調和をとるというのは類的なレベルで、同じ人間だ、仲間だという共通性を互いに認識し合って、その共通性でまとまる――というのではないんです。そうではなくて、それぞれが独立した違った存在であるということを認めつつ、また互いの独立を尊重しつつ、一つになることの大切さを説いている。

そこから、〈独立した、まったく別なものが一つになっている〉という意味の「絶対矛盾的自己同一」という考えが出てきます。そしてそれが「愛」なんだと言うのです。もちろん「愛」は、支配したり一つになったりすることではなく、相手の人格を独立したものとして尊重するからこそ愛と定義できるわけですよね。その愛においては二つの人格が相尊重し相独立しながらも、一つの共同体・一つの人格としてまとまるんだという主張です。

さらに、人類の愛の共同体が最終的にどこで完結するかというと、それは神の無限の愛において初めて、全ての人が独立を認められつつ、全ての人が互いに愛し合う共同体として一つにまとまる――西田の考え方を突き詰めれば、そういう流れになります。

西田哲学と日本の教会の親和性

永い思索を経て表現が変わった西田の言説

岡田　西田幾多郎は大変難しいので、一般の人に分かってもらうのは大変なことだと思うんですが、

「純粋経験」「直接経験」から出発しているその論旨は、かなり長い歳月にわたる哲学の思索を繰り返すなかで、主張は同じであっても、表現がずいぶん変わっていったと感じます。

白井 そうですね、はい。

岡田 西田哲学のキーワードとして「無」「絶対無の場所」があります。それだけで一冊の本が書けるような内容だと言われますが、これはやはり、彼が生まれ育った東洋の考え方を背景にしているんでしょうか。

というのも、私たちは無意識のうちに、代々受け継いでいる〝先祖代々の考え方〟を身に付けているので、西田幾多郎にもそうした思考回路があったのかどうか、興味をそそられるんです。

ちなみに、わたしたちカトリック信者は、カトリック教会が理論化した説明を素直に受け容れているせいか、「無」という考え方となかなか調和しません。「違う考え方だから」と割り切ればそれまでなんですけれど、私たちの受け継いだ説明は、いくつも想定される説明の一つに過ぎません。イエス・キリストがそう言ったわけではないんです。イエス・キリストが言ったこと・したことを、ギリシア哲学の概念を使って整理したものが「教会がわたしたちに伝えている教義」なので、「現代日本で教義をどう説明するか」というのは、常に課題となっているわけです。

そこでいきなり「無」を持ち出されると、ちょっとたじろいでしまいます。もちろん西田幾多郎だけが使っている用語ではありませんが、どのように考えたらいいんでしょうね。「無」とは何もないことですか、それとも他に受け取りようのある言葉なんでしょうか。

白井　西田の言う「絶対無」は、私たちが日常使っている「有るか無いか」の「無」ではありません。

岡田　なぜ「絶対」を付けないといけないんですか？

白井　「有」と「無」だと相対的ですよね。そんな〝相対的な無〟ではなく、有と無の二項対立を超えた立場を「絶対の無」と言っているんです。

岡田　対立する考えを超えた世界ということですか？

白井　そうですね。

岡田　すると、西田幾多郎が言うところの「神」とは、はっきり言わないけれども「絶対者」ですから、「神は『絶対の無』」ということになりますか。

白井　はっきり「神は絶対無である」という言い方をしている箇所がありますよ。

もう一度西田に問いたい「無」の意味

岡田　それは、わたしたちが一番知りたいことについて、西田自身が「神は絶対的な無である」と応えているということになる？

白井　「絶対無」ですね。

岡田　キリスト教では、神は「ある」ものです、「在る」とか「有る」という意味で、ね。すべての存在、それこそありとあらゆるものの創造主。全てのものが神から出てきたと理解しています。〝神は絶対無だ〟と言われるともう、何もかもひっくり返っちゃう――そう思うのは間違っているのか……「絶対無という存在である」と言ったらいけないんですか？　絶対無は存在という考えを超えたものなのでしょうか？

そもそもわたしたちは普段、「存在」なんて論じないですよね。亡くなった人がかつて存在したかどうかなんて、ことあらためて問題にはしないし、全く虚無に帰してしまったとは思わない。キリスト教徒以外の人だって、「死んだらそれで終わりだろうけれど、その人が生きていた痕跡は残るし、記憶にも留まっている」と考えるでしょう。それを「無」とは言わないんじゃないかな。そうなると、「ない」とはどういう意味か、あらためて問題にしたくなります。

白井　そうですね、存在とは違うカテゴリーで捉えるべきでしょう。

岡田　違うカテゴリー？　存在の違うカテゴリー……

白井　いや、「存在」と「非存在」という――

岡田　存在論というカテゴリーがあります。わたしも若い頃勉強させられた記憶があります。だけど、存在論とか認識論なんて退屈なので、クラスメイトも〝ゾンザイ論〟〝インチキ論〟なんて笑いものにしていましたっけ。「〝存在〟なんて分かり切ったことを、なんで勉強しなきゃいけないんだ」と思っていました。加えて当時、「ヨーロッパで言う『存在』と東洋思想の『無』とは全く反対のものである」というふうに思わされちゃったんですよ。もっとマジメに勉強しておけばよかった(笑)。

白井　西田はそういう意味で言っているのではありませんからね。

岡田　今どきのキリスト信者だって、「神は絶対の無」だなんて考えたこともないと思いますよ。「え、え？　何ですかそれ？」となる。じつは同じ認識を、違った言い方で表現しているのかもしれないのに……　それが理解できれば、日本での宣教はうんとらくになるかもしれません。

白井　西田哲学が、日本人の持つ宗教的感性とキリスト教の橋渡し役となった例もあります。西田の教え子でキリスト教宣教師になったひともいますね〔監修者註――秋月致（いたる）、逢坂元吉郎（おうさかもときちろう）、高橋徳太郎のこと〕。

ひとは皆、矛盾した存在だから

岡田　あと、つくづく思うんです、西田幾多郎が言う「絶対矛盾的自己同一」は、言葉だけ聞くとおどろおどろしいけど、『自分は矛盾した存在だ』というのなら、わたしたちも日々実感している。

白井　そうですね。

岡田　自分は矛盾だらけの存在だと認めるとして、他の人はどうかというと、他の人も皆、矛盾している。そしてこの世界自体、整合性が全くないんですね。でも、「整合性がない」と拳（こぶし）を振り上げて叫んだところでどうにもならない。

　わたしたち日本人にピンとくるのは、「諸行無常で全ては移り変わる」という人生観でしょう。今はこうだけど明日はまた違うんだ、と。「ゆく川の流れは絶えずしてしかももとの水にあらず」という〝達観〟に、共感を覚えたりします。

　そのあたり、キリスト信者なら神の意思を忖度（そんたく）したり、人生の目的をイエスの価値観に置いていたりするので、〝諸行無常〟といった諦観に留まっていることはありません。が、周囲に蔓延する諦観と向き合っているうちにだんだんくたびれちゃって、宣教意欲を削がれているような気がします。

その辺り、私は西田幾多郎によって――ボンヤリとですけど――伝わってくる「人間の有限性」「『絶対無』という表現で肯定される創造主」を、キリスト教に調和させたいと願って、試行錯誤を重ねているんです。

考えてみれば、わたしたちが受け取っているキリスト教の教えというのは、必ずしも「イエスが言ったこと」とは言えないんですよね。

イエスは「こうだ」「ああだ」と、問題が起こるたびに示唆を与えたり、定義したりしています。その示唆や定義を、弟子たちやその末裔はさまざまに解釈してきたわけですが、教会はその歴史を通じて、極端な解釈は斬り捨ててきた。そうしないと教会が分裂しかねないので、「私はそう思いません」と言う人には出ていってもらうわけ。

そうやってどんどん切ってきたのが教会の歴史なんです。もちろん、「切る」という考え方は止めた方が望ましいし、止めつつあるんです。その流れで言っても、西田がたどり着いた「神」の概念は、キリスト教会にとって違和感がない、といえるんですよ。

白井　ステレオタイプな言い方をすれば、「絶対無」というのは、日本語のひらがなで「つつむ」という意味を込めた言い方です。

岡田　「絶対」の意味内容としては――わたしたちが世界史なんかで習った範囲では――「絶対王政」

が代表格で、ルイ何世かが「朕は国家なり」と嘯き、「俺の言うことを聞かないヤツはみんな死刑だ」と言っていたような時代、権力者が猛威を振るうという意味での〝絶対〟です。だけど哲学的にいう「絶対」は、どうも違うみたいですね。

白井 「対を絶した」という意味ですので。

岡田 違うんですね。どうもそのあたりで西田は誤解されている。

白井 西田哲学において「対がない」ということは『対立するものを持っていない』という意味です。

岡田 わたしたちは常に対立させて結論を出したがりますが、対立を前提としない世界なんですね。弁証法、マルクスもそうでしょ？ 聖トマス・アクィナスがそうなんです。「AはBである」「いや、そうじゃない」ときて、さらにこうだ、ああだとやり、「ゆえに結論はこうだ」と論を進める。

そういう対立論法で「真理」とか「正義」を結論する、というやり方でやると、議論に敗れた人は排除されるわけですよね。こちらはいい加減で、どっちなんだかはっきりさせないまま、まあいいじゃないかみたいに―― でもどうしても決めなきゃいけないときは急に過激になっちゃう。

白井 そんななかでも、西田の「絶対無」は揺らいでいません。

岡田 そこが、並の思想家と違うところです。わたしなど、若い時は曖昧さが癪に障ったけど、歳を取ってエネルギーがなくなったせいか、「それも言えるしなあ」「こうでもあるしな」「いろいろなんだよな」みたいな感じで突き詰めた思考をしなくなっている（笑）。

白井 私も自戒する必要がありそうです（笑）。

〝血の通った生涯〟が生んだ「神」観

岡田　西田幾多郎は若いとき家庭の不幸に見舞われているうえ、八人のお子さんに恵まれたんだけど、六人が自分よりも先に亡くなった。加えて、奥さんにも先に死なれてしまうという、そういう不幸の中で、学閥の差別もあって、えらい嫌な思いをしながら哲学したんですね。

もちろん最終的には京都学派の中心的な哲学者として認められるんですけれど、思索の途次では『こういう中で生きることの苦しさ、悲しさに、哲学はどういう意味があるのか』と考えたそうです。西田はそういう〝血の通った生涯〟だったようですが、私たちが教わったヨーロッパの哲学というものは――もちろんそれなりの背景があるんだろうけど――、西田の体験みたいなものを全部捨て去り切り取って、理論だけを教えられるわけですから、これはもう退屈なものにならざるを得ません。

私の話になっちゃいますけど、哲学を学ぶうえでは「区別」ということがとても大事だと思っていました。区別を英語で言うとdistinction、ラテン語で言うとdistinctioで、「どう区別されるか」「どこが違うか」と、どんどん分けていくから、思想も時代背景もバラバラになっちゃう。どこが同じかというより、どこが違うかを論じるような論法だったでしょうかね。

先ほど西田の考え方を紹介していただいた中に、「世界の存在、さまざまなものの中に相違はある、その相違を互いに認めて尊重する在り方というのが大切じゃないか」というお話がありました。カトリック教会は第二バチカン公会議を経て、やっとそういう姿勢になってきたけれども、それ以前は、「異端だ、異端だ」と目くじらを立てて、異端審問に掛け、破門したり処刑したりすることさえあったくらい。

日本でのキリスト教会はまったくの少数派で、この世的には何の権力も権限もありませんし、何か叫んでも〝ごまめの歯ぎしり〟くらいにしか受け取られません。しかし、だからかえっていいかもしれないと思うんです。そして、今の時代に西田幾多郎という人が生涯賭けて追求した人生についてのメッセージを、イエス・キリストの福音と結び付けて伝えることができないだろうか——というのが私の発想で、なんとかヒントがないものだろうかと、呻吟（しんぎん）してきたところです（笑）。

白井 なるほど。「絶対無」というと何にもないと思われがちなんですが、何もないというのは「あるものがない」というイメージになっちゃうので、そういう意味ではない、という理解がまずあります。むしろ「創造の根源が絶対の無なんだ」というところなんですね。このあたり、カトリックの教説と重なりませんか？

岡田 創造の根源……

白井 「有」と「無」の対立があるとき、私たちは両者を比較して判断します。「AはBで『ある』」ということは、当然、「Aはnot Bでは『ない』」ということがはっきりしますから、その判断が成立するということは、区別が成立するということですね。そういうふうに対象について認識を確定することが、「判断」という行為になるんです。

さっきも触れましたけれど、「このコップには取手がついている」と言えば、この対象（コップ）について判断を下したことになります。このように、基本的に「判断」というのは、対象について「コップは何々だ」とか、あるいは「この本は何々だ」とか「このテーブルは何々だ」という具合に、対象を主語にし、それに述語を付与して「判断を行う」という作業をしているわけです。

でもそれ以前に、「判断を行うのは誰々だ」という問題がまずあるのです。それをカントという哲学者は「超越論的主観性」と表現し、「主観があって、その主観が判断を支えている」という言い方をしているんです。つまり「意識」があって、その意識の中にさまざまなものが現われてきて、その意識が現われてきたものをあれこれ特徴づける。「コップには取手がついている」とか「このコップは白い」といったように、ね。

岡田　「意識」ですか……

「判断」の対象になるもの・ならないもの

白井　ということで、「『判断』が可能になる場所」として「意識」がある、と考えたわけです。それがまず「場所」のアイデアですね。「場所の論理」という言い方をしているのですが、「絶対無の場所」はまさに、そういう場所の論理。つまり「判断を可能にするものとして意識があり、意識の場所において判断が行われている」という言い方になる――　それが最初のステップです。そして、その判断される対象があるわけですから、これが「有の場所」。判断は「有の場所」というか、〝有るもの〟について判断していることになります。

例を挙げましょう。今、私の手元にボールペンがあります。私は「このボールペンは三色だ」と、存在する対象について判断しています。その判断自体は「有」に関わるわけですけれども、判断しているときに「意識」は思い浮かんでいません。「私が判断している」ということをいちいちは考えずに判断している。なので、「意識というものは、『対象にならない』という意味では『無』だ」という言い方をするんです。

判断の対象にならない――判断しているけれども判断の対象になっているのはこのボールペンだし、このコップだし、このテーブルであって、意識自体は判断の対象にならないので「無の場所だ」と。ただし、自分が意識しているということは「反省」できるので、それ自体は絶対的な無の場所ではないということで、「相対的な無の場所」として意識の場所を考えた。これが2つ目のステップですね。

岡田　今の説明を端的に言うと、わたしたちは意識において判断している、判断は意識という形で出てくる、ということですかね。ま、直接体験のときは意識しないかもしれないけれども、いずれ、例えば崖をよじ登ったとき、「うまくやった」とか「危なかった」とかいろいろ意識が生まれてくるものだ――という理解でいいでしょうか?

白井　そうですね。

岡田　そして、そういう意識を持った主体を誰が判断するかという問題が残る、ということですか。判断の主体は限りなく遡(さかのぼ)っていくというか、キリのないことになるんでしょうが……

白井　それはとりも直さず、判断の主体自体は判断に現われてこないので見えない、ということです。

岡田　判断の主体の判断……か。ややこしい問題ですね。

白井 それが出てくるんです。で、その判断の主体を判断している判断があるのかどうか、その判断の主体の判断を迫られる――（笑）。

岡田 もうキリがない（笑）。その判断をした主体を誰が判断するかも問題だし、誰かが判断したとして、その判断した主体の判断を誰がするか…… そうやっていくと無限に遡ることになる、という理論！（笑）

カントの「遡れない何か」と、西田の「絶対無の場所」

白井 カントはそれを「超越論的」と表現しています。つまり対象についての判断を超越するものなので、「超越論的主観が（判断を）やっているんだ」と言うんですが、それは認識できないので――

岡田 超越しているから認識できない？

白井 繰り返しになりますが、認識している主観は認識の対象にならない。そこで「よく分からない何か」という形で置いておいたんですね、カントという哲学者は。具体的に言えば「それは物自体のXと同じだ」という言い方をしているんですけど、「Xとしか表現できない」ということでもある……それがカントの立場だった。彼の場合、遡ろうと思っても無限に遡って捕まえられないから、「分からないX」として、そこで止めたんですね。それは無限に遡っても意味がないから、「遡れない何か」にたどり着いて終わらせた。

そこのところを西田は、「相対無の場所」と言ったわけです。それ自身が判断に現われないから判断できないけれど、判断を可能にする「場所」だというので、西田は「相対無の場所」という言い方をしました。そして、その相対無の場所がさらに何らかの場所にあるんだという意味を込めて、「意識は『絶対無の場所』に於いてある」と言った。

岡田　それが、絶対無……

白井　「意識は判断の対象にならないが、判断をおこなっている」という仕方で「判断」と「意識」は関係づけられているんです。だからそういった意味で、有と無という二項対立で言うなら「無」でしかない、意識に入らない「無」ということになるわけです。西田はさらに「絶対無の場所」という言い方で、意識が成立する場所を表現しようとしました。つまり、意識はそれだけで成り立っているわけではないので、「意識が可能になる場所がある」と言い、「絶対無の場所」と呼んでいます。

別の言い方をしましょうか。意識が成立する場所はどこかというと、それはやはり〝具体的な現実〟でしかありません。「あるがまま」が成立している、まさに私たちが出会っているという、その現場なんです。私は私で一所懸命喋っているし、岡田大司教は岡田大司教で聞いたり喋ったりしておられる――まさにそれが「出会っている場所」でもある、ということです。

岡田　出会っている場所、ね。

白井　岡田大司教とわたしはここまで「認識」の話をしてきましたけれども、そもそも「認識」が可能になるのはどこかというと、今ここでこうやって出会っている、その事実しかないのだということです。その事実を指して、西田は「絶対無」と言っているんです。そこが、西田哲学の分かりにくいところだと思いますけどね。〝何もない空っぽの何か〟があるわけではなくて、――ある種、空っぽなんですけども――無限に言葉を重ねても届かないところ。

たとえば「私は白井雅人である」とか「私は西田哲学会の理事である」とか、「私は次男である」とか、私についていくら述語を重ねたところで、言葉は尽きないわけです。本当に豊かな個性を持った人に対しては、無限に述語を付けることができるでしょう。言葉が尽きないほど多様な個性を持った人こそが「個性を持った存在」ということになります。

そして個性を持った人が生きている現場は、言葉とか判断で尽くせないものが成立している場でもある。そこが大事で、単に意識を遡って「意識が成立している場がある」というだけではなく、要は――〝言葉に尽くせない今この場で開かれている事実〟というか〝出会いの場〟というか――、それが開かれているんだということを、西田は言おうとしているんです。

場所の論理では主語・述語の包摂関係がモデルになっています。「これはコップである」という場合、「これ」が「コップ」という述語の場所にある。さらに、「コップは食器である」という形で、述語だったものが主語になって、より一般的な述語に包摂される。「食器」には「コップ」「皿」「茶碗」などが含まれますから、より広く一般的だと言えます。さらに、「食器は道具である」といった形で、より大きな述語に包摂できます。そういうふうに述語が広がっていき、最終的に「無」になるんだ――という話になります。

主語の方から見ると、次のようになります。抽象的な主語ではなく、抽象的な判断では尽くせない無限の個性を持って生きている「私」は、〈言葉で尽くすことができない〉存在です。あらゆる述語を超えたものであり、一般的な述語で包摂することができない。そのような「私」が個性を発揮できる場所が、絶対無の場所です。その他の一般的な述語ならば、どれほど広い範囲を包摂できるものだとしても、個性をある一定の枠組みの中に押し込めてしまいます。先ほど出た「創造の根源」というのは、そういうところです。

つまり絶対に無になって——「私は何々だ」「私は大学教員だ」とか「私は町田市民だ」とかの枠組みを超えて——、自分が述語というもの、枠組みを超えて無になって働くことによって、そういう従来の枠組みを超えたものを生み出せるという可能性が、「絶対無」の中に入っているということになる。そして、本当に「無化」できるのは何かと言ったら、やっぱりそれは「神の愛」になるんです。

岡田 ほほう、そこで「神の愛」が出てきますか。

私たちを創造の根源に連れて行ってくれるもの

白井 結局、「私」という存在は相対的で有限で、どこまでも自己、自分自身を超えることができないので、その意味で「自己を開いてくれるのは何か」という話になります。それは神の愛を通じて、私の持っている有限的な自己を超えたものへと開かれていくプロセス——だから「神は絶対の無」であると言い得る、と西田は結論しているのです。私たちにとっては、「有」とか「無」、「述語」とか「カテゴリー」といったものを超えて、私たちを創造の根源に連れて行ってくれるものだから、「神は絶対の無である」という言い方になるのです。

ということで、一応、実例の話をしようと思って持参したのが(と、1冊の書籍を取り出して)『薬物依存からの「回復」』(相良翔、ちとせプレス)という本です。

岡田　その中に、何か良い例があるんですか?

白井　薬物依存の自助組織「ダルク」という、依存患者の皆さんが共同生活をしながら回復を目指しているグループがあります。そのグループの中にいるGさんという人の例が紹介されています。この本の第9章に、「Gさんは皆と一緒に生きていくことに傷ついちゃって、生きるのがイヤになったと発言している」と書いてあります。なぜそこまでイヤになったかというと「ダルクの仲間との関係性」、特に「仲間との距離感の問題がある」と読み取れます。「仲間に配慮し、最善――愛情とか善意とか良心――を尽くしても、相手を傷つけることになってしまう」「そうなると、仲間との会話とかスタッフとの分かち合いとかの行動ができなくなってしまうのだ」「行動することもできなくなっちゃうし、会話をすることすらできなくなった」という〝告白〟が書き連ねてあります。

Gさんはそんな苦悩を抱え、葛藤を繰り返すのですが、やがて、「仲間が教えてくれたというか、聞いたら、そんなことしなくてもいいんだって」『うん、具合が悪いんだから休んでいればいいんだ』「うん、自分は仲間のことを大切にしてきたけれども、『自分のことを大切にしていればいいんだ』と言ってくれた」という展開があって、葛藤は消えていきます。

つまり、仲間の話を聞くことによって、自分から言うのではなく――自分が働きかけたり、聞いたり話しかけたり行動したりすることによってではなく――、他人の話を聞くことによって悩みが解消されていったわけです。そしてGさんは次のように語ります。「ま、さっき話した『関わってみようかなー』からきていると思うんです。知りたくなったというか、仲間のことを知りたくなった。その人のことを知りたくなった、みたいな。ま、関係性を作りたい。なんでそうなったのかは、わかんないんだけど、たぶんハイヤーパワーたちが用意してくれた、計画的な一部だと思うんですけど」。そここでの〝ハイヤーパワー〟というのは「超越的な力」と訳される用語で、直接的に「神」と訳したりするんですけれども、「そういう〈自分を超えたなんらかの力〉が用意してくれた計画的な一部として、仲間と関係性を作りたくなってきた」と綴られています。そんな経緯を辿って回復の道を一歩進めた、という話になるわけです。「自分を超えた者に心が開かれて、そこで仲間と真の意味で出会う」という経験は、ある意味で示唆に富んでいると思います。

見方を変えれば、「絶対無の場所」と言っても、一所懸命に何かスピリチュアルな修業をして、というわけではなく、むしろ自分が傷つき悩むなかで、自分の在りかが分からなくなったときに、それでもその場所を用意してくれ、開いてくれて、その場所にいれば仲間の声が聞こえてくる―― そういう関係性の中に〝場〟が開かれるんだという具体例になると考えています。

岡田 ハイヤーパワー、高い力、ね。依存症の治療ではよく言われる〝力〟なんでしょうか。

白井 そうですね、依存症の人は自分で薬を止めることができない例が多く、むしろ自分で薬を止められると思っているうちは止められません。ハイヤーパワーという高次の力に委ねることによって、一日一日を超えていく——という話は、珍しくないようです。

この本に記された事例が示しているように、〈自分が用意したのではない秩序〉を感じるというか、〈計画〉を感じるということは確かにあって、そこで初めて本当の意味での〈出会い〉を果たす、自分の準備を超えた出会いがそこにある、という例として、私は受け取っています。

岡田　結論として、西田哲学を極めれば、そこには、わたしたちキリスト教徒が信じる神を彷彿させる存在「絶対無」があって、人間の営みのうちその存在の意思に沿うものが「善」、意思に沿わないものが「悪」と考えられる——ということになりますか。

白井　そう考えることができると思います。

岡田　新型コロナウイルスの感染拡大への警戒が呼びかけられているなか、白井先生に西田哲学の要点を解説していただき、永い間抱えてきた疑問の多くが氷解しました。『善の研究』を読むうえでも、またわたしのテーマである「悪」についての考察を進めるうえでも、大きな示唆をいただくことができました。長時間にわたってお引き止めしたご無礼をお許しください。

白井　どういたしまして。西田哲学に取り組みながら、日本での宣教について考え抜こうとされている、岡田大司教の真摯な態度に感銘を受けました。御著書の完成を楽しみにしております。

（**補足**）２０１６年７月10日、鹿沼教会司牧訪問に際して、本書の著者・岡田が行った「年間第15主日の説教」。第一朗読（申命記30・10〜14）、第二朗読（コロサイ１・15〜20）に続いて行われた説教の全文は次のとおり。

皆さん、おはようございます。

わたくしは24年前の11月、92年の11月にこの教会を訪問したようです。したという記録と写真が残っております。それからいろいろなことがあって、今皆さんを拝見すると、フィリピンから来た方やベトナムから来た方もたくさんおられます。わたしたちの教会は非常に国際的な多国籍の教会となっています。お互いにそれぞれの違いを認めて大切にしながら、イエス様のお望みになる教会、いつくしみ深い人々の教会として成長するよう、ご一緒にお祈りをし、そして努力をいたしましょう。

今日読まれた福音と聖書について少し分かち合いをしたいと思います。今、矢吹助祭が読んだ福音は、有名な「よいサマリア人」の話であります。追剝(おいはぎ)に襲われ、半殺しの目に遭(あ)っていた人を見た、通りがかりのサマリア人。サマリア人というのは、ユダヤ人と仲が悪かった。そのサマリア人が「その人を見て、近寄って傷に油とぶどう酒を注ぎ、包帯をして、自分のろばに乗せ、宿屋に連れて行って介抱した。」(10・33〜34)とあります。ほかの人は、その半殺しに遭った人を見ても、知らぬふりをして通り過ぎてしまったのですが、このサマリア人は憐れに思って、このように人を助ける行為をしたのです。

この《憐れに思い》という言葉が、今日の福音の教えの中心にあります。そして皆さんご存知のように、フランシスコ教皇のご意向によって、世界中で「いつくしみの特別聖年」をわたくしたちは祝っております。「天の父がいつくしみ深いように、あなたがたもいつくしみ深い、あわれみ深いものでありなさい」と主イエスが言われました。いつくしみ深い、あるいはあわれみ深いということを、わたくしたちは特にこの一年よく学び、そして実行するようにいたしましょう。

今日の福音に出てくる《あわれに思い》という言葉ですけれども、福音書はギリシア語で書かれています。そのギリシア語の原文は、最近有名になりつつある言葉で、「スプラングニゾマイ」という語です。「スプラングニゾマイ」。これは〝内臓〟〝はらわた〟を意味する言葉を動詞にしたもので、「はらわたが揺さぶられる」という意味です。日本語では〝はらわたがゆさぶられる〟という表現をあまりしません。「はらわたが煮えくり返る」とは言いますが、それは怒っている時の表現です。しかし大和言葉の表現として「胸がつぶれる思い」はお馴染みですね。ここでは『人の苦しみ、悲しみを見て体で感じてしまう。頭の問題ではなくて、心と体をもって人の苦しみ、悲しみに深く共感する、一緒に悲しみ、苦しみを覚える』という意味で使われています。いつくしみの特別聖年にあたって、このいつくしみ深い、あるいはあわれみ深いということを学ぶようにと教皇は言っておられます。

そもそも人は人の苦しみや悲しみに対して、共感し、そしてその人たちを助けよう、何かできることをしようという心を持っているものです。そういう心があるけれども、表に顕（あらわ）れていないなら、それは、何かの事情でその心の声が鈍くなったり、あるいは聞こえなくなったりしているのかもしれません。

わたくしが高校生の時に教わった中国の故事で今も胸の奥に残っている話があります。大昔の中国に孟子という人がいました。彼は孔子や荀子と並び称される偉人です。その孟子さんが言った教えの一つに「惻隠(そくいん)の情」があります。「人には他人の苦しみを見過ごしにはできない、人のために思わず良いことをしようとする、そういう心が備わっている」という教えです。「惻隠」とは、『陰(かげ)ながら慮(おもんぱか)る』という意味。人には口に出さなくとも他人を思いやる気持ちがある、という〈人間観〉です。

今日読まれた福音の教えからも「惻隠の情」を読み取ることができます。良いサマリア人は、強盗に襲われた人を見て憐れに思ったのでした。人間の本性は本来良いものか、悪いものか――　この問題はずっと論じられてきました。人間は本来良いものだという人もいれば、悪いものだという人もいます。あるいは本来どちらでもないのだという見方もある。「性善説」とか「性悪説」という言葉を、わたしたちもよく耳にします。キリスト教ではどうなのでしょうか。難しいですけれども、考えてみる価値はありそうです。

旧約聖書の最初にある創世記の第一章では、神様が全てのものをお造りになった次第が述べられていて、最後に人間を造られた、と書かれています。神様は人間を見て、「極めて良い」と仰(おっしゃ)ったのでしたね。われわれ人間は「極めて良いもの」なんですよ。その割に人間は、いろいろ悪いことをしていますね。どう説明したらよいのでしょうか。これは悩むところです。わたしが悩むのは勝手ですけれど、世界中の人、偉い人たちもまた、どう説明したらよいかという問題にぶつかりました。

難しいことは於(お)くとして、聖書によれば、神は人間を〈極めて良いもの〉としてお造りになりました。その極めて良いものが、その良さを発揮できていないように思われます。元々良い、良いけれども、なぜかその良さが出てこない場合があるのです。しかしながら、わたしたちの誰もが良いことを知り、良いことを行っているのも事実です。悪い部分ばかり見たらキリがないですけれども、人間は本来良いもので、人の苦しみに同情する、人を助ける心を持っています。ただ自分のことも大事なので、つい、いつくしみの気持ちを出しそびれてしまうもののようです。また、自分自身のこうしたいという強い思いや、あるいはあの人が邪魔だといった思いも出てくることもあるのでしょう。良い思いと悪い思いの両方が、わたしたちの心の中にはあるのではないでしょうか。

今日の第一朗読で読まれた「申命記」からわたしたちは、「神様の戒めと掟を守ることは難しくない」という諭(さと)しをいただきました。惻隠の情を実践することは難しい、とわたしたちは感じていますが、実は難しくないいんだよ、と。神様の教えはどこか遠い所にある、外にある、といったものではなく、他ならぬあなたの心の中にあるんだよ、と教えてくれていますね。自分の中にあることに気がつきさえすれば大丈夫ですよと、簡単に言えばそういうことを言っているような気がします。

また第二朗読の「コロサイ書」もまた、わたしたちに大切な教えを示してくれました。すなわち、イエス・キリストは見えない神の見える姿であるということ。万物は御子によって、御子のいつくしみを顕すために造られた――という教えです。神様は目に見えません。しかしイエス・キリストは目に見える人間でした。いつくしみの特別聖年にわたしたちが唱える祈りをここで思い出してみましょう。「主イエス・キリスト。あなたは、目に見えない御父の、目に見えるみ顔です」と、教皇フランシスコもこの祈りの中で言っておられます。

そのとおり、「イエス・キリストは見えない神の見える御顔(みかお)」なのです。そのイエス・キリストは地上を去る時、弟子たちに聖霊を注がれ、そして聖霊の働きによって弟子たちがご自分のように生きられるようにしてくださいました。わたしたちは弱い人間です。罪深い人間と言ってもよいでしょう。しかしイエス・キリストはご自分の霊、聖霊を送って、聖霊の働きで、イエス・キリストと同じ働き、人々を助ける、自分のことを後回しにして人の苦しみのために働く、その人のところに走り寄ることができる、本来良い人間の働きをすることができるようにしてくださったのでした。このミサで読まれた第一、第二朗読と福音書の一節は、そのことを教えています。「あなたがたは神御自身の前に聖なる者、傷のない者、とがめるところのない者としてくださいました。」(コロサイ1・22)と書いてあるとおりです。

今日、皆さんは、どうしてここに来られたのですか。ここに来れば良いことがある、と思われたに違いありません。別に一銭の得にもならないのですが、そんなことよりもっと良いこと、神様の恵みを受けることができるからこの場に集まられたのでしょう。皆さんの心の中に、神様から恵みを受けたい、ミサに与りたい、イエス・キリストのお話を聞きたい、そのような良い心に突き動かされてここに来ておられるのだと拝察します。だとすれば、皆さんはすでに「聖なる者」とされているのです。

(**監修者補足**) 本書265頁の逢坂元吉郎(おうさかもときちろう)については以下の書を参照してください。鵜沼裕子『逢坂元吉郎(おうさかもときちろう)』新教出版社、二〇二一年。

Ⅵ 内　省——知者の試みに学ぶ

「真の自己」探求の光跡

東洋の思想と宗教が辿(たど)った道

ヒンドゥー教と仏教の「自己」理解

さて、それでは西田哲学の核心部分について、東洋の哲学・思想ではどう思索してきたのでしょうか。既に、「山川草木悉皆成仏」という考え方を紹介しましたが、インドのヒンドゥー教では「真実の自己の探求」は「わが内なる本来の自己・アートマンが宇宙の根本原理であるブラフマンと同一である、という真理を悟ることが、輪廻(りんね)から脱出して真の自己を知ることである」と説かれています。項があらたまったところで、ヒンドゥー教と仏教の考え方を学んでみたいと思います。

インド最大の哲学者と呼ばれるシャンカラ(700~750年)の教えは次のように要約されます。

――人が輪廻から解脱する道は、本来の自己であるアートマンと宇宙の根本原理であるブラフマンと同一であるという真理(梵我一如)を悟ることである。悟りを妨げているのは「無明」であるので無明を克服する修行をしなければならない。(前田専学訳『ウパデーシャ・サーハスリー――真実の自己の探求』岩波書店(岩波文庫)一九八八年の「訳者前書き」による)。――

何となく西田幾多郎の『善の研究』に似通った内容ですが、理解困難な概念があります。「輪廻」「アートマン」「ブラフマン」「無明」の四つです。そこでできうる限りにおいてこの四つの考え方を追求してみましょう。

アートマンとブラフマンは宇宙の根本原理であるといわれています。宇宙の根本原理とは何でしょうか。

宇宙には秩序があることを認めることに吝かではありません。宇宙は規則正しく運行しています。その規則は基本的な原理で統括されている、という考え方を、ヒンドゥー教ではブラフマンと言います——と、このように理解すればいいのでしょうか。

しかし、あまりにも抽象的で内容が判然とはしません。宇宙の根本原理と言えば天体の運行、時間の推移、生物の消滅、気候の変動などを指しているのでしょうか。アートマンとブラフマンとは同一であるといわれますが、「本来の自己」というなら、〝本来でない自己〟があるのでしょうか。本来でない自己と本来の自己とはどう違うのでしょうか。

「本来」と「本来でない」という概念の分け方はスコラ哲学の本質essentiaと偶有accidentiaという区別distinctioを想起させます。スコラでは、本質と偶有とを分けて考え、物には、そのモノをそのモノたらしめている本質、あるいは本性があると考え、それ以外の属性はたまたまそのモノに付属しているものに過ぎない、と考えます。例えば、ここにパソコンがあるとして、そのパソコンがどこの会社の製品であるのかは偶有に過ぎないと考えるのです。同じように、人間にも本来の要素と偶有的な要素があるのでしょうか。

ちなみに「偶有性」と「偶有」について、以下のような説明があります。一方は偶有性のラテン語がcontingensである場合、他方がaccidensである場合です。参考までに「註」を付け、要旨を引用しておきます。(註5)

ヒンドゥー教の「アートマン(真の自己)」

小考察を進めるにあたって、私は、ヒンドゥー教の偉大な聖者、シャンカラの教えを繙(ひもと)いてみました。「人は本来の自己、真の自己であるアートマンに出会い、自分がアートマンであることを悟るならばそこに無明からの解脱(げだつ)があり、吉祥(きっしょう)(喜び)がある」というのがシャンカラの教えの核心だと思われます。たとえ身体に苦痛があっても真の自己であるアートマンは命と光の喜びに満たされている、ということのようです。使徒パウロの述べている喜びの体験にどこか似ているような気がします。

パウロは言っています。

——生きているのは、もはやわたしではありません。キリストがわたしの内に生きておられるのです。わたしが今、肉において生きているのは、わたしを愛し、わたしのために身を献げられた神の子に対する信仰によるものです。(ガラテヤ2・20)——

さて、本書の目的は悪についての考察です。アートマンによれば、「『私』という意識が悪の根源である」とされます。「私」という意識が無明の所産である、とシャンカラは述べています。「これが私である」「これが私のものである」という思い込みが無明であり、輪廻、迷いの原因だ、というのです（島岩『シャンカラ』清水書院、二〇一五年、１１３頁より）。

原始仏教の「自己」理解

この点について原始仏教はどのように教えているのでしょうか。

ずばり結論を言えば、「この世界に『これが私だ』といえるような究極の自己など、どこにもありません」（佐々木閑『真理のことば　ブッダ』、ＮＨＫ出版、二〇一二年、76頁）ということのようです。

——人間とは色々な要素の集合体に過ぎない。ブッダの『真理の言葉』（ダンマパダ）で次のように言われている。「見よ、粉飾された形態を！（それは）傷だらけの身体であって、いろいろなものが集まっただけである。病に悩み、意欲ばかり多くて、堅固でなく、安住しない。」（中村元訳『ブッダの真理のことば　感興のことば』岩波書店（岩波文庫）、一九七八年、30頁）——

以下に、この結論に至る説明を要約して敷衍します。

まず、この状態は車輪に譬えられます。回転して物を運ぶという独自の働きをしている車輪は、種々の部品、外枠、スポーク、軸受けなどから構成されており、仮の存在として「車輪」と呼ばれているに過ぎません。もし部品の結合が解けてバラバラになってしまえば、もはや「車輪」は存在せず、回転して物を運ぶという機能も消滅します。

人間も車輪と同じで、肉体をつくる種々の物質的要素と、精神を担当する種々の心的要素が集まって「私」という仮の存在を形成しています。これらの構成要素が分解されるならば、「私」という存在は消滅し、私の世界も消え失せてしまいます。これが「私」の正体です。すなわち「自分」とは、種々の要素が組み合わさって出来た「自己認識機能」「意思機能」なのです。

そして人には「意思機能」があるゆえに、自分の意思で輪廻の世界から脱出して涅槃に入る可能性は残されています。ブッダは輪廻思想を信じていましたが、ブッダにとって輪廻とは、何か「絶対的な自己」というものがあって、それが永遠の命をもって生まれ変わり・死に変わりを繰り返すというものではありません。言い換えれば、ブッダにとって「不滅の霊魂」は存在しません。すべては要素の集合体です。「あらゆる生き物は要素の集合体として存在している」のであり、「私」という存在も要素の集合体であり、自分にとって愛しい人々もまた要素の集合体です。

その「私という集合体」と他の人々の集合体とは、因果の法則によって相互に影響し合っています。それは人間同士に限らずあらゆる生き物にとって他の存在との間に成り立つ関係です。

ですから、たとえ「霊魂不滅」を信じていなくても、人が亡くなった場合でも、その人が生きていた時に周りの人々に与えた影響はそのまま人々の集合要素の中に残ります。子を亡くした親は悲しみに心が引き裂かれる思いをします。親が『子はどこかで生き続けているのではないか』と考えるのは、親の情として当然で、子は親の存在そのものの中に生き続けているのです。このように考えれば、「死んだ子は今もなお生きている」といえるでしょう。とすれば、亡くなった人が残す遺物や遺骨はさほど重要ではない、ということになります。

「この世界に『これが私だ』といえるような究極の自己など、どこにもない」――究極の自己という存在はない、というのがブッダの考えです。「すべてのものにおいて『私』とか『私のもの』という実体は存在しない。すべてのものはその関係性において存在している」というのです。この考え方は「諸法無我」と呼ばれています。

さらにブッダは、世界で最も古いと言われている「スッタニパータ」というお経の中で《空》という教えを説き、「『自分というものがある』という思いを取り除きなさい」と諭しています。これは、「自分というものは永遠に存在するものではない」ということを意味します。すなわち、〈「私」はいろいろな要素の集合体に過ぎない。そこにある「私」は《空》であり、形はあっても実体のない仮の姿にすぎない〉というのです。

そのことを悟り、そのような自分に執着しなければ、苦しみから解放される、とブッダは教えます。「実にすべては諸行無常であり、『私』はたえず移り変わっているもの。人は記憶によって同じ自分が存続していると錯覚しているが、不変の自分は存在しない。本当の自分のあり方を、心が誤って認識しているに過ぎない」というわけです。

このようなブッダの主張を俯瞰的に言うなら、「すべてのものごとに永遠の事態はない」ことを教える「諸行無常」こそが永遠の真理であり、その結果、自分については「諸法無我」であり、「私」という認識も幻に過ぎない――という表現になるでしょう。

仏教が説く「四諦」と「八正道」

本稿は、シャンカラからブッダに遡るという〝逆のコース〟を辿っています。

ブッダは紀元前500年頃の人(生・没年は不詳)です。イエスより500年も前の人ということになります。ヒマラヤ山脈の南麓にあったカピラヴァットゥ国の王子として生まれ、29歳で出家し、苦しい修行を経て只管の瞑想に入り、菩提樹のもとで悟りを開いた——と伝えられています。

ブッダに現世を捨てさせ、修行の道へと駆り立てたのは人生に付きまとう「苦悩」でした。ブッダは、人生とは「一切皆苦」であると悟ります。「一切皆苦」は輪廻と結びついています。当時の人々は、人は生まれ変わり死に変わりつつ「天」「人」「畜生」「餓鬼」「地獄」「阿修羅」の六世界を経めぐりながら、果てしなく苦しまなければならないと信じていました(既述のように、シャンカラは「輪廻は無明の結果であり、無明からの解脱はアートマンを知ることだ」と言っています)。

ブッダは、輪廻の世界からの脱出は人の心の〝悪〟、つまり煩悩を完全に断ち切ることだと考えました。「『一切皆苦』は自分自身の煩悩が作り出している。煩悩を断ち切ることが真の幸福への道である」とブッダは悟りました。

ブッダが悟ったこの真理の道を「四諦」と言います。以下、佐々木閑著『真理のことば　ブッダ』(32頁〜)によって説明します。

苦諦:この世はひたすら苦しみの世である。
集諦:この苦しみの原因は心の中の煩悩である。

滅諦：煩悩を消滅させれば苦悩が消える。
道諦：煩悩を消滅させるためには具体的に八つの道がある。

道諦にいう「道」を八正道と言います。八正道は以下のとおりです。

一　正見　正しいものの見方
二　正思惟　正見にもとづいた正しい考えを持つ。
三　正語　正見にもとづいた正しい言葉を語る。
四　正業　正見にもとづいた正しい行いをする。
五　正命　正見にもとづいた正しい生活を送る。
六　正精進　正見にもとづいた正しい努力をする。
七　正念　正見にもとづいた正しい自覚をする。
八　正定　正見にもとづいた正しい瞑想をする。

『ダンマパダ』では、四諦八正道について次のように言っています。

――さとれる者（＝仏）と真理のことわり（＝法）と聖者の集い（＝僧）とに帰依する人は、正しい智慧をもって、四つの尊い真理を見る。――すなわち、（1）苦しみと、（2）苦しみの成り立ちと、（3）苦しみの超克と、（4）苦しみの終滅におもむく八つの尊い道（八正道）とを見る。（以上の訳文は、中村元訳『ブッダ真理のことば　感興のことば』、36頁より引用）。――

「仏と法と僧」は仏教の三つの重要な要素で合わせて「仏法僧」と呼び、聖徳太子が「十七条憲法」で、「厚く三宝を敬え」といっている、あの三宝を指しています。

このように、ブッダは八正道という修行を通して、自分の努力により、悟りに達する生き方を貫きました（後世の大乗仏教はこのブッダの生き方とはかなり離れてきたといわれています）。

キリスト教と仏教の違いはどこにあるかと言えば、イエスとブッダの違い、それも、そもそもの両者の現われ方の違いにあると言えます。（以下、佐々木閑『真理のことば　ブッダ』39～41頁参照）

イエスは神の国の福音を宣べ伝え、人々を福音へ導くために登場しましたが、ブッダは自分の問題の解決のために修行したのであり、人を助けるためではありませんでした。ブッダは、「よりどころはあくまでも自分である」と遺言しています。

このブッダの生き方は、従来のバラモンの教えに真っ向から背くことになったそうです。シャンカラの教えの項で述べたように、ヒンドゥー教の教えでは、「自己の本性はアートマンであり、そのアートマンはブラフマンに他ならない」と悟ることが幸福への道でした。この「梵我一如」という伝統的なバラモン教の教えを、ブッダは取り上げなかったようです。

なにはともあれ、「仏教はどのようにして成立したのか」「ブッダはバラモン教とヒンドゥー教をどう考えていたのか」『本当にアートマンの存在を否定したのか」など次々と脳裏に浮かんでくる難しい問題に、正確に答えることは困難です。ここでは仏教学・インド学の日本での権威である中村元博士の入門書『中村　元の仏教入門』（春秋社、二〇一四年、59～70頁より）に基づいて、ささやかにで

も考察をしてみたいと思い、文末の註に纏めました。(註6)

問題点を整理すると――

さて、このあたりでわたしたちは、立ち止まって問題点の整理をする必要を感じます。わたしたちは「悪」についての小考察を行ってきました。善とは真の自己を知ること、という気づきから、ヒンドゥー教の有名な教師シャンカラの教え――「私」という意識が悪の根源、「私」という意識が無明の所産であるので、本来の自己であるアートマンとの出会いにより無明を克服せよ――に出会い、原始仏教の教えへと遡りました。この点について原始仏教はどのように教えているのでしょうか。

釈迦の教えでは、「この世界に『これが私だ』といえるような究極の自己など、どこにもない。この世界も自己という存在も実在ではない、見えるのは仮の姿に過ぎない」だったと理解します。しかし他方、「人間の真の自己というものは人間があるべき姿、法に従って、法を実現するように行動する中にあらわれている」とも言っています(註6参照)。アートマン＝ブラフマンについての複雑な議論はここで棚上げにします。両者とも「私」を否定することが真の自己との出会いないし解脱であると言っているように理解しました。

「自分探し」という課題の設定は、その課題の措定そのものが問題であるのかもしれません。間違った問題の立て方をすれば、いくら頑張ってもその問題の解決には至らないのです。例えばカントが挙げている例ですが、「世界は空間・時間的に有限なのか、それとも無限なのか」という問いは、アンチノミーと呼ばれる二律背反の問題です。時間・空間という次元が有効な世界で初めて意味のある問題ですが、時間・空間という次元がない世界では無意味な質問になるというのです（石川文康『カント入門』参照）。

そもそも「自分は存在しない」という世界では、自分探しは意味がありません。あるいは、「わたしたちが『自分』と考える自分は本当の自分ではない」というなら、本当の自分と偽物の自分がいることになり、話は振り出しに戻ってしまいます。

他の誰でもない自分、世界中に一人しかいない人間、かつていなかったしこれからも現われない人間である自分（あるいは太郎さん、花子さん）をいかに認識するのか、という問題の核心だからです。

この世の中では種々の機会に「自己証明」を要求されます。例えば本人限定郵便を受け取る場合、運転免許証などの自己証明の書類の提示が求められます。日本ではマイナンバーという制度が導入され、国民は誰でもその人だけのための番号が付けられるようになりました。このような自己証明は、もっぱら事務的・機械的に、行政的・経済的・金融的……な必要から、つまり管理的な意図をもって実行されています。交通違反をして拘束された人が免許証の提示を求められるのは、その人固有の人格的な価値に関係なく行われることです。しかしそれで「自分探し」の目的を果たしたことになるかと問われれば、「いいえ」と答えるほかないでしょう。

どうやら、善を求め悪を退けたいと望む〈わたしたちの内面にある「真の自己」〉を認識する道のりのゴールは、もう少し先になりそうです。

アートマンとブラフマンの関係を知るためのメモ

何が人を人としているのでしょうか。「本来の自己と宇宙の原理とは同じものである」と言われても、にわかには納得できません。〝人間を人間としているのは宇宙の原理である〟という意味でしょうか。それならある程度は理解可能です。

人間には尊厳があります。人間の尊厳は神に由来します。創世記にあるように、人間は神の似姿であり、神に似たもの、写しです。その点において人間は、人間の起源であり創造主である神と共通の特色を持っています。それゆえに人間は尊厳を持ち、かけがえのない存在とされる――とキリスト教は教えています。

その点、「宇宙の根本原理であるブラフマンはアートマンと同一である」と言っても、どうすれば個々の人間の本質であるというアートマンを認識できるでしょうか。人間の肉体は時間と空間の中に置かれ、食べ、排泄し、疲れ病み、身体はやがて朽ちてしまいます。アートマンと身体の関係はどんなものでしょうか。以下、シャンカラの教説集『ウパデーシャ・サーハスリー（真実の自己の探求）』（前田専学訳）岩波書店〈岩波文庫〉、一九九八年」によって、わたしが理解できた、あるいはわたしの関心を引いた内容をメモのかたちで文末に添付します。（註7）複雑で難解なシャンカラの見解をわたしなりにまとめてみたものですので、本書を手にしておられる読者諸賢ご自身でお確かめください（まとめるにあたっては、島岩師が『シャンカラ』で述べられている結論を、多少言い換えながら引用しました）。

シャンカラが一貫して目指したのは、自己の本質であるアートマンと絶対者ブラフマンのとの同一を知るということでした。「自己という小宇宙の本質」と「大宇宙の本質であるブラフマン」との同一性を認識することでです。それは異なる二つのものの合一という形の合一性ではなく「自己の本質と宇宙の本質は本来的に同一である」と認識すること。つまり、自己の本質に目覚めた時がすなわち、宇宙の本質に目覚めた時なのです。そして、両者の同一性は、わたしたちが気づいていないだけで、本当はすでに実現されている、というのです。

——それにもかかわらず我々はなぜそれに気づかないのかといえば、「無明」がその妨げの原因となっているからである。

無明とは、主客の対立に基づいた言語や概念によって世界を分節化して捉えてしまうという、我々の生得的な認識の在り方のことを指している。したがって無明を滅することが必要である。しかし人間にとって先天的といえるこの人間の傾向を滅することは非常に困難である。

シャンカラの提示する方法は瞑想である。瞑想して、意識を内なる自己の本質に向け、身体・感覚器官・内官の働きをすべて停止させることによってそれは可能となる。すなわち、身体的・言語的・心的行為をすべて消滅させるのである。すると世界は消滅し、身体は消滅し、最後に「私」という意識も消滅する。そのときに輝き出るものこそ自己の本質であるアートマンであり、すなわちブラフマンである。これが悟りであり解脱である。そのときわれわれは存在そのものであり、精神そのものであって、至福に包まれる。とはいえ、この状態は人間にとっての「死」である。それは生存活動そのものの停止に他ならないからである（島岩『シャンカラ』206〜207頁）。――

シャンカラを受容しがたい留意点と疑問点

このまとめに対して、わたしたちはどんな意見を持つことができるでしょうか。以下に、自分として十分には受容しがたい留意点、あるいは疑問点を列挙します。

1　自己の本質と自己の本性とは同じ意味でしょうか。自己の本質とその意義が強調されていますが、自己に固有の部分の認識・評価はどうなのか、明らかではありません。いわば偶有的な自己の特色を評価しないのでしょうか。

また「真の自己とはアートマンであり、アートマンは宇宙の根本原理であるブラフマンと同一である」と気づくことに、どんな意味があるのでしょうか。そうであれば、自分というものがブラフマンの中に吸収され、消滅してしまいます。そのことが無明を克服することになる、と言っているようですが。

さらに、そうなると各自の固有の存在の意味・価値はどうなるのでしょうか。各自の自己同一性identityはどうなるのでしょうか。そもそものような考え方が無明であると言っているようです。そうだとすればとてもついてはいけないという気がします。

2　シャンカラによれば、「私」という意識や存在は無明、すなわち誤った認識が生み出したものです。そればかりでなく、この世界は実は実在しないと断言しています。アートマン（＝ブラフマン）以外のものは虚無に過ぎない、見えるのは仮象、仮の姿、幻に過ぎないと言っているようです。シャンカラによれば、「無明こそ人間にとって根源的・先天的な悪」なのです（島岩『シャンカラ』161〜162頁参照）。

3　無明の目に映る世界は仮象であり、真の実在ではない、というのでしょうか。これはこの世界に対して著しく否定的な態度です。「我々は幻の世界に置かれているのであり、すべては仮の姿である」というのでしょうか。

また、「行為」ということに対する否定的な態度は、この世で生きることに対する否定、あるいは無意味さに通じます。現代人が求めているのは、自己の存在の意味、価値ではないでしょうか。しかし他方、「すべての存在にアートマンが充満している」というような表現を散見します。無明の世界とアートマンの世界との対比は、わたしたちを少なからず混乱させます。

4　身体に対する否定的な見方に当惑せざるを得ません。島氏がいうように、「身体・感覚器官・内官の働きをすべて停止させる」ということは、人間にとって「死」の状態であると言えないこともありません。このような考え方は、キリスト教の十字架の教えに似通うものがあると感じられます。キリスト教は過ぎ越しの神秘の宗教です。死を過ぎ越して復活に至る道を教えています。アートマンの悟り——自分の本性がアートマンであるという悟り——は、自分は復活のキリストの兄弟・姉妹であるという神学と同じ底辺を持つ思想でしょうか。この辺（あた）りをもっと深く追求してみたいと思います。しかし、アートマンという「共通項」を見出すことが「真の自己」「他の誰でもない自分」の発見だとはどうしても思えないのです。この辺が東洋と西洋の思想の対立点でしょうか。あるいは「実は底辺において同じ考え方である」と言えるのでしょうか。

5　シャンカラの思想を理解するカギは「無明」です。無明とは端的に言って「付託」であるとされています。付託とは次のように説明されます。

「付託とは以前に知覚されたXが、想起の姿で別の場所Yに顕現することである」（島岩『シャンカラ』127頁）。

例えば真珠貝を見て、以前に見た銀を想起し、真珠貝を銀であると誤認することです。アートマンと非アートマンの間にも相互に付託が起こる、と言います。アートマンに人間の経験を付託してそれをアートマンと見做（みな）す、あるいはその逆に、人間の身体にアートマンを付託して、身体をもってアートマンと看做すことが起こることになります。アートマンを人間の肉体で表現し、それをアートマンとして礼拝する、あるいは特定の人間を〝生き仏〟のように考えて神格化することなどがそれにあたると思われます。

6　仏教には「三毒」という思想があり、その中に、無知すなわち無明が入っています。無明とは「真理を知らない、知ろうとしない人間の愚かさ」を指しています。杉谷義純師によれば、無明とは人間の心を犯している三毒の一つです。

三毒とは、貪(どん)・瞋(じん)・癡(ち)の三つで、癡が無明にあたります。「無知であること、相手や相手に関することに対して知識を持とうとしない」「目を開こうとしない」「相手の立場に立ってものを考えようとしない」「自分がよければそれですんでしまう」ということです(日本カトリック司教協議会諸宗教部門編『平和のための宗教者の使命――２０１５年シンポジウム記録』カトリック中央協議会、二〇一六年、の35頁より)。

7 「付託」についてさらに考えてみると、「人間とは〝思い込みの動物〟である」と思わざるを得ません。わたしたちの認識は、既に獲得している経験と知識・認識の枠組みによって成立します。スコラ哲学がいうように「認識されるものはすべて、認識する側の認識の様式によって認識される」のです。「付託」も、この格言の解釈に含めることができるかもしれません。

人間には「思い込み」があります。〝縄をみて蛇と思い込む〟のが「付託」の例ですが、人は先入観を持っているので、その判断に惑わされてしまいます。「人を見たら泥棒と思え」ということわざがありますが、そこには『人間とは信用できない存在だ』という思い込みがあります。

他方、「渡る世間に鬼はない」とか、「人間とは親切で正直だ」という人間観があります。経験則の上で、どちらにも真実が含まれており、どちらかに即断することはできないように思います。人ははたして純粋に、間違いのない認識と判断を行うことができるでしょうか。人の心は欲と歪みで汚されているので、それを拭い去らなければ、正しく公正な判断はできないでしょう。それは地上の人間にはほとんど不可能なことです。

8　シャンカラでは「真の自己との出会いは、アートマンとの出会いである、アートマンの発見である」として、あるいは「自分がアートマンであることを悟ることだ」とされています。それでは、すべての人間が同じアートマンなのでしょうか。無数のアートマンが存在するのでしょうか。

また、そこには「アートマン＝ブラフマンであり、唯一である」との主張が含まれています。そうなると、人間の唯一性の存在価値はどうなるのでしょうか。そのような概念自体が無明の結果であり、幻に過ぎないのではないでしょうか。アートマンと個人の唯一性の価値――このパラドックスを、どう解けばいいのでしょうか。

9　「輪廻」について考えてみましょう。「輪廻」とは無明という状況下で、無明から解脱できない状態のことだと思われます。なぜなら以下のように言われているからです。

「ブラフマン＝アートマン以外の一切の現象的物質的世界は、われわれの身体・感覚器官はもちろんのこと、一般に精神活動の中枢をなしていると考えられている統覚機能（心）に至るまで、真実のアートマン、すなわちブラフマンに対して誤って付託されたものにすぎない。したがって、人間をブラフマンとは全く異なる存在であるかのように見せている非アートマン的要素はすべて、無明の産物であり、あたかもマーヤー（幻影）のように実在しない。したがってブラフマンとアートマンとは全く同一である、とシャンカラは説いている。（そのように唱える）かれのこの立場は不二一元論（Advaita）と呼ばれている。

一般の人間は、無明のために、この真実を知らず、アートマンと、統覚機能などのような非アートマンとを明確に識別していないために、輪廻しているのである。輪廻とは、結局この無明のことであり、この無明を滅することが解脱である、とシャンカラは教えている」（シャンカラ『ウパデーシャ・サーハスリー（真実の自己の探求）』の訳者、前田専学による前書き（岩波文庫）7頁参照）。

「はかなさ」「さびしさ」の奥底を覗（のぞ）く

はかなさ――私たちの周りに漂う「悪」の香り

東洋的達観と西洋的至言の交差点で

仏教の深い洞察が「人生は諸行無常だ」という達観を生んだことをわたしたちは前項で学びました。キリスト教の歴史を見渡すと、その達観に類する言説に出会うことができます。例えば、聖アウグスチヌスは言っています。

「あなたはわたしたちを、ご自身にむけてお造りになりました。ですからわたしたちの心は、あなたのうちに憩うまで、安らぎを得ることができないのです」（『告白』：*Confessiones* I, 1, 1〈山田晶訳、『世界の名著14』中央公論社、一九六八年、59頁〉）[註8]

「悪」であるかどうかは別として、人間がその一生の間に出会う重要な問題の中に、人生の「はかなさ」「さびしさ」があります。

「はかない」とはどういうことでしょうか。キリスト教の信徒は、「人は神の被造物」であることを信じています。人間は神によって造られ、神によって導かれ、神のもとに招かれ、神に向かって旅をしている「旅人」です。「旅人である人間の被造物性」——これは「はかなさ」という単語が醸し出す情緒とは対蹠的な有機的語彙であるにせよ、同じ響きを持つ言葉ではないでしょうか。

すでに本書の中で考察した「偶有性」という概念を「はかなさ」に当て嵌めれば、より分かりやすいかもしれません。「偶有性」はラテン語でcontingensと言います。論理的には「その存在は必然ではないが、それが存在するとしても、そのゆえに、いかなる不可能も生じて来ないもの」と定義されます。なんとも〝はかない感じ〟の存在です。存在することは必然ではないがあってもよい、そういう存在……　いわば偶然の存在です。

では、キリスト者にとって「偶然」という概念はどう考えられているでしょうか。「偶然」は信仰と深く関わります。この世界の存在、そして自分という者の存在。これらは偶然でしょうか。それとも、なければならないものではないがあってもよい、というものなのでしょうか。

信仰者にとって、自分の存在は神の意思による現実です。自分はあってもなくてもよいものではなく、神の御心に従ってこの世に生まれてきたのです。たとえ悲惨な状況の中に生まれてきたとしても、それは神のご計画の一部です。しかし極端な話、強姦によって身籠った母胎から生まれたいのちがあったとして、そのような生は神の祝福のうちに置かれていると言えるでしょうか。あるいは、いったん受胎しても堕胎によって抹殺された胎児も、神の御心によって受胎されたのでしょうか。まさか強姦、あるいは堕胎が神の御心に適っているとは誰も言わないでしょう。とすれば、強姦あるいは堕胎は「偶然」の出来事であり〝神のあずかり知らないこと〟なのでしょうか……

エレミヤ書で言われています。

「わたしはあなたを母の胎内に造る前から
あなたを知っていた。
母の胎から生まれる前に
わたしはあなたを聖別し
諸国民の預言者として立てた。」（1・5）

また詩編作者は言います。

わたしはあなたに感謝をささげる。
わたしは恐ろしい力によって
驚くべきものに造り上げられている。
御業がどんなに驚くべきものか
わたしの魂はよく知っている。
秘められたところでわたしは造られ
深い地の底で織りなされた。

あなたには、わたしの骨も隠されてはいない。
胎児であったわたしをあなたの目は見ておられた。
わたしの日々はあなたの書にすべて記されている
まだその一日も造られないうちから。　（詩編139・14～16）

聖書においては誰一人「あってもなくてもよいもの」ではありません。誰にも替わってもらえない唯一の存在、かけがえのない存在、ユニークな価値のある存在です。

ただし、哲学の考察によってこの真理を論証できるわけではありません。いうまでもなく哲学は啓示を援用できず、啓示を論拠にすることはできないのです。あくまでも人間理性の考察による結論でなければなりません。〈かけがえのない価値〉の根拠に「神」を持ち出すことは、哲学者にとって〝禁じ手〟とされる所以（ゆえん）です。

『「いき」の構造』の作者・九鬼周造にとっての「偶然性」

さて、この偶然性という概念を、哲学の重要な課題として取り上げたのが『いきの構造』の作者、九鬼周造でした（『偶然性の問題』岩波書店、一九三五年）。九鬼は「偶然とは何か」について緻密（ちみつ）な考察を展開しています。

彼は「偶然性」に、ラテン語のcontingentiaを当てています。つまり「偶然性」は「偶有性」であると観たのです。

それでは、九鬼周造による「偶然性」とはどんな意味なのかを、九鬼周造研究者の説明に従って学ぶことにしましょう。

九鬼周造はその著作、『偶然性の問題』の序説で次のように述べています。

――偶然性とは必然性の否定である。必然とは必ず然か有ることを意味している。即ち、存在が何らかの意味で自己のうちに根拠を有っていることである。偶然とは偶々然か有るの意で、存在が自己のうちに十分の根拠を持っていないことである。即ち、否定を含んだ存在、無いことのできる存在である。換言すれば、偶然性とは存在にあって非存在との不離の内的関係が目撃されているときに成立するものである。有と無との接触面に介在する極限的存在である。有が無に根差している状態、無が有を侵している形象である。（同書、13頁）――

冒頭に述べられたこの語句は、本書のまとめであり結論でもあります。九鬼周造の研究者、田中文久氏は次のように言っています。「九鬼周造によれば、人間は本質的に『偶然性』というものに貫かれた存在であるという」。

また、九鬼は「偶然性」の本質は「無」であるとしていますが、その点について田中氏は、「九鬼にとって『無』とは『同一性』の裂け目としての『無』において成立する、という。『同一性』の裂け目とは、分裂や対立を意味している」と考察します。

九鬼周造の前出著書『偶然性の問題』は、人生とはいかに偶然性に満ちたものであるかを説いています。人間は自ら選び取れない状況の中で生まれ、日々その中で生きていかなければならない存在です。その人生の途上で遭遇する出来事は不条理で無意味なものに満ちています。結果、偶然性が人生の営みを無化するのです。

九鬼は同書の中でこう言っています。

「偶然は無概念的である。無関連的である。無法的、無秩序、無頓着、無関心である。偶然には目的がない。意図が無い。ゆかりが無い。偶然はあてにならない」。

このように「無いない尽くし」を並べており、田中文久氏著『日本の「哲学」を読み解く』によれば、九鬼周造の哲学はまさに「無」の哲学です。

「偶然性」のマイナス評価に感じる違和感

それを前提として九鬼はさらに、〈「個物」の抱える「偶然性」〉という見出しの下で詳論を展開しています（同書134頁以下）。

その中で、ライプニッツの主張として「宇宙には完全に同じものは存在しない。同じ雨粒はない。すべての事物は何らかの意味で孤立性や例外性を持っている」という説が紹介され、「この孤立性や例外性を最も切実に自覚するのが人間である」と九鬼は言います。

しかし、ここでわたしが理解しがたいと思うのは、どうして、人間の個物性（個人性）を自覚することがマイナスになるのか、ということです。同じ人間でありながら、一人ひとりの人間が負わされている「偶然性」を否定的に解釈するがゆえのマイナス評価なのではないでしょうか。

人間には個人差があります。健康な人、病気の人、富んだ人・貧しい人、賢い人・愚かな人、頭のよい人・悪い人、美しい人・醜い人、明るい人・暗い人、敬虔な人・冒瀆的な人、親切な人・身勝手な人……など、数え上げれば限りがありません。この個人差は、場合によっては「個性」と呼べるものであり、その人をその人たらしめている特徴です。

『四葉のクローバーが例外であるように、人間にも例外がある』と、九鬼は主張したいのでしょうか。障がい者の存在はこの例外に該当するのでしょうか。障がい者は人間の一般概念から漏れる「偶然性」をもった例外なのでしょうか。前章で紹介したＳＭＡＰの歌「世界に一つだけの花」にある「ただ一つしかない存在」の価値を貶めることにはならないでしょうか。

「…くせに」という言葉があります。「女のくせに」などと蔑む表現に使われ、差別を意味する言い方になっています。「くせ毛」などと言いますが、本来の有るべき毛があって、くせ毛はその基準に該当しない毛であるという言い方に通じる表現です。

「偶然性」という言葉の意味が「個別性」「例外性」と結び付き、それが否定的・差別的な意味に結び付くことに大きな懸念を覚えます。

人間はそれぞれ個別の存在であり、これ以上は分解できない個人です。そしてそこに、不可譲かつ不代替の価値が認められるのです。そのような認識に立つ限り、九鬼説には大きな違和感を抱かざるを得ません。

哲学者・宮野真生子（まきこ）氏の見方

この問題を鋭く意識して論じている哲学者がいます。宮野真生子氏（註9）がその人で、宮野氏は、〈「である」と「がある」の違いと意味〉を通して、この問題を論じています。「である」は普遍性・一般概念を表わし、「がある」は「個別性・偶然性」を表わしている、と宮野氏は分析します。人は誰でも「○○××さん」であり、〝「人」さん〟という人はいません。それでも、まず人間であって、次に具体的な誰それと特定される在り方を受け容れているわけです。もし自分を特定する特徴が教師という職業だとして、「わたしは教師である」と言うとき、教師である自分が、他の教師でもよい存在になってしまう、と感じることがあります。つまり「別にこれはわたしでなくともよいのではないか」という交換可能性の問題です。

実際多くの職務は——多分、すべての職務というべきでしょうか——、交代が可能です。Aさんのしていたことは A さんにしかできない、ということはありません。もしそうなら組織は継続せず、社会が成り立たなくなります。首相が辞任すれば後継者が任命されます。司教が辞めれば次の人が司教に任命されます。そのようにして組織は何の支障もなく存続します。大切なのは「普遍性を維持しながら唯一性を尊重すること」です。これは個人の間でも団体の間でも、さらに言えば国家の間にも適用される法則ではないでしょうか。

三つの偶然性の先に在る「原始偶然」

九鬼周造は偶然の諸相として「定言的偶然」「仮説的偶然」「隣接的偶然」と、三つの様態に分けています（以下の叙述は『偶然性の問題』の解説〈小浜善信〉に拠るところが多いことをお断りしておきます）。

九鬼の言う「定言的偶然」とは、〈定言的必然性の外枠にある偶然〉のことです。例えば「人間は理性的動物である」というとき、その命題の主語概念と述語概念との間に同一性の関係、必然的な関係があります。しかし「人間は黄色である」という命題の場合、人間は必ずしも黄色であるわけではないので、黄色であるという属性は偶然です。ただ、皮膚の色の違いの場合、その違いを説明できる原因がありそれを示して説明できるなら、皮膚の色の違いは偶然ではない、ということになります。

次に、「仮説的偶然」とはどういう場合の偶然か、を考えてみましょう。

「クローバーのなかには四葉がある」「ある人々は黄色である」と言った場合、クローバーにとって四葉であること、人類にとって黄色であることは、その概念から必然的にそうであるわけではないので、「四つ葉」「黄色」は偶然となります。しかし個物の名称を示す前に「この」という限定の助詞が付き「この四葉のクローバー」や「この黄色の人間」、つまり「具体的個物そのもの」として見れば、そのクローバーにとって四葉であること、この人間にとって黄色であることは、なくても良いもの、切り離して考えられる属性ではなく、むしろそれらは不可分の関係を持って結びついていると言えます。

すなわち、論理的次元では偶然的な関係しか持たないと見做される属性も、具体的・経験的次元では不可分の関係を持って主体（個物）に属しているのです。これらの偶有が、個物を〝その個物たらしめている〟のです。

それでは、三つ目の「隣接的偶然」とは何でしょうか。

隣接とは隣り合って存在すること。X、Y、Z……などが隣り合って存在している場合に、偶々（たまたま）Xとなっていて、Yでもなく、Zでもない場合に言われる偶然です。敷衍すれば、物事には原因や理由があるとする見方がこれに当たります。例えば、なぜこの「私」が地上に生を受けたか。それは父と母がいるからです。その父母はどのようにして知り合い、結婚したのか。聞いてみれば分かることでしょう。しかしそれ以前のそれぞれの両親の系譜を辿（たど）ってどんどん先祖に遡及（そきゅう）していくと、「その最初はどうであったか」という問題に遭遇します。それは生命の始まりにまで遡（さかのぼ）ることになりそうです。どのようにして生命が発生したのか。科学はその点を実証しようとしていますが、しかし今のところこの議論は〝無限遡及〟に陥（おちい）ります。

九鬼周造は、その因果律の始まりを「原始偶然」と名付けました。「辿（たど）ればはじめに原始偶然があった」というわけです。この〝原始遡及の主体〟は自らのうちにその存在の根拠を持つものでなければなりません。それは〈絶対者であり、自因性の存在であり、不動の動者〉といわれる「神」です。が、九鬼周造は「神」という言い方を避け「原始偶然」と言っているのです。原始偶然は因果律の届かない世界に存在します。九鬼は次のように述べています。

――原始偶然は絶対者の中にある他在である。絶対的形而上的必然を心的実在と考え、原始偶然を世界の端初または墜落（Zufall=abfall）と考えることの可能性もここに起因している。絶対的必然は

絶対者の静的側面であり、原始偶然は動的側面であると考えて差し支えない。――（同書261～262頁）

わたしという存在は結局、原始偶然に遡ります。その原始偶然は絶対者の動的側面であり、それは絶対者の働きです。九鬼は晩年、次のように述懐したと伝えられています。

「……やがて私の父も死に、母も死んだ。（中略）思い出のすべては美しい。明かりも美しい。陰も美しい。誰も悪いのではない。すべてが死のように美しい」（『偶然性の問題』の解説（小浜善信）、441頁より引用）

「九鬼が言いたいのは、偶然した実存としてのわれわれと他者・世界との出会いの中で、無意味に過ぎ去るものは何一つないのだということだろう。……すべてが意味あるものとして立ち現われるか、それとも無意味なものとして過ぎ去るか、それはひとえに偶然した実存としての主体の意志に懸かっているということであろう」（同書440頁）と小浜氏は評しています。

さびしさ――「神の愛」と「恋」の隔たり

日本人が持つ「さびしさ」と「粋（いき）」

ここで再確認しておきたいことは、わたしが独り、書斎に籠（こも）って本書を執筆している、その動機と目的です。それは日本において福音を宣べ伝え、証し、実践する方策の追求です。そのためにわたしは日本人の死生観に触れ、宗教観、なかんづく善悪という価値観を知りたいと発起して、古今の思索を訪ね、経巡っているところでした。

それを踏まえて、ここで、日本人が持つ豊かなメンタリティーの表われとしての「いき（粋）」を考えます。

九鬼周造は「はかなさ」や「さびしさ」を論じるとき、日本人の精神構造を特徴づける「いき」の構造に注目しているようです。『「いき」の構造』の「いき」とは何か。九鬼の著書を離れ、ひとまず『広辞苑』第七版を開いてみると、「粋」は次のように説明されています。

いき【粋】（「意気」から転じた語）①気持ちや身なりがさっぱりとあかぬけしていて、しかも色気をもっていること。②人情の表裏に通じ、特に遊里・遊興に関して精通していること。また、遊里・遊興のこと。

他の辞典も大同小異の説明です。『「いき」の構造』は、この辞典の説明とは矛盾しませんが、日本民族の「いき」理解を、さらに哲学的に深く分析し、さらに「いき」の周辺にある関係の深い概念——例えば上品と下品、派手と地味、甘味と渋味、意気と野暮——などの分析を行っています。さらに言葉遣い、姿勢、身振り、表情、着付け、髪形、着物の色彩や模様、建物の造作など、人々の生活と文化全般に及ぶ課題として詳しく言及しており、その蘊蓄の深さに驚かされます。

九鬼は「いき」の三つの徴表として、「媚態」「意気地」「諦め」を挙げ、「いき」とは「垢抜けして（諦）、張りのある（意気地）、色っぽさ（媚態）」と定義しています（『「いき」の構造』講談社〔講談社学術文庫〕

二〇〇三年、51頁)。この定義自体、分かりやすい表現ですが、九鬼はこの内容をさらに深く説明します。

九鬼によると、三つの徴表のなかで「媚態」が原本的な存在を形成しています。これは要するに異性との関係にかかわる特徴です。

色っぽさとは「なまめかしさ」「つやぽっさ」「色気」などの言葉と重なる内容であり、九鬼はこのことを哲学的に次のように表現しています。

「一元的な自己が自己に対して異性を措定し、自己と異性との間に可能的関係を構成する二元的態度である。」(同書、39頁)

この場合、「上品」とは両立しないことになります。上品には敢えて異性に働きかける態度が欠落しているはずです。また一元的な自己が実現した時、つまり相手へのアプローチが功を奏して思いを遂げた時には、この「媚態」は消滅する運命にあります。したがって「媚態」においては、異性間の二元的動的可能性が可能性のまま絶対的に維持されていなければならないのです。

次いで第二の徴表は「意気」すなわち「意気地(いきじ)」です。「意気地」には江戸文化の道徳的理想が鮮やかに反映されている、と九鬼は言います(同書、41~42頁)。「いき」には「いなせ」「いさみ」「伝法」などに共通な〝犯すべからざる気品気格〟がなければならない、というのです。「意気」の対極にあるのが「野暮(やぼ)」であり、江戸っ子が軽蔑する生き方でした(同書、41~41頁参照)。

第三の徴表が「諦め」。執着を離脱した「垢抜けして、あっさり、すっきり、瀟洒(しょうしゃ)たる心持ち」を言う、としています(監修者註——瀟洒とは「すっきりとして、しゃれている様子」のこと)。

媚態・意気地・諦めの上にある「いき」の危うさ

「『いき』のうちの『諦め』(したがって「無関心」)は、世知辛い、つれない浮世の洗練を経てすっきりと垢抜けした心、現実に対する独断的な執着を離れた、瀟洒として未練のない恬淡無碍の心である。」(同書、45頁)。この「諦め」はおそらく仏教の人生観、無常と解脱の教えを背景にしているだろうと思われます。

かくて、「媚態」と「意気地」と「諦め」の三者のバランスの上に「いき」が成立しています。しかしながらこれは、非常に危ういバランスです。「媚態」は異性を求めるという、いわば本能的な欲求に基づいています。人は特定の異性を自分の方へ向かわせるために秘術を尽くすとか。その際、自分の自主性と誇りを忘れてはならないとされているようです。それは、自分を失うほど夢中になってはならない、という戒めでしょうか。さらに相手の自由を尊重しなければならない、とされます。人は他者を自由にはできないものです。「媚態」と言わずとも、他者を自分の思いどおりにしたいという思いの集合が、仏教のいうところの煩悩です。「諦め」は煩悩にストップをかけるストッパーの機能を果たすもののようです。

九鬼は、人が異性を想うこと自体を否定しないどころか、むしろ評価します。その際、「意気地」と「諦め」という付帯条件が付きます。

恋と媚態は、「その始まりにおいて異性を慕い求める」という点で共通しています。ですから、「いき」はたやすく「恋」に転ぶことができます。「いき」の場所である吉原でさえ、遊女がひそかに恋人をつくり、心中に追いつめられるという事件が起きています。そのような危険を避けるために必要とされたのが「意気地」と「諦め」でした。

繰り返しになりますが、「『いき』のうちの『諦め』（したがって「無関心」）は、世知辛い、つれない浮世の洗練を経て、すっきりと垢抜けした心、現実に対する独断的な執着を離れた、瀟洒として未練のない恬淡無碍の心」（同書、45頁）です。

しかし、宮野真生子氏が指摘していることですが、問題は残ります。それは、人はいったん心に入れた異性の相手をなかなか諦めきれないものであり、またそれでもなお人を想い求める心はなくならない――それはなぜだろうか、という問題です。

周知のとおり、「いき」は遊里を背景にして発達した人間関係の在り方です。遊里は「苦界」と呼ばれます。だましたりだまされたりする世界であり「傾城に誠なし」と言います。「遊女が客に誠意をもって接するはずがない。遊女の言うことは信頼できない」という意味ですが、『それではあまりに寂しい』と感じる人々は少なくなかったようで、その感情が「粋（いき）」に込められたと思われます。いささかこじつけ気味になりますが、人間の真実の美しさへの憧れが日本人の心にはいつも残っており、それはキリストの教えに向かい合ううえではプラスの要素になるのではないでしょうか。

それはともかくとして、この問題に関して参考になるかもしれない例え話――苦界・吉原を舞台にした落語の例――が残っています。落語のなかには遊里を背景にしたものがいくつかあり、諧謔的なストーリーの中に醜い欲望の世界が垣間見られますが、そのなかに、いわば泥沼に咲く蓮の花のような、清々しい落語(註10)が伝えられています。

「いき」と「エロース」と「アガペー」と

このように日本人が求める「いき」の構造に対比されるのが、カトリック教会が提示する「愛」の一典型、「エロース」です。「いき」と「エロース」を見比べてみましょう。ここではまず、優れた神学者であった第265代教皇ベネディクト十六世の考え方を紹介します。以下、教皇ベネディクト十六世の回勅『神は愛』8項(40頁)を引用しながら拙論としてまとめました。

「愛」という言葉はさまざまな意味を持っています。愛国心、友への愛、両親と子どもの間に通う愛、隣人愛、神への愛……などが挙げられますが、際立って多く使われる一つの意味があります。それは男女の間の愛です。

これらの愛は基本的には一つであって、それぞれの場面でさまざまな現われ方をしているのであり、愛は究極的にはただ一つであると言えないでしょうか。あるいはそれぞれ質的に根本的な相違をもっているのでしょうか。神の愛アガペーと、男女の愛エロースはどんな関係にあるのでしょうか。

確かに新約聖書ではアガペーという言葉が使われており、エロースという言葉の使用は皆無です。そのため永い間、キリスト教は「エロース」に対して否定的であると思われていました。フリードリヒ・ニーチェはキリスト教を厳しく批判し、「キリスト教は『エロース』に毒を飲ませ、教会は掟と禁令を通して、人生におけるもっとも貴重な事柄を台なしにした」と言っています。しかしキリスト教は本当に「エロース」を破壊したのでしょうか。ベネディクト十六世はそうではない、と言っています。

キリスト教以前のギリシアでは、「『エロース』は人間を有限な人生の現実から引き離し、陶酔状態に引き上げ、エクスタシーの幸福を与えてくれる神的な力である」と考えられました。旧約聖書では、神殿娼婦などに見られる〝歪(ゆが)んだ破壊的な形の「エロース」〟には反対していますが、「エロース」そのものを拒絶することはありませんでした。

「エロース」という愛は人を永遠で無限の幸福へ、現実を超えた光と喜びの世界へと招いています。ただし、その目的地に到達するためには自己抑制、自己放棄、浄(きよ)めと成熟が必要です。それは人間が身体と精神からなる存在であることに基づいた考え方であり、「エロース」自体を否定することではありません。

人間が真の意味で自分自身となることができるのは、自分の身体と精神が緊密に一致しているときです。人間は、精神だけを愛するのでもないし、身体だけを愛するのでもありません。身体と精神の結合した被造物である人間（＝人格）を愛するのです。身体と精神が本当の意味で一致したとき、人は初めて完全に自分自身となり、そのとき「エロース」は成熟し、真の意味で偉大なものとなります。そうなるために、「エロース」は上昇と自己放棄、浄めと癒しの道を必要としているのです。

そのための示唆を、旧約聖書の「雅歌」に見出すことができます。雅歌は本来恋愛の歌だったと考えられます。なぜ聖書の正典として認められているのでしょうか。

雅歌では「愛」を表わすために二つのヘブライ語が使われています。一つは「ドディム」です。これは『まだ不確かな、はっきりしない状態で求める愛』を意味します。もう一つは「アハバー」という単語。この語がギリシア語に訳されるときに「アガペー」となりました。

「アハバー」は他者への関心と配慮を意味しています。自分の幸福に酔いしれるのではなく、自分が愛する者の善を求めています。愛は自己放棄となり犠牲を厭いません。この愛は特定の人を排他的に愛するとともに、神へと向かう永遠の愛を目指すようになります。

愛は自己を献げることを通して真の自己の発見へ、神との出会いへと導かれます。

「自分のいのちを生かそうと努める者はそれを失い、それを失う者は、かえって保つのである」（ルカ17・33）（マタイ10・39、16・25）（マルコ8・35）（ルカ9・24）（ヨハネ12・25参照）

ここには、十字架を経て復活に至る「過ぎ越しの神秘」が示されています。

「求める」と「与える」の境界は流動的

世俗的な愛である「エロース」と、信仰による愛を表わす「アガペー」は、しばしば「求める愛」と「与える愛」というように対立的に考えられてきました。しかし「エロース」を欲望の愛、非キリスト教的な愛であるとし、「アガペー」を与える愛、キリスト教的愛であるとして、両者を端的に対立させると、キリスト教は〝人間の生活と現実に無縁なもの〟となりかねません。

実際のところ、人はこの二つの愛を全く別な愛として分離することはできません。人が他者の幸福を求めるとき、まずは少しずつ自分自身を相手に与え、相手と共にいたいと望み、やがて相手に自己の全てを献げたいと強く望むようになります。そのようにして「求める愛」は「与える愛」に変えられます。しかし他方、相手に与えるためには、自分にも与えられなければ、相手に与える力が萎(な)えてしまいます。求めることと与えることの間の境界は、非常に流動的です。

人を愛する力は神から来ます。聖グレゴリオスが言っているように「牧者たるものは人を愛するためには自分が愛されていることを知り、確かめなければならない」のです。それは通常、「観想」という手段・方法によって行うことが勧められます。

イスラエルの民に自らを顕(あらわ)した神は、存在するもの全てのものの創造主であり、唯一の神です。この神はイスラルの民に「愛すること」を求める神です。この場合の愛は「エロース」の愛です。しかし同時に「アガペー」の愛でもあります。神はイスラエルの幸福を望み、真の意味で人として正しい道を歩むように導き、そのためにイスラエルに掟を与え、イスラエルと契約を結びます。

この神とイスラエルとの関係は、男女の愛の関係に譬(たと)えられます。しかしイスラエルはしばしば神との契約を破りました。それでも神はイスラエルを愛することをやめません。神は〝背信のイスラエル〟を愛し〝イスラエルの裏切り〟を赦(ゆる)します。かくて神の愛「アガペー」は「赦す愛」として示されます。預言者ホセアはこの神の愛を、いわば絶叫のような表現で伝えています。

ああ、エフライムよ
お前を見捨てることができようか。

イスラエルよ
お前を引き渡すことができようか。
アドマのようにお前を見捨て
ツェボイムのようにすることができようか。
わたしは激しく心を動かされ
憐れみに胸を焼かれる。
わたしは、もはや怒りに燃えることなく
エフライムを再び滅ぼすことはしない。
わたしは神であり、人間ではない。
お前たちのうちにあって聖なる者。
怒りをもって臨みはしない。（ホセア11・8～9）

ここには、激しく葛藤（かっとう）する神の心が如実（にょじつ）に表現されています。既に本書中で述べたように、神はギリシア哲学では「不動の動者」と呼ばれています。神が人間の背信的態度のゆえに心を動かし、苦しみ、葛藤することは、「絶対者」という概念の中には含まれてはいませんが、ここでは非常に人間的な神の姿が描かれています。神は悲しみ、怒りますが、赦します。神が人間の罪ゆえに心に痛みを抱くという啓示に基づいて、日本人の神学者・北森嘉蔵は『神の痛みの神学』を創出した[註11]のでした。

エゴイズムの危機に瀕する「人間の本性」

右に見たように、神が顕（あらわ）す愛のなかには「エロース」の愛と「アガペー」の愛の両面があり、両者は一つに融合しています。そのことから「エロース」と「アガペー」は「愛」のそれぞれの面を示していると言えそうです。あるいは「『アガペー』という言葉のなかに『エロース』の面が含まれている、と言ってもよいでしょう。「雅歌」が聖書正典に加えられたのは、このような根拠があったからでした。愛は一致を目指します。神と人間は、それぞれ自分自身でありながら完全に一つとなることができる、と聖書は教えています。すなわち、神は人間を男と女に創造しました。そして「こういうわけで、男は父母を離れて女と結ばれ、二人は一体となる」（創世記2・24）のです。男女が互いに惹（ひ）かれ合い求めあうのは神の創造の結果であり、人間の本性に基づいています。

しかしながら、そのような人間の本性は絶えずエゴイズムの危険に瀕しています。互いに求めあう愛は自ら進んで与える愛とならなければなりません。人は、本性上惹かれ合う相手にだけではなく、人間の偶有的属性を超え、自分を必要とするすべての人の隣人となるよう招かれています。その道は、受肉した神の愛であるナザレのイエスが生涯をかけて自ら実行して、その基準を示しました。「アガペー」の愛は、飢えている人、乾いている人、旅人、裸の人、病気の人、牢に拘束されている人に及びます（マタイ福音25・31～41参照）。飢え・渇き・裸である……など偶有的状態にある人々のなかに、「かけがえのなさ」という価値が隠されています。そのような人にした献身や奉仕はイエス・キリストにしたのと同じであり、しなかったのはイエス・キリストにしなかったことになる、とイエスは言っています。一人ひとりの偶有性に絶対的な意味と価値を与えるのは、キリスト者にとって、受肉した愛であり神であるナザレのイエスに他なりません。このあたりに「エロース」と「アガペー」の融合と一致を観ることができるのではないでしょうか。

〝片割れ〟という自覚が生む情緒

人間の基本的で最も深い欲求は何でしょうか。生物として欠かせない「第一次的欲求」が、マタイ福音書第25章にあるように、食べ、飲み、着るという生存への欲求であることは間違いありません。しかし「人間として」と前置きされた場合、どう答えたらよいでしょうか。多分その答えは、「寂しさを満たしたい」ではないでしょうか。

歌人・若山牧水の有名な歌があります。

「幾山河　越えさり行かば　寂しさの　終(は)てなむ国ぞ　今日も旅ゆく」。じつに人生は、〝寂しさを抱えそれを満たすために日々歩む旅〟ではないでしょうか。

「白鳥は　哀しからずや　空の青　海のあをにも　染まずただよふ」。人は空の青、海の碧(あお)との間で、どちらにも身を託すことができないまま、天地の間に宙づりの状態で、永遠の世界への憧憬(どうけい)を抱きつつ、己(おの)が出てきた母なる海とのつながりのなかにいて、日々、自分でもよく分からない寂しさと哀(かな)しみの中に置かれています。

このような「さびしさ」と「かなしさ」は、誰しもが免れ得ない情緒であり、互いにそれを分かち合いたいという傾きを人は秘めています。中でも「さびしさ」という気持ちは、人を慕い、人に恋するという心、人の心と触れ合い溶け合いたいという思いの中に表出します。この心がいわゆる「エロース」であり、それはプラトンが説明しているように、一つの片割れが他の片割れを求めて「全きもの」になろうとする欲求であって、「寂しい」とは、片割れが片割れとして自覚する感情なのです。

九鬼周造は次のような歌を残しています。

古(いにしえ)の聖賢(ひじり)の書(ふみ)にむかひても　君をし見ねば　さびしかりけり
寂しければ　渚(なぎさ)に立ちて朝を見る　この青海は君につづけり
寂しさのやるかたもなし秋の夜に　小さな舞妓の舞をみるかな

「恋」と「かけがえのなさ」

このような思いが特定の人に強く向けられたとき、その想いは「恋」と呼ばれます。九鬼についての優れた研究を残している哲学者、中村昇は落語に深い造詣を寄せ、『落語哲学』（亜紀書房、２０１８年）を著わしています。

本項中でも「紺屋高尾」という落語を紹介し、〝恋煩(わずら)い〟という現象を取り上げていますが、中村氏は恋煩いについて次のように記述しています。

――恋煩いに罹(かか)ってしまうと、普段の論理とはまったく異なる論理（とはいえないもの）にわれわれは支配されてしまう。「異界」に迷い込む。〈その人〉じゃなければならない。他の人で代替は決してできない。恋愛においては、この〈かけがえのなさ〉〈とり換えがたさ〉こそが、感情の核をなす。どれほど容姿にすぐれ、心根がはるかによくても、〈その人〉でなければ話にならない。――

人間の真の価値はこの〈かけがえのなさ〈非代替性〉〉にあるのではないでしょうか。それは数量化できない何かです。

今の時代、すべてが数量化されます。病院の検査は数値によりますし、選挙結果は投票数の集計を数値化して示されます。入試の合否は試験成績の点数によって決められます。会社などでも人事評価は給与など報酬金額によって評価が示されます。

しかし〈かけがえのなさ〉の世界は、数値で決められない何かが支配しています。それは、「人がその人であること」への評価です。そうであれば、人は業績を挙げなくても、容姿を気にしなくても、健康でなくても、自分を自分として認めてもらえる世界にいることになります（わたしたちキリスト者はこの世界を「神の国」と呼びます）。

大変残念なことに、「恋」は永続的な現象ではありません。いつか色褪(あ)せて終焉(しゅうえん)を迎えます。後になってから『どうしてあんなに夢中になれたのか』と訝(いぶか)るときが来ます。まさに恋は「異界」で起こることです。このとき人は自分の唯一性、唯一の価値に目覚めます。

(註5)

偶有性　contingens：アリストテレスの用語で、endekomenonの訳語。存在することもしないこともありうるものの在り方をいう。ラテン語ではcontingens。

【一般概念と定義】アリストテレスが列挙した10個のカテゴリー（範疇、ラテン語のpraedicamenta）のうち、第一実体（ギリシア語のousia、「ものが何であるか」）以外の9個のカテゴリーを中世のスコラ学者は偶有性（ラテン語でaccidentia［複数］）と呼んだ。この言葉はギリシア語のシュンベベーコスsynbebekosを訳したものであるが、アリストテレス自身は「付帯性」ないし「偶然性」の意味で用いた。スコラ学者はこの言葉をaccidentiaと訳し、主要な「有」(ens)である実体(substantia)に対して、第二次的な有を意味する語として用いた。これは、「どれほど」「どのようにして」「どこにあるのか」などの存在する様相(modus)を説明する概念であり、第一次的有である実体に依存する有である。

実体は「それ自体において在るもの」（ens per se）であり、偶有性はそのような実体において、つまり「他者において在るもの」（ens in alio）と解される。「有」は「類」に属さないから、厳密な「偶有性」の定義は次のようになる。

【「偶有性」の厳密な定義】「他者において在ることがそれの本質に適合するところのもの」となる。

これと関連して『偶性』という用語がある。これも同じaccidensの訳語であるが、これはある存在の本質に属さない属性（偶有的）を述べるときに用いられる。たとえば、人間について述べるときにその人が「肥っている」「痩せている」がどうかという特徴は人間の本質に属さない特色であるので、

それは偶性である、と言われる。（『新カトリック大事典』稲垣良典　による）

論理的には「その存在が必然ではないが、それが存在するとしても、そのゆえに、いかなる不可能も生じてこないもの」と定義される。必然性に対する。必然的なものについては論証と理論的知識が成り立つが、偶有的なものについてはこれが成り立たない。

偶有性は、形相と質料から合成される存在事物（感覚的個物）の在り方である。質料は偶有性を本性とするからである。この偶有なる個物にかかわることによって、行為とすべての実践的知識が成り立つ。行為は、存在することもしないこともありうる存在事物のうちに、或（あ）る目的を実現することであり、実践的知識はこの行為を導くものだからである。中世の形而上（けいじじょう）学は、創造者である神を必然存在とし、すべての被造物を偶有存在とする存在把握を根幹とする。偶有存在の現存の事実から、その存在の原因として必然存在である神の現存を推論する道は、トマス・アクィナスの神の現存証明の第三の道である（出典：加藤信朗『日本大百科全書』〔ニッポニカ〕小学館）。

（註6）

インド哲学では自己を「アートマン」と言います。もとは呼吸を意味する言葉で、ドイツ語のアートメンにあたります。息をしている人間は生きており、生きている人間にはその基本に「アートマンという自己」がいる、という素朴な考えに基づいているように思われます。

ところで仏教では次のように考えます。「およそ自分の所有とみなされているものは常に滅するから、永久に自己に属しているものではない。またわれわれは何ものかをわれわれと考えてはならない」「われわれ人間を構成している精神的または物質的要素ないし機能は、いつでも自己であると断ずることはできない」。

ウパニシャッド哲学では認識主体としてのアートマンというものがあり、それを霊魂であり実体であると考えています。しかし仏教では実体としてのアートマンを否定しました。

無我説とはこういう意味でした。「人間には霊魂が宿っており、霊魂は不死であるなら、人間が殺されても霊魂は死なないわけだから、人を殺しても問題ない、と考えることができる。だから霊魂という実体があって不死であるという考えは倫理上不都合である」。仏教はそのように考え、「霊魂が存在しなければ、人間の生命ははかなく消滅する、だからこそ生命を大事にしなければならない」と演繹したのです。

ただし後代になると無我説は、「人間はいかなる実体も持っていない、という意味である」と解されるようになりました。「我という実体はないのだから、我欲・我執を捨てなさい」と勧める方便として無我説が説かれたのでした。当時のバラモン教やジャイナ教は何らかの意味での普遍的で恒久的な自我、あるいは実体である霊魂の存在を想定していました。その霊魂が輪廻によって六つの世界を生まれ変わり・死に変わって廻ると信じていたのです。ところが仏教は実体としてのアートマンを認めませんでした。その代わりに人間を、「五蘊」という五つの構成要素で成り立っている集合体と考えました。

五つ（五蘊）とは、色(しき)・受(じゅ)・想(そう)・行(ぎょう)・識(しき)です。

「色」とは感覚的・物質的なもの一般を意味する。

「受」とは意識のうちほぼ感覚と感情とを含めた作用。

「想」とはこころの内部を構成する知覚や表象を含めた作用。

「行」とは能動性、または潜在的形成力。

「識」とは対象それぞれを区別して認識する作用。

　個人はこのこれらの五蘊から構成されていると考えられました。この五つは私たち人間存在の特殊な在り方を示しており、それをダンマと呼びます。私たちの存在はこれら五蘊、すなわち五種類の法の領域において保持され、成立しています。そして、このすべてのものの集まりを世俗的に仮に「われ」「自己」と呼んでいるものの、私たちの中心主体はそのいずれの法の領域のうちにも認めることができない、と教えています。

　例えば、物質的な構成要素は色ですが、「色は無常であり、無常であるものは苦である」と説かれます。苦であるものは非我、われならざるものである。↓非我はわがものではない。即ちわがアートマンではない――と、このように説明します。「色(しき)・受(じゅ)・想(そう)・行(ぎょう)・識(しき)のどれも、アートマン(本当に自己)であるとは言えない」となります。

　さらに、六根、六境という説明もあります。人間には視覚・聴覚・臭覚・味覚・触覚と、思考するために備わった六つの器官があります。即ち「眼」「耳」「鼻」「舌」「身」「意」の六つが思考の場となっています。

　この六つに対応している領域が、色・声・香・味・触・法の六境です。それぞれの「境」のうち「触」

は身体で触れられるもののこと、「法」は考えられるものであり思考器官で考えられるもの、思考器官の相手となるものです。仏教はこれら六根、六境のうちのどこにも真の自己は認められないとし、形而上学的原理としてのアートマンを否定しました。そのためこの思想的立場は「無我説」と呼ばれていますが、アートマンそのものを否定したわけではありません。もし自己を否定するだけなら「我がない」「自己がない」とそれだけを言えばよかったわけです。ところが説いていることは、客観世界に見出されるいかなる実体もアートマンではない、自己ではない、と言っています。

一方で「アートマンが実在するかどうか」という問いについて、仏教は沈黙しています。「むしろ仏教は人間の行為のよりどころとしてのアートマン、自己を承認していた」と考えることもできそうです。

ブッダの臨終の説法は「自己（アートマン）に頼れ、法に頼れ、自己を灯明とせよ、法を灯明とせよ」というものでした。「自己に頼るということがどういうことかというと、人間の真の自己というものは人間があるべき姿、法に従って、法を実現するように行動する中にあらわれている。自己に頼るということは法に頼ることとおなじであるということです。」〔『中村元の仏教入門』（春秋社）二〇一四年、66頁からの引用〕

中村元氏のこのような説明を聞くと混乱が生じかねません。仏教はアートマンを否定したのか、しなかったのか。「形而上学の実在としてのアートマンは認めなかったが、法としてのアートンを認めていた」という意味にもなりそうです。

では、実在としてのアートマンと、法としてのアートマンはどう違うのでしょうか。

「仏教では実体的な我、アートマンを想定することはありませんでしたが、ダンマというものは認めています。これは、法と訳されますが、われわれを現にかくのごとくあらしめている、現実に成り立たせている決まりとか規範のことです」(同書、69頁)というのが中村博士の解説です。

(註7)

シャンカラ著、前田専学訳『ウパデーシャ・サーハスリー(真実の自己の探求)』岩波書店〈岩波文庫〉一九八八年

韻文篇

第一章　純粋精神

・アートマンは純粋精神であり、一切に偏在し、一切の存在物の心臓のうちに宿っており、一切の認識を超えている(第一章一17頁より)。

・人間の善悪の行為の結果は業として身体に結び付き、貪欲と嫌悪による行為の原因となる(第一章三17頁より)。

・善業と悪業により無知な人は再び同じように身体と結合して輪廻として繰り返す(第一章四18頁より)。

・輪廻の根源は無知にある。無知をすてるためには宇宙の根本原理であるブラフマンを知らなければならない(第一章五18頁より)。

・知識のみが無知を滅することができる。行為は〔無知と〕矛盾しないから、〔無知を滅することが〕で

きない。無知を滅しなければ貪欲と嫌悪を滅することはできないであろう〔第一章六18頁より〕。
・貪欲と嫌悪が滅していなければ、かならず行為が〔貪欲と嫌悪という〕欠点から生ずる。それゆえ至福のために〔ウパニシャッドにおいてブラフマンの〕知識のみが述べられている〔第一章七18頁より〕。
・行為はブラフマンの知識と両立しない。行為はアートマンに関する誤った理解を伴っているからである。ブラフマンの知識とはアートマンは不変であるという知識である。
・ブラフマンの知識は行為の要因を破壊する〔第一章一四18頁より〕。
・人々は、生来、身体に包まれたアートマンを身体などと区別のないものと理解しているが、この理解は無明に由来している。この理解がある限り、行為を行えという聖典の命令は有効である〔第一章一六20頁より〕。
・無明をいったん除去すれば、「私は有〔ブラフマン〕である」という認識があるのに「〔私〕は行為主体である」「〔私は〕経験主体である」という観念を持たないはずである。

第四章　「私」という観念

・身体がアートマンであるという観念を否定するアートマンの知識を持ち、かつ、その知識が、身体はアートマンであると考える一般の人の観念と同じように強固な人は、望まなくとも解脱する〔第四章五27頁より〕。

第六章　切断

・認識対象を捨て、つねにアートマンを［あらゆる限定を］離れた認識主体であると理解すべきである。

「私」と呼ばれるものもすでに捨てられた[身体]の一部であると理解すべきである(第六章四30頁より)。

第七章　統覚機能にのぼったもの

・アートマンは変化することなく、不浄性もなく、物質的なものでもない。そしてすべての統覚機能の目撃者であるから、その認識は限定されたものではない。一切万物はアートマンの統覚機能の中で見えるようになる(第七章三、四32頁より)。

第八章　純粋精神の本質

・アートマンは純粋精神を本性としている。虚空のように、一切に遍満し、不壊であり、吉祥、中断することなく、分割されず、行為しない最高者(ブラフマン)である(第八章一、三33～34頁より)。

第一〇章　見(＝純粋精神)

・アートマンは虚空であり、常に輝き、生まれず、唯一者であり、不滅であり、無垢、不二である最高者[ブラフマン]、本性上不変、いかなる対象もなく、不老・不死、原因でもなく結果でもなく、常に満足しており、ゆえに解脱している(第一〇章一、二、三37頁より)。

・身体・感覚器官から起こる一連の苦痛は、アートマンのものではなく、アートマンでもない。不変であるから苦痛は実在しない(第一〇章五38頁より)。

・アートマンには始めも属性もない。行為も結果もない(第一〇章七38頁より)。

第一二章　光に照らされて

・身体をアートマンと同一視するものは苦しむ。身体を持たないもの(＝アートマン)は熟睡状態にあるときと同じく、覚醒状態において本来苦しむことはない（第一二章五47頁より）。

・「アートマンは行為の主体である」「経験の主体である」という認識は誤りである（第一二章一七50頁より）。

・「自分自身は」とか、「自分自身の」という観念は、じつに、無明によって想定されているものである。アートマンが唯一である、という知識がある場合には、この観念は存在しない（第一四章一九61頁）。

・アートマンを、「私」という観念の主体であり、かつ認識主体である、と知るものは、まさしく〔真実に〕アートマンを知っている者ではない。それとは別様に知っている者が、〔真実に〕アートマンを知っている者である（第一四章二四62頁より）。

・「私」、すなわち「自分自身」という観念も、「私の」、すなわち「自分自身の」という観念も、無意味となるとき、その人はアートマンを知っている者となる（一四章二九63頁より）。

・自己の本性は、何の原因をももたないものであるが、その他のものは原因を有するものである。自分自身によっても〔あるいは他のものによっても〕取られることも、捨てられることもない（第一六章四一93頁より）。

・〔アートマンは〕一切万有の本性であるから、捨てることも、取ることもできない。なぜなら〔アートマンは、一切万有とは〕別のものではないからである。それゆえ永遠の存在である（一六章四二93頁より）。

・〔アートマンとブラフマンとは〕別のものであるとする見解は、無明である。無明の止息が解脱である。この止息は、知識によってのみ得られる（一七章七１０４頁より）。

・一切のものは無明から生じる。それゆえ、この世界は非存在である。世界は無明を持っている人に見られるが、熟睡状態において知覚されないから(一七章二〇108頁より)。

・実に心が、鏡のように、清らかとなるとき、明智が輝き出るから、心は清められるべきである(一七章二二108頁より)。

・身体などの非アートマンに対する、「私のもの」「私」という観念は、無明である〔無明は〕アートマンの知識によって棄てられるべきである(同書一七章四五114頁より)。

・無明のために、〔アートマンは〕身体の中にあり、身体と同じ大きさであり、水に〔映る〕月などのように、身体の属性をもつもののように見做(みな)される(同書一七章五五117頁より)。

・「私は不生であり、不滅であり、不死であり、不畏であり、一切智者であり、一切見者であり、清浄である」と悟ったものは、〔再び〕生まれることはない(一七章五八118頁より)。

・天啓聖典を無視する人々は、アートマンと〔その影像〕について、ありのままに充分に知らないために、迷わされており、「私」という観念の主体をアートマンであると考えている(一八章四八138頁より)。

・人々は鏡のなかの顔が「顔」と同一であると考える。それは顔の影像が顔の形相を持っているからである。同じように、人はアートマンに自分の影像を映して、統覚機能による認識をアートマンとし、逆に自己の統覚機能に純粋精神性を付託して、統覚機能が認識の主体であるとする。しかし、認識はアートマンの本性であり、永遠の光であるから、統覚機能によっても、アートマンによっても、他のものによっても、決して作られることはない。しかるに、一般の人々は身体に関して「私」という観念を持ち、身体が認識の主体であると考える（一八章六三～六七141～142頁より）。
・心（＝統覚機能）が精神的なものであるということは、聖典によっても理論によっても支持されていない。もしそうなら、身体や目なども同じく精神的なものであるという欠陥が付随するであろう（一八章八八148頁より）。
・天啓聖句を聞いたときに、「私は有である」と理解されるか、それとも「私は別のものである」と理解されるであろうか。もし「私は有そのものである」と理解されるならば、「私」という言葉の意味は「有」であると承認されるべきである（一八章一〇五152頁より）。
・「（私は）苦しい」という観念は身体などを「私」であると誤って考えることから確実に生じる。「私は内我である」と考える、識別智によって、識別智を持たない観念が否認される（一八章一六〇、一六一166頁より）。
・私（＝アートマン）は触覚も身体もないから、決して焼かれることはない。それゆえ、「私は苦しみを受けている」という観念は、〔自分の息子が〕死んだときに、〔私は〕死んだという〔観念が起こる〕ように、〔アートマンに関する〕誤った理解から生じる（一八章一六三167頁より）。

散文篇

第一章　弟子を悟らせる方法（一八～四四）

アートマンは虚空と呼ばれ、……身体を持たず、粗大でない、などの特徴を持ち、悪を離れていることを特色とし、一切の輪廻の性質に触れることがない。……他に見られることなくして、自ら見るものである。他に聞かれることなくして、自ら聞くものである。他に思考されることなくして、自ら思考するものである。他に認識されることなく、自ら認識するものである。

もし弟子が「先生、私は身体が焼かれたり、切られたりするときには、はっきりと苦痛を知覚します。また、飢餓などによって起こる苦しみをはっきりと知覚します。しかし最高のアートマンは、すべての天啓聖典および古伝書の中で『悪なく、老いることなく、不死であり、憂いなく、飢餓から自由である』と言って一切の輪廻の属性を持たない、と述べられています。私は最高のアートマンと本質を異にし、多数の輪廻の属性を備えているのにかかわらず、どうして最高のアートマンを自分自身と理解することが出来るでしょうか」というなら、師は次のように答えるべきである。「君が……苦痛をはっきりと知覚しますと言ったのは正しくない。なぜなら、確かに焼かれたり、切られたりしている木と同様に、身体は知覚主体によって知覚される対象である。その対象である身体において焼かれたり、切られたりする苦痛が知覚されるのであるから、その苦痛は、焼かれたり切られたりしている場所と同じ場所にある。人が苦痛を知覚するのは苦痛の原因となっている場所であり、苦痛の主体に苦痛があるとは指摘しない。「どこが痛いか」と訊ねられたら、『頭が痛い』『胸が痛い』などと答え、知覚主体を苦痛の場所と指摘することはない。もし苦痛の原因が知覚主体にあるならば、人は苦痛の場所を知覚主体として指摘するだろう。しかし苦痛そのものは目の色・形がそうであるように、知覚されない。

苦痛及び苦痛の原因に対する嫌悪もまた苦痛の印象と同じ拠(よ)り所をもっている。『貪欲と嫌悪は色・形の印象と共通のよりどころ(=統覚機能)を持っている。また知覚される恐怖も統覚機能を拠り所としている。それゆえ認識主体は常に清浄であり恐怖を持たない。』」

　では一体、色・形などの印象は何をよりどころにしているのか。

（師は答える。）　欲望のある場所である。

欲望は何処にあるのか。欲望・思惟・疑惑（信仰・不信仰・堅固・不堅固・恥・思慮・恐怖、これら一切は意に他ならない）は統覚機能にある。色・形は心にある。欲望は心に宿る。欲望・憎悪は対象である身体の属性であり、アートマンの属性ではない。

　アートマンは一切であり部分を持たない。内も外も含み、不生である。叡智の名称である。一切万有の中に隠されている。身体の中にあって身体を持たない。生まれることも死ぬこともない。

一切万有の中に平等に住む。

一切の種類の形態を離れ、虚空のように等質であるのに、行為の目的・行為の手段・行為の主体が実際に経験され、あるいは天啓聖典で述べられており、見解の相違を引き起こすのはなぜか。

それは無明の結果である。変化物はただ言葉による把捉であり名称に過ぎない。

無明を持っているものは身体などの差別を得てアートマンが望ましいものと望ましくないものと結合していると考える。この差別こそ輪廻の性質である。

最高の真理の認識を得たい者は、自分の階級・生活期などがアートマンに属するという誤った見解を捨てて、息子・財富・三界などに対する願望を捨て去るべきである。

それゆえ一切の祭式および聖紐などの祭式の手段は無明の結果であるから、最高の真理の直観に安住している者によって捨て去られるべきである。

第二章　理解（四五〜一一〇）

弟子：どうすれば輪廻から解脱できますか。わたしは身体と感覚器官とその対象を意識します。覚醒状態で苦しみ、夢眠状態で苦しみます。熟睡状態に入れば中断するが、その後再び苦しみを感じます。これがわたしの本性でしょうか。別のものが本性でしょうか。別に本性があるなら何が原因で苦しむのでしょうか。自分の本性なら本性から逃れられないので解脱の望みはありません。何かの原因があるならその原因を取り除けるならば解脱できると思うがどうすればいいでしょうか。

師：それはあなたの本性ではない。あなたの苦しみは、ある原因によるのです。

弟子：その原因とは何ですか。その原因を取り除くにはどうしたらいいですか。病人がその原因を取り除かれれば健康になるなら、わたしも原因を取り除くことができれば健康になるでしょう。

師の答え：その原因は無明であり、それを取り除くのは明智です。無明が亡くなれば輪廻から解放され苦しみを感じなくなります。

弟子：無明とは何ですか。

師：君は最高我であり輪廻しないのです。しかし君は正反対に理解しています。また行為主体でないのに「わたしは経験の主体である」「私は永遠には存在しない」と考えています。これが無明です。

弟子：そういわれても、私は最高我ではありません。わたしの本性は行為したり経験したりする輪廻です。このことは直接知覚などの知識根拠によって認識されるからです。また無明を原因としてはいません。

無明は自分のアートマンを対象とすることができないからです。無明とはAの性質をBに付託することです。例えばよく知られている銀をよく知られている真珠貝に付託し、あるいはよく知られている人間を木の幹に付託し、あるいはよく知られている木の幹を人間に付託することです。しかしよく知られていないものをよく知っているものに、またよく知られているものをよく知られていないものに、付託することはありません。アートマンはよく知られていないので、アートマンでないものをアートマンに付託することはありません。またアートマンをアートマンでないものに付託することもないと思います。

師：それは正しくない。例外があります。必ずしもよく知られているものがよく知られているものにだけ付託されるとは限らない。「わたしは色が白い」「わたしは色が黒い」という場合は、身体の性質が「私」という観念の対象であるアートマンに付託されているし、「私はこれです」という場合は、「私」という観念の対象であるアートマンが身体に付託されているのです。

弟子：その場合、アートマンは「私」という観念の対象としてよく知られているものです。身体もまた「これ」としてよく知られているものです。よく知られている身体とアートマンとの相互委託にすぎません。なぜ、「両者ともよく知られているものだけが相互に委託されるとは限らない」と先生は仰るのですか。

師：聞きなさい。確かに身体とアートマンとはよく知られている。しかし、木の幹と人間の場合のように互いによく知られている場合とは異なり、すべての人にはっきりと区別される観念の対象としてよく知られているわけではありません。

弟子：ではどのように知られているのでしょうか。
師：常に全く区別のない観念の対象として知られているのです。誰も「これは身体、これはアートマン」というように、はっきりと区別された観念の対象として、身体とアートマンとを把握していないから、人々は、「アートマンとはこのようなものである」「アートマンとはそのようなものではない」と考えて、アートマンとアートマンでないものに関して、非常な混迷に陥っている。
弟子の反論：無明によって、Aに付託されたBはAには実在しません。縄に付託された蛇は縄に実在しないように。虚空に付託された地上の塵埃が虚空には実在しないように。それと同様に、身体とアートマンもまた、お互いに区別のない観念として相互に付託されるなら、身体はアートマンに実在しないし、アートマンは身体に実在しないということになります。身体もアートマンも無明によって相互に付託されるなら、身体もアートマンも実在しないという結論に至ります（しかし、それは仏教徒の主張だから承認できない）。身体だけが無明によってアートマンに付託されるというのであれば、アートマンは実在するが身体はアートマンに実在しないという結果になります。しかしそれは直接知覚などの知識根拠と矛盾するので承認できません。したがって身体とアートマンとは相互に付託されるということはありません。
師：では身体とアートマンとはいかなる関係にあるのでしょうか。
弟子：身体とアートマンは、家屋の竹と柱のように、つねに結合しています。
師：それは正しくない。もしそうなら、アートマンは無常であって、他のために存在するということになります。アートマンは身体とは結合しない。身体とは別なものです。

弟子の反論：アートマンは結合しないとしても、身体にすぎないとされ、身体に付託されてしまうので、アートマンは実在せず、無常であるということになります。その場合、身体はアートマンを持たないとする虚無論者（仏教徒）の主張に帰着します。

師：それは正しくない。アートマンは虚空のように本性上何ものとも結合しない。だからと言って身体など一切のものがアートマンを持たないとは言えない。虚空が一切のものと結合していなくとも、一切のものが虚空を持たないということにはならないのと同様です。また身体にアートマンが実在するということは直接感覚で認識されることではありません。

弟子：知覚されないアートマンがどのようにして身体に付託され、アートマンに身体が付託されるのでしょうか。

師：それは問題ない。

弟子：身体とアートマンとの相互付託は身体の集まりによってなされるのでしょうか。それともアートマンによってですか。

師：そのときにはどういうことになりますか。

弟子：もし私が身体などの集まりにすぎないのなら私は非精神的なものであるということになり、他のために存在していることになります。したがって私が身体とアートマンを相互に付託することはありません。もし私が最高我であり、身体の集まりとは異なるものであれば、わたしは精神的なものですから、自己を目的とします。従って精神的な私がアートマンに対して付託を行います。
師：もし君が、誤った付託が禍の種子であると知っているならば、それをしてはなりません。
弟子：私は他のものによって付託させられるのです。
師：そのとき君は非精神的なものですから、自己を目的とするのではありません。非独立的な君に誤った付託をさせるのは自己を目的とする精神的なものです。君は身体の集まりにすぎないのです。
弟子：もし私が非精神的なものであるならば、苦楽の感覚や先生の仰ったことを、私はどのように認識するのでしょうか。
師：君は、苦楽の感覚と私の言った事とは別のものですか、同一のものですか。
弟子：同一ではありません。
師：なぜか。
弟子：私は両者を壺のように認識の対象とします。もし私が両者と同一なら両者を認識できません。私が両者と同一なら苦楽の感覚の変化が自己を目的とするものとなり、先生の仰ったこともそのようになるでしょう。しかし両者が自己を目的とするものであることは合理的ではありません。
師：その場合、君は精神的なものであるから、自己を目的とするものであり、他のものによって誤った付託をさせられることはない。精神的なものが他のものに依存し、あるいは他のものによって付託させられることはないのです。
弟子：召使と主人は精神的なものであるのに、両者は互いのために存在するということが経験されるのではないですか。
師：そうではない。
弟子：観念は外界の対象の形相を持つものとして確立されます。私は外界の形相を持った諸観念を知覚する主体です。この主体は変化します。それゆえ私が不変であるということには疑問があります。
師：君の疑問は理に合わない。君はこれらの観念を必ず残りなく知覚するのであるから君は変化しない。それゆえ君は不変です。
弟子：知覚とは変化にほかなりません。
師：知覚と知覚主体の間に区別があれば君のいうことは正しい。しかし知覚と知覚主体は別のものではない。統覚機能の観念はアートマンの知覚が知覚主体であるかのように現われると私は言った。
弟子：私が不変であるならば、私は私の対象である統覚機能の働きを余すことなく知覚する主体であるとなぜ仰ったのですか。
師：私は真理だけを話した。まさしく君は統覚機能を余すことなく知覚する主体であるという真理に基づいて君が不変であると言ったのです。
弟子：私は不変・恒常的な知覚を本性としており、音声など外界の形相を持った統覚機能の観念が生じ、かつそれは私の本性である知覚が知覚主体であるかのように現われるという結果で終わります。その場合、いったい私にはどんな誤りがあるのでしょうか。
師：君のいうことは正しい。何の誤りもない。しかし私は無明だけが誤りであると言ったのです。夢眠

註 348

状態と覚醒状態は君の本性ではない。衣服などのように離れ去る。偶然的であり、可滅性と非存在性を持っている。

弟子：もしそうなら、熟睡状態において私は何も知覚しませんから、私の本性は精神性のない、偶然的なものになってしまうのではありませんか。

師：熟睡状態においても、君は見ている。君は見られる対象の存在を否定しているだけであって、君が見ていることを否定しているのではない。君が見ること、それが精神性です。

もし君が、「知識主体に関する理解が生じない場合には、知識主体が理解されることはないでしょう」というならばそれは正しくない。理解する主体の対象が理解されるべき対象であるなら、無限遡及に陥る。しかしアートマンにある理解は、不変で恒常な光であり、太陽の光のように、他のものに依存しないで確立されている。そして、アートマンにある理解すなわち精神性の光は無常ではない。

質問者：理解が知識根拠の結果であり、かつ、不変・恒常であって、アートマンの光を本性としているということは矛盾しています。

師：矛盾していません。

質問者：どのように、矛盾していないのでしょうか。

師：理解は不変・恒常であっても、直接知覚などの知識根拠に基づく観念形成過程の終わりに現われる。観念形成過程はそれを目的としているからです。直接知覚による観念が無常である場合は、理解は知識根拠の結果であると言われる。

弟子：もしそうであれば、理解は不変・恒常であり、アートマンの光を本性として確立しています。アートマンでないものは本性上、苦・楽・混迷を起こす観念によって理解されるので、他のためにのみ存在しています。したがってアートマンでないものは、絶対真理の立場から見れば、実在していません。覚醒状態と夢眠状態において経験される二元性もまた、その理解を離れては存在しないというのが合理的です。ちょうど夢眠状態において、青・黄などという種々の形相を有する諸観念はその理解から離れ去るので、本性上実在しないはずです。そして、この理解を理解する別の主体は存在しません。それゆえ、〔理解〕は、自己の本性上、自ら取ったり捨てたりすることはできません。他の何ものも存在しないからです。

師：まさしくそのとおりです。覚醒状態と夢眠状態とを特徴とする輪廻の原因、それが無明であり、その無明を取り除くものが明智です。このようにして君は無畏に達したのです。君は今後、覚醒状態と夢眠状態において、苦しみを知覚することはない。君は輪廻の苦しみから解脱したのです。

（註8）

聖アウグスチヌスについては教皇ベネディクト十六世による126回目の一般謁見演説「聖アウグスチヌス（三）」が非常に有益なので、以下に長い引用をします。

――親愛なる友人の皆様。

キリスト教一致祈祷週間の後の今日、わたしたちは偉大な人物である聖アウグスチヌスに戻ります。わたしの敬愛する前任者であるヨハネ・パウロ二世は、聖アウグスチヌスの回心1600周年である

１９８６年に、使徒的書簡『ヒッポのアウグスチヌス』という、聖アウグスチヌスに関する長く詳細な文書を発布しました。教皇自身、この文書が「神への感謝」だと述べます。この感謝は「神がアウグスチヌスのすばらしい回心をもって、教会に向けてまた教会を通して、全人類に与えられた恵み」(使徒的書簡『ヒッポのアウグスチヌス』序文)のゆえに捧げられます。わたしは回心というテーマに別の謁見で戻ります。

回心は、聖アウグスチヌス個人の生涯にとってだけでなく、わたしたちの生涯にとっても根本的なテーマです。先日の主日の福音の中で、主ご自身がご自分の宣教を「悔い改めよ」(マタイ4・17)ということばでまとめました。わたしたちは聖アウグスチヌスの歩みをたどることによって、回心とはいかなることであるかを考察することができます。回心ははっきりとした決定的なことがらです。しかし、わたしたちはこの根本的な決断を成長させなければなりません。すなわち、わたしたちの生涯全体を通してそれを実現しなければなりません。

しかし、今日の講話は信仰と理性というテーマを扱います。これは聖アウグスチヌスの生涯を決定づけるテーマの一つです。さらにいえば、これこそが聖アウグスチヌスの生涯を決定づけるテーマだといえます。

聖アウグスチヌスは幼いときから母モニカからカトリック信仰を学びました。しかし彼は青年時代になるとこの信仰から離れました。彼はこの信仰を理性にかなったものと認めることができなかったからです。また彼は、自分にとって理性すなわち真理を表現していないと思われる宗教を望まなかったからです。

聖アウグスチヌスの真理への渇望は徹底的なものでした。それゆえ、この渇望が聖アウグスチヌスをカトリック信仰から遠ざけることになりました。けれども聖アウグスチヌスはその徹底的な性格により、真理そのものに到達しておらず、したがって神に到達していないさまざまな哲学を受け入れることもできませんでした。神は、たんなる宇宙の究極的な理念ではなく、真の神でなければなりません。いのちを与え、わたしたちの人生の中に入ってくる神でなければなりません。それゆえ聖アウグスチヌスの知的・霊的な歩みの全体は、現代にも通用する、信仰と理性の関係における模範となります。

このテーマは信仰者のものだけでなく、真理を求めるすべての人のテーマです。それはすべての人の判断と運命にとって中心的なテーマなのです。わたしたちはこの信仰と理性という二つの領域を、分離させても、対立させてもいけません。むしろ両者を常に同時に歩ませなければなりません。回心の後に聖アウグスチヌス自身が述べているように、信仰と理性は「わたしたちを認識へと導く二つの強い力」（『アカデミア派駁論』: Contra Academicos III, 20, 43）です。そのため聖アウグスチヌスの有名な二つの定式（『説教集』: Sermones 43, 9）はこの信仰と理性の不可分の統合を表現します。すなわち、「理解するために信じなさい（crede ut intelligas）」――信仰は真理への扉を通る道を開くからです――。しかし同時に、これと切り離すことができないのがこれです。「信じるために理解しなさい（intellige ut credas）」。すなわち、神を見いだし、信じることができるようになるために真理を究めなさい。

聖アウグスチヌスの二つのことばは、二つの問題の統合をきわめて直接に、またこの上なく深い仕方で表現しています。カトリック教会はこの統合のうちに自らの道を見出してきました。歴史的にいえば、このような統合は、すでにキリストの到来以前から、ヘレニズム化したユダヤ教におけるユダヤ教信仰とギリシア思想の出会いによって行われました。その後、歴史の中で、この統合は多くのキリスト教思想家によって受け入れられ、発展してきました。

信仰と理性の一致は、何よりも神が遠くにおられるかたではないことを意味します。神はわたしたちの理性、わたしたちの生活から離れたところにいる方ではありません。神は人間の近くにおられます。わたしたちの心の近くにおられます。わたしたちの理性の近くにおられます。しかしそのためにわたしたちは真実の道を歩まなければなりません。

聖アウグスチヌスは、まさにこのように神が人間の近くにおられるということをきわめて強烈に体験しました。神は深く神秘的な仕方で人間のうちにおられます。しかしわたしたちはこのことを自らの内面においてあらためて認識し、見いださなければなりません。回心者聖アウグスチヌスは言います。「外に出て行くな。あなた自身の中に帰れ。真理は内的人間に住んでいる。そして、あなたの本性が可変的であることを見いだすなら、あなた自身をも超えなさい。しかし、記憶しなさい、あなたが超えてゆくときには理性的魂をもあなたが超えてゆくことを。それゆえ、理性の光そのものが点火されるそのところへと、向かって行きなさい」(『真の宗教』：De vera religione 39, 72〔茂泉昭男訳、『アウグスチヌス著作集2』教文館、1979年、359～360頁〕)。

聖アウグスチヌス自身、このことを『告白』冒頭の有名なことばで強調しています。『告白』は神への賛美のために書かれた聖アウグスチヌスの霊的自伝です。「あなたはわたしたちを、ご自身にむけてお造りになりました。ですからわたしたちの心は、あなたのうちに憩うまで、安らぎを得ることができないのです」（『告白』：Confessiones I, 1, 1〔山田晶訳、『世界の名著14』中央公論社、１９６８年、59頁〕）。

ですから、神から離れているとは、自分自身から離れていることに他なりません。聖アウグスチヌスは直接神に向かっていいます（『告白』：Confessiones III, 6, 11）。「あなたは、わたしのもっとも内なるところよりもっと内にましまし、わたしのもっとも高きところよりもっと高きにいられました（interior intimo meo et superior summo meo）」（前掲山田晶訳、１１６～１１７頁）。別の箇所で、聖アウグスチヌスは回心前の時期を思い起こしながらさらにいいます。「たしかに御身はわたしの眼前にましました。しかるにわたしは、自分自身からはなれさり、自分を見いだしていなかった。まして御身を見いだすことなどは、思いもよらなかった……」（『告白』：Confessiones V, 2, 2〔前掲山田晶訳、１６０頁〕）。聖アウグスチヌスは自らこの知的・霊的旅路を歩んだからこそ、自らの著作の中で、直接に、深く、知恵をもってそれを表現することができました。

聖アウグスチヌスは『告白』の別の二つの有名な箇所（『告白』：Confessiones IV, 4, 9; 14, 22）で、人間が「大きな謎（magna quaestio）」（前掲山田晶訳、１３８頁）であり、「大きな深淵（grande profundum）」（同１５０頁）であることを認めます。すなわち人間は、キリストのみが照らし、救うことのできる謎であり、深淵です。このことは重要です。神から離れた人間は、自分自身からも離れ、自分自身から疎外されています。だから彼は、神と出会うことによって初めて自分を見いだすことができます。このようにして彼は自分自身に、すなわち真の自分、真の自分のあり方へと導かれます。

聖アウグスチヌスが後に『神の国』(De civitate Dei XII, 28)の中で強調するように、人間は本性的に社会的な存在ですが、悪徳によって反社会的なものとなっています。人間を救うことができるのはキリストだけです。キリストは神と人類の間の唯一の仲介者であり、「自由と救いをもたらす普遍的な道」(『ヒッポのアウグスチヌス』21)です。わたしの前任者であるヨハネ・パウロ二世が繰り返して述べたとおりです。同じ著作の中で聖アウグスチヌスはまたいいます。人類に与えられたこの普遍的な道を通ることなしに「誰も救われたことはなく、誰も救われることはなく、誰も救われるだろうこともないのである」(『神の国』: De civitate Dei X, 32, 2〔茂泉昭男・野町啓訳、『アウグスチヌス著作集12』教文館、1982年、382頁〕)。

救いのための唯一の仲介者であるキリストは、教会の頭(かしら)であり、教会と神秘的な仕方で結ばれています。だから聖アウグスチヌスは言います。「わたしたちはキリストとなったのである。彼が頭であれば、わたしたちは肢体であり、彼とわたしたちとは『全き一人の人』なのである」(『ヨハネ福音書講解』: In Johannis Evangelium tractatus 21, 8〔泉治典・水落健治訳、『アウグスチヌス著作集23』教文館、1993年、381頁〕)。

神の民は神の家です。それゆえ、聖アウグスチヌスの考えでは、教会は「キリストのからだ」という思想と密接に関連づけられます。この「キリストのからだ」という思想は、キリストの観点から見た旧約聖書の新たな読み方と、聖体を中心とした秘跡の生活に基づきます。主は聖体によってわたしたちにご自身のからだを与えられ、わたしたちをご自身のからだへと造り変えてくださるからです。

ですから根本的なことはこれです。社会的な意味ではなくキリスト的な意味で神の民である教会は、まことにキリストと一つに結ばれています。聖アウグスチヌスがきわめて美しいことばで述べるように、「キリストはわたしたちのために祈り、わたしたちの内で祈っておられるとともに、わたしたちもわたしたちの神であるキリストに祈っている。キリストはわたしたちの祭司としてわたしたちのために祈り、わたしたちの頭としてわたしたちの内で祈り、わたしたちはわたしたちの神であるこのかたに祈っている。それゆえわたしたちはキリストの内にわたしたちの声を認め、わたしたちの内にキリストの声を認めるのである」(『詩編注解』: Enarrationes in Psalmos 85, 1)。

使徒的書簡『ヒッポのアウグスチヌス』の終わりに、ヨハネ・パウロ二世は聖アウグスチヌスに対して、現代の人々に何を語っているかを尋ねます。そしてヨハネ・パウロ二世は、何よりも聖アウグスチヌスが回心の直後に書いた手紙の中で述べた言葉で応えます。「人間は真理を見いだすことへの希望へと導かれなければならないと、わたしは思います」(『書簡集』: Epistulae 1, 1)。この真理とは、まことの神であるキリスト自身です。

『告白』のもっとも美しく、またもっとも有名な祈りの一つ(『告白』: Confessiones X, 27, 38)は、このキリストに捧げられます。

古くして新しき美よ、おそかりしかな、

御身を愛することのあまりにもおそかりし。

御身は内にありしにわれ外にあり、
むなしく御身を外に追いもとめたり。
御身に造られしみめよきものにいざなわれ、
堕（お）ちゆきつつわが姿醜くなれり。
御身はわれとともにいたまいし、
されどわれ、御身とともにいず。
御身によらざれば虚無なるものにとらえられ、
わが心御身を遠くはなれたり。
御身は呼ばわりさらに声高くさけびたまいて、
わが聾（ろう）せし耳をつらぬけり。
ほのかに光りさらにまぶしく輝きて、
わが盲目の闇をはらいたり。
御身のよき香りをすいたれば、
わが心は御身をもとめてあえぐ。
御身のよき味を味わいたれば、
わが心は御身をもとめて飢え渇く。
御身はわれにふれたまいたれば、

御身の平和をもとめてわが心は燃ゆるなり

（前掲山田晶訳、３６５～３６６頁）。

ご覧のように、聖アウグスチヌスは神と出会い、その全生涯を通じてこの出会いを体験し続けました。こうしてこの現実――それは何よりもまずイエスという人格との出会いでした――は聖アウグスチヌスの人生を変えました。イエスと出会う恵みを与えられたあらゆる時代の人々の人生を変えたのと同じように。祈りたいと思います。主がこの恵みをわたしたちにも与え、そこから、わたしたちが主の平和を見いだすことができますように。

（註9）

宮野真生子氏は、九鬼周造について『日常・間柄・偶然』（九鬼周造と和辻哲郎）、『現代思想』所載「九鬼周造」（青土社）などでこの問題を詳細に論じており、非常に的確な分析を行っています。ぜひご参照ください。左に、これらの論文からほんの一部を引用します。

――九鬼によれば、「実存の意味を明確にするためには、一方に普遍的抽象を対し、他方に生命に対して、実存の限界を立てることが肝要」である。普遍的抽象とは、「人間とは理性的存在「である」というような一般化を指す。これに対し、実存は、意志を持って「私は～である」と行為することで、「私がある」ことの意味を作り出したところに成立する。いわば九鬼の考える実存は、「がある」を起点として、その手前には人間を一般化する抽象的な「である」があり、その先には、人間の行為を規定する和辻的な間柄

の「である」が控える所で可能となるものである。――(宮野真生子『日常・間柄・偶然』97頁より)

(註10)

「紺屋高尾」という落語があります。YouTubeで鑑賞可能です。あらすじは以下のとおり。

――神田にある紺屋に勤めている染物職人、久蔵の物語。11歳の子どものときから奉公して、遊び一つ知らず、まじめ一途に働くいつも元気なその久蔵が、なぜか患って寝込んでしまっている。心配になった親方が竹内蘭石という医師に診てもらったところ、「恋患い」であることが判明した。いやいやながら吉原に行った時高尾太夫の「花魁道中」を初めて目にして以来、高尾太夫のこの世のものとも思えない美しさに魂を奪われ、何も手がつかない病人となり、高尾太夫の錦絵を布団の下に敷いて寝込んでいた。そこで親方は久蔵が何とかして高尾太夫に会えるようにしてやろうと考える。高尾を座敷に呼ぶのにはどう少なく見積もっても十両はかかる。久蔵の給金の三年分でも足りない。不足分は自分が足してやるから三年間しっかり働いて貯めるようにと励ます。三年たったところで九両が貯まった。親方は自分が一両足してやり、竹内蘭石という医者を案内役に仕立てる。いくらお金を積んでも、紺屋職人では高尾が相手にしてくれない。そこで、久蔵を流山のお大尽に仕立てて、医師はその取り巻きということで一芝居打とうということになる。竹内医師は「下手なことを口走ると紺屋にバレるから、何を言われても『あいよ、あいよ』で通してください」と、事前に久蔵を指導。帯や羽織もみな親方にそろえてもらい、すっかり〝にわか大尽〟ができあがった。先生のおかげで無事に吉原に到着し、高尾に会いたいと申し出るとなんと偶然その日に限って予約がキャンセルされ、高尾に空きができていた。

やがて夢のようなご対面が実現した。高尾太夫が煙管で煙草を一服つけると「お大尽、一服のみなんし」と言ってくれる。花魁が型どおり「今度はいつ来てくんなます」と訊ねると、感極まった久蔵は泣き出してしまった。

「ここに来るのに三年、必死になってお金を貯めました。今度といったらまた三年後。その間に、あなたが身請けでもされたら二度と会うことができません。ですから、これが今生の別れです……」

大泣きした挙句、自分の素性や経緯を洗いざらいしゃべってしまった。純真な久蔵に高尾は多いに感動して言った。

「源・平・藤・橘の四姓の人と、お金で枕を交わす卑しい身を、三年も思い詰めてくれるとは、なんと情けのある人だろう。自分は来年の二月十五日に年季が明けるから、その時が来たら女房にしてくんなますか」と言われ、久蔵、感激のあまりまた泣きだした。

金をそっくり返され、夢うつつのまま神田に帰ってきた久蔵は、それから前にも増して物凄いペースで働き出した。「来年の二月十五日、あの高尾がお嫁さんにやってくる」、それだけを信じて。

「花魁の言葉なんか信じるな」なんていう仲間の苦言も何のその、執念で働き通していよいよ二月十五日が到来。お籠に乗った高尾がやってきた。親方が仲人になって、久蔵と高尾太夫は夫婦となった——。

（註11）

北森嘉蔵師は有名な著書『神の痛みの神学』を著した。神が痛みを覚えたり、悲しんだりということは、ギリシア人の考える神では考えられない。神にはありえないことである。悲しんだり、怒ったりするというのは、「足りない点とか、満たされないことがあるからそうなるのだ。完全な存在である神はいつも満たされているので、怒ったり、悲しんだりするはずはない、と一般には考えられているが、聖書の神はそうではない、と北森氏は主張する。わたしたちのために怒ったり悲しんだりし、心に強く激しい痛みを覚える神―― 北森氏は神がそういう存在であることを、わたしたちに告げる。カトリック教会で勧められる「聖心の信心」は、そのような聖書の神理解をさらに具体化したものと言えるだろう。一時、大変多くの人に受け入れられ、聖心という名前を付けた修道会や学校などが多数造られた。

Ⅶ 真の愛とその周辺

愛――「悪」を克服する唯一の決め手

その多様なかたち――「恋」と「愛」と「いつくしみ」、そして「福音化」

独断が生む「自己への執着」

前出の宮野真生子氏の著作『なぜ、わたしたちは恋をして生きるのか――「出会い」と「恋愛」の近代日本精神史』（ナカニシヤ出版、二〇一四年）を参考にしながら、あらためて、現代日本における福音宣教＝福音化という課題を考えてみたいと思います。

同書の序文では（多くの場合そうであるように）執筆の趣旨と概要が述べられています。そこに、宮野氏は、九鬼周造の『「いき」の構造』と『偶然性の問題』の哲学を手掛かりにして論を展開する旨、述べています。そして同書の終章で宮野氏の結論が明かされます。既に本稿で九鬼周造の「偶然性の問題」などを取り上げていますので、ここでは終章「他者への慈しみとは」に直行することにしましょう。

その前に、同書の四章と五章では、近代日本の恋愛の物語を概観しています。ここで述べられている恋愛（厨川白村、倉田百三、巖本善治、北村透谷、岩野泡鳴、有島武郎らのケース）とは、「自分の空虚な内実を充たすための方途であった」と宮野氏は言います。まずあるべき自己を設定し、その中身を充たすために恋愛を利用している、という分析です。

「自己の中身を充たしてくれるような恋愛だけを求め、それによって、自己の存在を自らの手で確かに作ったのだという実感を得ようとしている。そして、そうやって出来たものを、彼らは『これが（流転の生命が、奪う愛が、想世界が）、本当に自分であると提示する」。

しかしそのような生き方、いわば利己的な生き方が、本当の自己を実現することになるでしょうか。自分で一方的に固定して「本当の自分」を想定し、そのような自己を実現しようとする態度こそが、自己と他者との関係を歪める原因になっているのではないでしょうか。『「いき」の構造』から見えてくるのは、恋愛によって自己実現を目指す彼らのいわば「現実に対する独断的な執着」であると九鬼は見ている、と宮野氏は考えます。

「大切なのは、そのような独断を捨てて、『我執を離れた瀟洒とした未練のない恬淡無碍の心』をもって生きることである」（同書186頁）。

九鬼周造はこのような恋愛の苦しみと危険性を熟知していたに違いありません。透谷や有島らは恋愛によって自己が実現されると考えます。そこに独断があるのです。「いき」が目指したのはその点を明らかにすることであったのでしょう。

九鬼が語る「いき」とは、自己と他者との間に成立する「二元的動的可能性」があるということです。二人が互いに「媚態」をもって相手の態度の変化を観察するという、二人の間の〈駆け引き〉が二元的動的可能性の展開です。両者の微妙な心の動きが二人の関係をたえず変容させます。「揺れ動く関係の中で、自己と他者はともに生成する。揺れ動く関係だけがあり、自己と他者は、その中で生成し、変容していく存在である。それがこの『いき』の深層で見えてきた自己のありようであった。もちろん、こうした自己と他者との関係は、恋愛だけの現象ではなく、日常生活を成り立たせる基本的なものである」（同書187頁）。

わたしたちは他者との係わりの中で絶えず自己の在り方を変えています。そのうちどの自己が真の自己であり、どの自己が偽りの自己である、とは俄かに決めることができません。そもそも〈虚実の自己〉とは分離できないものなのです。

かくて宮野氏は一刀両断するかのように、次のことばで断罪しています。

「『本当の自己』があるという〈独断〉が『自己』への〈執着〉を生み、本来あったはずの、揺れ動きながら生成する自他関係、という現実の運動を固定化してしまう。その結果待っているのは、関係の中で現われて来る他者の生き生きとした在り方から目を逸らし（あるいは脅え）、他者を自己の所有物とする欲望である」（同書188頁。句読点を挿入して意味を取りやすいようにしました）。

「いき」とは倫理的に生きようとする態度だから

ところで、このような〈揺れ動く〉人間関係の在り方は演技的であり、場合によっては、「型」にはまった態度ではないか、という批判があります。「いき」は恋愛的遊戯の駆け引きに過ぎないのであって、演技や遊戯はうつろな作り物、虚構に過ぎない、という批判もあります。確かに「いき」の構造である「意気地」「諦め」は一種の演技であり、一種の「型」であるとも言えるかもしれません。しかし、人生はこれ、演技であり虚構を必要として成立しているのではないでしょうか。虚実を厳密に分離することはできないと思われます。絶えず虚実の区別を追求する生き方は人間を窒息させ、人間の偶有性を否定することになります。人間とは曖昧（あいまい）で暫定（ざんてい）的な存在なのです。そのことを互いに認容してこそ共存できると言えましょう。

　とはいえ、「本当」を手に入れて虚実を明確にすることによって「本当」の自己を実現したいという欲望は簡単には消滅しないものです。「本当の自己」を求める欲望を不可避的に抱えながら、他者を己の欲望の実現のための道具にしないように、歯止めをかけることが求められ、そこにこそ『「いき」の構造』の三徴表が係わってくるのです。他者を所有したい、という欲望に歯止めを掛け、前に出たいという衝動を抑止するための〝やせ我慢〟が「意気地」であり、現実を冷静に見極めて、現実に対する誤った判断を差し控え、自己の思いを相対化し、事態を明らかにみること、それが「諦め」なのです。信仰者ならそこに自己の根源的な生き方の声（＝絶対者からの声）を聞くという場面になりましょう。そこには、他者への配慮や優しさが働きます。

　以上から「いき」は、自己実現というエゴイズムに歯止めを掛け、倫理的に生きようとする態度であると言えましょう。人が断念しきれない憧憬、抑えがたい他者への思いを「いき」は「媚態」に「意気地」と「諦め」というタガを嵌（は）めます。この憧憬は人間が被造物である限り避けられない心であり、本書中で既に触れた聖アウグスチヌスの『告白』に述べられている述懐が真実の声であると思わざるを得ないのです。以下に、わたしがかなりの程度同感する宮野氏の言葉を引用します。「慈しみ」と「愛」への道に触れていると思われる部分です。

――自己への欲望を隠し持った「恋」(エロス)から他者を求めながら、しかし、じっさいの他者と係わる中で、自己は所有の試みの困難であることを知り、また、その無意味さを痛感する。それでも他者とともにいたいと自己が願うとき、自己はもがきながら、願いを込めて他者へと呼びかけ、何かをしようとする。それは一種の掛けであり、自己の存在は二の次になっている。だとすれば、そこにあるのは、単なる自己への獲得を越えた、他者の存在そのものへの慈しみがあるのではないか。単なる隣人愛でもなく、単なる奪う愛でもない。「欲」と「寂しさ」を抱えた卑小な人間が、他者との係わりを模索するなかで手にすることのできる慈しみ、それを九鬼は「愛」と呼んだ。――

宮野氏はさらに言います、「『愛』とは他者との出会いと係わりの『偶然性』と『不確定性』に『賭ける』ことである」。もし信仰者であれば、ここに「信仰」「希望」という対神徳が登場するところです。

福音化の視点で有島武郎を読めば

さて、この小考察の項を結ぶにあたり、有島武郎の「愛」について一言触れたいと思います。宮野氏はかなりのスペースを割いて有島の愛の理論を解説し、問題点を指摘しています（なお有島の愛の理論は有島武郎『惜みなく愛は奪う』で展開されています。青空文庫で原作の全文にアクセスできますので、時間をかけてじっくり検討することができます）[註12]。

有島は熱心なキリスト信者でした。誠実にキリストの教えに向き合ったことは誰しも認めているところです。その態度を貫くなかで彼は自己の「偽善性」に苦しみ、自分の「エロース」の問題に苦悩して棄教するに至り、さらに痛ましくも、人妻との心中という最期を遂げました。

なぜこのような事態に至ったのか、福音化の視点から詳細に検討することが求められているように思います。明治時代にキリスト教に出会って入信した作家は少なくありませんが、信仰を堅忍した人はそう多くないのです。その原因と理由を明らかにすることは、日本における宣教のために重要ではないかと思われます。そこで、『惜みなく愛は奪う』を読み、現在の時点でとりあえず問題点を指摘して、わたし自身の感想としてみました。読後感をまとめれば、次のようになります。

問題点その① 愛は「本能」であるとしている

「人間によって切り取られた本能――それを人は一般に愛と呼ばないだろうか。老子が道の道とすべきは常の道にあらずといったその道も或（あるい）はこの本能を意味するのかも知れない。孔子が忠信のみといったその忠信も或はこれを意味するのかも知れない。釈尊の菩提心、ヨハネのロゴス、その他無数の名称はこの本能を意味すべく構出されたものであるかも知れない。然し私は自分の便宜の為めに仮りにそれを愛と名づける。愛には、本能と同じように既に種々の不純な属性的意味が膠着しているけれども、多くの名称の中で最も専門的でなく、かつ比較的に普遍的な内容をその言葉は含んでいるようだ。愛といえば人は常識的にそれが何を現わすかを朧げながらに知っている」(『惜みなく愛は奪う』より)。

問題点その② 愛は「奪う本能」であるとしている

有島は言います。

「本能を把握するためには、本能をその純粋な形において理解するためには、本能的生活中に把握される外に道はない。体験のみがそれを可能にする。私の体験は、縦しそれが貧弱なものであろうとも——愛の本質を、与える本能として感ずることが出来ない。私の経験が私に告げるところによれば、愛は与える本能である代りに奪う本能であり、放射するエネルギーである代りに吸引するエネルギーである」。

この言い方に多くの人は抵抗を感じます。普通、愛は与えることと結びついており、決して「奪うこと」ではないと考えられます。なぜ「奪う」という過激な表現を用いるのでしょうか。なぜ「受ける」とか「求める」ではいけないのでしょうか。

既述のように、教皇ベネディクト十六世が言っていますが、神の愛は単に与える愛だけではなく、求める愛です。神は人類の心を求めています。カトリック教会では、《聖心の信心が》行われていますが、キリストであるイエスは報われない愛が償われ癒されることを求めています。有島がなぜ「奪う」といっているのか、不可解というほかありません。

愛は相手が自分から自発的にこちらの願いを理解し受容し応答することを求めています。暴力的に強制しても愛の応答が得られないことをわたしたちは知っています。愛のすばらしさは自由と自発性にあります。有島のいう「奪う」は「求める」「訴える」の過激なかたちであり、真意は暴力による強奪ではないだろうと思いたいところです。

『惜みなく愛は奪う』の中に男が女性を強姦する例が出てきます。相手が拒否した場合にどうなるのか。有島の理論は不思議です。それでも強姦する者は得るところがある、それでも相手から自己の成長のために奪うことになる、という不可解な論理を展開しているようですが、このくだりを読者諸兄姉はどう思われるでしょうか。

「愛は奪う」と深い関係があるのが「個性」ということです。有島は個性の要求に大きなこだわりを示しています。実に頻繁に（検索結果によれば151回も）「個性」という用語が使われているのです。「奪う愛」は「個性の欲望の発動である」と言わんばかりです。

しかしこの点についてわたしは必ずしも否定しようとは思いません。既に述べたように、神は人がその人として成長するように望み導かれるとわたしたちは信じ、希望しているのです。

とはいえ、「愛」は単なる本能ではありません。彼がどのような意味で「愛は本能である」と言うのか、今の時点で理解が困難です。彼は「愛」を「自己必然の衝動」と表現しています。内部から湧き上がる思いに従った行動である、と言いたいようです。連想されるのは「アガペー」の「内部から湧き上がる思いからの慈しみの業」という定義です。「アガペー」は外から強制されて行う行動ではなく、内面の促しによる愛の行動です。「エレミヤ書」が言うように、神は、わたしたちの心に愛の掟を刻み付けます。

——すなわち、わたしの律法を彼らの胸の中に授け、彼らの心にそれを記す。わたしは彼らの神となり、彼らはわたしの民となる。そのとき、人々は隣人どうし、兄弟どうし、「主を知れ」と言って教えることはない。彼らはすべて、小さい者も大きい者もわたしを知るからである、と主は言われる。わたしは彼らの悪を赦し、再び彼らの罪に心を留めることはない。——（エレミヤ31・33～34）

同じく預言者エゼキエルも、神の掟に従って歩むことができるように新しい心、新しい霊が、わたしたちに注がれる、と預言して言いました。

——わたしはお前たちに新しい心を与え、お前たちの中に新しい霊を置く。わたしはお前たちの体から石の心を取り除き、肉の心を与える。また、わたしの霊をお前たちの中に置き、わたしの掟に従って歩ませ、わたしの裁きを守り行わせる。——（エゼキエル36・26～27）

聖書が言っているのは、本能による「自己必然の衝動」ではありません。聖霊の促しによる、自分の心からの、自分の内側からの自発的な愛の行いのことです。

一方、有島は「愛とは個性の充実である」と言っています。「優れて個性的欲求である」とも言っています。実に、『惜みなく愛は奪う』は「個性」という単語を使って真意を説明します。「個性はその生長と自由とのために、愛によって外界から奪い得るものの凡てを奪い取ろうとする。」と言っています。(註13)参考のために〔註〕を設け、章末に長い引用をしておきます。

このように考えると、有島が理解したつもりで著し体現した「愛」は、甚だ歪んだ主観的な解釈が生み出した虚像ではなかったのかと結論せざるを得ません。『神は愛』で指摘したように、神の愛は赦し癒す愛です。有島は自己の偽善性に敏感であるあまり、神の寛容な心、赦す慈しみの心を疎かにしたのではなかったかと思うのです。

犠　牲——神はアブラハムに何を命じたか

「イサクの犠牲」に躓（つまず）く現代信徒

息子・イサクを神に捧げたアブラハム

キリスト教が日本の地でなかなか受け入れられないのはなぜなのでしょうか。教会の宣教の仕方に問題があるから？　教会自体の在り方に問題があるから？　あるいはキリスト教の内容、教理、教えが、日本人にとって理解を阻む要因となっているのか？　それとも聖書の教えが難しいから？……

本項では、現代の日本人にとって「躓（つまず）きの石」となっているかもしれない〝物語〟を取り上げて、右の疑問への解答を探ってみます。

その〝物語〟とは、『創世記』が述べている「イサクの犠牲」のエピソードです。この個所は、カトリック教会が最も大切にしている復活徹夜祭の典礼で、朗読されるべき選択肢に挙げられています。

まず、以下に『創世記』該当箇所の本文を引用しておきましょう。

——これらのことの後で、神はアブラハムを試された。神が、「アブラハムよ」と呼びかけ、彼が、「はい」と答えると、神は命じられた。「あなたの息子、あなたの愛する独り子イサクを連れて、モリヤの地に行きなさい。わたしが命じる山の一つに登り、彼を焼き尽くす献げ物としてささげなさい」。

次の朝早く、アブラハムはロバに鞍を置き、献げ物に用いる薪を割り、二人の若者と息子イサクを連れ、神の命じられた所に向かって行った。

三日目になって、アブラハムが目を凝らすと、遠くにその場所が見えたので、アブラハムは若者に言った。「お前たちは、ロバと一緒にここで待っていなさい。わたしと息子はあそこへ行って、礼拝をして、また戻ってくる」。

アブラハムは、焼き尽くす献げ物に用いる薪(たきぎ)を取って、息子イサクに背負わせ、自分は火と刃物を手に持った。二人は一緒に歩いて行った。

イサクは父アブラハムに、「わたしのお父さん」と呼びかけた。彼が、「ここにいる。わたしの子よ」と答えると、イサクは言った。「火と薪はここにありますが、焼き尽くす献げ物にする小羊はどこにいるのですか」。

アブラハムは答えた。「わたしの子よ、焼き尽くす献げ物の小羊はきっと神が備えてくださる」。二人は一緒に歩いて行った。

神が命じられた場所に着くと、アブラハムはそこに祭壇を築き、薪を並べ、息子イサクを縛って祭壇の薪の上に載せた。

そしてアブラハムは、手を伸ばして刃物を取り、息子を屠ろうとした。

そのとき、天から主の御使いが、「アブラハム、アブラハム」と呼びかけた。彼が、「はい」と答えると、御使いは言った。「その子に手を下すな。何もしてはならない。あなたが神を畏れる者であることが、今、分かったからだ。あなたは、自分の独り子である息子すら、わたしにささげることを惜しまなかった」。

アブラハムは目を凝らして見回した。すると、後ろの木の茂みに一匹の雄羊が角を取られていた。アブラハムは行ってその雄羊を捕まえ、息子の代わりに焼き尽くす献げ物としてささげた。アブラハムはその場所をヤーウェ・イルエ（主は備えてくださる）と名付けた。そこで、人々は今日でも「主の山に、備えあり（イエラエ）」と言っている。

主の御使いは、再び天からアブラハムに呼びかけた。御使いは言った。「わたしは自らにかけて誓う、と主は言われる。あなたがこの事を行い、自分の独り子である息子すら惜しまなかったので、あなたを豊かに祝福し、あなたの子孫を天の星のように、海辺の砂のように増やそう。あなたの子孫は敵の城門を勝ち取る。地上の諸国民はすべて、あなたの子孫によって祝福を得る。あなたがわたしの声に聞き従ったからである」。（創世記22・1～18）

アブラハムは多くの人々から信仰の模範とされています。ユダヤ教はもちろんのこと、キリスト教、イスラム教でも信仰の父として尊敬されている人物です。

アブラハムは生涯にわたり数々の試練を受けました。特に右の「イサクの犠牲」の話は非常に深刻で、辛い試練だったに違いありません。神はアブラハムに独り子イサクを与えたにもかかわらず、イサクを焼き尽くすいけにえ（かつては燔祭と訳されていた）として神にささげるよう命じました。既に神は、アブラハムの子孫が増えて、空の星のようになるだろうといわれていたにもかかわらず、です。「イサクをささげる」とは、文字どおり〝息子を殺す〟ということです。なんと残酷な命令でしょうか。しかしアブラハムは黙々と神の命令に従って早速出発し、いけにえを献げるべき山へと向かいます。途中の会話は何も記されていません。

息子イサクはそのとき何歳だったのでしょうか。13歳という説があります。イサクは自分を燃やすための薪を背負わされたのです。アブラハムがまさに刃物を取って息子イサクを屠ろうとしたときに、天の御使いの声がしました。

「その子に手を下すな。何もしてはならない。あなたが神を畏れる者であることが、今、分かったからだ。あなたは、自分の独り子である息子すら、わたしに献げることを惜しまなかった」。

主はイサクの代わりに雄羊を用意し、雄羊をささげるように準備してくださったので、危うくイサクの命は助かったのでした。

アブラハム親子の苦しみは、「神と御ひとり子の苦しみ」の表徴

さて、わたしたちはこの話をどのように受け止めるべきでしょうか？　従順に父の指示に従うイ

サクの姿は、十字架に架けられたイエスを想起させます。愛する独り子を神に献げる苦悩を体験するアブラハムは、愛する独り子・イエスが十字架上で惨殺されるに任せた天の父を思い起こさせます。アブラハムも苦しみ、イサクも苦しんだに違いありません。

父なる神は、ご自分のもっとも大切な人であるイエスを犠牲にされました。「神は、その独り子をお与えになるほどに、世を愛された。独り子を信じる者が一人も滅びないで、永遠の命を得るためである」（ヨハネ3・16）。

復活徹夜祭で行われる洗礼は、〈人々をイエス・キリストの死と復活の神秘に与らせ、永遠の命へと導くための恵みを与える秘跡〉（ローマ6・3～11参照）です。

「焼き尽くす献げ物」とは「燔祭」の犠牲のことです。「（あなたの）息子を燔祭の犠牲にせよ」という指示は、はっきり言えば、「焼き殺しなさい」ということになります。神は本当にそう命じたのでしょうか。

かつて聖書を読む集いで、聖書の分かち合いにこの神の命令をどう思いますか」と出席者に訊ねたことがあります。「とんでもない」「正気の沙汰ではない」という感想が返ってきました。そうです、父親が罪もない子供を焼き殺すことなど、まさに、あってはならない出来事です。

このときイサクが何歳だったのか、はっきりしませんが、唯々諾々と父親のなすがままに任せていたのでしょうか。それとも暴れて抵抗したのでしょうか。１００歳を超える高齢者だったアブラハムと、青年あるいは少年だったかもしれないイサクが肉体のぶつけ合いで争えば、イサクの方が勝つことは明らかです。にもかかわらず、後期高齢者が若者を焼き殺す？　本当にあった出来事でしょうか。

何か他に似たような出来事があって、その内容がアブラハムとイサクを巡る物語に仮託されたのでしょうか。当時は確かに、子どもを犠牲として神に献げて神の怒りを宥める(なだめる)という〝悪しき習慣〟があったとも考えられます。

聖書自体はこの創世記の記述をどう解釈しているのでしょうか。『旧約聖書』の中の「ヘブライ書」がこの出来事を取り上げています。

信仰によって、アブラハムは、試練を受けたとき、イサクを献げました。つまり、約束を受けていた者が、独り子を献げようとしたのです。この独り子については、「イサクから生まれる者が、あなたの子孫と呼ばれる」と言われていました。アブラハムは、神が人を死者の中から生き返らせることもおできになると信じたのです。それで彼は、イサクを返してもらいましたが、それは死者の中から返してもらったも同然です（ヘブライ11・17〜19）。

ヘブライ書によれば、アブラハムは自分の子を殺すことに疑念を抱いていないようです。『たとえイサクを殺しても、神はきっとイサクを生き返らせてくださる』と信じていたからでした。使徒ヤコブもイサクの犠牲に言及してこう言っています。

神がわたしたちの父アブラハムを義とされたのは、息子のイサクを祭壇の上に献げるという行いによってではなかったですか。アブラハムの信仰がその行いと共に働き、信仰が行いによって完成されたことが、これで分かるでしょう。「アブラハムは神を信じた。それが彼の義と認められた」という聖書の言葉が実現し、彼は神の友と呼ばれたのです。これであなたがたも分かるように、人は行いによって義とされるのであって、信仰だけによるのではありません（ヤコブ2・21～24）。

ヤコブは、『アブラハムがイサクを屠った行為は何ら非難すべきことではなく、むしろ称賛されるべきことだ』と言っているように見えます。人間社会の法律・道徳から言えば犯罪であり非道な残虐行為ですが、神の目から見れば、称賛に値する従順な信仰行為である――ということになり、ここに、倫理と信仰の対立という現象が生じるのです。この点については本書中に、キエルケゴールの『おそれとおののき』を取り上げて一緒に論じることにします。（註14）

アブラハムの理解は間違っていた?!

それにしても、わたしたちはこの創世記の記述を、いったいどう解釈したらよいのでしょうか。旧約聖書は、新約聖書の光を手元に置いて解釈しなければなりません。イエス・キリストの復活の光の下に「イサクのいけにえ」を読み直す必要があるのです。

加えて、旧約聖書の解釈については第二バチカン公会議の実りである「啓示憲章」に照らし合わせる作業も欠かせません。(註15)

考えてみると、本当に神はアブラハムにイサクを殺すように命じたのか、という疑問があります。「イサクを神に献げなさい」という命令ならわかります。「献げる」＝「殺す」と解釈されるところが問題です。「殺してはならない」と人間に命じた神が、アブラハムには息子を殺すよう命じたのでしょうか。〈人間は神の命令に服しなければならないが、神自身にはその義務がない〉ということでしょうか。法の制定者自身が法を遵守（じゅんしゅ）しないならばその法は無効ではないでしょうか。疑問は、燎原（りょうげん）の火のように広がっていきます。

アブラハムは「神が息子を燔祭の献げ物にするよう命じた」と理解しました。それは間違いないと思われます。しかしその理解は間違っていたと考えるべきです。

人間の「啓示」を理解する能力は徐々に向上・発展してきました。創世記第1章は「神は六日間にわたって天地を創造した」と伝えていますが、六日間という時間の尺度は、人間の考える時間の長さではないということを、今日では多くの人々が諒解しています。

旧約聖書に出てくる記述で今日では字義どおり受け取りにくいことは、他にも縷々（るる）あります。例えば「聖絶」（ヘレム）という問題です。

紀元前十三世紀、モーセに率いられたイスラエル軍はエジプトからカナンの地へ移住しましたが、その際起こった理解しがたい現象が、聖絶（ヘレム）と呼ばれる「カナン先住民殲滅事件」でした。旧約聖書の専門家、H・クルーゼ師によれば「聖絶」は、「神の裁きによる判決を人間の手を通して行う死刑執行」と定義されています。

以下の引用を一読すれば分かるように、申命記も「この死刑は神の意思に基づいて行われた」と書いています。

あなたが行って所有する土地に、あなたの神、主があなたを導き入れ、多くの民、すなわちあなたにまさる数と力を持つ七つの民、ヘト人、ギルガシ人、アモリ人、カナン人、ペリジ人、ヒビ人、エブス人をあなたの前から追い払い、あなたの意のままにあしらわさせ、あなたが彼らを撃つときは、彼らを必ず滅ぼし尽くさねばならない。彼らと協定を結んではならず、彼らを憐れんではならない。彼らと縁組みをし、あなたの娘をその息子に嫁がせたり、娘をあなたの息子の嫁に迎えたりしてはならない。あなたの息子を引き離してわたしに背かせ、彼らはついに他の神々に仕えるようになり、主の怒りがあなたたちに対して燃え、主はあなたを速やかに滅ぼされるからである。あなたのなすべきことは、彼らの祭壇を倒し、石柱を砕き、アシェラの像を粉々にし、偶像を火で焼き払うことである（申命記7・1～5）。

この聖絶の思想は、今日なお続くパレスチナ紛争の原因の一つになっています。この思想に「一神教」の危うさを指摘する見方があるとしたら、それは無理もないことだと思われます。「聖絶」は形を変えて十字軍となり、さらにナチスの虐殺へとつながってきたと考えるのは行き過ぎでしょうか。

同じ言葉が「試練」とも「誘惑」とも訳されてきた

そのあたりを勘案し、「（仮説ではありますが）神はアブラハムにイサクを殺すようにとは命じなかった」という解釈を肯定するとして、もう一つの問題があります。それは神がアブラハムを「試された」、ということです。もう一度、該当個所を読んでみましょう。

> これらのことの後で、神はアブラハムを試された。神が、「アブラハムよ」と呼びかけ、彼が、「はい」と答えると、神は命じられた。「あなたの息子、あなたの愛する独り子イサクを連れて、モリヤの地に行きなさい。わたしが命じる山の一つに登り、彼を焼き尽くす献げ物としてささげなさい」（創世記22・1～2）。

このくだりは、〈アブラハムが神に忠実であるか、神を真に信じているかを知るためにテストした〉という意味のように読み取れそうです。ここで使われる「試された」という動詞の名詞は「試み」ですが、同じ言葉が「試練」と訳されている個所もあります。「信仰によって、アブラハムは、試練を受けたとき、イサクを献げました」（ヘブライ11・17）。

「試練」のギリシア語原文はペイラスモス peirasumos ρειρασμος です。そして peirasumos は（意外にも)「主の祈り」に出てくる「誘惑」です。同じ言葉peirasmosが「試練」となり「誘惑」となっていることが分かります。(註16)

日本語で「試練」と「誘惑」とでは、明白に意味が違います。試練は人が人生で出会う〈克服すべき困難〉の意です。辞典によれば「心の強さや力の程度を試すための苦難」(新明解国語辞典)「信仰・決心など強さをきびしく試すこと。またその時に受ける苦難」(広辞林)となっています。どうも「試す」という要素が入っているようです。

一方、「誘惑」はどうかと言えば、「相手を、その本来の意図に反する方向(置かれるべき状況とは異なった状況)に誘い込むこと」(新明解国語辞典)「人を迷わせて、悪い道に誘い込むこと。相手の心をひきつけて、自分の思い通りにすること」(広辞苑第七版)とあり、誘惑者が自分の求める方向に人の心を引き寄せることを意味します。

わたしたちにとって身近な「主の祈り」で考えてみましょう。現在の口語訳では「わたしたちを誘惑におちいらせず悪からお救いください」となっていますが、かつて使われていた文語体の祈祷文では「われらを試みに引き給わざれ」となっていました。明らかに、peirasmosの解釈が「試み」から「誘惑」へと変化しています。

人は人生の途上でさまざまな誘惑に遭(あ)います。『誘惑に遭っている自分が誘惑に負けて罪に陥ることのないように助けてください』というのが、この部分の意味です。『試みに遭わせないようにしてください』と祈っているわけではありません。神は決して人を誘惑しませんが、必要なら試みに遭わせることも選択肢の中にあるでしょう。「神は人を誘惑しない」ということは、神の神性（神の本来の在り方）に照らせば必然です。これについて、ヤコブは次のように言っています。

誘惑に遭うとき、だれも、「神に誘惑されている」と言ってはなりません。神は、悪の誘惑を受けるような方ではなく、また、御自分でも人を誘惑したりなさらないからです（ヤコブ１・13）。

ヤコブの言葉を待つまでもなく、神が人を罪・悪に誘うことはあり得ません。それでは誘惑はどこから来るのでしょうか。ヤコブは「誘惑は人間の欲望から来る」と言います。ヤコブとペトロの言葉に耳を傾けてみましょう。

「人はそれぞれ、自分自身の欲望に引かれ、唆されて誘惑に陥る、というわけです。そして、欲望は孕んで罪を生み、罪が熟して死を生みます」（ヤコブ１・14～15）。

「思い煩いは、何もかも神にお任せしなさい。神が、あなたがたのことを心にかけていてくださるからです」（一ペトロ５・７）。

右に見てきたことから、誘惑は〝悪いもの〟つまり悪魔から来ることが分かります。「主の祈り」の出典であるマタイによる福音では、次のように祈っています。「わたしたちを誘惑に遭わせず、悪い者から救ってください」（マタイ6・13）。

また、ペトロの手紙は次のように諭（さと）します。

「身を慎んで目を覚ましていなさい。あなたがたの敵である悪魔が、ほえたける獅子のように、だれかを食い尽くそうと探し回っています。信仰にしっかり踏みとどまって、悪魔に抵抗しなさい。あなたがたと信仰を同じくする兄弟たちも、この世で同じ苦しみに遭っているのです。それはあなたがたも知っているとおりです」（一ペトロ5・8〜9／「悪魔」については項を改めて考察します）。

ペトロによると、「誘惑」の意で用いられる「ペイラスモス」は、悪魔、ないし人の欲望から来るということになります。それでは「試練」＝「試み」という意味内容の「ペイラスモス」は、どこから来るのでしょうか。

アブラハムの受けた試みは、神からの直接のものでした。アブラハムは息子イサクを燔祭にすると解釈しましたが、果たしてそうなのか、わたしの疑問はまだ、消えていません。使徒パウロが遺（のこ）した次の言葉は有名です。

「あなたがたを襲った試練で、人間として耐えられないようなものはなかったはずです。神は真実な方です。あなたがたを耐えられないような試練に遭わせることはなさらず、試練と共に、それに耐えられるよう、逃（のが）れる道をも備えていてくださいます」（一コリント10・13）。

人は試練に遭います。「試練に遭わせる」というパウロの表現が何を意味しているのか、気になります。『試練は神から来る』『神の意向である』『神が原因である』という意味でしょうか。使徒パウロは数えきれないほど多くの試練を受けていますが、その中に「とげ」があります。

また、あの啓示された事があまりにもすばらしいからです。それで、そのために思い上がることのないようにと、わたしの身に一つのとげが与えられました。それは、思い上がらないように、わたしを痛めつけるために、サタンから送られた使いです。この使いについて、離れ去らせてくださるように、わたしは三度主に願いました。すると主は、「わたしの恵みはあなたに十分である。力は弱さの中でこそ十分に発揮されるのだ」と言われました。だから、キリストの力がわたしの内に宿るように、むしろ大いに喜んで自分の弱さを誇りましょう。それゆえ、わたしは弱さ、侮辱、窮乏、迫害、そして行き詰まりの状態にあっても、キリストのために満足しています。なぜなら、わたしは弱いときにこそ強いからです（二コリント12・7〜10）。

「とげ」はパウロにとって非常に辛（つら）いものでした。しかしそれが何であったか明らかではありません。人間パウロの弱さ、疾病にかかわる重大な欠陥であったようです。

パウロに限らずイエスの弟子たちは、必然的に「多くの苦しみを経なければならなかった」と思われます。弟子たちが付き従った師・イエスが苦しみを受けたのですから、弟子たち自身にも当然、苦しみが降りかかってきました。もちろん、弟子たちが受けた苦しみは、神から来るのではなく、神の支配を拒否するこの世の罪から来たのです。

「世があなたがたを憎むなら、あなたがたを憎む前にわたしを憎んでいたことを覚えなさい。あなたがたが世に属していたなら、世はあなたがたを身内として愛したはずである。だが、あなたがたは世に属していない。わたしがあなたがたを世から選び出した。だから、世はあなたがたを憎むのである。『僕(しもべ)は主人にまさりはしない』と、わたしが言った言葉を思い出しなさい。人々がわたしを迫害したのであれば、あなたがたをも迫害するだろう。わたしの言葉を守ったのであれば、あなたがたの言葉をも守るだろう。しかし人々は、わたしの名のゆえに、これらのことをみな、あなたがたにするようになる。わたしをお遣わしになった方を知らないからである。わたしが来て彼らに話さなかったなら、彼らに罪はなかったであろう。だが、今は、彼らは自分の罪について弁解の余地がない。わたしを憎む者は、わたしの父をも憎んでいる。だれも行ったことのない業を、わたしが彼らの間で行わなかったなら、彼らに罪はなかったであろう。だが今は、その業を見たうえで、わたしとわたしの父を憎んでいる。しかし、それは、『人々は理由もなく、わたしを憎んだ』と、彼らの律法に書いてある言葉が実現するためである」（ヨハネ15・18

〜25)。

「あなたがたには世で苦難がある」(ヨハネ16・33)。

「二人はこの町で福音を告げ知らせ、多くの人を弟子にしてから、リストラ、イコニオン、アンティオキアへと引き返しながら、弟子たちを力づけ、『わたしたちが神の国に入るには、多くの苦しみを経なくてはならない』と言って、信仰に踏みとどまるように励ました」(使徒言行録14・21〜22)。

主イエスも人間として誘惑を受けました。その誘惑はもちろん神から来たものではなく、またイエスご自身の欲望から来たのでもなく、悪霊から来たのであり、イエスは人間の有限性をもって、悪霊の誘惑をその身に受け、そして退けたのでした。神がイエスを試みに遭わせたとは思えません。イエスは自ら苦しみを身に受け、父である神はイエスが試みと誘惑に遭うのを忍び、ゆるし、そして一緒に闘ったのだと受け止めるべきでしょう。

「試みる」というとき、主語が「神」である場合と、主語が「民」である場合があります(Theological Dictioanry of the New Testament, peirao などの項を参照)。

神は人を試みに遭わせます。その一つが、アブラハムの受けた「試み」ですが、前述のように〝神がアブラハムに、イサクをいけにえにするように命じた〟と考えることには無理があります。聖書解釈について本章末尾（註15）で説明しているように、寓意的解釈という方法を適用すれば、〈神がアブラハムに命じたのは、イサクを文字どおり燔祭の生贄にするように命じた〉という意味でなく、〈愛する息子であることに執着せず、神の計らいにゆだねるように諭した〉という意味であるとの解釈には無理がありません。〝神はアブラハムが自分に従うかどうか、忠実であるかどうか知るために、イサクを生贄とするよう命じた〟と考えるよりはるかに自然でありましょう。

神が人に試験を施して合格するかどうか探り、合格したらその人を祝福する、というような条件を課すでしょうか。そうは思えません。神が人に試練を与えるのは、人が己を捨て自分の十字架を担うという人の生き方を教え導き助けるためなのです。言い換えれば、人をイエスの十字架の神秘に与らせ、過ぎ越しの神秘の恵みに与らせるための試練です。決して、人の品定めをするという意地の悪い意図をもって人を苦しめるわけではない、と理解しましょう。

イサクはイエスの前表と考えられます。あらかじめイエスを指し示すしるしとしての役割を担いました。イサクの信仰も大いに評価されるべきです。旧約の生贄、血を流す動物の生贄はイエスの十字架によって廃止され、今は、パンとぶどう酒による献げものがミサで献げられているのです。

ところで神が人を試練に遭わせることがあるとしても、その逆——つまり、人が神を試みること——は、信仰者としてあってはならないことです。『教会の祈り』はわたしたちに、毎日次のように唱えるよう勧めています。

今日、神の声を聞くなら、
メリバのあの日のように、
マッサの荒れ野の時のように、
神に心を閉じてはならない。
「あのとき、あなたがたの先祖たちは、
わたしのわざを見ていながら、
わたしをためし、試みた」

主なる神を試し試みるのは不信仰の態度であり、神の愛と力を疑い、神の命令に不従順であることを示しています。実際、旧約聖書は、イスラエルの民が荒れ野で神に不平を言い、神の愛を疑ったことを記しています（出エジプト17・3、民数記20・13～20・24、27・14、申命記32・51、33・8、詩編81・8、95・8、106・32）。これらの事例は、現代に生きるわたしたちがイスラエルの民のような態度を取っていないか、時に応じて振り返ることを求めています。

病(やまい)――病床で得る「忍耐」と「感謝」

「病気」は〝内なる悪〟との闘い

わたしが説教に盛り込んだ神学的考察

人が免れ得ない問題の中に「病気」があります。仏教では四苦八苦と言い、四苦の中に、生病老死が挙げられています。中でも病気はすべて、生きとし生ける者の苦しみであると言われているようです。その「病気」について、日本カトリック司教協議会監修『カトリック教会の教え』(カトリック中央協議会、二〇〇三年)は次のように述べています(浜口吉隆師による)。

「一般的に、「病気」とは各人が主観的に異常や違和感を覚えることや、それによる本人の痛みや苦しみの経験を表現します。そして、医師による診断の結果、病名がつけられて客観的に疾患が確認されます」(同書337頁)。

カトリック教会は毎年2月11日を「世界病者の日」と定め、病者とその家族、医療関係者のためミサと祈りを捧げています。今あらためて、その時にわたし自身が用意した説教を読み直してみると、結局、自分が病気について思うことで大切なことは、この説教の中で述べたことに尽きるように思われるのです。以下に、説教二点を書き起こし、(註17)わたしが説教で述べている内容について、神学的な考察を試みることにします。

まず論点を挙げておきましょう。

1 イエスを「癒しの人」と言ってよいのか(キリスト論的な側面から)

2 病気はどこから来たのか(原罪論的な側面から)

3 「癒し」はどのように完成するか(終末論的な側面から)

以下、各項について、わたしの考察を記します。

イエス、「癒しの人」――キリスト論的な側面から

福音書が証す「イエスの救いと癒し」

イエスは「癒しの人」であるといわれます。四福音書を読んですぐに気づくことは、イエスが多くの人を癒し、悪霊を追放しているということです。イエスがその生涯で何をしたかと言えば、〈人を救う〉という使命を遂行した、と言えるでしょう。人を救うということの中ではもちろん、罪の赦しと贖い、罪からの解放ということが最も重要ですが、同時に病気・障がい・疾患に苦しむ人を癒し、悪霊から人々を解放したということが非常に大切なこととして含まれています。イエスが行った救いと解放は、人間の心身の贖いであって、霊魂だけを救うということはありませんし、肉体だけを救

うということでもなかったはずです。とりあえずマルコ福音書を開いてみましょう。

イエスは40日間の誘惑に打ち勝ち、ガリラヤで神の国の福音を宣べ伝え始めました。

――まずイエスは、カファルナウムで汚れた霊に憑りつかれた男を癒した（マルコ1・21～28）。

――イエスはシモンの姑の熱を鎮め、多くの病人を癒し、多くの悪霊を追放した（マルコ1・29～34）。

――イエスはガリラヤ中の会堂に行き、宣教し、悪霊を追い出した（マルコ1・39）。

――イエスは重い皮膚病を患っている人を癒す（マルコ1・40～45）。

――イエスは中風の人を癒す（マルコ2・1～12／イエスは中風の人を癒しましたが、その前に「子よ、あなたの罪は赦される」と言ったので律法学者を躓かせ、冒瀆罪に問われる原因となりました）。

――手の萎えた人を癒す（マルコ3・1～6／その日は安息日だったので、ファリサイ派とヘロデ派はイエスを殺す相談を始めています）。

――悪霊に憑りつかれたゲラサの人を癒す（マルコ5・1～20）。

――ヤイロの娘と出血症の女を癒す（マルコ5・21～43）。

――ゲネサレトで病人を癒す（マルコ6・50～56）。

――シリヤ・フェニキアの女の娘から悪霊を追い出す（マルコ7・24～30）。

――耳が聴こえず舌が回らない人を癒す（マルコ7・31～37）。

――ベトサイダで盲人を癒す（マルコ8・22～26）。

――汚れた霊に憑りつかれた子を癒す（マルコ9・14～29）。

——盲人バルテマイを癒す(マルコ10・46〜52)。

以上を見れば、いかに多くの部分が癒しの記述に費やされているかが分かります。マルコだけではなくマタイについても同様のことが言えるでしょう。

病気や障がいとは、本来、あるべきではないものです。神の国が到来すれば一切の病苦は消滅します。イエスが癒されたのは地上のごく少数の人々でした。彼らはやがて死を迎えたことでしょう。イエスの癒しは「神の国がある」ということを示すしるしでした。そして、そのしるしが「永遠の命」として結実するためには、主の復活と主の再臨を待たなければならなかったのです。

とはいえ、右に上げた福音書の個所が明確に証しているように、「イエスは癒す人」「永遠の命を齎す人」であり「復活の命に人々を与らせる人」であると断言できます。[註18]

病気はどこから来たのか——原罪論的な側面から

病気も悪の一つ、原因は「原罪」にある

本書中でわたしが繰り返し強調しているように、創世記第1章によれば、神は人間を神にかたどり神に似た者として創造され、それを「極めて良い」とご覧になりました。しかし現実にこの世界には種々の悪が存在しています。病気も悪の一つです。病気はどこから〃極めて良い世界〃に入ってき

たのでしょうか。教会はそれについてどのように説明しているでしょうか。

カトリック教会は、「その原因は人間の『原罪』にあるのであって、神に原因があるわけではない」と教えます。人間の不信仰と不従順が、病気を含む悪の原因なのです。創世記第3章によれば、神が創造された最初の人間、アダムとエバは神への信頼を失い、禁じられた〝善悪を知る木の実〟を食べて不信仰と不従順に陥り、神との親しさを失いました。この〈神との親しさを失っている状態〉が、後に「原罪」と呼ばれるようになります。

『カトリック教会のカテキズム』では次のように述べられています。

――原罪とは原初の義と聖性の欠如です。最初の人間アダムとエバは神との正しい関係にあり、神の本性である聖性に参与していました。しかし神に背いたためにその義と聖性を失い、人間の本性は大きな傷を受け、無知と苦と死と罪への傾き（欲望）の支配を受けるようになり、この本性の傷はすべての人間に生殖とともに伝えられています。――（『カトリック教会のカテキズム』122～121頁参照）。

東方正教会の「病気」観――研究書『病の神学』で読み解けば

それでは、他の教会では「病気」をどう説明しているでしょうか。東方正教会の見解を、最近出版された『病の神学』（ジョン＝クロード・ラルシュ著〔二階宗人訳〕教友社、二〇二〇年）によって、分かち合ってみたいと思います。まず、同書の述べるところを要約します。

――神は「見えるものと見えないものすべての創造主（コロサイ1・16参照）である。しかしもろもろの病気や苦痛、そして死の造り主であると考えることはできない。教父たちはそのことを明言している。聖バシレイオスは、その説教「神は災いの原因ではない」の中で述べている。「神がわれわれの災いの造り主だと信じるのは正気の沙汰ではありません。こうした冒瀆は（……）神の善性を損なうものです」（同書15頁）。

ニュッサの聖グレゴリオスは次のように答えている。「人間の命の現状がもつ不条理な性格は、〔神の像と結びついた〕善き事柄を人間が一度も持ち合わせなかったことを立証するものではありません。（……）われわれの現在の条件と、そしてもっと羨むに足る状態を奪った喪失には、他に原因があるのです」（同書15～16頁）。『創世記』は、神の創造はその始原において〈完全に善きもの〉であったことを明らかにしている（創1・31）。聖マクシモスは言っている。「神からその存在を与えられた最初の人間は、罪と腐敗を免れて生まれました。（……）なぜなら罪も腐敗も、彼とともに創造されることはなかったからです」（同書17頁）。――

多くの教父は、神は死を創造しなかったこと、始原における人間の本性は腐敗を免れていたということ、したがって人間の本性は不死であったこと、などを教えています。しかし教父たちの間にはこの点について微妙な相違が見出されるようです。聖アウグスチヌスは、「人間はその身体の本性において死すべきものであった」と述べ、アレクサンドリアの聖アタナシオスも、「原初の人間の本性は腐敗すべきものであった」と言明しています。

この不整合をどう説明できるでしょうか。原初の人間は不死で腐敗しない存在であったのか、あるいは〝死すべきもの〟〝腐敗すべきもの〟であったのか……　その結論がどうなるかについて、『病の神学』では次のように説明されます。

まず、創世記2・7には「主なる神は、土（アダマ）の塵で人（アダム）を形づくり、その鼻に命の息を吹き入れられた。人はこうして生きるものとなった」とありますが、原初の人間とはどの段階の人間なのかについて、同書はこう説明します。

――神が地の塵から神は土の塵（アダマ）から人（アダム）を形づくったとき、その最初の状態では、人間は死すべきものだった。神は人の鼻に命の息を吹き込んだ。その時点で人は生きるものとなり、不死の命を生きるものとなったのである。聖アタナシオスは言っている、「人間は腐敗する本性を持っていたのですが、言への参画という恵み（によって）」「その本性を縛る条件を免れる」ことができ、「現存する言のゆえに、本性の腐敗が彼らに及ぶことがなかったのです。」と。

この恵みによって、アダムは、いま我々が置かれている人間的条件とは大幅に異なる状態に置かれていたのであり、この状態を聖書は「楽園」と呼んでいる。楽園における人間は天使の状態に近く、アダムは物質性や有形性を持つものでなかった、と聖マクシモスは考えた。アダムの体はパウロが述べているような復活した体のようだったと考えたようだ。

腐敗することなく死ぬことのない状態に創造された人間は、神の恵みの中にとどまる限り、死ぬこともなく腐敗することもなかった。神の恵みのうちに留まるためには、人間は与えられた自由意志を用いて、自分から神の掟を守らなければならなかった。

しかし神の命令に背いたために神の命という恵を喪失した。これをどういうべきか。罪に落ちる前の原初の人間は、実のところ、死すべきものではなく、不死でもなかった。どちらになるかは、人間の自由な判断と選択にかかっている状態に置かれていた。

したがって教父によれば、人間の個人意思のうちに、自由意志の誤った使い方により、あるいは楽園で犯した罪によって、人類に、病気、心身の障がい、苦痛、腐敗、死が入ってきたと考えられる。病気などの悪淵源は父祖の罪による。自ら神のようになろうとしたことによってアダムとエバは神の特別な恵みを失い、塵から造られたもともとの人間の状態に戻された。「アダムが人類の本性の「根源」をなし、その原型であって、また第一に全人類を包摂するゆえに、彼はその状態を子孫全体に移転する。こうして死や腐敗、病気、苦痛が人類全体の定めとなる」。――(同書28頁)

人と人とのつながりの乱れ、男女関係の葛藤、そしてアダムと自然との親和性は失われ、土は人間にとって呪われたものなり、土は茨とあざみの生える不毛の地となり、さらに、自然と人間との調和も失われました。神はアダムに向かって言われます。

「お前は女の声に従い／取って食べるなと命じた木から食べた。お前のゆえに、土は呪われるものとなった。お前は、生涯食べ物を得ようと苦しむ。お前に対して／土は茨とあざみを生えいでさせる／野の草を食べようとするお前に。お前は顔に汗を流してパンを得る／土に返るときまで。お前がそこから取られた土に。塵にすぎないお前は塵に返る」（創世記3・17～18）。

アダムとイブの罪の結果はすべての人類にだけでなく、すべての被造物に及びました。全被造物は腐敗へ隷属するものとされたのです。パウロは言っています。

「被造物は虚無に服していますが、それは、自分の意志によるものではなく、服従させた方の意志によるものであり、同時に希望も持っています。つまり、被造物も、いつか滅びへの隷属から解放されて、神の子供たちの栄光に輝く自由にあずかれるからです。被造物がすべて今日まで、共にうめき、共に産みの苦しみを味わっていることを、わたしたちは知っています」（ローマ8・20～22）。

さて、それでは、人間は自分たちの病気に責任があるのでしょうか。人間が原初の恵みを失ったのは、アダムの罪によるのであり、自分の罪によるのではありません。アダムの違反により人間の本性は弱く脆（もろ）いものに変えられました。と言っても、個人の罪はアダムが犯した罪ではありません。人は自分で自分の罪を犯します。

「このようなわけで、一人の人によって罪が世に入り、罪によって死が入り込んだように、死はすべての人に及んだのです。すべての人が罪を犯したからです。律法が与えられる前にも罪は世にあったが、律法がなければ、罪は罪と認められないわけです。しかし、アダムからモーセまでの間にも、アダムの違反と同じような罪を犯さなかった人の上にさえ、死は支配しました。実にアダムは、来るべき方を前もって表わす者だったのです」(ローマ5・12〜14)。

話を『病の神学』に戻しましょう。

――「病気にかかる」とは、「免疫」がないため病原菌を撃退できない状態を指す言葉である。アダムの違反は人類に、病気にかかりやすい弱さを伝えた。同時に罪への抵抗力も弱くなるというマイナス効果をもたらした。だからと言って人は自分の罪の責任をアダムに押し付けることはできない。人は自分の罪の結果を負わなければならない。

キュロスのテオドレトスは「各人がみな死の支配に服するのは、祖先の罪によってではなく、各人自身の罪によるのです」(同書31頁)と言っている。テオドレトスは、アダムの根源的な責任と人間への堕落した人間本性の継承性を否定せずに、継承性に冒された罪あるすべての人間の共同責任を主張しているのである。――

それでは、アダムによってもたらされた人間本性の恵みの喪失の回復と治癒は、どうすれば可能になるのでしょうか。結論を急ぐなら、それは受肉した神の言(ことば)によってできるのです。

「一人の罪によって、その一人を通して死が支配するようになったとすれば、なおさら、神の恵みと義の賜物とを豊かに受けている人は、一人のイエス・キリストを通して生き、支配するようになるのです。

そこで、一人の罪によってすべての人に有罪の判決が下されたように、一人の正しい行為によって、すべての人が義とされて命を得ることになったのです。一人の人の不従順によって多くの人が罪人とされたように、一人の従順によって多くの人が正しい者とされるのです。律法が入り込んで来たのは、罪が増し加わるためでした。しかし、罪が増したところには、恵みはなおいっそう満ちあふれました。

こうして、罪が死によって支配していたように、恵みも義によって支配しつつ、わたしたちの主イエス・キリストを通して永遠の命に導くのです。」(ローマ5・17〜21)

アダムによって変質した人間の本性は、キリストにおいて復元され、楽園で享受するすべての特権を取り戻します。キリストは贖い(=罪からの解放)を通して、悪と悪魔の支配から人間を解放し、死と腐敗に打ち勝ったのです。キリストは復活によって悪と罪を打ち滅ぼし、人間の本性を癒し、宇宙万物を治癒し、刷新します。

そのために神は、人間がキリストに自由に同意し協力するよう求めておられます。キリストは人間本性を再生し、いわば神化します。そのためには人間の側に、信仰と自己放棄、悪との闘い、自己自由化のための努力が求められます。キリストは不死と非腐敗性を勝ち取りましたが、その成果を人が自由に受け取るように望んでいます。そのため地上で人間にまとわりつく罪、悪霊の仕業、肉体の死を、キリストは取り除いていません。

すべての悪が消滅するのはキリストの再臨の時です。その時、「義の宿る新しい天と新しい地」（二ペトロ3・13）が出現すると確信をもって断言できるのです。

身体の健康と霊魂の健康は無関係

カトリック教会では、2000年に上る歴史上、たくさんの聖人を輩出してきました。聖人とは、右に見てきたように、神の意向とイエスの働きを固く信じ、〈その生涯を罪との闘い、悪の克服、贖い（あがない）に捧げ、信者の模範となるに相応（ふさわ）しい生き方を貫いた、と教会が公に認めた人物〉です。

しかしその聖人自身もまた、身体の痛みや病魔、そして最終的には、生物としての死を免れ得ません。この事実は、身体の健康と霊魂の健康には必然的な関係がないこと、また病気や苦痛がその人の罪に起因するものではないことを示しています。

時に聖人は他の誰よりもひどい病気の苦しみに出会います。それは、聖人本人だけでなく周りの人々の霊的成長を望む神の摂理の表われであり、聖人自身の聖徳への試練である、とも言えるでしょう。

さらに考えられるのは、その聖人をターゲットとした悪霊の働きです。ヨブ記が示しているように、神は悪魔が人を試練に合わせることをおゆるしになります。しかし「神は人が耐えられない以上の試練を課すことはない」（一コリント10・13）のです。

人が老若男女を問わずそうありたいと望む健康も、人に善をもたらさなければ、健康を「善いもの」とは言えません。また病気から得られる「善いこと」を得て喜んでいる「霊性に富む人」が多くいることも事実です。

実際、病気のおかげで人は自分の脆弱性（ぜいじゃくせい）、欠陥、依存性、限界を自覚します。自分が塵であることを思い起こさせ、思い上がりを糺（ただ）し、人を謙虚さへと導きます。病気は現世に対する執着をなくさせ、地上の虚（むな）しさを悟らせ、天井の世界への思いを強くさせ、心を神へと向けさせます。

病気はまさに、神が人間を罪から清めるために送ってくださる、霊的浄化の機会とわきまえていたいものです。病気とその苦しみは人間が神の国に入るために通らなければならない試練の一部であり、キリストの弟子として負うべき十字架に他なりません。『病の神学』で紹介される聖ヨハネ・クリュソストムスも言っています、「神が我々を苦しめれば苦しめるほど、われわれを完璧にするのです」（同書60頁）と。

病気は、忍耐という徳を学ぶ機会となります。また病気は、謙虚の源泉となるものです。使徒パウロは言っています、「わたしは弱いときこそ強い」（二コリント12・10）「わたしたちの地上の住みかである幕屋が滅びても、神によって建物が備えられていることを、わたしたちは知っています。人の手で造られたものではない天にある永遠の住みかです」(二コリント5・1)と。

病魔に直面する人は何よりも忍耐を示さなければなりません。悪魔の誘惑は、落胆、悲嘆、無力感、怒り、苛立ち、失望、反抗といった思いを魂に滑り込ませます(ルカ21・19、ヘブライ10・36、詩編39・2、マタイ10・22、ローマ12・12)。

病者にとって「祈り」は特に大切なものです。祈りによって、必要な助けと自分を豊かにする霊的な贈り物をいただくことができます。病床における祈りは願いごとにとどまらず、感謝の祈りでなければならないでしょう。病気は神の栄光を称える機会となり、〈神の子が人類を癒し救うために遣わされた〉ことを感謝する機会となるからです。わたし自身が病を得て痛切に感じることですが、病気の時にとるべき心構えのうち最高位に置かれるのは「忍耐すること」、そして「感謝すること」なのです。

キリスト教的な治癒の方策

『病の神学』第3章では、キリスト教的な治癒の方途が述べられています。ここでは項目を挙げるに留めておきましょう。

——キリストは真の医者である。

——聖人は神の名によって癒しを行った。

――治癒のために最も重要な手段は祈りである。

同書第3章の本文は「ヤコブの書簡」を引用して、こう述べています。

「あなたがたの中で苦しんでいる人は、祈りなさい。喜んでいる人は、賛美の歌をうたいなさい。あなたがたの中で病気の人は、教会の長老を招き、主の名によってオリーブ油を塗り、祈ってもらいなさい。信仰に基づく祈りは、病人を救い、主がその人を起き上がらせてくださいます。その人が罪を犯したのであれば、主が赦してくださいます。だから、主に癒していただくために、罪を告白し合い、互いのために祈りなさい。正しい人の祈りは、大きな力があり、効果をもたらします」(ヤコブ5・13〜16参照)。

また、出血症の女へ向かってイエスが言ったことばが参考になるかもしれません。

「あなたの信仰があなたを救った」(マタイ9・22、他に、マタイ15・28、マルコ5・34、同10・52、ルカ7・50、同8・48、同17・19、同18・42参照)。

さらに同書第3章には、病者のための祈りを推奨するイエスの言葉が提示されています。

「はっきり言っておくが、どんな願いごとであれ、あなたがたのうち二人が地上で心を一つにして求めるなら、わたしの天の父はそれをかなえてくださる。」「二人または三人がわたしの名によって集まるところには、わたしもその中にいる」（マタイ18・19～20）。

加えて、聖母や聖人の「執り成しの祈り」の大切さも強調されています。『病の神学』によると、東方正教会では以下の項目が行われ、強調されているということです。

・塗油と祈り
・聖水の注ぎ
・十字架のしるし
・祓魔式（悪魔祓い）
・通常の世俗医療行為
・最大主義の順守（キリストが唯一の医者であることを理由に世俗の医術に頼ることを拒否する立場）
・神に帰することで正当化される世俗的医療の霊的な理解（治癒は神がもたらすという信仰）
・医学には限界があるということの指摘
・魂の治療に意を用いるべきこと（身体の治癒は人間全体の霊的治癒を象徴し、告げるものであるという認識の肯定／魂の病気は身体より重大と看做される）
・肉体の健康は相対的な価値しか持たない
・将来の非腐敗性と不死性の約束

これらについての詳細は、別項で改めて論じることにします。

「癒し」の完成――終末論的な側面から

終末論の魅力と課題

実際、わたしたちの身体が全面的に霊的な存在、いわば復活の体に変えられるのは、地上の旅を終わるその時です。パウロは次のように教えています。

しかし、死者はどんなふうに復活するのか、どんな体で来るのか、と聞く者がいるかもしれません。死者の復活もこれと同じです。蒔かれるときは朽ちるものでも、朽ちないものに復活し、蒔かれるときは卑しいものでも、輝かしいものに復活し、蒔かれるときには弱いものでも、力強いものに復活するのです。

つまり、自然の命の体が蒔かれて、霊の体が復活するのです。自然の命の体があるのですから、霊の体も あるわけです。「最初の人アダムは命のある生き物となった」と書いてありますが、最後のアダムは命を与える霊となったのです。わたしたちは、土からできたその人の似姿となっているように、天に属するその人の似姿にもなるのです。

兄弟たち、わたしはこう言いたいのです。肉と血は神の国を受け継ぐことはできず、朽ちるものが朽ちないものを受け継ぐことはできません。最後のラッパが鳴るとともに、たちまち、一瞬のうちに、です。ラッパが鳴ると、死者は復活して朽ちない者とされ、わたしたちは変えられます。
この朽ちるべきものが朽ちないものを着、この死ぬべきものが死なないものを必ず着ることになります。この朽ちるべきものが朽ちないものを着、この死ぬべきものが死なないものを着るとき、次のように書かれている言葉が実現するのです。「死は勝利にのみ込まれた。死よ、お前の勝利はどこにあるのか。死よ、お前のとげはどこにあるのか」。死のとげは罪であり、罪の力は律法です。わたしたちの主イエス・キリストによってわたしたちに勝利を賜る神に、感謝しましょう（一コリント15・35、同15・42、15・49～50、15・52～57）。

パウロはここで何を言っているのでしょうか。

まず、これは終末の出来事への言及であって、個人の死の時の出来事ではないように思えます。しかし、「死」とは時間と空間の支配の外に出ることですから、このパウロの記述が準用されてもよいと考えられます。

わたしたちは使徒信条を唱えるとき「体の復活を信じます」と宣言します。その「体の復活」はいつ起こるのか――人は死んでから眠りにつき、世の終わりに眠りから覚め、体を頂いて復活するのでしょうか。それとも時間・空間のない世界に受け入れられ、すぐに体の復活を体験するのでしょうか。

疑問はもう一つあります。死んだら、わたしたちの体はどうなるのでしょうか。地上の体は火葬場で骨と灰になってしまいます。わたしたちは亡くなった人の遺骨を骨壺に入れて恭しく持ち帰り、何日か経過してから遺骨を埋葬します。人間の目に見えるのはそのような現象です。しかしパウロは言っています。

地上では朽ちる体ですが、復活の体は朽ちない体です。
地上では卑しい体ですが、復活の体は輝かしい体です。
地上では弱い体ですが、復活の体は力強い体です。
地上では自然の命の体ですが、復活の体は霊の体です。
最初の人アダムは神から命を受けましたが最後のアダムであるキリストは命を与える霊となりました。

人は土から出来た人の似姿ですが、復活の時には天に属する人キリストの似姿となるのです。血と肉は朽ちるものであり、朽ちないものを受け継ぐことはできません。最後の時死者は復活して朽ちないものとされます。

わたしたちは変えられ、朽ちるものが朽ちないものを着、死ぬべきものが死なないものを着ることになります。

かくてこの時死は克服されます。死は罪の欠陥、罪は律法によります。かくてわたしたちは、律法の力の支配に打ち勝ち、罪を克服し、罪の結果である死への勝利に招き入れられます。

ここで言われていることを、整理してみましょう。人は死を経て復活の体に変えられます。復活の体は同じ自分の体ではありますが、それはもはや不死の体、非腐敗の体、病気から解放された完全に健康な体、復活したキリストの体のように霊的な体なのです。キリスト教の救いは霊魂と肉体の贖いであり救いです。体だけの救い、あるいは霊魂だけの救いなどを前提としてはおらず、人間全体の救いなのです。

病気と死は原罪と不可分

この項を閉じるにあたり、わたしの見解を短く述べておきます。既に触れたところですが、わたしは『世界病者の日』ミサ中の説教で、牧者としての見解を参列の皆さんにお伝えしました(註17を参照)。ここでは、わたしが説教で述べている内容に神学的な解説を試み、論点を「病気は何処(どこ)から来たのか」(原罪論)に絞ることにしましょう。

本章の中で見てきたように、イエスが実に「癒しの人」であったという点において、カトリック教会と東方正教会の教えに大きな差異はありません。

両者の見方が異なるのは、「病気の起源」についての認識です。カトリック教会の場合、人は自分の罪の有無に関係なく死を経験するものと教えますが、東方正教会の場合はアダムの罪の影響があるにせよ、自分の罪によって死ぬことになります。

カトリックは「原罪」という教義と不可分のものとして、死と病気を説明します。不死性と非腐敗性の喪失は、アダムの罪が人間の生殖行為によって子孫に伝えられることによるものだ、と言っているのです。一方、東方正教会では、アダムの罪の影響を否定しないまま、人は自分の罪によって不死性と非腐敗性を失った、と言っています。この点については機会があればさらに詳述したいところですが、何はともあれ両者とも、創世記の第1章〜第2章の教えを根拠に論じていることには間違いありません。

そこで問題は、わたしたちが生きるこの現代に、創世記をどう読み解くのか、その一点となります。進化論やビッグバン理論がほぼ一般化しつつある今日では、創世記の解釈も「非神話化」する必要がありそうです。

とくに創世記第2章は重要となります。神が息を吹き入れた時に人は〈生きるもの〉となったわけですが、それが文字どおり起こったと考える必要はありません。ここでわたしは「個体発生は系統発生を繰り返す」という生物学の仮説を想起します。[註19] 創世記第3章に記録されている物語は一種の寓話です。〝神話的な物語〟に託して、人類の上に普遍的に起こる「神からの働きかけ」を述べているとわたしは考えます。人間の肉体は塵に過ぎません。しかし人間は「万物の霊長」です。神の霊を受けている存在なのです。人は生を享(う)けたその瞬間から〈神の霊を受けるべき状態〉に置かれます。カトリック教会は「幼児洗礼」という慣行を維持していますが、それは、目に見えない神の霊が生まれたばかりの幼児に働いており、幼児は神の霊をなんらかの形で受け取ることができる、と信じていることの証左です。それは科学的証明の埒外(らちがい)にある真理なのです。レントゲンやCTで検査しても何のデー夕も得られないでしょう。しかし、人は誰でも神の霊の働きの下にある、という信仰が、幼児洗礼の有効性を証明するのです。

言うまでもなく地上の現実は、神の霊を受け入れるには困難な状況にあります。「世の罪」が蔓延（まんえん）しており、人はなかなか神の声に耳を傾けようとしません。もし人が、出生の最初に神の霊に満たされれば、悪の力を撃退する可能性に恵まれることでしょう。しかし残念ながら多くの人は、いわば〝悪の病原菌〟への免疫がない状態に置かれています。それがカトリック教会の言う「『原初の聖と義』のない状態」、すなわち「原罪」です。

西方教会（カトリック）で「原罪」という言葉は聖アウグスチヌスに始まると言われますが、東方教会では「人祖が神に背（そむ）いた結果、〝死ぬことも死なないこともできる状態〟に陥（おちい）った」と考えます。「堕罪の前は死ぬこともなく病むこともない楽園にいたが、堕罪後は楽園から追放されて、死ぬことも腐敗に落ちることもある状態になった」というわけです。しかし現実に人が死に、あるいは腐敗するのは、その人の罪の結果だ、と東方教会は教えます。「人は自分の罪によって死ぬ」が東方教会の立場です。カトリック教会では――聖母マリアだけを例外として――（それ以外の）人間は世の罪の攻撃に対して無防備であり、撃退する体力がなく免疫もできていないと考えます。キリスト教信者の霊的生活とは、「霊の導きに従うこと」にほかなりません。

『病の神学』はその視点から、わたしたちカトリック信者にも非常に有益な示唆を与えてくれている、と言えるのではないでしょうか。

死――そのとき、霊魂は……

「死」の価値

公開講座『死とは何か』が語り掛けるもの

人は必ず自分が死ぬ瞬間を迎えます。いまだかつて死を経験しなかった人はいません。人は死んだらどうなるのでしょうか。死後の世界はあるのでしょうか。そもそも死とは何なのか――人は誰でも、そんな思いと向き合っているのです。

この問題を正面から大学の公開講座の教材として取り上げ、その膨大な記録を出版した例があります。イェール大学教授、シェリー・ケーガンの『「死」とは何か』（柴田裕之（しばたやすし）訳、完全翻訳版は文響社、二〇一九年）がそれです。ケーガン教授はこの分厚い書籍の中で、『死』の問題を、哲学者として幅広く詳細に論じています。

ケーガン氏は、死後の世界を信じていないし、魂の存在を認めていません。大変多くのスペースを使ってプラトンの哲学を論じ、ソクラテスやプラトンが説いた「魂の存在と不滅」を否定しています。

ケーガン氏によれば、人生は身体の破滅により終了します。肉体の死が、すべて終わりだというわけです。死後の世界は存在しないし、身体の復活もない、と断言しています。「人の生涯は地上の生涯がすべて。だからこそ人は与えられた時間を、自分の人格の満足と自分の幸福のために活用しなければならない」というのが氏の主張です。

〈「死」自体は「悪」ではない。もし人が死ぬことなく、不死でなければならないとしたら、その方が不幸だ。死が悪であるのは地上の生涯で得るべき「善」を剥奪（はくだつ）されるからだ。20歳で亡くなる人は20歳以後受けられたはずの人生の喜びを剥奪されると思うから、死は悪と感じられる。しかし、人生から何らかの喜びや楽しみを受ける可能性が封じられている場合、選択肢として自殺を考えることは理に適（かな）っている〉

というのです。ケーガン説は「死後の世界」を前提としていないので、その人生観も地上の生涯だけが人生の価値、喜びの対象であり、その後のことは（なにしろ人は死によって存在しなくなるのだから）考える必要はない、という結論となります。

あらためてケーガン教授の主張を要約すれば、次のようになるでしょう。

——大半の人は、生と死の本質に関する、ある一連の信念のすべてを、あるいはほとんどすべてを受け容れる。すなわち、わたしたちには魂がある。何か身体を超越するものがあると信じている。そして、その魂の存在を前提として、わたしたちには永遠に生き続ける可能性があると信じている。言うまでもなく、死は究極の謎であることに変わりはないが、不死はそれでもなお正真正銘の可能性であり、その可能性をわたしたちは望み、ぜひ手に入れたいと思う。というのも、死は一巻の終わりであるという考えにはどうしても耐えられないからだ。

……人生は信じがたいほどすばらしいから、どんな状況に置かれても命が果てるのを心待ちにするのは筋が通らない。死なずに済めばどんなによいか。だから、自殺は決して理に適った判断にはなりえない、と考えるわけだ。

わたしはこれらをすべて否定する。この一連の信念は広く受け入れられているかもしれないが（ほぼ始めから終わりまで）間違っていると主張してきた。

魂など存在しない。わたしたちは機械に過ぎない。もちろん、ただのありきたりな機械ではない。わたしたちは驚くべき機械だ。愛したり、夢を抱いたり、創造したりする能力があり、計画を立ててそれを他者と共有できる機械だ。わたしたちは人格を持った人間だ。だが、それでも機械に過ぎない。

そして機械は壊れてしまえばもうおしまいだ。死はわたしたちにとって〝理解しえない大きな謎〟ではない。つまるところ死は、電灯やコンピューターが壊れうるとか、どの機械もいつかは動かなくなるということと比べて、特別に不思議であるわけではない」（726〜727頁）。——

800頁近くに及ぶ大著の要点は、この引用部分に尽きるように思われます。人間は機械に過ぎないのであり、人格という主体の活動である精神的な種々の活動を行うが、身体の機能が停止すれば存在も消滅する。まことに徹底した〝唯物的な人生観〟であるというべきでしょう。

キリスト者が知る「死」の価値

さて、キリスト者はケーガン説に対してどう向き合えばよいでしょうか。

カトリック教会における「死」は、葬儀ミサを執り行う司祭が説教の中で引用するイエスの言葉に、端的に表われています。

「父の家には住むところがたくさんある。わたしはあなたがたが住むところを用意する。わたしは道、真理、命である。わたしを信じる人は誰でも父のもとに行くことができる。」（ヨハネ14・1〜6）。

ミサの叙唱で司祭は次のように唱えます。「信じる者にとって死は滅びではなく、新たないのちへの門であり、地上の生活が終わった後も、天に永遠のすみかが備えられています」。

この叙唱の言葉の中にも、教会の「死」の理解が端的に表現されています。すなわち、死は地上における生活の終わりではあるが、亡くなった人の滅びではない。この世に在ったときと同じ〈固有の人間〉が存続する。死は、人が新しい状態へ移される入り口なのだ、ということです。

「新しい状態」とは、天の父の家へ住まいを移し、そこで永遠の命を寿ぐことの実現を意味します。したがって死は、天に備えられている家へと向かう「新たな旅路」の出発点となります。

わたしたちの救い主、イエス・キリスト。父のもとへ辿り着くための第一の条件は、イエス・キリストを信じることです。

この世に生きるわたしたちは、地上の教会に留まっています。しかし故人となったわたしはイエスに導かれ、浄(きよ)めの教会に迎え入れられます。

地上の教会と浄めの教会のつながりは「祈り」です。地上に生きる人々は、祈りをもって、故人が歩む浄めの教会への旅路を助けます。

繰り返しになりますが、「死」によって死者の生涯が完結するのではありません。「死」は新しい状態、新しい命へ入る門なのです。「死」によって、死者は〈神への道〉の新しい段階に入り、神のもとへと旅立ちます。地上に残された故人所縁(ゆかり)の人々は、祈りと犠牲をもって死者の旅路を助けます。神の前に立つために、死者はそれに相応(ふさわ)しい浄めを受けなければならないからです。

浄めは既に地上で始まっています。そして天の父のもとで、浄めは完成するのです。罪人が受けるべき浄めを、教会は「煉獄」という言葉で表わしています。

イエス・キリストは、すべての人が救いに与(あずか)ることができるよう、天の父への道を開いてくださいました。イエスは、すべての人と「父である神」の間に立つ仲介者、道、真理、命です。イエスに依(よ)らなければ、誰も父のもとに行くことはできません。

そのイエスに取り次いでくれる〈信仰の先人〉がたくさんいる、とわたしたちは信じています。その代表は聖母マリアです。カトリック教会は毎日、聖母に捧げる祈りの中で、「今も、死を迎えるときも、神に祈ってください」と唱えています。また、天の父のもとへ辿り着いた先人は天上で、地上の罪人であるわたしたちのために祈ってくれています。

カトリック信者は、およそ以上のように信じています(カトリックの司祭・司教は、亡くなった方々のために毎日祈っていますが、とくに葬儀の際には、故人を偲びながら、故人と遺族のために特別に意を用いて説教を行います。本項の末尾に、註を入れてその一例を紹介しました(註20))。

教会は「死」をどう教えてきたか

カトリック教会の「死」についての教えは、『カトリック教会のカテキズム』の中で次のように述べられています。

1 死者は復活されたキリストとともに永遠に生き、世の終わりに体の復活に与る。「世の終わり」とは何時か、ということは地上の人間には分からないが、死を過ぎ越す人間はそのとき「世の終わり」の世界に入る、とも考えられる。
2 キリスト者は体の復活に与り、キリストの復活の体のように変えられる。
3 使徒たちはキリストの復活の証人であったので、使徒の建設した教会の信者はみなキリストの復活の証人である。
4 キリストの復活を信じる者は既に地上において、復活の恵みに与っている。

右の各条を考える上で参考になる聖書の言葉を添えておきます。

「あなたがたはキリストにおいて、手によらない割礼、つまり肉の体を脱ぎ捨てるキリストの割礼を受け、洗礼によって、キリストと共に葬られ、また、キリストを死者の中から復活させた神の力を信じて、キリストと共に復活させられたのです。肉に割礼を受けず、罪の中にいて死んでいたあなたがたを、神はキリストと共に生かしてくださったのです。神は、わたしたちの一切の罪を赦し、規則によってわたしたちを訴えて不利に陥れていた証書を破棄し、これを十字架に釘付けにして取り除いてくださいました。そして、もろもろの支配と権威の武装を解除し、キリストの勝利の列に従えて、公然とさらしものになさいました」(コロサイ2・11～15)。

したがって、キリストと共に天の父の家へ歩む人には、次のようにすることが求められています。

「さて、あなたがたは、キリストと共に復活させられたのですから、上にあるものを求めなさい。そこでは、キリストが神の右の座に着いておられます。上にあるものに心を留め、地上のものに心を引かれないようにしなさい。

あなたがたは死んだのであって、あなたがたの命は、キリストと共に神の内に隠されているのです。あなたがたの命であるキリストが現われるとき、あなたがたも、キリストと共に栄光に包まれて現われるでしょう。だから、地上的なもの、すなわち、みだらな行い、不潔な行い、情欲、悪い欲望、および貪欲を捨て去りなさい。貪欲は偶像礼拝にほかならない。

これらのことのゆえに、神の怒りは不従順な者たちに下ります。あなたがたも、以前このようなことの中にいたときには、それに従って歩んでいました。今は、そのすべてを、すなわち、怒り、憤り、悪意、そしり、口から出る恥ずべき言葉を捨てなさい。互いにうそをついてはなりません。古い人をその行いと共に脱ぎ捨て、造り主の姿に倣う新しい人を身に着け、日々新たにされて、真の知識に達するのです。そこには、もはや、ギリシア人とユダヤ人、割礼を受けた者と受けていない者、未開人、スキタイ人、奴隷、自由な身分の者の区別はありません。キリストがすべてであり、すべてのもののうちにおられるのです。

あなたがたは神に選ばれ、聖なる者とされ、愛されているのですから、憐れみの心、慈愛、謙遜、柔和、寛容を身に着けなさい。互いに忍び合い、責めるべきことがあっても、赦し合いなさい。主があなたがたを赦してくださったように、あなたがたも同じようにしなさい。

これらすべてに加えて、愛を身に着けなさい。愛は、すべてを完成させるきずなです。また、キリストの平和があなたがたの心を支配するようにしなさい。この平和に与らせるために、あなたがたは招かれて一つの体とされたのです。いつも感謝していなさい。キリストの言葉があなたがたの内に豊かに宿るようにしなさい。知恵を尽くして互いに教え、諭し合い、詩編と賛歌と霊的な歌により、感謝して心から神を褒(ほ)め称えなさい。そして、何を話すにせよ、行うにせよ、すべてを主イエスの名によって行い、イエスによって、父である神に感謝しなさい」(コロサイ3・1〜17)。

「霊魂」とは何か

日常、わたしたちキリスト者が出会う曖昧なことばの一つに「霊魂」があります。前出、『カトリック教会のカテキズム』には、「世を去る時つまり死ぬときに霊魂はからだを離れ、死者の復活の日に、自分のからだに再び合わされるでしょう」（1005項）とあり、また「死によって霊魂はからだを離れます」（1015項）ともあることから、「死とは霊魂がからだから分離すること」と理解されています。

この「霊魂」は、英語ではsoul、ラテン語原文ではanima（Catechismus Catholica Ecclesiae）と書き表わされます。Animaは普通、「魂」と訳されている言葉です。こうした言語の違いを考慮してもなお、「霊魂」という言葉には曖昧さが残ります。端的に言って、Animaは霊と魂の両方を指すのでしょうか。

因みに、一般の辞書ではどのように解釈されているか、手元の辞書をめくってみました。

【霊魂】その人が生きている間はその体内にあって、その人の精神を支配し、死後のいろいろな働きをすると考えられるもの（『新明解国語辞典』第八版、三省堂、二〇二〇年）。

【霊魂】（soul;spirit）①肉体のほかに別に精神的実体として存在すると考えられるもの。たましい。②人間の身体内にあって、その精神・生命を支配すると考えられている人格的・非肉体的な存在。病気や死は霊魂が身体から遊離した状態であるとみなされる場合が多く、また霊媒によって他人にも憑依しうるものと考えられている。性格の異なる複数の霊魂の存在を認めたり、動植物にも霊魂が存在するとみなしたりする民族もある（『広辞苑』第七版、岩波書店、二〇一八年）。

旧約時代の「霊」「魂」観

それでは、聖書では「霊魂」をどう考えているのでしょうか。『聖書思想事典』（三省堂）で「霊」の項を引いてみると、ここでは「霊」と「魂」が分けて考えられていました。以下にその項の概略を紹介します。

【霊】多様な意味で受け取られている。「霊」を表わす言語は、ヘブライ語ではruah（ルアッハ）、ギリシア語ではpneuma（プネウマ）で、「風」「息」「人間の霊」「神の霊」など種々の異なった意味を持っている。霊とは常に、〈一つの存在のなかにある本質的なもの〉の意だが、掴（つか）むことのできない要素を表わしている。それはある実体を生かすものであり、欲せずともその実態から自然に発散してくる物であり、結局、〈実体そのものでありながら、自らは制御することのできない何ものか〉である。

旧約の世界におけるヘブライ語の「霊」は、「風」であり「息」である。人間の息は神から来て（創世記2・7、ヨブ33・4）、死とともに神のもとへ返っていく（ヨブ34・14～15、コヘレト書12・7、知恵の書15・11）。人間の霊は人間の肉体を動くもの、生きたものとし（創世記2・7）、人間の意識、精神を表現する。また人間には、神からの霊以外の忌まわしい霊が影響を与えることがある。

新約時代になるとイエス・キリストにより、「神の霊によって悪霊が追放される」ことになった。新約聖書は、旧約聖書を受け継ぎ、「人間は体・魂・霊からなる複雑な存在である」と考える（一テサ5・23）。そしてこの霊は、息や命と不可分の力であり（ルカ8・55、同23・46）、たびたび肉と闘っている（マタイ26・41、ガラテヤ5・17)。

新約における信仰者のもっとも重要な体験は、人間の霊のなかには、これを新たにし(エフェソ4・23)、これと一つになって(ローマ8・16)、子としての祈りと叫びを挙げさせ(8・26)、これを主と交わらせて主と一つの霊にする(一コリント6・17)神の霊が宿っているということである(以上、X・レオン＝デュフール『聖書思想事典』三省堂、一九九九年の「霊」の項より)。

同じ事典の「魂」の項を見てみます。

【魂】魂は人間存在全体を構成する一つの〝部分〟ではなく、命の霊によって生かされている人間全体を指す言葉である。

ヘブライ語ではnephes(ネフェシュ)がこれに当たり、ギリシア語ではpsuche(プシュケ)という。ギリシア人は「息」を、物質的な肉体とは対照的な、ほとんど非物質的なものと考える唯心論的な見方を持っていた。しかしセム人は息を、それが生かしている体と不可分なもの、と考える。「魂」は生きている人間そのものを指す言葉として理解され、ここから息は〝命〟と同一視される。すなわち「魂」は、まず地上における有限の命を指す。次に永遠の命を意味するようになる。「自分の魂を救おうと望むものはそれを失い、わたしのために魂を失うものはそれを得る」(マタイ16・25、マルコ6・35、同10・30、ルカ9・24、同14・28、17・33、ヨハネ12・25参照)。

「命」は人間にとって最も大切なものであることから、人間そのものを指す。さらに「魂」は人間の自我を表わす。愚かな金持ちのたとえ話の中にある、「魂よ、おまえは長い歳月を過ごせるだけのよい物をたくさん蓄えている。さあ、休んで食べたり飲んだりして楽しめ」というときの〝魂〟が、この自我である。

魂は命の徴ではあるが、命の源ではない。この点で、セム人とギリシア人の間には大きな相違点がある。ギリシア人は「魂」を「霊」の世界と同一視しているが、セム人にとって命の源は〝神の霊〟そのものである。神が命の息を鼻に吹き込むと人は生きたものとなった（創世記2・7）のである。すべての生き物の中には「命の息」（創世記7・22）があり、これがなければ生きてはいられない。「あなたがその息を取り去れば、彼らは死んで塵に返る。あなたが息（霊）を遣わすと彼らは造られる」（詩編104・29〜30）。

命の徴であるnephesと命の源であるruahは、人間の中で互いに区別されている。したがって、洗礼によって得た〝霊的な状態〟から、〝地上的な状態〟に逆戻りした信仰者を指す〝魂だけの者〟（一コリント2・14、同15・44、ヤコブ3・15）という表現が見られることになる。

霊は「死ぬ」のではなく神に〝返る〟と言われる（ヨブ34・14〜15、詩編31・6、コヘレト12・7）。しかし魂は、骨や肉のように死んだりせず（エゼキエル37・1〜14、詩編63・2、同16・9〜10、民数記23・10、士師記16・30、エゼキエル13・19、詩編78・50）、魂は陰府に降り、影のような死者の国の生活をする。要するに魂は「もういない」（ヨブ7・8〜21、詩編39・14）のである。

ところで陰府に下った魂が体を持たずに生きているわけではない。魂は体なしには自己表現できないものであり、それ自体では独立した存在ではないからである（以上、『聖書思想事典』、「魂」の項より）。

わたしの「死後の世界」観を明かそう

右に見たとおり、旧約時代の「霊」「魂」観を知ろうとして、聖書思想事典の「霊」と「魂」を読んでも、人の死後の状態が明らかにはならないことを、お分かりいただけたでしょうか。

とすれば、人の死後の在り方について、どのように考えたらよいか、迷いの生じるところかもしれません。以下に引く『カトリック教会の教え』（「第一部　キリスト者の信仰」岩島忠彦師による）を基に、わたし個人の考えを述べてみましょう。

【私審判】人は誰でも人格として（そして肉体を持つ身として）、その生涯を〈責任の問われる時間〉として過ごします。人は単なる精神ではなく、また肉体だけでもありません。人格として、自分の責任において判断・決断し、実行し、あるいは実行しないという人生を送るのです。その人生すべてにわたってなされた作為と不作為に対して、わたしたちは神の前で責任を問われます。

各人が受ける「私審判」は、その人が死後、神に対して自分の生涯の総決算をすることを意味しています。各人はその身体を通して、どのように、意味ある年数と時間を過ごしたか、神の教えである愛をどのように実行したのか、しなかったのかが、私審判において明らかにされ、その結果に対し、それにふさわしい報いを受けることになります。

【体の復活】人が体の機能を果たせなくなった時が地上の生涯の終わりであり、その時が人間の「死」です。人は死後どうなるのかということについては、大別して二つの考え方があります。

一つは既に述べた唯物的な考え方です。それによると、人は体の消滅と共にその存在も精神も消滅するとされます。死は人にとって、すべての終わりを意味します。

もう一つの考え方は、人は体が滅びてもその人自身は死後も存在する、という考え方です。この考え方はさらにいくつかに分かれます。まず、「人間の霊魂は不滅だから誰でも、霊魂として永遠に存続する」という考え方があります。しかしヘブライ思想は、〝体なしの人間の存在の存続〟という考え方を持っていません。それではキリストの教えの普及以降、この点はどうなったのでしょうか。現今のヘブライ思想を眺めても不明な点が残されたままで、私に限っては、いま一つ釈然としません。

【公審判】死者は最後の審判(この世の終わりに至り、煉獄にいる死者とこの世に生きている生者が受ける神の裁き)のときまで、既にこの世を去った人は魂だけで存在するのでしょうか。それとも、漠然としたものであっても何らかの〝肉体を備えた魂〟として、どこかで眠りについていると考えるべきでしょうか。あるいはまた、神からいただいたその人の霊だけが残り、その霊は何らかの体、幽体のような状態で、最後の審判の時まで、古聖所(のようなところ)に留まるのでしょうか……

わたしたちは地上の時間と空間の中でしか思考できない存在です。死は、そんなわたしたちを、時空を超えた世界に招きます。死を迎えたその時、わたしたちは私審判と公審判をいわば同時に受け、すぐにキリストの復活に与ることになるのです。わたしたちキリスト信者にとって、私審判と公審判は同じ出来事の二つの面――すなわち個人の完成と世界の完成――を意味しています。

つまるところ、「人は死とともに、復活の世界に挙げられ、復活の体を受ける」と考えられるのではないでしょうか。自分の人生に遺された時間が短くなるにつれ、わたし自身、そんな思いを強くしています。

【天国と地獄、そして煉獄】わたしたちは天の父のもとにたどり着き、顔と顔とを合わせて神を直観できるようになります（一コリント13・12）。その時「神がすべてにおいてすべてとなられるのです。」（一コリント15・28）と、聖書の教えは明快です。その瞬間、人は〈真の自分〉となり、他の人とは違う〝独自の自分〟の存在を確認し、享受することになるのです。

ところで、「地獄」は本当にあるのでしょうか。「神は愛であり、すべての人が救われて神を知ることを望んでいる」（一テモテ2・4）。「だから地獄は存在しない」と考える人もいますが、神は各自に、神の愛を受け入れるか拒（こば）むかを選択できる自由を与えられたので、教会は地獄の存在を否定してはいません。

それでは「煉獄（れんごく）」についてはどうでしょうか。既に述べましたが、人は自分の人生に責任を持たなければなりません。果たすべき役割を十分に果たせないままこの世の生を終えた場合、その償いをしなければ神の国に足を踏み入れることは憚(はばか)られると考えるのが至当でしょう。

その悔悛と謝罪と償いは、回心すればあらかじめ地上で行うことができますし、他の人が代わって行うことも可能であると教会は考えてきました。秘跡を受けること、免償を受けることなども、その赦しと償いになると考えられます。教会が教えるとおり、〈死後、生前の所業の償いを果たすまで人が留め置かれる〝時空を超えた場所〟〉〈償いを果たそうと努力している状態〉を「煉獄」と呼ぶ、と心得ておけば間違いありません。

原　罪——それは「悪」の根源なのか

用語「原罪」が持つ二つの意味

『人類最初の自罪』と『人類が被（こうむ）っている状態』

本章「病——病床で得る『忍耐』と『感謝』」の中で、わたしは『カトリック教会のカテキズム』が「原罪」についてどう説明しているかを述べました。その大意は次のとおりです。

——原罪とは原初の義と聖性の欠如です。最初の人間アダムとエバは神との正しい関係にあり、神の本性である聖性に参与していました。しかし神に背いたためにその義と聖性を失い、人間の本性は大きな傷を受け、無知と苦と死と罪への傾き（欲望）の支配を受けるようになり、この本性の傷はすべての人間に生殖とともに伝えられています。（『カトリック教会のカテキズム』３９７〜４０９項参照）

そこで本稿では、右の説明を敷衍（ふえん）し、改めて「原罪」について教会の公式見解を復習してみます。

原罪（ラテン語で peccatum originale）は、二つの意味に大別されます。まず原罪は「人類のもとの罪」「最初の罪」と定義されます。それは創世記第３章が述べる、「人祖・アダムとエバが犯した罪」を指しています。すなわち、アダムとイブが神の命令に背いて禁断の木の実を食べた堕罪物語に顕われている罪を指しているのです。これを始原罪(ラテン語でpeccatum originale originamns)と呼びます。人祖が自分の意志で犯した最初の罪、別の言葉で言えば「自罪のうち、最初の罪」のことです。

次に、すべての人類が被っている罪の状態を指す「原罪」があります。これは自罪ではなく、『状態としての罪』であり、通常「原罪」と言えばこちらを指しています。

「原初の義」を失って生じた〝神との不和状態〟

人は誰でも原罪を持ったまま、すなわち〝神の祝福のない罪人の状態〟で生まれます。初めから神の命を持つことなく、永久の幸せに与る可能性のない状態に置かれているのです。自罪(自由意志をもって神に背く行為)を犯すことを避けられず、不条理に苦しめられ、生まれながら神と不和状態にあります。このような状態は、自罪でない罪(=始原罪)によって生じた原罪状態(peccatum originale originatum)です。これは、親から子へと生殖行為によって人間性とともに引き継がれる世襲罪、ないし遺伝罪(peccatum hereditorium)とされます。

このような、人類が皆陥っている罪の状態は、神が創造のときに意図された結果ではありません。それは一組の男女、人祖・アダムとイブの、神への不従順によって引き起こされたとされています。

人祖は成聖の恩恵により「超本性の賜物(dona superunauralia)」に恵まれ、罪の汚れなく、神の命に永遠に与る幸せな存在に置かれていました。また人祖は、人間本性を補い、より完全にする「外本性的賜物(dona praeternauralia)」と呼ばれる特別な賜物である原初の義、すなわち不死の肉体、無苦、本性的欲求の完全な統御を与えられていたのです。

これらの賜物は人祖から子孫に伝達されるはずでしたが、人祖が神への不従順という罪を犯した結果、超本性的賜物と外本性的賜物である「原初の義」を失って、神と不和状態となり、肉体の死などの苦しみを体験するようになりました。本性の欲求を制御することが困難となり、理性と悟性(ごせい)は鈍り、意志が弱くなり、罪への強い傾きを持つようになったのです。

しかもこの状態は前述のとおり、人類の生殖行為を通して、すべての子孫に伝わることとなりました。とはいえ、人間は善と真理への能力を完全に喪失したわけではなく、真の善を選ぶ自由は不完全ながら残されました。そして、主イエスと聖母マリアだけは、すべての原罪の汚れから解放された存在であり、すべての人類の救いの希望の源となったのでした。

人はイエス・キリストの救いの御業(みわざ)によってこの原罪状態から解放されます。通常、洗礼(「血の洗礼」と「望みの洗礼」を含む)を受けることによって、人は神との和解の恵みに与ることになります。洗礼を受けた人は、罪と罰が赦(ゆる)され、神の子として生まれ変わり、成聖の恩恵である超本性的賜物を受けるのです。

しかし、かつて享受していた「外本性的賜物」を取り戻すことはできません。自罪を犯す傾きと弱さ、本性の欲求の無秩序さ、死や病気をはじめとする種々の苦悩を免れることはできないのです。

とはいえ、苦悩はもはや〝罪の罰〟ではなく、神に向かうための試練、功徳を積む機会、自己を浄(きよ)める機会、キリストの学び（imitatio Christi）の機会となります。

「原罪」に関するわたしの個人的見解

ずっと気がかりになっている四つの〝わだかまり〟

「原罪」を定義付ける以上のような説明の根拠となる聖書の箇所は『ローマ書2〜3章』『創世記3章』『詩編51』などです。これらの根拠に基づき、トリエント公会議の第5会期（1546年）には、原罪についての教理決定が行われましたが、その内容は実質的に、カルタゴ公会議（418年）、オランジュ公会議（529年）の原罪論を確認・踏襲したものに過ぎませんでした。これらの原罪論は実質上、聖アウグスチヌスとペラギウス派との論争の過程で形成されたものです。

原罪に関するこの公式見解は第二バチカン公会議後も維持されていますが、神学の分野では種々の批判と疑問が投げかけられ、議論の的となっているところでもあります。

そこで、以上の公式見解を踏まえながら、「原罪」について、わたしの個人的見解と感想を、以下に記しておきたいと思います。(註21)

1　教理の決定と表現

カトリック教会の教理の決定と表現は、その必要が生じたときの状況、その場所の文化と言語、その時代の世界観、通念などから多大の影響を受けます。

「原罪」に関する教理は聖アウグスチヌスの強い影響下に形成されました。西ローマ帝国衰亡の状況と、聖アウグスチヌス個人の信仰歴を考慮に入れなければ、当時の「原罪論」を理解することは困難です。聖アウグスチヌスは自身の個人的性体験の問題に苦悩したと伝えられています。彼は自分の「情欲（concupiscentia）」の問題を強く意識するあまり、あたかも情欲が原罪状態の本質であるかのように考えたようです。(註22)

もちろん現在もなお「性欲」の問題は重要です。「情欲」という言葉をキーワードにするのではなく、現代における性の在り方から原罪を考察する必要を感じます。

2　創世記1、2、3各章の解釈

創世記の第1章は祭司伝承に属し、第2、第3の各章は主伝承（ヤーウェ）に属することが、最近の聖書学者の通説になっています。問題は二つの伝承の関係です。

現在、何となく考えられている解釈は、「神の救いの歴史を、創世記1書、2章、3章の順に展開した」という枠組みを重視する考え方です。この説に対しては、「そうではなく、人類創造の経過を述べている第2章、第3章の主伝承（ヤーウェ）のほうが先に形成された。第1章は神の救いの歴史の総括と結果を、聖書の初めに述べている」という解釈が立ち塞（ふさ）がります。

神は自分の創造の働きの結果を見て「極めて良い」（1・31）とされた、というこの箇所は、あたかも、神がまず創造をいったん全部し終えたかのような印象を与え、そのあと第2、第3章の〝堕罪物語〟が始まったような印象ですが、実はそうではないのではないか、とわたしは考えます。

神は自分の創造の完成を見て、「極めて良い」とされました。ところが通常、「神は救いの歴史の初めにすべてを創造したが、自由意志を濫用した人祖が神に背いたため、この世界に『悪』が入り、その悪が今なお支配している部分がある」と考えられています。

そうなると「神が創った完璧な世界に、なぜ悪が存在するのか」という疑問が生じ、どうしても「神義論」の壁にぶつかってしまいます。そこで、「創世記で神が行った創造の御業は完璧に善だった。それを悪くしたのは神ご自身ではなく、神の作品である人間である」と解釈せざるを得なくなりました。

しかし、そのあたりを想い巡らせているうちにわたしは『実は、そうではないのではないか』と思い当たったのです。「神の創造の業（わざ）が完璧な善である」とは、それが完成した状態を指しているのであり、そこに至るまでの途中（プロセス）は〝未完成な状態（in fieri）〟にある、と考えられます。創世記第1章は人間の創造、すなわち1章の24～28節は人間の創造の結果だけを、非常に簡潔に述べたものです。第1章の祭司伝承はアダムとイブの物語を省略しているのであり、1・24～8、31の中には第2章、第3章の「アダムとイブの物語」（堕罪物語）が嵌（は）め込まれるべきですが、最初に結論だけを述べたために、第2章は入らなかったのです。

創世記第2、第3章の物語の歴史性を問題にする必要はないと思われます。これは歴史的事実でなく、いわば神学的真実の物語であり寓話だからです。

創世記の当該箇所によれば、楽園の中央には一本の木があったと言われています（「いのちの木」とも「善悪の木」とも呼ばれていますが、同一のものと考えてよいでしょう）。「善悪の知識の木から決して食べてはならない、食べると必ず死んでしまう」（創世記2・16〜17）と神は言われました。この楽園の中央に生えている木は神の意志そのものを象徴しています。人は自由を与えられましたが、その自由は神のもとに置かれた自由であり、神こそが善悪を決める最終の基準です。楽園は大昔どこかに存在した地上の理想郷ではなく、いわば人間各自のあこがれと希望の存在する心の原風景であると言えるでしょう（『カトリック教会の教え』51頁参照）。

バビロン捕囚の悲惨な体験をした創世記の作者は、信仰を奮い立たせ、希望をもって、神の救いの歴史の到達点を、聖書全体の冒頭に置いて、明確に展開していると考えられます。もちろん旧約の民は、イエスの十字架による贖いと復活を知りませんでした。しかし祭司伝承の記者は霊感を受けて、世の終わりに現出する世界を聖書の巻頭において記述し、わずか一章のスペースで、救いの歴史全体を述べたのです。

「極めて良い」という結論が出る前に、実は、長い救いの歴史が展開しています。今現在も神は救いの御業を行っておられます。神は時間の支配を受けません。神にとって既に結果は見えており、実現しているのでしょうが、わたしたち人間の目には、神の創造の結果は隠されています。しかし、創造の完成は、すでに黙示録が言っているとおりです。

わたしはまた、新しい天と新しい地を見た。最初の天と最初の地は去って行き、もはや海もなくなった。更にわたしは、聖なる都、新しいエルサレムが、夫のために着飾った花嫁のように用意を整えて、神のもとを離れ、天から下って来るのを見た。そのとき、わたしは玉座から語りかける大きな声を聞いた。「見よ、神の幕屋が人の間にあって、神が人と共に住み、人は神の民となる。神は自ら人と共にいて、その神となり、彼らの目の涙をことごとくぬぐい取ってくださる。もはや死はなく、もはや悲しみも嘆きも労苦もない。最初のものは過ぎ去ったからである。」すると、玉座に座っておられる方が、「見よ、わたしは万物を新しくする」と言い、また、「書き記せ。これらの言葉は信頼でき、また真実である」と言われた。また、わたしに言われた。「事は成就した。わたしはアルファであり、オメガである。初めであり、終わりである（黙示21・1～6）。

「新しい天と新しい地」ということばが重要です。ペトロの手紙では次のように言われています。

愛する人たち、このことだけは忘れないでほしい。主のもとでは、一日は千年のようで、千年は一日のようです。ある人たちは、遅いと考えているようですが、主は約束の実現を遅らせておられるのではありません。そうではなく、一人も滅びないで皆が悔い改めるようにと、あなたがたのために忍耐しておられるのです。主の日は盗人のようにやって来ます。その日、天は激しい音をたてながら消えうせ、自然界の諸要素は熱に熔け尽くし、地とそこで造り出されたものは暴かれてしまいます。このように、すべてのものは滅び去るのですから、あなたがたは聖なる信心深い生活を送らなければなりません。神の日の来るのを待ち望み、また、それが来るのを早めるようにすべきです。その日、天は焼け崩れ、自然界の諸要素は燃え尽き、熔け去ることでしょう。しかしわたしたちは、義の宿る新しい天と新しい地とを、神の約束に従って待ち望んでいるのです（一ペトロ3・8～13）。

同じく、イザヤ書も見なければなりません。

見よ、わたしは新しい天と新しい地を創造する。初めからのことを思い起こす者はない。それはだれの心にも上ることはない。代々とこしえに喜び楽しみ、喜び躍れ。わたしは創造する。見よ、わたしはエルサレムを喜び躍るものとして／その民を喜び楽しむものとして、創造する。わたしの造る新しい天と新しい地が／わたしの前に永く続くように／あなたたちの子孫とあなたたちの名も永く続くと／主は言われる（イザヤ66・17～22）。

イザヤ預言者と黙示録の作者が言っている「新しい天と新しい地」とは、創世記1・31が述べている「きわめてよい世界」のことです。

主はペルシャ王キュロスについて次のように言われました。

主が油を注がれた人キュロスについて／主はこう言われる。わたしは彼の右の手を固く取り／国々を彼に従わせ、王たちの武装を解かせる。扉は彼の前に開かれ／どの城門も閉ざされることはない。わたしはあなたの前を行き、山々を平らにし／青銅の扉を破り、鉄のかんぬきを折り、暗闇に置かれた宝、隠された富をあなたに与える。あなたは知るようになる／わたしは主、あなたの名を呼ぶ者／イスラエルの神である、と。わたしの僕ヤコブのために／わたしの選んだイスラエルのために／わたしはあなたの名を呼び、称号を与えたが／あなたは知らなかった。わたしが主、ほかにはいない。わたしをおいて神はない。わたしはあなたに力を与えたが／あなたは知らなかった。日の昇るところから日の沈むところまで／人々は知るようになる／わたしのほかは、むなしいものだ、と。わたしが主、ほかにはいない。光を造り、闇を創造し／平和をもたらし、災いを創造する者。わたしが主、これらのことをするものである。天よ、露を滴らせよ。雲よ、正義を注げ。地が開いて、救いが実を結ぶように。恵みの御業が共に芽生えるように。わたしは主、それを創造する（イザヤ45・1～8）。

創世記の冒頭を想起しましょう。

初めに、神は天地を創造された。

地は混沌であって、闇が深淵の面にあり、神の霊が水の面を動いていた。

神は言われた。「光あれ。」こうして、光があった。
神は光を見て、良しとされた。神は光と闇を分け、
光を昼と呼び、闇を夜と呼ばれた。夕べがあり、朝があった。第一の日である（イザヤ1・1〜5）。

神が光を創造して光と闇を分けられる前、既に闇が深淵の面にあって、神の霊が働いていました。神は霊を通して闇を消滅させ、神の望む秩序を実現します。実は、神は今も闇を滅ぼして光をもたらすという創造の働きを行っているのです。

主よ、御業はいかにおびただしいことか。
あなたはすべてを知恵によって成し遂げられた。
地はお造りになったものに満ちている。
同じように、海も大きく豊かで
その中を動きまわる大小の生き物は数知れない。
舟がそこを行き交い
お造りになったレビヤタンもそこに戯れる。
彼らはすべて、あなたに望みをおき
ときに応じて食べ物をくださるのを待っている。

あなたがお与えになるものを彼らは集め
御手を開かれれば彼らは良い物に満ち足りる。
御顔を隠されれば彼らは恐れ
息吹を取り上げられれば彼らは息絶え
元の塵に返る。
あなたは御自分の息を送って彼らを創造し
地の面を新たにされる（詩編１０４・24～30／傍線、筆者）。

実に神は、自分は「光を造り、闇を創造し／平和をもたらし、災いを創造する者。わたしが主、これらのことをするものである」（イザヤ45・7）と名乗っておられます。それらすべてが神の創造の御業の結果であるというのは驚くべきことです。この点について、『新カトリック大事典』第Ⅱ巻（研究社、一九九八年、７８１頁～７８４頁）で「原罪」の項を解説した宮川俊行師の次の言葉は傾聴すべき重要な指摘です。

――公式教説においては神によって創造された完全な世界がまずあり、これが人祖の始原罪によって混乱に陥れられたが、救い主はこれを再び原初の完全状態に回復させる、という復元的・回帰的救済思想が支配している。だが聖書は本来完全な救いは未来のものとしてこれを待ち望むという直線的救済思想をとっている。救いは過去の完全状態の復興ではなく、未来において実現を約束されている全く新しいものとして、希望の対象である。この観点から「原罪の本質」をどう把握し提示し直すかも今後の「原罪神学」の重要な課題であろう。――（『新カトリック大事典』の「原罪」の項目より）。

3　公式教説のここに引っ掛かる

聖書の歴史的・批判的研究の成果に鑑（かんが）み、ローマ書5章、創世記2～3章によって、以上の公式見解（原罪の遺伝的本質、原初の義、外本性的賜物、アダムの堕罪の物語）の歴史性を基礎づけることには無理があると思われます。

その理由を個別・具体に列挙します。

1　人類一元説は科学的に証明できない。
2　原罪は聖アウグスチヌスの個人体験と、幼児洗礼という当時一般化していた習慣を背景として議論され、決定されたことを、今日、配慮しなければならない。
3　遺伝罪なる考えは今日の通念から受け入れがたい。
4　人祖・アダムとイブに、外本性的賜物や始原罪を犯すに足るペルソナ的成熟が考えられない。
5　人祖の罪の罰を万代の子孫に及ぼすという神は、イエス・キリストによって啓示された愛とゆるし、慈しみの神の像と矛盾する。

「原罪の神学」は教会の普遍の真理を維持しながら、現代人に理解されるような表現と説明をしなければならない役割を担っているのです。

4 原罪論の問題点――右に考察した「原罪論」の問題点は、「親から子へと生殖行為によって人間性とともに引き継がれる世襲罪、ないし遺伝罪(peccatum hereditorium)である」という点にあります。

まず「原罪は生殖(generation)によって次の世代に伝えられる」という教えは、多くの人にとって受け容れにくいのではないでしょうか。「問題ない」という意見もあります。「生殖」ということばを単に生物学的な意味に限って受け取らなければ問題はない、と説明する論者は少なくありません。本書中で紹介させていただいた石脇論文が展開する説明の要約は以下のとおりです。

――人間は単に両親の生物学的生殖行為によってだけ生まれるのではない。人はペルソナとして成熟する過程で、両親から愛と配慮、教育、家庭環境など既存の諸条件・要素を受け容れる。生殖はより人間的な意味で理解されるべきである。

…(中略)…

原罪は複合的な過程(生物的成長は単にその一部に過ぎない)で、両親から子どもたちに伝えられる。この過程によって、子どもたちは、人間生命に対して準備されたものとなる。…(中略)…人間は不可避的に罪ある環境に産まれる。また、人間は、罪から深刻に影響されないでは、また自分自身罪人とならないでは、成長し、責任を引き受けること(これが「生殖」ということである)が出来ない。このことを強調することが原罪の説明に適っている。――

この説明の趣旨は、あながち全面的に否定することのできない説得力を含んでいます。しかしどう考えても、「生殖」という行為を中心に据えていることに違和感を持たないわけにはいきません。

生殖自体への否定的な先入観が背後で論旨を支配しているように感じられてしまうのです。

今日、人間の問題は、〈自分の「性」を正しく相応しく制御することが難しくなっている〉ということにあります。この状況を原罪の一断面と言っても過言ではないでしょう。犯罪の多くが性に起因しているのも事実です。カトリック教会も現在、聖職者による性虐待事件に直面し、対応に苦慮していることを否定できません。

問題は誘惑、困難、ストレス、課題への対応を求められる人間と社会が、そのための適応能力において欠損状態・不足状態にあることです。いわば人間には『世の罪』という悪に対する免疫が出来ていないこと、無防備であること、無力なことであり、そのような状態を「原罪」と呼ぶことができるのではないかとわたしは思うのです。

換言すれば、原罪とはすべての人間性が不可避的に負わされている弱さと脆さであり、その弱さと脆さとは、人類が蓄積してきた世の悪である『世の罪』に対する弱さ・脆さに他ならず、『世の罪』と闘う力の弱さ、脆さでもあるということです。『世の罪』に対して無力であり、容易にその悪の力に屈してしまう現状を指しているのではないでしょうか。

原罪を説明するとき鍵となる言葉は、〈生殖〉あるいは〈情欲〉ではなく、悪への抵抗力の不足と弱さでなければならないとわたしは思っています。(註23)

(註12)

「青空文庫」で全文を読むことができる。

https://www.aozora.gr.jp/cards/000025/card1144.html

(註13)

愛は個性の生長と自由とである。そうお前は言い張ろうとするが、と又或る人は私にいうだろう。この世の中には他の為めに自滅を敢(あ)えてする例がいくらでもあるがそれをどう見ようとするのか。人間までに発達しない動物の中にも相互扶助の現象は見られるではないか。お前の愛己主義はそれをどう解釈する積りなのか。その場合にもお前は絶対愛他の現象のあることを否定しようとするのか。自己を滅してお前は何ものを自己に獲得しようとするのだ、と或る人は私に問い詰めるかも知れない。科学的な立場から愛を説こうとする愛己主義者は、自己保存の一変態と見るべき種族保存の本能なるものによってこの難題に当ろうとしている。然(しか)しそれは愛他主義者を存分に満足させないように、又私をも満足させる解釈ではない。私はもっと違った視角からこの現象を見なければならぬ。

愛がその飽くことなき掠奪の手を拡げる烈(はげ)しさは、習慣的に、なまやさしいものとのみ愛を考え馴れている人の想像し得るところではない。本能という言葉が誤解をまねき易(やす)い属性によって煩わされているように、愛という言葉にも多くの歪(ゆが)んだ意味が与えられている。通常愛といえば、すぐれて優しい女性的な感情として見られていはしないか。好んで愛を語る人は、頭の軟かなセンティ

註 444

メンタリストと取られるおそれがありはしまいか。それは然し愛の本質とは極めてかけ離れた考え方から起った危険な誤解だといわなければならぬ。愛は優しい心に宿り易くはある。然し愛そのものは優しいものではない。それは烈しい容赦のない力だ。それが人間の生活に赤裸のまま現われては、却って生活の調子を崩してしまいはしないかと思われるほど容赦のない烈しい力だ。思い、ただ仮初の恋にも愛人の頬はこけるではないか。ただいささかの子の病にも、その母の眼はくぼむではないか。

個性はその生長と自由とのために、愛によって外界から奪い得るものの凡てを奪い取ろうとする。愛は手近い所からその事業を始めて、右往左往に戦利品を運び帰る。個性が強烈であればある程、愛の活動もまた目ざましい。若し私が愛するものを凡て奪い取り、愛せられるものが私を凡て奪い取るに至れば、その時に二人は一人だ。そこにはもう奪うべき何物もなく、奪わるべき何者もない。

だからその場合彼が死ぬことは私が死ぬことだ。殉死とか情死とかはかくの如くして極めて自然であり得ることだ。然し二人の愛が互に完全に奪い合わないでいる場合でも、若し私の愛が強烈に働くことが出来れば、私の生長は益々拡張する。そして或る世界が——時間と空間をさえ撥無(はつむ)するほどの拡がりを持った或る世界が——個性の中にしっかりと建立される。そしてその世界の持つ飽くことなき拡充性が、これまでの私の習慣を破り、生活を変え、遂には弱い、はかない私の肉体を打壊するのだ。破裂させてしまうのだ。

難者のいう自滅とは畢竟何をさすのだろう。それは単に肉体の亡滅を指すに過ぎないではないか。私達は人間である。人間は必ずいつか死ぬ。何時か肉体が亡びてしまう。それを避けることはどうしても出来ない。然し難者が、私が愛したが故に死なねばならぬ場合、私の個性の生長と自由とが失われていると考えるのは間違っている。それは個性の亡失ではない。肉体の破滅を伴うまで生長し自由になった個性の拡充を指しているのだ。愛なきが故に、個性の充実を得切らずに定命なるものを繋いで死なねばならぬ人がある。愛あるが故に、個性の充実を完うして時ならざるに死ぬ人がある。然しながら所謂定命の死、不時の死とは誰が完全に決めることが出来るのだ。愛が完うせられた時に死ぬ、即ち個性がその拡充性をなし遂げてなお余りある時に肉体を破る、それを定命の死といわないで何処（どこ）に正しい定命の死があろう。愛したものの死ほど心安い潔い死はない。その他の死は凡て苦痛だ。それは他の為めに自滅するのではない。自滅するものの個性は死の瞬間に最上の生長に達しているのだ。即ち人間として奪い得る凡てのものを奪い取っているのだ。個性が充実して他に何の望むものなき境地を人は仮りに没我というに過ぎぬ（筆者註：原文のまま引用し、適宜、読み仮名を振った）。

（註14）

『おそれとおののき』はデンマークの哲学者セーレン・キエルケゴールが１９４３年発表した作品で、婚約者レギーネ・オルセンとの婚約破棄という劇的事件を背景にして、キエルケゴールがその苦悩を綴った論文です。婚約破棄は一方的にキエルケゴールの方から行われ、その理由は誰にも説明されませんでした。相手のレギーネにとっても全く意外な、納得の行かない出来事であったと思われます。

　この事件がイサクの犠牲の物語とどのような関係あるのか、『おそれとおののき』の読者には、必ずしも明確ではないのです。イサクの犠牲の話はイサクの信仰を主題にしています。婚約破棄の原因はキエルケゴールの信仰の問題にあると思われます。「信仰」が重要な主題であり、この作品は「神を信じるとはどういうことか」を論じているのです。

アブラハムは愛する息子、たった一人の息子を燔祭の生贄とするように神から求められました。アブラハムは即座に応諾し、朝早く発ってモリヤの山に向かいます。その際、彼は当のイサク、そしてその母であり自分の妻であるサラに、神のお告げの説明は一切しないのです。父子の間には何の会話もなかったようですが、ただ一回の会話、つまり次のような言葉が記録されています。

イサクは父アブラハムに、「わたしのお父さん」と呼びかけた。彼が、「ここにいる。わたしの子よ」と答えると、イサクは言った。「火と薪はここにありますが、焼き尽くす献げ物にする小羊はどこにいるのですか。」

アブラハムは答えた。「わたしの子よ、焼き尽くす献げ物の小羊はきっと神が備えてくださる。」二人は一緒に歩いて行った（創世記22・6〜8参照）。

まことに涙なしには語れない物語です。アブラハムは息子をささげるようにと命令されたのですが、息子の方はそれを知りません。何か気づいていたかもしれませんが、あえて確かめる事態には至りませんでした。

アブラハムの答えは、ヘブライ書にあるように、実際に息子を手にかけることは起こらないだろうという意味か、あるいは『たとえイサクを燔祭にささげても神がイサクを蘇らせてくれると信じていた』という意味か、判然としません。しかし実際のところ、アブラハムは刃物を手にして息子を屠ろうとしたのです。

ここで問題は、果たしてアブラハムの判断と行動は正しかったかどうか、ということです。彼は神の命令に従ったのですから、彼には何ら誤りはない、と言うべきでしょうか。神の命令は絶対です。地上のいかなる倫理・道徳も、法律も、神の命令の下に置かれているのですから、たとえ道徳や法律に反しても、神の命令は絶対であり、神の命令で行ったことはすべて義とされます。「殺すなかれ」は神の十戒の一つですが、神が命令する場合はその限りではありません。実際、国家による死刑、あるいは戦争は「十戒の適用外」とされてきました（やっと最近問題とされるに至ったのですが）。愛するわが子、その子孫は空の星のように増えるという祝福を受けたイサクをわが手にかけなければならない父アブラハムの苦悩は如何ばかりであったでしょうか。

問題は神の命令であれば神の掟に反する重罪を起こしてもよいのか、あるいは例外として、その責任は問われないのか、ということです。キエルケゴールはその論点を詳細に論じています。信仰の世界、超自然の世界では、地上の論理、道徳は無効である、というのが彼の見解です。ここに信仰の逆説があります。「信仰の逆説は、（信仰者である）個別者が普遍的なものよりも高くあるということであり、いまではかなり稀になっている教義上の差別を思い起こしてもらえば、個別者が絶対的なもの（神）に対する彼の関係によって、普遍的なもの(例えば、殺す勿れという掟)に対する彼の関係を規定するということであって、普遍的なものに対する彼の関係によって、絶対的なものに対する彼の関係を規定するということではない。この逆説は、神に対する絶対的義務が存在する、というふうに言い表すことが出来る。なぜなら、この義務関係においては、個別者は個別者として、絶対者に対し絶対的に関係するからである。」(世界の大思想24、キエルケゴール、『おそれとおののき』、63頁。カッコ内の説明は筆者の解釈による)

アブラハムが神の命令を誰にも打ち明けなかったのも、アブラハムの沈黙は信仰者の行為として是認されるだけでなく、称賛に値します。誰かに話しても到底理解してもらえないだろう、いや説明すべき言葉を彼は持たなかったのだ、とキエルケゴールは言います。言葉にはならない信仰の世界の出来事なのです。またキエルケゴールはイエスの言葉を引用してアブラハムを弁護し称賛します。


大勢の群衆が一緒について来たが、イエスは振り向いて言われた。

「もし、だれかがわたしのもとに来るとしても、父、母、妻、子供、兄弟、姉妹を、更に自分の命であろうとも、これを憎まないなら、わたしの弟子ではありえない。自分の十字架を背負ってついて来る者でなければ、だれであれ、わたしの弟子ではありえない。

あなたがたのうち、塔を建てようとするとき、造り上げるのに十分な費用があるかどうか、まず腰をすえて計算しない者がいるだろうか。そうしないと、土台を築いただけで完成できず、見ていた人々は皆あざけって、『あの人は建て始めたが、完成することはできなかった』と言うだろう。

また、どんな王でも、ほかの王と戦いに行こうとするときは、二万の兵を率いて進軍して来る敵を、自分の一万の兵で迎え撃つことができるかどうか、まず腰をすえて考えてみないだろうか。もしできないと分かれば、敵がまだ遠方にいる間に使節を送って、和を求めるだろう。だから、同じように、自分の持ち物を一切捨てないならば、あなたがたのだれ一人としてわたしの弟子ではありえない」（ルカ14・25〜33）。

14章25節の「これを憎むmiseou」ですが、当時のデンマークではこの言葉を文字どおりには受け取らずに弱めて解釈し、「あまり愛さない」「ないがしろにする」「気にかけない」「無視する」などの意味にとっていたそうです。それは誤りだとキエルケゴールは断言します（しかし、アブラハムがイサクを憎むと言っても、燔祭にして殺すという意味だったかは、大いに問題です）。

ともかく、イエスに従う者は一切を投げうって従わなければならない、同様に、主なる神の呼びかけには無条件に従わなければならないわけで、アブラハムはその模範です。

（註15）

啓示については第二バチカン公会議の『啓示憲章』に学ばなければなりません。以下、『カトリック教会のカテキズム』101〜119項によって説明します。

——神は愛によってご自分を人類に啓示しました。啓示の源泉は聖伝と聖書です。聖書の作者は神です。何故なら聖書は神の霊感によって書かれたからです。神は人間である聖書記者に霊感を授けました。聖書記者は人間的な表現で神の言葉を伝えています。ですから聖書を正しく理解するためには、当時の状況と文化、当時使われていた「文学類型」、当時の人々のものの感じ方、話し方、物語の方法を考慮する必要があります。そして、霊感を与えた聖霊に忠実に解釈するためには次の三つの基準に従わなければなりません。

① 聖書全体の内容と一体性に特別な注意を払うこと。受難の後の復活の光に照らして解釈すること。

② 教会全体の生きた伝承にしたがって聖書を読むこと。教父の教え方に従い、霊が教会に与えた霊的意味に従って聖書を霊的に解釈しなければなりません。

③ 信仰の類比に留意しなければなりません。「信仰の類比」とは、信仰の諸真理が、それら相互においても、啓示の教え全体においても一貫している、という意味です。

聖書の意味には文字どおりの意味と霊的な意味との二つの意味があります。後者は寓意的な意味、道徳的な意味、天上的な意味と解されます。これらの四つの意味は根本的には一致し、聖書の解釈をより豊かにしてくれます。

霊的な意味

1　寓意的意味。寓意に託して表現される啓示の真理。例えば紅海を渡るのはキリストの勝利と洗礼を意味する。

寓意とは、「他の物事に託して、それとなく真意をほのめかすこと。また、その裏に隠れた意味（広辞林）」。

「アレゴリー（英：Allegory）とは、抽象的なことがらを具体化する表現技法の一つで、おもに絵画、詩文などの表現芸術の分野で駆使される。意味としては比喩（ひゆ）に近いが日本語では寓意、もしくは寓意像と訳される。詩歌においては「諷喩（ふうゆ）」とほぼ同等の意味を持つ。また、イソップ寓話に代表される置き換えられた象徴である」（ウイキペディア）。

2 道徳的意味。正しい行動に導くための表現

3 天上的意味。永遠の意味を示す。例えば地上の教会は天上のエルサレムのしるしです。

（註16）

拙著『現代の荒れ野で』（オリエンス宗教研究所の「Ⅲ‐4、ねたむ神と聖絶」）を参照。ならびに『神言』（H・クルーゼ、南窓社）16頁を参照。

以下、「クリスチャン トゥデイ」（２０１９年2月14日付）より引用。

――羽生結弦選手が引用した「試練は乗り越えられる者にしか与えられない」や、池江璃花子選手の「神様は乗り越えられない試練は与えない」は、新約聖書の言葉「神は真実な方です。あなたがたを耐えられないような試練に遭わせることはなさらず、試練と共に、それに耐えられるよう、逃れる道をも備えていてくださいます」（コリント一10章13節）に基づくものだとみられる。

（中略）一方、ここで言われている「試練」という言葉は、日本語では「逆境」や「苦難」といったニュアンスで捉えられる場合が多いが、原語のギリシア語「ペイラスモス」は「試み」や「誘惑」とも訳せる言葉だ。

またこの箇所は、主に偶像礼拝に対する警告が書かれているところで、13節の後には「わたしの愛する人たち、こういうわけですから、偶像礼拝を避けなさい」(14節)と続く。そのため、13節で触れられている「試練」は、一般的にイメージされる「逆境」や「苦難」よりも、偶像礼拝やみだらなこと、神を試みること、不平を言うこと(8~10節)との戦いという、信仰上の「試練」と捉えた方がよいのかもしれない。ちなみに、イエス・キリストが荒野で40日間断食し、悪魔から誘惑を受けたとされる新約聖書の別の箇所(マタイ4章1~11節)で、「誘惑」と訳されている言葉も、ペイラスモスの語源となる言葉だ。また「主の祈り」の「われらを試みに会わせず」の「試み」もペイラスモスが使われている。

ちなみに英英辞典では次のように説明しています。

Temptation/tempting or being tempted tempt/ (try to) persuade (sb) to do sth wrong or foolish/ Attract (sb) to have or do sth./(old use, biblical) test

Temptation　とtestとの区別は必ずしも明確ではないような印象です。

(**註17**)

２０１５年「世界病者の日」にあたり2月11日、わたしが行った説教。当日の聖書朗読箇所は次のとおりだった。

第一朗読(イザヤ53・1~5、同10~11)

わたしたちの聞いたことを、誰が信じえようか。

主は御腕の力を誰に示されたことがあろうか。
乾いた地に埋もれた根から生え出た若枝のように
この人は主の前に育った。見るべき面影はなく
輝かしい風格も、好ましい容姿もない。
彼は軽蔑され、人々に見捨てられ
多くの痛みを負い、病を知っている。彼はわたしたちに顔を隠し
わたしたちは彼を軽蔑し、無視していた。
彼が担ったのはわたしたちの病
彼が負ったのはわたしたちの痛みであったのに
わたしたちは思っていた／神の手にかかり、打たれたから
彼は苦しんでいるのだ、と。
彼が刺し貫かれたのは
わたしたちの背きのためであり
彼が打ち砕かれたのは
わたしたちの咎のためであった。彼の受けた懲らしめによって
わたしたちに平和が与えられ
彼の受けた傷によって、わたしたちはいやされた。

病に苦しむこの人を打ち砕こうと主は望まれ
彼は自らを償いの献げ物とした。彼は、子孫が末永く続くのを見る。
主の望まれることは彼の手によって成し遂げられる。
彼は自らの苦しみの実りを見
それを知って満足する。わたしの僕は、多くの人が正しい者とされるために
彼らの罪を自ら負った。

第二朗読（ヤコブ5・13〜16）

あなたがたの中で苦しんでいる人は、祈りなさい。喜んでいる人は、賛美の歌をうたいなさい。あなたがたの中で病気の人は、教会の長老を招いて、主の名によってオリーブ油を塗り、祈ってもらいなさい。信仰に基づく祈りは、病人を救い、主がその人を起き上がらせてくださいます。その人が罪を犯したのであれば、主が赦してくださいます。だから、主にいやしていただくために、罪を告白し合い、互いのために祈りなさい。正しい人の祈りは、大きな力があり、効果をもたらします。

福音朗読（マルコ1・29〜34）

そのとき　イエスは会堂を出て、シモンとアンデレの家に行った。ヤコブとヨハネも一緒であった。シモンのしゅうとめが熱を出して寝ていたので、人々は早速、彼女のことをイエスに話した。イエスがそばに行き、手を取って起こされると、熱は去り、彼女は一同をもてなした。

夕方になって日が沈むと、人々は、病人や悪霊に取りつかれた者を皆、イエスのもとに連れて来た。町中の人が、戸口に集まった。イエスは、いろいろな病気にかかっている大勢の人たちをいやし、また、多くの悪霊を追い出して、悪霊にものを言うことをお許しにならなかった。悪霊はイエスを知っていたからである。

【説教（全文）**】**

今日は「世界病者の日」です。カトリック教会ではルルドの聖母の日であり、聖ヨハネ・パウロ二世はこの日を「世界病者の日」と定められました。

病気は誰にとっても大きな苦悩の原因です。そしてわたしたちの救い主イエス・キリストは実に「癒すかた」でした。

今日の福音はイエスが宣教活動の初めの頃のある一日、カファルナウムで行った「神の国の到来を告げ知らせる働き」を、簡潔に述べています。

イエスの宣教には病人の癒しと悪霊の追放を伴うのが常でした。会堂で悪霊を追い出したイエスは、その後シモンとアンデレの家に行き、シモンの姑が熱を出していると告げられると、すぐに姑のところに行って彼女を癒しました。彼女の手を取り、彼女を起こします。ここに、イエスの悪に打ち勝つ力が表われています。

「イエスは、いろいろな病気にかかっている大勢の人たちをいやし、また、多くの悪霊を追い出して、悪霊にものを言うことをお許しにならなかった」（マルコ1・34）と福音記者は述べます。イエスは病気の苦しみを担う人や体の不自由な人に深い関心を寄せ、深い共感を持っていました。イエスは言いました。「医者を必要とするのは、丈夫な人ではなく、病人である。わたしが来たのは、正しい人を招くためではなく、罪人を招くためである」（マルコ2・17）。

イエスが罪人に対して取った態度は、病人や体の不自由な人に対して取った態度に重なります。病人や体の不自由な人を優先させることがイエスの基本的な生き方でした。イエスは安息日のおきてを破るという非難を覚悟の上で、手の萎えた人を癒し、律法学者やファリサイ派の人々を敵に回してしまいました（マルコ3・1～6）。

教会はこのイエスの癒しの働きと使命を受け継いでいます。復活したイエスは弟子たちに言いました。「全世界に行って、すべての造られたものに福音を宣べ伝えなさい。信じて洗礼を受ける者は救われるが、信じない者は滅びの宣告を受ける。……信じる者には次のようなしるしが伴う。彼らはわたしの名によって悪霊を追い出し、新しい言葉を語る。手で蛇をつかみ、また、毒を飲んでも決して害を受けず、病人に手を置けば治る」（マルコ16・16～18）。

7つの秘跡のうちの一つ、「病者の塗油」も、教会がキリストから受け継いだ癒しの働きです。今日の第二朗読は「病者の塗油の秘跡」制定の根拠とされる箇所です。「あなたがたの中で病気の人は、教会の長老を招いて、主の名によってオリーブ油を塗り、祈ってもらいなさい。信仰に基づく祈りは、病人を救い、主がその人を起き上がらせてくださいます。その人が罪を犯したのであれば、主が赦してくださいます」。（ヤコブ5・14～15）

イエス・キリストが宣教活動で何をしたかといえば、次の事柄に集約できます。「神の国の福音を宣べ伝え、病人を癒し、悪霊を追い出し、ご受難において人々の苦しみ悲しむ病を背負い、人々の贖いを成し遂げ、死を滅ぼして復活の世界に入られた」。

今日の第一朗読は、イザヤ53章の「主の僕の歌」です。ここで「彼が担ったのはわたしたちの病」と言われています。この「主の僕」は主イエスの前触れです。イエスはわたしたちの病と罪を背負って十字架に掛かったのでした。わたしたちも兄弟姉妹の苦しみと病に寄り添い担うよう招かれています。わたしたちは自分自身から進み出て、病気で苦しむ兄弟姉妹のもとに赴き、寄り添いながらともに苦しみを担うようでありたいと思います。

わたしたちは、忙しさに追われているために、自分自身を無償で差し出すこと、人の世話をすること、自分は他者に対して責任があることを忘れがちです。それは今年の「世界病者の日」の教皇メッセージの中で教皇が言っておられることです。

神はすべての人の健康を望んでおられます。健康は神の救いの恵みであり、神の霊の賜物です。聖書の言う「平和（シャローム）」は完全な健康を意味していると思います。人間が平和で満たされる時、それは創造の完成の状態です。それは神の霊＝聖霊による癒しと贖いを受けた状態です。

キリストの再臨により、わたしたちは完全にすべての悪から——罪、病気などからも——解放され、キリストの復活の体に与ります。そのときが、霊的にも聖霊による平和に満たされた健康に与るときであると考えます。すべての人の救いと健康のために祈りましょう。

「世界病者の日」ミサ説教（２０１7年2月11日）

第一朗読（創世記３・１～19／略）

福音朗読（ヨハネ９・１～12）

［そのとき］イエスは通りすがりに、生まれつき目の見えない人を見かけられた 弟子たちがイエスに尋ねた。「ラビ、この人が生まれつき目が見えないのは、だれが罪を犯したからですか。本人ですか。それとも、両親ですか」。

イエスはお答えになった。「本人が罪を犯したからでも、両親が罪を犯したからでもない。神の業がこの人に現れるためである。わたしたちは、わたしをお遣わしになった方の業を、まだ日のあるうちに行わねばならない。だれも働くことのできない夜が来る。わたしは、世にいる間、世の光である」。

こう言ってから、イエスは地面に唾をし、唾で土をこねてその人の目にお塗りになった。そして、「シロアム――『遣わされた者』という意味――の池に行って洗いなさい」と言われた。そこで、彼は行って洗い、目が見えるようになって、帰って来た。

近所の人々や、彼が物乞いであったのを前に見ていた人々が、「これは、座って物乞いをしていた人ではないか」と言った。「その人だ」と言う者もいれば、「いや違う。似ているだけだ」と言う者もいた。

本人は、「わたしがそうなのです」と言った。そこで人々が、「では、お前の目はどのようにして開いたのか」と言うと、彼は答えた。「イエスという方が、土をこねてわたしの目に塗り、『シロアムに行って洗いなさい』と言われました。そこで、行って洗ったら、見えるようになったのです」。

人々が「その人はどこにいるのか」と言うと、彼は「知りません」と言った。

【説教（全文）】

みなさん、今日は2月11日、ルルドの聖母の祝日となっています。

1858年2月11日、スペインとフランスの国境に近い、フランス側のルルドという所で、少女ベルナデッタに、聖母マリアがお現われになった日であると、カトリック教会が認めております。ベルナデッタは、良い教育を受けることができなかったので、ラテン語はおろか、フランス語もきちんと話すことのできない少女であったそうです。そのベルナデッタの前に現われた貴婦人が、「わたしは無原罪の御宿りです」と名乗ったという出来事を、カトリック教会は公式に認め、ルルドは、世界で最も有名で大切な聖所となりました。

さて、この2月11日を、聖ヨハネ・パウロ二世は、「世界病者の日」と定めました。ヨハネ・パウロ二世ご自身は、即位されたときまだ50代と、大変健康で元気な方であったと思われますが、その後、パーキンソン病という難病に罹（かか）られ、晩年は大変苦しまれました。そのヨハネ・パウロ二世が「世界病者の日」を定めたということは、大変意味深いことではないかと思います。

今、読まれた福音は、ヨハネの9章、生まれながらに目の見えない人の話です。イエスは、その人の目を開いてあげました。問題は、どうしてその人は、生まれながらに目の見えないという難しい問題を負わされていたのか、ということです。わたしたちは誰しも、生まれつき決められているいろいろな、「欲

註 460

しくない、思わしくない条件」というものを持っています。少なくとも本人は、「このようなことは嫌だ」と思うことがあるものです。

今日の福音の箇所では『どうして生まれながらに目が見えないのか』ということが、話の中心になっています。当時、「その人本人が罪を犯したのか」「生まれる前に罪を犯すということは、よくわからない」、あるいは「両親が罪を犯して、その報いが子どもに伝わったのか」といった具合に、いろいろな考えや議論がありました。

しかし、イエスの答えは、お聞きになったとおり、「神の業がこの人に現われるためである」と述べるだけです。どうしてそのようになったのか、原因や理由には言及されませんでした。「神の業が現われる」。別の言い方をすれば、「神の栄光が現われるため」ということではないでしょうか。

生まれつき目が見えないということは、「視覚障がい」という言葉で言い表わすことができるでしょう。しかし、障がいとは別に、わたしたちの多くは、さまざまな「疾病」という問題を抱えています。「健康とは何か」というと、大変難しい議論になるようです。

考えてみれば、全く問題なく、健康な人というのは、そういるものではありません。同じ人でも、長い生涯の間に、何らかの困難や問題を背負うことになるようです。仏教では、人生の困難を「生病老死」と、4つの言葉にまとめているようですが、病気の「病(びょう)」です。

「生きる」ということは、誰しも「病気に罹る」、あるいは、「心身の不自由を耐え忍ばなければならない状態になる」ということを意味しております。人間は、どうしてそのようになるのか。

「神がこの世界を造り、人間をお造りになったこと」について、創世記が伝えておりますが、「神がお造りになった世界は良かった」「極めて良かった」、まさに「極めつきの善」であった、と創世記第一章は告げています。

それなのに、人の人生にはどうしてこのような〝さまざまな問題〟があるのか―― この問いは、多くの人を悩ませてきました。たとえば戦争は、殺戮であるという社会的な問題だけではなく、ひとりひとりの人間にとっても、多くの困難をもたらします。人間の所業である悪がはびこる状況の中で、カトリック教会は「原罪」という言葉と概念を使って、いろいろな問題を説明しようとしてきました。

12月8日は、「無原罪の聖マリアの日」、昔は「無原罪の御宿りの日」と言ったように思いますが、「聖母は原罪を免れていた」という教えを、深く味わう日です。そして今日は、無原罪の聖母が、ルルドに現われたことを記念する日です。

さて、人間には、「弱さ」「もろさ」という問題とともに、「罪」という問題があります。「罪」と「弱さ」は別のことで、弱いこと自体が罪ではありませんが、逆に、元気で健康であっても、分かっていながら「神のみ心に背く」、あるいは、「神のみ心を行わない」ということがあります。それを「罪」と言います。

わたしたちは、多少とも罪を犯すものでありますが、さらに考えてみれば、自分の内にある〝人間の「もろさ」「弱さ」〟というものを、痛切に感じないわけにはいきません。人間が抱えるこの問題を、どのような言葉で言い表わしたらよいでしょうか。

今日の第一朗読は、創世記の第3章でしたが、この章から、いろいろな教会の先人が、原罪の教えを展開しております。「神と人間の間に生じた不調和」、平和が失われた状態は、「人と人との間の不調和」、そして「人と被造物、この自然界との不調和」へと発展し、さらに、一人ひとりの人間が自分自身の中に、「調和が失われている」、あるいは「調和にひびが入っている」と感じるようになる原因となった、とカトリック教会は説明しています。

今日、2月11日、この場に集うわたしたちは、主イエス・キリストによって、わたしたちが贖われていることを、そしてその贖いの恵みがわたしたちの生涯の中に働いていることを、さらには、生涯の旅路の終わりに、その贖いの完成に与ることができるという信仰を、新たにしたいと思っています。

わたしたちは、「罪」からの贖いだけではなく、わたしたち自身が生まれながらに背負わされている、それらいろいろな問題からの解放、そして「完全な解放に与ることができる」という信仰を、新たにしたいと思います。

それは、言い換えれば、イエス・キリストがわたしたちの罪を背負って、十字架にかかってくださり、そして復活された、そのイエスの復活の恵みに与ることを意味しているわけです。

わたしたちが背負っている、人間としての「弱さ」「罪」、神の完全な解放への「信仰と希望」。それは、主イエス・キリストの復活の恵みに与ることができるという「信仰と希望」と結びついていると言えるのです。

弱い私たち、同じ罪を繰り返してしまうわたしたちではありますが、そのようなわたしたちを温かく包み、癒し、贖ってくださる主イエス・キリストへの信頼を深めて、今日のミサをお献げいたしましょう。

（註18）

「健康」の定義と言えば、世界保健機構（ＷＨＯ）の定義がよく知られています。従来、ＷＨＯはその「憲章」前文のなかで、「健康」を「完全な肉体的、精神的及び社会的福祉の状態であり、単に疾病又は病弱の存在しないことではない。」（Health is a state of complete physical, mental and social well-being and not merely the absence of disease or infirmity.）と定義してきました（昭和26年官報掲載の訳）。

平成10年のＷＨＯ執行理事会（総会の下部機関）で、"Health is a **dynamic** state of complete physical, mental, **spiritual** and social well-being and not merely the absence of disease or infirmity."と改めること（太字部追加）が議論されました。最終的に投票となり、その結果、賛成22、反対0、棄権8で総会の議題とすることが採択されたのです。しかしその後改正案は最終的に採択されるには至っていません。

（註19）

生物学用語。受精卵または単為発生卵、あるいは無性的に生じた芽体、芽や胞子など未分化な細胞もしくは細胞集団から、種の一員としての生殖可能な個体が生じることをいいます。一方、これと対（つい）をなす概念に「系統発生」があります。こちらは、生物の進化の道筋である生物種が生じ、系統として確立する過程を指します。

個体発生は、細胞分裂により一定の数に達した細胞集団が、一定の秩序と広がりをもって配置され、同時にそれぞれの位置に応じた機能を果たすように分化することにより、独立した1個の生物体となる過程をいいますが、受精卵から出発した場合、この過程は胚の発生過程と、これが成長・成熟して生殖能力をもつに至る過程とに分けられます。無脊椎動物では、後者は後胚発生とよばれ、1回以上の変態を経たのち成体となります。多くの脊椎動物では身体の成長と諸機能の成熟をまって成体となる過程をたどります。「個体発生は系統発生を繰り返す」というドイツの動物学者エルンスト・H・ヘッケルの考え方は大筋において正しく、胚発生のある時期に、その種より系統的に古い種の形態的特徴が認められます（日本大百科全書（ニッポニカ）「個体発生」より）。

（註20）

2019年9月3日、野坂恵子（箏演奏者・野坂操壽）さんの葬儀の際、東京カテドラル聖マリア大聖堂でわたしが行った説教。全文は次のとおり。

わたしは神に一つのことを願い求めている。
生涯、神の家をすまいとし、
あかつきとともに目ざめ、
神の美しさを仰ぎ見ることを。（詩編27より）

わたしは野坂恵子さんの生涯を思うときに、この詩編27の祈りの言葉を深く想います。野坂さんは「美しさ」を探し求め「美しさ」を表わし伝えようとされたと思います。その美しさとは箏曲によって表わし伝える美しさです。

すべての美しさの源は天地万物を創造された神にあります。神の美しさは種々の形で、いろいろな道を通して現れています。芸術家は自分の専門分野で神の美しさを表現します。美術家は自分の作品である絵画、彫刻等を通して、音楽家は、作曲、演奏等を通して神の美しさを再現します。野坂さんは音楽を通して、演奏を通して、そして箏曲演奏を通して神の美しさを再現し伝達されたとわたしは考えます。

野坂さんはその生涯の間にキリストの福音に触れる機会がありました。野坂さんはヨーロッパの文化に根を下ろしたキリスト教の信仰表現を通してイエス・キリストとの出会いを経験したのであります。カトリック教会の信仰告白の代表が「クレド」であります。そのクレドと箏曲の間にある深いつながりに注目された方が皆川達夫先生でした。

ある日曜日、わたしは千葉県の教会でミサをあげるためラジオを聞きながら自動車を運転しておりました。たまたま自動車での移動時間が皆川先生のNHKの「音楽の泉」の放送の時間と重なりました。そのときの皆川先生のお話はとても興味深いものでした。その内容はすでの皆さんごぞんじでしょうが、箏曲の「六段」とカトリックの典礼の信仰宣言「クレド」はそのメロディーが基本的にはつながっている、という趣旨であったと思います。

さて2012年4月8日のこと、その日はその年の復活祭でしたが、野坂恵子さんはわたし・岡田大司教の立ち合いのもと、カトリック麻布教会において、カトリックの信仰を告白され、カトリック教会の一員となられました。その翌年の11月4日、野坂さんは東京カテドラル聖マリア大聖堂で、チャリティコンサートに出演してくださいました。その日はわたしの司祭叙階40周年の記念の日であり、わたしが理事長をしていた二つの公益法人のために野坂さんは喜んで奉仕の演奏をしてくださったのであります。この日の献金はすべて二つの団体、『公益財団法人・東京カリタスの家』と『社会福祉法人ぶどうの木・ロゴス点字図書館』に贈与されたのであります。

さて、神は御自分の住まいへすべての人を招いておられます。神の住まいとは復活したイエス・キリストのおられる世界であります。イエスは十字架の死を通して、罪と死に打ち勝ち、神のいのち、神の麗しさ、神の輝きの世界に入りました。そしてご自分の霊である聖霊を送り、復活の恵みに与るよう、わたしたちを招いています。

わたしたちに求められていることはただ、イエスの招きに「はい」と答えること、そして日々神の美しさ、輝きに与りながら歩むということに他なりません。

わたしはいつも野坂操壽さんの演奏に神の麗しさ、輝きを感じました。野坂さんに続くお弟子の皆さん、演奏を通して神の麗しさ、美しさ、輝き、そして安らぎの世界を多くの皆さんに伝えて頂きたいと願いながら、次の祈りをもってわたしの話の結びといたします。

いつくしみ深い主なる神よ、悲しみのうちにある遺族の方々に慰めと希望を与えください。ご遺族が故人の遺志を継ぎ、故人の目指した目標に向かって心を合わせて、力強く歩ことができますように

また、世を去ったわたしたちの父母、兄弟、姉妹、恩人、友人、支援してくださったすべての方々に永

遠の安らぎと喜びを与えてくださいますように。アーメン。


（註21）

以下の記事に大いに啓発されたのでここに記して謝意を表します。
・宮川俊行「原罪」（『新カトリック大事典』第Ⅱ巻、研究社、一九九八年、781〜784頁）。
・石脇慶總「『原罪論』についての一考察」（『南山宗教文化研究所報』第4号、南山大学、一九九四年、18〜39頁）

（註22）

本項註21の石脇論文を参照されることをお勧めします。


（註23）

恩師ペトロ・ネメシェギ師の説明を参照しました（出典は、本書著者が神学生として「原罪論」の講義を受けた際に配布されたプリントです）。**［監修者による解説］**以下の文献の内容が、岡田師の学んだ「原罪論」や「恩恵論」の解釈上の根拠となっていると推測されます。

1973年に岡田師は司祭叙階されていますが、そうなると東京カトリック神学院には1967年に入学していることになり、その当時の教義神学の教授としてイエズス会のネメシェギ師が主要科目を担当していたことに鑑みると、ペトロ・ネメシェギ、纐纈康兵『神の恵みの神学』南窓社、1967年改訂第一刷および1968年改訂第二刷、という両書の181頁と193頁が該当します。

（以下、当該箇所引用）

「ルターの恩恵論に関して、聖書と昔からの教会の伝承に合致しない点をあげるとしれば、次の四点である。一、各人が感じている情欲そのものが、原罪であり、真の罪である。それゆえ、義とされた人間の中にも罪が内在し、人間はいつも徹底的に罪人である。」（181頁より）

「トリエント公会議によれば、パウロやアウグスチヌスが言っているとおり、キリスト・イエズスの恵みによらなければ、人は自分の力で、あるいは、神が啓示したもうたモーセの律法の助けだけでは、神の前に義人となることはできないのである。その理由は、人間が原罪によって弱くなり、自分の力だけで十分に神のみ旨を果たすことができないということによるのである」（193頁）

すなわち、ルターの原罪理解は「情欲起源説」であり、それに対処したトリエント公会議の原罪理解は「弱さと不充分さ起源説」であるわけです。ルターは主観的かつ個人的経験にもとづく言説を多く述べる神学者であったので、彼がかかえていた情欲の強さへの苦悩が原罪理解にも反映されています（閉鎖的に落ち込む人間の苦悩に焦点が当てられています）。しかし、トリエント公会議は、弱って不充分な人生を過ごしている人間をささえて成熟させるキリストを重視しています。つまり、「人間存在の健やかなる完全さとしての救い」をもたらすキリストの慈愛と実力に焦点を当てています。キリストを眺めるときに、誰もが自分の卑小さと不充分な生き方に気づかされるのです。

Ⅷ 思索が教える「悪」の正体

わたしの創造論

まずは創世記の冒頭に戻ってみよう

この世は本来的に善なのか、悪なのか

アメリカの有名な精神療法の指導者でベストセラー『愛と心理療法』の著者、モーガン・スコット・ペック氏は著書のなかで次のように述べています。

「この世は本来的に悪の世界であって、それが何らかの原因によって神秘的に善に『汚染』されていると考えるほうが、その逆の考え方をするより意味をなすかもしれない。善の不可解性は、悪の不可解性よりもはるかに大きなものである」（M・スコット・ペック著『平気でうそをつく人たち』55頁）。

また、彼は言います。

「子どもは嘘をつかない、というが、子どもでも嘘をつくことはよく体験するところである。また物が腐敗することも、至って常識的な体験である。」（同書54〜55頁より／「嘘」については福田由紀子の記事に多くの示唆を得ました。）(註24)

世間の汚れ（けが）に染まる前の子どもですら嘘をつくのが〝当たり前〟だとすれば、とてもこの世を「善

に満ちた世界」とは言えないような気がします。

いったいこの世は、本来的に善であるのか、悪であるのか？　キリスト教思想ではどちらが正しいのか？――　このように問うとして、「本来的に」とはどういう意味でしょうか。〝元来は〟〝もともとは〟という意味なのか、それとも〝初めは〟という意味なのか……

キリスト教では、「神は天と地、すべてのものの造り主であり、全能、全知であるうえ、善そのものである」と信じられています。とすれば、『存在するものはすべて神の被造物であり、善である神から出たものだから善でなければならない』という論法が成立しそうに思われます。

それでは、現実にわたしたちが見聞きする「悪」は、どこから来たのでしょうか。本書中で何度も繰り返している疑問が、ここでも頭をもたげます。

創世記の冒頭を思い出してみてください。

初めに、神は天地を創造された。
地は混沌であって、闇が深淵の面にあり、神の霊が水の面を動いていた。
神は言われた。「光あれ。」こうして、光があった。
神は光を見て、良しとされた。神は光と闇を分け、
光を昼と呼び、闇を夜と呼ばれた。夕べがあり、朝があった。第一の日である。（創世記1・1〜5）。

従来の考え方は次のようなものでした。

・神は「極めて良い」世界を創造した。人間は神の似姿、神に似たものとして造られた（創世記1・26、27参照）。

・「我々にかたどり、我々に似せて、人を造ろう。そして海の魚、空の鳥、家畜、地の獣、地を這うものすべてを支配させよう」。神は御自分にかたどって人を創造された。換言すれば、人間は神にかたどって創造された。また人間は、男と女に創造された。

・神は人間に自由意志を与えた。最初の人間アダムとイブは、自由意志を濫用して神の命令にそむき、〝善悪を知る木〟から実を取って食べたため、楽園から追放された。人と神との関係の破綻（はたん）は男と女の関係の破綻、人間と自然との関係の破綻を招いた。

・神が創造された世界は「極めて善かった」にもかかわらず、人祖の不従順のゆえに、この世界に悪が侵入して来た。元来善かった世界が、人間によって〝秩序の乱れた混乱の世界〟に堕落してしまった。

・神はこの世界を立て直し復旧するために、御子イエス・キリストを派遣された。

・キリストは十字架刑によって人間の罪の贖いを成し遂げ、さらに再臨によってすべての悪を滅ぼして創造を完成する。

最終的な勝利までの道筋

しかし以下のように考えることも可能です。　わたしは本書中「原罪」の項で、既に次のように書きました。

――〈神によって創造された完全な世界がまずあった。その世界が、人祖の「始原罪」によって混乱に陥れられたが、救い主はこれを再び原初の完全状態に回復させる〉という「復元的・回帰的救済思想」が創世記を支配している。だが聖書全体は〈本来、完全な救いは未来のものとしてこれを待ち望む〉という「直線的救済思想」をとっている。〈救いは過去の完全状態の復興ではなく、未来において実現を約束されている全く新しいものとして、希望の対象なのである〉という見方だ。この観点から「原罪の本質」をどう把握し提示し直すかが、今後の「原罪神学」の重要な課題であろう。（『新カトリック大事典』の「原罪」の項（宮川俊行）を参照）――

人類の歴史は神の救済の歴史であり、救済の歴史は創造の歴史であると考えます。神は絶えず世界を新たに創造しつつあるのです。創造とは〈悪を消滅させ、神の支配を浸透させること〉に他なりません。

そして、悪の消滅と神の支配の浸透は、十字架と復活による救い主イエス・キリストの決定的な勝利の樹立を意味します。今わたしたちが生きる時間・空間は、教会とキリスト者が「キリストの勝利」を告げ知らせ、行き渡らせるための期間です。この勝利の結果が完全に浸透するには、聖霊の働きが必要です。聖霊は教会の内外で神の支配を行き渡らせるために今も・いつも・世々に働いておられ、主イエス・キリストの再臨の時に最終的な勝利が完成するのです。

もう一度、創世記の冒頭を想い起こしてみましょう。

神は闇と混沌の世界に光を灯されました。この神の働きが創造です。「創造」とは闇に光を掲げることなのです。「闇」とは神の支配のまだ及んでいない世界の別称と言えるでしょう。

福音書に目を転じてみましょう。

主イエスの働きを告げる福音書はすべて、癒しを語っています。癒しとは闇に光を灯すことです。罪とは闇であり、神の秩序がまだ及んでいない世界を意味しています。そして、闇である罪の結果が死です。

イエスは復活によって闇を打ち破り、死を滅ぼして、神の命である永遠の命、復活の命をもたらしました。聖書最後の巻物『ヨハネの黙示』25章の「新しい天と新しい地」とは、まさしく「神の創造の計画の完成図」そのものと言えるでしょう。このときすべての被造物は〈新しい天と新しい地〉として刷新されるのです。(註25)

使徒パウロは言っています。

「現在の苦しみは、将来わたしたちに現されるはずの栄光に比べると、取るに足りないとわたしは思います。被造物は、神の子たちの現れるのを切に待ち望んでいます。被造物は虚無に服していますが、それは、自分の意志によるものではなく、服従させた方の意志によるものであり、同時に希望も持っています。つまり、被造物も、いつか滅びへの隷属から解放されて、神の子供たちの栄光に輝く自由にあずかれるからです。被造物がすべて今日まで、共にうめき、共に産みの苦しみを味わっていることを、わたしたちは知っています。被造物だけでなく、〝霊〟の初穂をいただいているわたしたちも、神の子とされること、つまり、体の贖われることを、心の中でうめきながら待ち望んでいます。わたしたちは、このような希望によって救われているのです。見えるものに対する希望は希望ではありません。現に見ているものをだれがなお望むでしょうか。わたしたちは、目に見えないものを望んでいるなら、忍耐して待ち望むのです」(ローマ8・18～25)。

「原罪」の本質

本書第Ⅶ章で考察したところにより、原罪論の本質はいくつかの特徴に絞られました。以下に、おさらいしてみましょう。

1 神はすべての人が救われて真意を知るようになることを望んでおられます(一テモテ2・4)。自罪を犯さない幼児はもちろんですが、幼児を含めて人は例外なく誰でも救いを必要としています。ところが、すべての人類は、罪に向かわせ、自己を破壊する決断へと誘う、非常に強い悪の力のもとに置かれているのです。

それは、人類が犯した自罪の蓄積が『世の罪』としてすべての人類にのしかかって来ているからです。人は自分の意志によらずにそのような悪の世界に呼び出されます。誰もこの世に生まれることを自分では拒否できません。その悪とは、種々の要素――例えば遺伝・雰囲気・環境・圧力・刺激・誘惑・

伝統・社会構造・文化など――の総和としての『世の罪』として、この世を支配しています。

人間は外からそのような攻撃に晒されているだけでなく、自分の内側からも攻撃されています。人間の心は悪に傾き、互いに悪へと誘い合い、苦しめ合い、不幸に陥れ合っているのが現状です。

このような現状――『世の罪』と「悪への傾き」――は、人類が個人としても全体としても神から離れた状態にあり、神からの救いを必要としていることを意味しています。

2 そのような人類の現実を神はどう見ておられるでしょうか。神は決してこのような状況が起こることを意図して人類を創造されたのではなく、現状を肯定しておられるわけではありません。神は非常に不満ながら一時的に現状を耐え忍んでおられるに過ぎないのです。この神の苦しみは十字架のイエスによって現わされたのでした。

3 最終的に、神は歴史に介入して完全に悪を滅ぼします。この御業はイエス・キリストを通して、そしてキリストによって実行され、既に決定的実現過程が進行しており、それは終末時の〈新しい世界の創造の完成〉の時に完成します。そのとき人類は完全に悪の支配から解放されます。

現在その完成へ向かうべく、聖霊がその働きを進めています。聖母マリアはその完成の先駆けであり、その生涯のはじめから原罪の汚れを免れていました。

被造物は「善」だが、〝善でない部分〟も併せ持つ

眼を人間の世界に転じてみましょう。人間は神の創造の結果、存在を得た被造物です。人間は悪

への傾き・可能性を持った存在であることを「原罪」は教えています。すると〝生来原罪の状態にある人間〟の存在自体、「100％善である」とは言えないのではないでしょうか。人は光と闇の双方に属しています。基本的に光が闇にまさる被造物の世界で、光にも闇にも属しているのです。人は堕罪によって闇へ堕ちましたが、堕ちた先は100％の闇というわけではありません。主イエスの贖いによって、復活の光を受けることができ、「キリストを信じる者は既に、死から永遠のいのちへと導かれている」（ヨハネ5・24、同6・47、同11・25、同17・3、一ヨハネ3・14を参照）からです。

重ねて指摘しますが、聖書には次のような示唆があります。

「被造物も、いつか滅びへの隷属から解放されて、神の子供たちの栄光に輝く自由にあずかれるからです。被造物がすべて今日まで、共にうめき、共に産みの苦しみを味わっていることを、わたしたちは知っています」（ローマ8・21〜22）。

したがって、「存在する被造物はそれが何であれ善であるが、善でない部分も併せ持つ」と言わねばなりません。次項で考察するように「『悪』とは善の欠如」という見方をするならば、悪とは闇、すなわち光がまだ及んでいない部分、ということになります。

この地球と自然を考えてみましょう。すべての事象は神の創造の作品であり、「極めて善」なるものであるはずです。しかしその〝善〟は影・歪み・闇を帯びています。自然災害を考えてみましょう。

被害の大小を問わず、自然災害は自然法則に従って必然的に引き起こされます。

例えばわたしたちの記憶に生々しい東日本大震災の地震と津波。その地震と津波は、大自然が本来的に持つ構造上の特質が現われたものであり、その特質を知って克服すべき人間の叡智が及ばなかったゆえの災害だったのではないでしょうか。そう、わたしたちの側に、万一を想定して備える「善を実現する意思と知恵」がもっと豊かであれば克服し得た災害であったと反省せざるを得ません。

大震災が自然法則に従って起こったのだとしても、その自然法則の創り主は神であり、神が支配する法則そのものが善であることに疑いの余地はありません。しかし現実にわたしたちの眼前で展開した被害の悲惨さは〝闇〟そのもののように見えました。

それを目にしたとき、こう考える人々もいました、「災害という闇を伴わないような自然法則を神はなぜ造らなかったのか、あるいは造れなかったのか」「神といえども〝崩れ去ることのない自然〟を創造できなかったのだろうか」「多くの人がいのちや財産を失ったこの自然災害を、神はあらかじめ知っておられたのなら、それが起こることをなぜ回避されなかったのか」……

そんな戸惑いの辿り着く先は、「もしそうなら、『神は完全に善である』と言えるだろうか」「被害の甚大さを知っていながら地震と津波を防げないなら、神は全能ではないのではないか」という疑問です。そしてその疑問は、若い頃からわたしを引き付けて離さなかった疑問、「神が善であるのなら、なぜこの世に悪がはびこるのか」に通底しています。

こう考えを進めると、人間を含め、被造物に闇の部分があることをわたしたちは否定できません。

最終的にそれらの闇が消えるのは、主が再臨して「新しい天と新しい地」が出現する時でありましょう。しかし例えば、被造物の〝代表格〟である人間に、自分の力不足を認める謙虚さと、それを補うさまざまな努力、そして何より「この世にあって神の意志に耳を傾け、神の望みに沿って生きたい」という素直な心があれば、わたしたちが「闇」とか「悪」と呼んでいる〝欠けたもの〟〝神の意志に外れたもの〟を克服できるのではないでしょうか。

「『新しい天と新しい地』が出現するその時まで、被造物は贖われるのを待ち続けよう」という選択は、けっして諦め(あきら)の勧めではありません。わたしたちに示された最大の励まし、限りなく善である神からいただいている最高のプレゼントではないでしょうか。

神が抱く「普遍的な救済」の意志

神はすべての人の救いを望んでおられる

さて、わたしたちは「神の予定」についてどう考えるべきでしょうか。まず確認しておきたい事項は、「神が抱いておられる『普遍的な救済の意志』」です。

聖書を開いてみましょう。

神は、すべての人々が救われて真理を知るようになることを望んでおられます(一テモテ2・4)。

神は例外なくすべての人の救いを望んでおられる、とパウロは確信に満ちた口調で断定しています。これは絶対に揺るぐことのない、キリスト教と聖書の基本的なメッセージです。この命題を否定すれば、キリスト教の土台が崩壊することになります。

それでは、神がお望みのように、すべての人は例外なく救われるのでしょうか。どんな罪人も、どんな不信仰な者も救われるのでしょうか。

この点に関して聖書は沈黙しています。神は人を救いの道へと強制的に誘うことはなさいません。神は救いへの呼びかけ(先行的恩恵)に対する人間の応答を促しておられるのです。すべての人の救いを望まれる神はすべての人が救われるための道を開き、すべての人が救われる機会と可能性を提供しておられます。

しかし人間には、〝誰が救われ、誰が滅びるか〟を地上で知ることができません。それは神のみが知る神秘です。

これについて、有名な神学者カール・バルトは、次のような興味深い説を唱えています。

カール・バルトの説は、「神の予定はイエス・キリストの選びである」という主張を核として成り立っています。そしてその「選び」は「選ぶ者と選ばれた者」から成り立っているのです。すなわち——

1 神は人間の友、ないし仲間となることを選んだ

2 神は人間の贖(あがな)いのためにキリストを与えた

3 神は人類を贖うために自らを低くし、恥を受けるという道を選んだ

4 神は我々から裁きの否定的側面（棄却・断罪・死）を取り去ることを選んだ

5 そこで、神による棄却は二度と人間の分け前・事柄となることはない。それは、罪ある人間の負うべきであったものをキリストが代わりに負ったからである

6 従って人間は弾劾されることはあり得ない。恩恵は不信仰にも勝利する――

このバルトの見解は人を驚かせます。『これは〝救われない人はいない〟という意味だろうか』『不信仰の罪にさえイエスは打ち勝ち、万人を救済する、と言っているのだろうか』（註26）と。

「選ばれた人」が伝える愛・光・恵み

聖書は「選び」の書です。アブラハム、イサク、ヤコブ、モーセ、ダビデ、イザヤ、エレミヤ、エゼキエル、ダニエル……　彼らは実に「選ばれた人」でした。彼らが選ばれたのは自分自身のため、彼ら自身の物質的繁栄や名誉、栄光のためではありません。むしろ迫害、攻撃、恥辱、不名誉、苦難をその身に受けるための「選び」でした。彼ら「選ばれた人」を通して神の愛、神の光、神の恵みが伝えられるため、神によって彼らは選ばれたのです。

そして誰よりも、ナザレのイエスとその母である乙女マリアは、神が選んだ器でありました。わたしたちを生かし導く教会典礼が、待降節中の12月8日を「無原罪の聖マリアの祭日」としているのは、決して由（ゆえ）のないことではありません。その祝日のミサ中に読まれる「第二朗読」は『エフェソ書』の一節です。

わたしたちの主イエス・キリストの父である神は、ほめたたえられますように。神は、わたしたちをキリストにおいて、天のあらゆる霊的な祝福で満たしてくださいました。天地創造の前に、神はわたしたちを愛して、御自分の前で聖なる者、汚れのない者にしようと、キリストにおいてお選びになりました。イエス・キリストによって神の子にしようと、御心のままに前もってお定めになったのです。神がその愛する御子によって与えてくださった輝かしい恵みを、わたしたちがたたえるためです。
キリストにおいてわたしたちは、御心のままにすべてのことを行われる方の御計画によって前もって定められ、約束されたものの相続者とされました。それは、以前からキリストに希望を置いていたわたしたちが、神の栄光をたたえるためです（エフェソ１・３〜６、同・11〜12）。

実に「天地創造の前に、神はわたしたちを愛して、御自分の前で聖なる者、汚れのない者にしようと、キリストにおいてお選びになりました」（エフェソ１・４）とは、確信と喜びに満ちたパウロの言葉ではありませんか！（ただしこの箇所を、神の二重予定説を説明する際に聖書上の根拠とするのは、まったく本末転倒であり筋違いであることに留意しければなりません）
「天地創造の前から、神はわたしたちをすでに知っておられ、そしてわたしたちをお選びになった」とパウロは言っています。
人は誰しも、「わたしはどうして、この世に来たのか。何のために生きているのか。そして、どこに行くのか」という、非常に大切な問いを持ちます。「天地万物を造られる前に、神はわたしたちをすでにお選びになった」というパウロの言葉は、それ自体驚くべき〈信仰の核心〉なのですが、わたしたちは、そのような信仰を、しっかりと持っているでしょうか。

神はわたしたちを聖なる者、汚れのない者にしようとお望みになりました。その慈しみについて思い巡らすとき、わたしたち自身の〝今の状態〟はどうでしょうか。『自分は聖なる者、汚れのない者だ』と自信をもって口にすることができるでしょうか。

わたしたちは日々「主の祈り」を唱え、「わたしたちを誘惑に陥らせず　悪からお救いください」と祈っています。悪、あるいは罪から免れることができるように、罪に染まらないようにと願い、祈っているのです。

神の創造物である人間とこの世界はすべて「はなはだ善い世界」であるはずなのに、どうして罪、あるいは悪というものが、人間と世界の中にあるのか――　神義論が投げ掛けるこの問いは、深い謎であり神秘であると思われてきました。

神がわたしたちをお選びになったのは、わたしたちを通して神の救いの恵みを広く人類に指し示すためでした。

わたしたちを無原罪の聖マリアに倣う者とするため、さらには、罪の汚れに染まらない者となり、神の救いの地上におけるしるしとなり、希望となるためであったことは明らかです。

それでも人間社会に軋轢(あつれき)や捩(ねじ)れがあるという現実

毎年12月8日はカトリック教会が定める「無原罪の聖マリアの祭日」。この日挙げられるミサの第一朗読(A年)は、創世記(3・9〜15、および3・20)[註27]で、そこに記されているのは大変大切な、そして興味深い教えです。

ここで本書の第Ⅲ章を思い出してみましょう。創世記はいつごろ、どのようにして、編纂(へんさん)されたのでしょうか。創世記が書かれた頃、すでにイスラエルの民はさまざまな現実、胸を引き裂くような辛く悲しい、酷(ひど)い悪の現実を、十分に見聞きしていたに違いありません。創世記の中にも人が人を殺したり、人を傷つけたりする描写があります。一見したところその当時から現代に至るまで、人間の営みは大して変わっていないことを思い知らされます。

軋轢(あつれき)や縺(もつ)れが人間世界における「悪」の〝表われ〟だとすれば、男性と女性の関係もその一つと考えられます。いつの世も男女の仲は、必ずしもうまくいくとは限らないようです。

神は男性と女性を造られたとき、お互いの存在を、大変大きな喜びをもって支え合う仲とされました。それは大きな恵みでした。しかし見聞きするところでは、途中で二人の関係が揺れたり捩(ねじ)れたりしています。

人間社会ばかりでなく、宇宙の構造や大自然の在りようも同じです。神の恵みの表われとして人間を養い、育てるためにある自然環境は、本当に優しく、温かいものであるはずなのに、現実には古今東西を通じて、人間を苦しめ、痛めつける地球規模の大災害を引き起こすことが珍しくありません。

それはなぜでしょうか。創世記に登場するイスラエルの民は、この謎を解こうと考えたに違いありません。

そこで本項では、創世記3章14節の「呪われるものとなった」という言葉にあらためて注目したいと思います。

創世記のその部分の記述の中で何が、誰が、呪われる者となったかというと、蛇です。そして、呪われた蛇と関連して、わたしたち人間もその子孫も、さらにはわたしたちを取り巻く大自然も、調和が失われた状態になってしまった——と創世記は述べています。

わたしが悟った「悪」の正体

神の思いを正しく知ることができるか

後悔し、心を痛める神

次に、神の命令はいつでもどこにおいても「正当な命令」であるのか、を考えてみましょう。右に挙げた「カナン占領」や「殲滅命令」を「正当な命令」と言えるでしょうか。神が言われたことについて人間がその正否を論じるべきではないというなら、論議はそこで終わりです。しかしここでは敢えて問うてみたいと思います、神は間違った決定や命令を下さないのか？　と。

創世記には、神でも後悔し心を痛めることがある、とする記述があります。

主は、地上に人の悪が増し、常に悪いことばかりを心に思い計っているのをご覧になって、地上に人を造ったことを後悔し、心を痛められた。

主は言われた。「わたしは人を創造したが、これを地上からぬぐい去ろう。人だけでなく、家畜も這うものも空の鳥も。わたしはこれらを造ったことを後悔する」（創世記６・５〜７）。

「神が後悔した」という事例は聖書の中で唯一、創世記のこの個所に出てくるのみで、他には見られません。強いて似た記述を指摘するとすれば、イザヤ書にある「神は闇を創造した」というくだりでしょう。

> 光を造り、闇を創造し／平和をもたらし、災いを創造する者。わたしが主、これらのことをするものである（イザヤ45・7）。

神は、文字どおり〝闇を創造した〟のでしょうか。それとも〝闇が存在することをゆるしている〟という意味でしょうか、聖トマス・アクィナスによれば「闇」とは「神が下す罰」を意味している（『神学大全』第48問題、第2項参照）のですが。

いつくしみ深い父

教皇フランシスコは２０１５年12月8日（無原罪の聖母の祭日）から翌16年11月20日（王であるキリストの祭日）までの約1年間を「いつくしみの特別聖年」と定め、15年4月11日（復活節第二主日／主のいつくしみの主日前晩）に、大勅書『イエス・キリスト、父のいつくしみの御顔』を公布しました。その冒頭部分にはこの聖年の趣旨が簡潔に要約されています。

> イエス・キリストは、御父のいつくしみのみ顔です。キリスト者の信仰の神秘は、ひと言でいえ

ばこの表現に尽きる気がします。いつくしみは生きたもの、見えるものとなり、ナザレのイエスのうちに頂点に達しました。「あわれみ豊かな」(エフェソ2・4)御父は、モーセにご自分の名を「あわれみ深く恵みに富む神、忍耐強く、いつくしみとまことに満ちる者」(出エジプト34・6)と明かされてからは、やめることなく、さまざまな形で、歴史の中で数々の機会に、その神性を知らせてくださいました。「時が満ち」(ガラテヤ4・4)、その救いの計画に従ってすべてが整えられると、御父はおとめマリアから生まれた御子を遣わし、わたしたちにご自分の愛を決定的に明らかになさいました。御子を見る者は父を見るのです(ヨハネ14・9参照)。ナザレのイエスは、そのことばと行い、そして全人格を通して、神のいつくしみを明らかになさいます。(カトリック中央協議会のウェブページを参照)(註28)

どうぞ大勅書の本文を参照なさってください。「神はいつくしみ深い」「神のいつくしみはイエス・キリストにおいて余すことなく実現し、実行された」という趣旨の内容となっています。

併せて教皇フランシスコは、「いつくしみの特別聖年のための祈り」を全世界の信徒に向けて送りました。この祈りは「いつくしみの特別聖年」の趣旨を簡潔かつ的確に示しています。

主イエス・キリスト、

あなたは、わたしたちが天の御父のようにいつくしみ深い者となるよう教え、あなたを見る者は御父を見る、と仰せになりました。
み顔を示してくだされればわたしたちは救われます。
あなたの愛に満ちたまなざしによって、
ザアカイとマタイは富への執着から解き放たれ、
姦通の女とマグダラのマリアは、
この世のものだけに幸せを求めることから解放されました。
ペトロはあなたを裏切った後に涙を流し、
悔い改めた盗人には楽園が約束されました。
あなたはサマリアの女に、
「もしあなたが神のたまものを知っていたなら」と語られました。
このことばを、わたしたち一人ひとりに向けられたことばとして聞かせてください。
あなたは、目に見えない御父の、目に見えるみ顔です。
何よりもゆるしといつくしみによって、自らの力を示される神のみ顔です。
教会がこの世において、復活し栄光に満ちておられる主のみ顔となりますように。
あなたは、ご自分に仕える者が弱さを身にまとい、
無知と過ちの闇の中を歩む人々を、
心から思いやることができるようお望みになりました。

これら仕える者に出会うすべての人が、
神から必要とされ、愛され、ゆるされていると感じることができますように。
あなたの霊を送り、わたしたち一人ひとりに油を注ぎ、聖なるものとしてください。
神のいつくしみの聖なる年が、主の恵みに満ちた一年となり、
あなたの教会が新たな熱意をもって、貧しい人によい知らせをもたらし、
捕らわれ、抑圧されている人に解放を、
目の見えない人に視力の回復を告げることができますように。
この祈りを、いつくしみの母であるマリアの取り次ぎによって、
御父と聖霊とともに世々に生き、治めておられるあなたにおささげいたします。

アーメン。

右の祈りの中では、「神から必要とされ、愛され、ゆるされていると感じることができますように」の一言が特に大切です。なぜならこの一言は、弱く脆(もろ)く、儚(はかな)い罪人であってもあなたは価値ある唯一の存在であり、あなたを必要とし、独自の価値あるものとして神が認めていることを証しているからです。

なお2016年12月、特別聖年終了後に行われたある黙想会での講話を引用しますので[(註29)]、参考にしてください。

もう一つ、教皇ヨハネ・パウロ二世の回勅『いつくしみ深い神』も非常に密度の濃い教えで、旧約聖書の慈しみに該当するヘブライ語の用語の詳細な説明(澤田和夫訳、カトリック中央協議会、一九八一年)を読むことができます。ぜひ参照されることをお勧めします。

“かけがえのなさ”という価値

「人がその人として尊重される」ということは何を意味しているでしょうか。人はそれぞれ違いを持っています。違うからこそ個性があり、人格の価値があります。もし能力が数量化されて評価され、数値によって個別化が行われるとしたら、その個人のかけがえのなさはどこで、何によって評価されるのでしょうか。もし人の価値が、「どれだけ社会で役に立つかどうか」によって決められるとしたら、役に立たないどころか負担をかける人は、存在する価値がないものとして抹殺されるということになりかねません。ナチスの優性思想は実際、障がい者を抹殺する挙に走らせたのでした。

この世でまことに不完全ながら、一時的にせよ、そのようなかけがえのなさという価値が実感されるのは、親子の間、そして異性間の恋愛においてでありましょう。まことに脆弱な関係ではありますが、それでも人はそこに自他のかけがえのなさを感じます。

人は「自分はこの瞬間のために生まれ、生きてきたのだ」という体験をすることがあります。もちろん宗教の世界でそれは起こっています。いわゆる神秘家と呼ばれる人々の体験はそうしたものでしょう(それについては別に省察を試みるつもりです)。ヒンドゥー教の聖者(例えばシャンカラ)、仏教の徹底した信奉者(例えば妙好人たち)の中にそのような体験があるのだろうと思います。とはいえ、それは特別な場合であり、一般的ではありません。

わたしは本書の中で、福音宣教の視点から「善と悪の問題」を取り上げています。誰でも経験しうる体験の中に、神の愛への接点がないだろうか、と考えてきました。「自分はこの瞬間のために生まれ、生きてきた」「これは『かけがえのなさ』という体験だ」と感じられる体験は実際あるのですが、それが神体験と結びついて受け取られることは、少ないのではないでしょうか。

ところで、一口に「恋愛」と言いますが、「恋」と「愛」とでは意味内容が違います。関係はあり、それもかなり深いものですが、恋は愛ではありません。もちろん「恋」とは何か、「愛」とは何かを論じればきりのない議論になります。キリスト教でもその長い歴史を通じて、アガペーとエロースとの比較が行われてきました(本書第Ⅵ章に詳述)。最近では教皇ベネディクト十六世が回勅『神は愛』を著わしています。この回勅は両者を厳格に峻別(しゅんべつ)する手法を取っていない点で画期的と言え、わたしたちが「愛」や「悪」を俎上(そじょう)に上げるとき大いに助けとなります。(註30)

西田幾多郎と同時代のカトリック信徒に、九鬼周造という有名な哲学者がいて、『いきの構造』という有名な論文をものしたことにはすでに触れました(本書第Ⅵ章参照)が、その中で九鬼もまた、人間が持つ異性への欲求とその自制、求めあう愛(エロース)と神の愛(アガペー)の関係を論じているように見え、その姿勢はわたしたちに、考えるヒントを与えてくれています。

神の愛は「かけがえのなさ」に注がれる

もちろん、〝恋〟と「愛」は違います。さまざまな機会にさまざまな人がその違いを論じています。しかし、〈かけがえのなさ〉という価値において、神の愛「アガペー」は恋に似ています。地上で味わえる愛の中で、この点において神の愛に似通う点が、恋にはあります。恋において、思いが向かう相手は、その人でなければならないのです。他人があれこれとその相手の問題や欠点を述べても、それゆえに相手への思いが萎(な)えてしまうことはありません。

神の愛もその点は同じです。神が、わたしたちの欠点・問題・過ち・不都合・不整合などのために、わたしたちへの好意を撤回することはありません。既にルカによる福音15章の譬え話を引用しましたが、ここで旧約聖書「知恵の書」から、この点を明確に示している聖句を引用します。

全能のゆえに、あなたはすべての人を憐れみ、
　回心させようとして、人々の罪を見過ごされる。
あなたは存在するものすべてを愛し、
　お造りになったものを何一つ嫌われない。
　憎んでおられるのなら、造られなかったはずだ。
あなたがお望みにならないのに存続し、
　あなたが呼び出されないのに存在するものが

果たしてあるだろうか。

命を愛される主よ、すべてはあなたのもの、

あなたはすべてをいとおしまれる（知恵の書11・23～26）。

わたしたち人間は神の子であり、神の被造物です。神は天地創造の前からわたしたちを愛し、わたしたちを選びました。「エフェソ書」には次のように書かれています。

天地創造の前に、神はわたしたちを愛して、御自分の前で聖なる者、汚れのない者にしようと、キリストにおいてお選びになりました。イエス・キリストによって神の子にしようと、御心のままに前もってお定めになったのです。神がその愛する御子によって与えてくださった輝かしい恵みを、わたしたちがたたえるためです（エフェソ書1・4～6）。

天地創造の前から予定して生んだ愛しい子であるユダの民とイスラエルの民は、何度戒めても主なる神に耳を傾けませんでした。

そのような出来の悪い子であっても神の思いはなお、深く切なるものでした。「エレミヤ書」で言っています、「わたしのはらわたよ、はらわたよ。わたしはもだえる。心臓の壁よ、わたしの心臓は呻く」（エレミヤ4・19）。

「悪」克服の可能性を示す西田哲学

「『善なる秩序』が世界を貫いている」

わたしが「悪」について、いささかでも考察を深めることができているとすれば、それが歴史上に名を残す神学者やカトリック神秘家と呼ばれる先達の知見に負っているのはもちろんですが東洋の思想家、特に日本哲学界に足跡を残す西田幾多郎の思想への共鳴も大きな力となったことは間違いありません(本書第V章参照)。

なかでも、西田がその深く長い洞察の果てに「すべての実在の根底に、統一普遍的な存在の働きがある」ことに気づき、「神に由りて生きんとするの情」を肯定したこと(本書第V章に詳述)は、日本人への福音宣教の方策を求め続けているわたしには、大きな励ましと感じられました。

そればかりでなく、西田は「悪」を克服する道を求めている私に、より直接的な示唆を与えてくれたのです。わたしは、西田哲学の研究者、白井雅人氏との対話の中でそのことに気づかされました。対話のほとんどは本書第V章に収載されていますが、その気づきの部分については稿を改める必要を感じましたので、第V章の本文とは切り離し、次のとおり記録しておきます。

岡田　西田幾多郎が求めた『我々の存在を写す場所』というのは、地上では国家、あるいは国際レベルなら国連とかがあるけれども、それを超えた「精神的な拠り所」を指し示しているようにも受け止められそうです。個人レベルで考えた場合、私たちが自分の存在の在り方を見て反省したり、あるいは改善したりする、そういう営みや方法について言っていると理解してよいのでしょうかね。

白井　その質問に答えるには二つの言い方ができて、「『ある』し、『ない』」という言い方になると思います。つまり、純粋経験が自発自展している――実在の持っている秩序自体は、全てが合一していって調和がとれている――のですから、純粋経験自体は基本的に「善」であって、発展に伴って生じる〝秩序〟もあります。まあ「純粋経験が〝秩序〟を持っている」という言い方でよいのかは分かりませんけれども、「完全なる秩序」というか「整った秩序」というか、善なる秩序というものがあることを西田は認めています。

しかし同時に、純粋経験というものは〝分裂〟をも含んでいます。私たちは失敗することによって学んでいくし、広くなっていきますが、それは純粋経験の分化・分裂であるとも言えるわけです。逆に言うと、「善なる秩序」そのものの中に、失敗・分裂・衝突……それらが含まれてしまっている。だから現実に衝突は無数に起きていて、その衝突を通じていろんな〝悲惨なこと〟が起こってしまいますが、だからといってこの世界に「善なる秩序」がないわけではない、というのが西田の立場ですね。

大掴（おおづか）みに言えば、「純粋経験」は分裂し衝突してうまくいかないからこそ発展していく。それは純粋経験そのものに、衝突とかうまくいかない悪い事態が含まれているから。だから「純粋経験自体は善であって、世界規模まで善なる秩序に貫かれている」という構造の話と、でも同時に「その構造の中に必然的に衝突とか悪というものが含まれている」という中身の話は別で、実際にはいろんなところで衝突が起こっているし、うまくいっていない、という経験をしている。そういった衝突や〝うまくいっていない現実〟も、純粋経験の中で基礎づけられ、意味づけられていることになるわけです。

だから、悪があるからといって「この世界には『善なる秩序』がない」ということではなくて、むしろ善なる秩序があるがゆえに、その秩序が確立されていくのに伴う必然的な経緯として、この世には悪があるんだ、という言い方になりますね。西田自身、どこかでオスカー・ワイルドの言説を引いてそのことに言及しています。

神の存在を探り当てた西田哲学の謙虚さ

岡田　自分にとっては善でも、相手から見ると善でない——という問題は、わたしたちがしょっちゅう経験するところですね。

白井　西田に言わせると、〝自分にとっての善〟というのは、まだ善ではないんです。

岡田　確か、「善は相対的だ」という意味のことも書いていますね。

白井　そのあたり、難しいんですよ。もちろん、西田の念頭に〝相対的なレベルの善〟があったかもしれませんが、「実質上、真の『善』とは唯（ただ）一つのみである。即ち『真の自己を知る』ということに尽きておる」という言い方をしています。その「真の自己を知る」ことが、「自分にとっての善であっても、あなたにとっては悪かもしれない」というレベルの〝善〟だったら、それは真の自己ではないんです。

というのは、そのレベルはまだ分裂が起きている段階なので、真の自己は、最終的に分裂を乗り越えた状態を目指さないといけない。自分の善はまだ未熟な善だと自覚して、より包括的な善――今の言葉で言うと「正義」という方が近いかもしれませんけども――、包括的な善を目指していくというのが、『善の研究』の示唆するところになるかと思います。

先ほど、西田がオスカー・ワイルドを引いていることをご紹介しましたが、ファウストのメフィストフェレスを引用している部分もあります。

「メフィストフェレスが常に悪を求めて、常に善を造る力の一部と自ら名乗った様に、悪は宇宙を構成する一要素といってもよいのである。固より悪は宇宙の統一進歩の作用ではないから、それ自身において目的とすべきものではないことは勿論（もちろん）である、しかしまた何らの罪悪もなく何らの不満もなき平穏無事な世界は極めて平凡であって且つ浅薄なる世界といわねばならぬ。罪を知らざる者は真に神の愛を知ることはできない」（『善の研究』第四編第四章）。

という言い方です。つまり、「自分は相対的であって有限である、自分は罪深い存在だと自覚するからこそ神の愛に近づくことができる」というロジックで、「善」はそのロジックの延長上にある、という考え方。自分だけの独善ではダメで、むしろ「自分は独善的であって常に独善的にならざるを得ないような有限な人間である」ということを自覚することによって、初めて神の愛に基づいて愛の共同体のようなものへと向かうことができる、ということになるんです。

このロジックを展開する西田にとって「悪」というのは、「この世界を構成する一要素」という位置づけになります。ただ大事なのは、だからといって〝悪に塗（まみ）れたこの世界〟に善がないわけではなくて、むしろ悪をバネとして本当の意味での「あるべき自己と共同体」を実現するんだ、そういう方向なんだ——西田がそう考えている、ということです。

岡田　お話を伺っているうちに、西田哲学はキリスト教の言う「神」の概念に重なり合っていることが実感されてきました。〝西田哲学〟の思考回路を経由して「神」の存在を肯定することも可能なんですね、人間の有限性も認めているわけだし……

白井　最終的には、「真の自己を知る」とは、自分が罪深く相対的で有限な人間であることを認め、それに気づくことによって、神の愛に生きていることを知ることができる——ということになるかと思います。

こう考えれば「悪」を克服できる！

イエスの復活は「悪」への勝利宣言

聖パウロの証言

「悪」の問題は結局、キリスト教ではイエスの復活によって克服されます。イエスの復活は「イエス・キリストによる、罪という悪への勝利」を意味するからです。人の救いは、このイエス・キリストの復活に参加することによって達成されます。「復活への参加」を「信仰」という言葉で言い換えることができます。

さらに、人間以外の被造物も復活による解放に与る(あずか)ことによって、世界に存在する不調和・不秩序から解放され、神の支配に与ることになるのです。

使徒パウロは言っています。

現在の苦しみは、将来わたしたちに現わされるはずの栄光に比べると、取るに足りないとわたしは思います。被造物は、神の子たちの現われるのを切に待ち望んでいます。

被造物は虚無に服していますが、それは自分の意志によるものではなく、服従させた方の意志によるものであり、同時に希望も持っています。つまり、被造物も、いつか滅びへの隷属(れいぞく)から解放されて、神の子どもたちの栄光に輝く自由に与れるからです。被造物がすべて今日まで、共にうめき、共に産みの苦しみを味わっていることを、わたしたちは知っています。被造物だけでなく、〝霊〟の初穂をいただいているわたしたちも、神の子とされること、つまり、体の贖(あがな)われることを、心の中でうめきながら待ち望んでいます。わたしたちは、このような希望によって救われているのです。見えるものに対する希望は希望ではありません。現に見ているものを誰がなお望むでしょうか。わたしたちは、目に見えないものを望んでいるなら、忍耐して待ち望むのです(ローマ8・18〜25)。

とはいえ「心を尽くして神と隣人を愛する」ことの難しさ

2020年10月25日(年間第30主日)に、カトリック教会のミサでは、次の福音が朗読されました。

(そのとき、)ファリサイ派の人々は、イエスがサドカイ派の人々を言い込められたと聞いて、一緒に集まった。そのうちの一人、律法の専門家が、イエスを試そうとして尋ねた。「先生、律法の中で、どの掟(おきて)が最も重要でしょうか」。イエスは言われた。「『心を尽くし、精神を尽くし、思いを尽くして、あなたの神である主を愛しなさい』。これが最も重要な第一の掟である。第二も、これと同じように重要である。『隣人を自分のように愛しなさい』。律法全体と預言者は、この二つの掟に基づいている」（マタイによる福音書22・34〜40）。

キリスト教をどのように宣べ伝えたらよいのか、という課題を念頭に置いてこの福音に耳を傾けるとき、わたしたちの脳裏をよぎるのが『キリスト教の掟（おきて）とは何だろうか』という疑問です。旧約聖書は613の掟を伝えていると言われます。右に上げた福音の箇所では、その中でどの掟が重要なのか、と律法の専門家がイエスに訊（たず）ねた、とマタイは記しているのです。そして、そのときイエスはこう答えた、とも。

「『心を尽くし、精神を尽くし、思いを尽くして、あなたの神である主を愛しなさい』。これが最も重要な第一の掟である。第二も、これと同じように重要である。『隣人を自分のように愛しなさい』。律法全体と預言者は、この二つの掟に基づいている」。

「隣人を自分のように愛する」とは、誰にとっても分かりやすい教えです。信者でない人でも一応納得されるでしょう（もっとも、実行するのは難しいと思われるでしょうが）。

問題は前段の、「『心を尽くし、精神を尽くし、思いを尽くして、あなたの神である主を愛しなさい』にあります。

「主を愛する」とは、どうすることでしょうか。どうしてはいけないのでしょうか。これは、俄(にわ)かには分かりません。神は、人と同じように何かを必要としている〝欠乏を抱えている存在〟ではありません。その神が、何か他のものを望んでおられるのでしょうか。

聖書によれば、神は確かに、人間に種々のことを望んでおられます。「掟を守ること」もその一つです。単純に言って、神の命じることを行うことが、神を愛することだとしましょうか（本書第Ⅶ章「犠牲」の項で既に述べたとおりです）。旧約聖書の中には『アブラハムの苦悩はいかばかりか』と考えさせられる記述があります。信仰の父と呼ばれるアブラハムは、やっと授かった愛(いと)し子イサクを、燔祭(はんさい)（いけにえを焼き尽くして神に捧げる儀式）の献げものとするよう、神から命じられました。彼は誰にも神の命令を明かさず、ただ黙々と実行しようとしました。蛇足ですが、そのときのアブラハムの心中を想像した有名な記述が、キエルケゴールの「おそれとおののき」です。

理解できないまま神の計らいに従う――聖母マリアの選択

さて、ここでもう一つ、問題が生じます。神は本当にそのように非道な無慈悲・非条理で無理無体な命令をアブラハムに下したのでしょうか。わたしには理解できません。信仰には『理解できないことを受け入れる』という要素があります。キエルケゴールは、神の絶対性を人間の思いより優先させました。

右に挙げたのは創世記に出てくる物語ですが、ルカによる福音の一節では、おとめマリアは思ってもいなかった「救い主の母になること」を求められます。こちらはアブラハムとイサクの物語とはかなり違う、あるいは全く異質の物語で、天使はマリアに、〝命令〟ではなく「お告げ」を伝えるのです。マリアは自身の懐胎を受け入れます。彼女は、理解できないまま神の計らいを信じて従いました。

マリアのように、信じて受諾できればよいのですが、わたしたちの場合はどうでしょうか。まず、本当に神からの命令、あるいはお告げなのかどうかを問題にします。次に、その言葉が何を意味しているのかも問題となるでしょう。

本書のなかで述べてきたように、とりあえずは物語に『寓意』を見出して解釈することができそうです。すなわち、アブラハムが命じられたのは、文字どおり〈イサクをいけにえにして殺す〉ということではなかった、という理解の仕方です。

わたしたちは日ごろ、朝夕の祈りの中で「主の祈り」を唱え、「みこころが行われますように」と嘆願します。しかし、神の御心とは何であるのか、を口に出すことはしません。考えてみればそれが問題です。より個別・具体の課題となる「隣人を自分自身のように愛する」ことが具体的に何を意味するのか、その疑問も容易には解けません。

イエス復活の後、教会が設立されました。教会は、地上を経巡ったイエスに代わってイエスの事業を継続し、発展させます。教会には、イエスの心を戴し、日々どこにおいても、イエスの御心を実行することが期待されています。とはいえ前述のとおり、神の御心、あるいは主イエスの御心は、そう容易には分かりません。

かつて教会は、神の名によって決定し命令しました。いわゆる異端審問や十字軍結成はその一例と言えるでしょう。今日の時点で振り返ってみればひどく不可解、かつ強圧的な行動でした。聖ヨハネ・パウロ二世は『紀元二千年の到来』という文書の中でそのことを指摘しています。教皇フランシスコもまた、神の名による戦争・暴力を断固否定しています。すなわち数世紀前、教会が神の名によって採った判断と行動が、数世紀後には教会の正当な権威によって否定されているわけです。

このように、神の意思を体現するという行為は、非常に難しいことです。神でないもの——たとえ教会であっても——が正しく妥当な判断を下すことは、軽々にできることではありません。わたしたち罪人が同じ罪人を裁くということもまた非常に困難です。

しかし、難しいからと言って見て見ぬふりをし続け、結果として「悪」をはびこらせてよいとは思えません。各地で宣教を続けるなか、イエスが示した寛容と賢慮(けんりょ)、そして正義が、現代教会に生きる私たち自身にも求められているのではないでしょうか。

「新しい天と新しい地」

本書「神義論」の章で紹介した詩編の作者は、神はすべてを知っておられること、神は何処(どこ)にでもおられるという信仰を宣言しています。

さらに、これも既述のことですが、そのとき詩編の作者は次のとおり、「神が後悔した」という表現を用いています。

主は、地上に人の悪が増し、常に悪いことばかりを心に思い計っているのを御覧になって、地上に人を造ったことを後悔し、心を痛められた。主は言われた。「わたしは人を創造したが、これを地上からぬぐい去ろう。人だけでなく、家畜も這うものも空の鳥も。わたしはこれらを造ったことを後悔する」（創世記６・５〜６）。

なお、同じような例は、神がサウルを王に立てたことを後悔する、という記述にも見られます。

主の言葉がサムエルに臨んだ。
「わたしはサウルを王に立てたことを悔やむ。彼はわたしに背を向け、わたしの命令を果たさない」。サムエルは深く心を痛め、夜通し主に向かって叫んだ（サムエル上15・10〜11。他に関連個所として、出エジプト32・12〜14、民数記23・19、エレミヤ18・7〜10、同26・3、アモス7・3、ヨナ４・２）。

神が全知・全能であるなら、なぜ後悔するようなことをされたのでしょうか。自分の作った人間が地上で悪いことばかりするという結果になることを、全知・全能の神があらかじめご存知なかったのでしょうか。神は、やがては退けることになるサウルをなぜ王に立てられたのか。神が全知の王であるなら、サウルの将来の不従順を知っておられたのではないでしょうか。或いは、歴代の王たちの大部分は、神の目に「悪」とされることを行っているのに、それでも神は、そのような王たちが選ばれることを阻止されなかったように思われます。それはなぜなのか……

わたしの胸中に湧いてくる疑問は尽きません。もし神が時間を造られたとしたら、その時から神はご自分の時間の中に深く関わったはずではないでしょうか。何が起こるか、あらかじめ詳しく知っておられながら、世界をご自分の思いどおりにしようと考えられたとは思えません。

次から次へと、わたしの脳裏に浮かんでくる疑問……　にもかかわらず、神は最終結果を最初から知っていたと考えてよいと思われます。なぜなら、最終結果は「新しい天と新しい地」なのですから。

「主の受肉」が与えた「『悪』克服の価値観」

あわれみ深い主なる神は、この自然と人間を贖（あがな）い、元の状態（楽園）以上に善い、聖なる状態、神の幸福に与（あずか）る状態にしようとお望みになり、主イエス・キリストを遣わしてくださいました。そこにこそ、わたしたちの信仰の中心があることを、本書中の考察を通じてわたしたちは再確認しました。

その救い主、イエス・キリストに最もよく協力した女性が聖母マリアであった、と言うことは前項に示したとおりです。「無原罪の聖マリア」の祭日に読まれる福音の中で「ナザレに住んでいた一人のおとめ、マリアという人であった」と、ルカが告げています。

大天使ガブリエルから、「あなたは救い主の母となる」というお告げを受けて、『そのようなことがあり得るだろうか。それは、とんでもないことではないか』と思ったマリアでしたが、「神にできないことは何一つない」とガブリエルに諭されると、「わたしは主のはしためです。お言葉どおり、この身に成りますように」（ルカ1・38）と答えました。そして月が満ちると、神によって創造された最初の女性、エバ（エワ、イブとも表記される）の不信仰を帳消しにし、神と人間とのふさわしい関係を再構築して、よりすばらしいものとするためにイエス・キリストが来られたのです。

神がわたしたちを大切に思い、わたしたちをご自分のもとに招いておられる、という恵みを信じることは、わたしたちの人生に全く新しい価値観を与えます。

しかしわたしたち自身、この恵みへの疑いと不安が頭をもたげるのを心の片隅に感じることがないわけではありません。「どうして、このようなことがあるのだろうか」「なぜわたしたちを、こんなひどい目に合わせられるのか」といった思いが兆すことを否定できません。

実際、この世界には現在さまざまな矛盾や不条理が存在し、暴力が蔓延しています。無原罪の聖マリアを記念する日を迎えるごとに、「神はすべての人を救い、すべての人を『聖なる者』『汚れのない者』にしようと望んでおられる」と告げ知らせる聖書の言葉を、改めて、深く心に刻みたいものです。

わたしたちの多くは極めて現代的な生活環境――荒れ野のような状態にある大都市やその周囲――に住んでいます。そのような環境の中に生きる人々が信仰を強く保ち、希望のうちに、神からの愛を深く受け止めることによって、神への愛、隣人への愛を育み、強めていくことができるよう、わたしたちは折に触れ聖母の励ましを願って祈るのです。

二〇二〇年十二月、完。

(註24)

子育て/子供の嘘については臨床心理士、福田由紀子氏のWeb上の公表記事のうち、次の部分を参照した。

人間は嘘をつく生き物

嘘をついたり、秘密を持ったりするのは、子どもの正常な発達過程です。

「嘘つきは泥棒のはじまり」ということわざがあります。平然と嘘をつくようになると、盗みも平気でするようになる。嘘をつくことは悪の道への第一歩であるといった意味です。子どもの頃、「嘘をつくと閻魔さまに舌を抜かれるぞ!」と脅された人も多いのではないかと思います。

このような戒めが定着しているのは「人間(子ども)は、よく嘘をつく生き物」だからだ、と捉えることもできます。子どもに嘘をつかれると、親はショックです。わが子に裏切られたように感じて腹が立つかもしれません。でも、見方を変えてみると、嘘は子どもが順調に発達していることのあかしなのです。

嘘は成長のあかし

子どもが嘘をつきはじめるのは、早い子で3歳くらいと言われています。多くは「自分を守るための嘘」です。かっこ悪さをごまかしたり、叱られないための嘘。また「大人の関心を引くための嘘」もありますね。もっと自分を見てほしい、さみしい、甘えたい、という気持ちから出る嘘です。こうした嘘をつくためには、自分の行動や状況を客観的に見て、善悪を判断し、嘘が相手に与える影響を予測できなければなりません。

ただ、小さい頃の子どもの嘘はその場しのぎのものが多く、うしろめたさが仕草や行動に出やすいため、大人にはすぐにバレてしまいます。辻褄の合った嘘を一貫してつけるようになるのは、小学校の3～4年生くらいでしょうか。嘘を巧みにつけるようになる前に、嘘について子どもと話し合っておくことが大切だと思います。

嘘の種類について考えてみましょう

私たちの生活を見回すと、たくさんの嘘にあふれています。意図的な嘘から、無意識な嘘、思い違いが結果的に嘘になってしまうこともあります。「言わない」「隠す」といった、嘘のつき方もあります。どこからどこまでを「ウソ」とするかにもよりますが、全ての嘘が悪いわけではないですよね。

「ウソも方便」ということわざもありますし、作曲家のドビュッシーは「芸術とは、最も美しい嘘のことである」という言葉を残しています。「ウソから出たまこと」といったこともありますよね。ハッタリをかまし続けているうちに、自分の実力が追いついてきて、嘘ではなくなるといったことも多いものです。

「嘘をつくのは悪いこと」だと問答無用で叱るのはおすすめできません。「お前は嘘つきだ」とレッテルを貼ったり、厳しく叱りすぎるのも、嘘を重ねさせることにつながるので厳禁です。嘘をついたことの良し悪しは後回しにして、どのような結果を予測してついた嘘なのか？という切り口で、まずは子どもと一緒に「嘘をカテゴリー分け」してみるのはどうでしょうか。

嘘の種類を分析してみよう

どのような結果（メリット／デメリット）をもたらすと予測してついた嘘なのかを、相手と自分を軸

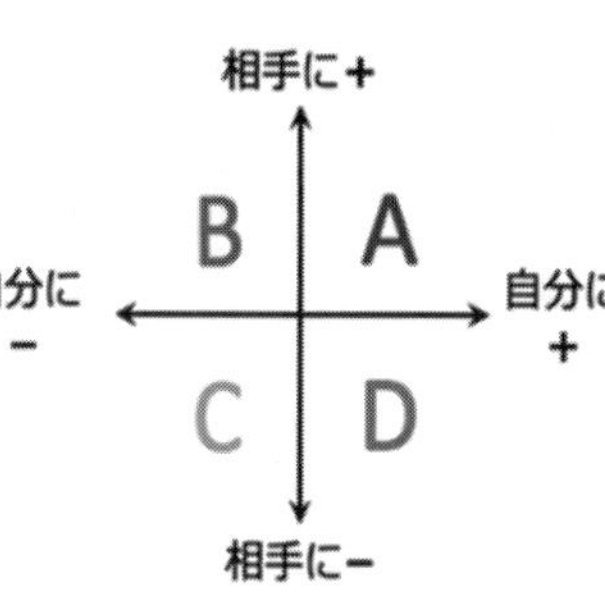

にした座標に当てはめるとどのようになるでしょうか。

どのような結果をもたらすと予測して嘘をついたのかを考えてみましょう(上図参照)。

A　自分にも、嘘をつく相手にもメリットをもたらす嘘（相手＋自分＋）

誰も傷つけない嘘です。芸術やドラマ、お笑いのコントなど、この領域に入るものは多そうです。お互いに嘘(フィクション)だと分かっているからこそ、楽しめるといったものもありますよね。しかし、その嘘が結果的に第三者を傷つけることがなかったかという点には注意する必要がありますね。

相手を喜ばせたいと思ってつく嘘もあります。

相手のことを思って、見て見ぬフリをする、といったことも入るかもしれません。気が向かない誘いを、理由をこじつけて断ったりするのは、大人にもよくあることです。「ウソも方便」と言われる種類の嘘ですね。子どもの場合、空想を語って大人の気を引いたりする嘘や、大人をびっくりさせるためのたわいもない嘘がこれにあたります。

B　相手のために、自分を犠牲にする嘘（相手＋自分ー）

相手が怖いために自分の気持ちを偽る嘘、相手の罪をかぶる、といった嘘です。本当はＮＯを言いたいのに、言えずに相手に合わせて言う通りにする、というのも、このカテゴリーです。

子どもの場合は、友だちを守ろうとして「自分がやった」と言う嘘や、虐待を受けている子どもが、親をかばおうとして「叩かれていない」と嘘の証言をしたりといったことがあてはまります。親に心配をかけまいとしてつく嘘も、ここですね。

C　相手も自分も傷つける嘘（相手ー自分ー）

自暴自棄になったときの嘘です。相手も自分も傷つくと分かっていて「死んでやる！」と言ったり、子どもに「あんたなんか生まれてこなければよかったのに！」と言ったりするのはここに入りますね。子どもの場合は、お友だちに「○○ちゃんなんかキライ！」と言うようなことが入るでしょうか。後悔やうしろめたさを抱える嘘です。

自分を傷つけるB）やC）の嘘には、自分を大切に思えない、低い自己評価が根っこにありますので、嘘をついたとガンガン責め立てるのは逆効果。嘘をつかざるを得なかった気持ちに寄り添い、嘘をつかなくて済む自分になることを援助しましょう。

D　相手を傷つけて、自分を守る嘘（相手ー自分＋）

自分の利益のために相手を利用したり、相手を陥れたりする嘘です。ここに入るものが「ウソつきは泥棒のはじまり」と戒められる嘘ではないでしょうか。合意だったと言い張るセクハラの加害者や、公約を守らない政治家、事実をねじまげて伝えるメディアなども、ここに入りますね。子どもの場合は「○○ちゃんのせいでこうなった」などと、自分の失敗を友だちになすりつけるといった嘘などが当てはまると思います。

こうした嘘が発覚したときは、保身のための嘘はダメだという一貫した態度を取ることが大切です。親の方はついカーッとなってしまいがちですが、冷静に伝える方が効果があります。

しかし、子どもが自分のミスを認められない背景には、強すぎる親の期待や、親に叱られることへの恐怖があることも少なくありませんので、親子関係を見直してみましょう。嘘を認めた勇気を認めつつ、だれかを傷つける嘘はダメだと教えることが大切です。

正直でいるためには勇気が必要です

「だますより、だまされる方がいい」と言う人がいます。しかし「正直者が馬鹿をみる」とも言われます。でも、本当は(だます/だまされる)の二者択一というのは極端で、「だましたくないし、だまされたくない」というのが、多くの人の本音だと思います。

人を信じるというのは尊いことです。「信じてくれている」ということが、勇気を与え、人を強くします。しかし、人からの信用を悪用する人は「だまされる方が悪い」と主張するのが常。また、私たち大人は人を信じることの大切さを教えながら、「悪い大人にだまされないように」と、見知らぬ大人を疑うことを子どもに教えています。子どもは混乱するでしょうね。

しかし、現実問題として、世の中には嘘があふれています。自分や相手に正直であることはとても大切ですが、相手の嘘を見抜くためには、嘘をついた経験がないと難しいのではないでしょうか。

子どもは誰でも成長の過程で、秘密を持つことを覚え、嘘をつきます。ですから「嘘をついて、叱られる」ことにより、嘘がどんな結果をもたらしたのかを振り返り、嘘が自分や相手に与える影響について子ども自身が考える機会にしたいものです。嘘をついてばかりいると肝心なときに信じてもらえなくなることや、嘘をついたときの嫌な気持ちなどに気付けるよう手助けできるといいですね。

嘘をつかない（つけない）子どもに育てようとするより、嘘をつこうとした時に「うしろめたさ」や「罪悪感」を感じて、嘘をつかない勇気を持てる子どもに育てていきましょう。そのためには、親自身が自分の気持ちをごまかしたりせず、嘘のない誠実な態度を見せることも必要ですね。子どもはよく見ていますから。

嘘をつくことはできる。でも、自分にも他人にも嘘をつかない人生の方がシンプルで快適なものだということを、嘘をつく経験を通して学んでいけるよう、関わっていきましょう。

（註25）

該当箇所は次のとおり。

――神は光です。／わたしたちがイエスから既に聞いていて、あなたがたに伝える知らせとは、神は光であり、神には闇が全くないということです。／わたしたちが、神との交わりを持っていると言いながら、闇の中を歩むなら、それはうそをついているのであり、真理を行ってはいません。／しかし、神が光の中におられるように、わたしたちが光の中を歩むなら、互いに交わりを持ち、御子イエスの血によってあらゆる罪から清められます。／自分に罪がないと言うなら、自らを欺いており、真理はわたしたちの内にありません。／自分の罪を公に言い表すなら、神は真実で正しい方ですから、罪を赦し、あらゆる不義からわたしたちを清めてくださいます。／罪を犯したことがないと言うなら、それは神を偽り者とすることであり、神の言葉はわたしたちの内にありません（一ヨハネ1・5〜10）。

――光の子として歩みなさい。／あなたがたは、以前には暗闇でしたが、今は主に結ばれて、光となっています。光の子として歩みなさい（エフェソ5・8）。

あなたがたはすべて光の子、昼の子だからです。わたしたちは、夜にも暗闇にも属していません（一テサロ5・5）。

（註26）

このカール・バルト理解に対して、バルトの専門の研究者はどう答えられるだろうか。微力浅学の筆者には今、これ以上考察する余裕がないが、どなたかご教示いただければありがたい。とくに「カール・バルトは『万人救済』を唱えたのか、それともそれは誤解か」という疑問を解きたいと筆者は願っている。

（註27）

「無原罪の聖マリアの祭日のミサ」の第一朗読、ならびに福音朗読の本文は以下のとおり。

第一朗読（創世記3・9〜15、20）

（アダムが木の実を食べた後に、）主なる神は（彼）を呼ばれた。「どこにいるのか。」彼は答えた。

「あなたの足音が園の中に聞こえたので、恐ろしくなり、隠れております。わたしは裸ですから。」

神は言われた。「お前が裸であることを誰が告げたのか。取って食べるなと命じた木から食べたのか。」アダムは答えた。「あなたがわたしと共にいるようにしてくださった女が、木から取って与えたので、食べました。」

主なる神は女に向かって言われた。「何ということをしたのか。」女は答えた。「蛇がだましたので、食べてしまいました。」

主なる神は、蛇に向かって言われた。「このようなことをしたお前はあらゆる家畜、あらゆる野の獣の中で呪われるものとなった。

お前は、生涯這いまわり、塵を食らう。

お前と女、お前の子孫と女の子孫の間にわたしは敵意を置く。彼はお前の頭を砕きお前は彼のかかとを砕く。」

アダムは女をエバ（命）と名付けた。彼女がすべて命あるものの母となったからである。

福音朗読（ルカによる福音1・26～38）

（そのとき、）天使ガブリエルは、ナザレというガリラヤの町に神から遣わされた。ダビデ家のヨセフという人のいいなずけであるおとめのところに遣わされたのである。そのおとめの名はマリアといった。天使は、彼女のところに来て言った。「おめでとう、恵まれた方。主があなたと共におられる。」マリアはこの言葉に戸惑い、いったいこの挨拶は何のことかと考え込んだ。すると、天使は言った。「マリア、恐れることはない。あなたは神から恵みをいただいた。あなたは身ごもって男の子を産むが、その子をイエスと名付けなさい。その子は偉大な人になり、いと高き方の子と言われる。神である主は、彼に父ダビデの王座をくださる。彼は永遠にヤコブの家を治め、その支配は終わることがない。」マリアは天使に言った。「どうして、そのようなことがありえましょうか。わたしは男の人を知りませんのに。」天使は答えた。「聖霊があなたに降り、いと高き方の力があなたを包む。だから、生まれる子は聖なる者、神の子と呼ばれる。あなたの親類のエリサベトも、年をとっているが、男の子を身ごもっている。不妊の女と言われていたのに、もう六か月になっている。神にできないことは何一つない。」マリアは言った。「わたしは主のはしためです。お言葉どおり、この身に成りますように。」そこで、天使は去って行った。

（註28）
https://www.cbcj.catholic.jp/2015/04/11/6268/　を参照されたい。

（註29）
待降節第二主日、東京教区・小岩教会での黙想会講話（２０１６年12月5日）は全文、次のとおり。
――待降節第二主日の説教の中でわたくしは、『いつくしみの特別聖年』は終了したが、神のいつくしみは絶えることなく、いつもわたしたちに注がれており、わたしたちは日々、神のいつくしみを実行するように召されている」ということを申し上げたかったのであります。

フランシスコ教皇は、「いつくしみの特別聖年」を迎えるときに大勅書を発表して、「イエス・キリスト、父のいつくしみのみ顔」という文書を、わたしたちにくださいました。それを読み返しながら、わたしたちはこの一年間を過ごしてきたと思います。

それを、もう一度読んでみますと、そこに、「いつくしみの行い」「慈善のわざ」ということが出ています。「わたしたちが人に対していつくしみ深い」ということは、どのようにすることか。あるいは、逆に、どのようなことをしないことか、ということが述べられているわけであります。

ミサの開祭のときに、わたしたちは毎回、「私は、思い、言葉、行い、怠りによって、たびたび罪を犯しました」と告白の祈りをしますが、この「怠り」ということを「いつくしみの特別聖年」の間、特に反省するように、と大勅書の中で言われております。

そして、古典的な教えなのですが、七つの善い行い、「体を使って行う善い行い」「身体的な慈善のわざ」が述べられており、さらに、「精神的な慈善のわざ」が、やはり七つ挙げられています。両方七つずつ、人間は体と心が一つでありますので、これは体の行い、これは心の行いと言うようにはっきりと分けることはできないでしょうが、「体を使って、心で行う良い行い」と、「もっぱら心を使って霊的に行う良い行い」というものを分けて、七つずつ挙げられているわけです。

どのようなものであるか、もう一度思い起こしますと——

「身体的な慈善のわざ」

「飢えている人に食べさせること」

「渇いている人に飲み物を与えること」
「着るものを持たない人に衣服を与えること」
「宿のない人に宿を提供すること」
「病者を訪問すること」

この辺りまでは、日ごろわたしたちが、言われなくても普通に行っている、行うことがそれほど特別だとは思われない〈良い行い〉だと思います。続けましょう――

「受刑者を訪問すること」

これは、あまり機会がないかもしれません。「牢に訪ねる」と言う箇所が、マタイ福音書の25章に出てきます。今日でも「教誨師（きょうかいし）」という仕事があって、司祭の中には教誨師をしている人がいます。

「死者を埋葬すること」

今はほとんどありませんが、昔はきっと、そのような必要がたくさんあったのでしょう。戦乱に次ぐ戦乱の時代、死体があちらこちらに放棄されているというような状況が珍しくなかったとき、葬儀屋さんに頼んで埋葬するということは思うに任せなかったのでしょう。日本では、幸い、わたしたちが直接、死体を埋葬するということはありませんが、世界中では、あちらこちらで、そのようなことがあるのだろうと思います。今日、シリアからの難民の受け入れをどのようにするかということが国際的な問題になっています。中近東、アフリカ大陸でたくさんの人が命を落とし、その死体が埋葬されないという状況も想像に難くありません。

これが、七つの「身体的な慈善のわざ」です。

次に、「精神的な慈善のわざ」ですが、これはしみじみと黙想したい課題でありまして、なかなか難しいことではあると思います。どのようなことかと申しますと――

「疑いを抱いている人に助言すること」

人間は疑いを持つものでしょうか。いろいろな場合があるのでしょうが、疑いを持っている人に助言することは、なすべき善行の一つです。

「無知な人を教えること」

人間は無知なものです。どんなに立派な人でも、無知な部分を持っています。無明、明かりがない状態。加えて、他人の欠点はよく分かっても、自分のことはよく分からない。イエス様もそのことを指摘しておられます。実際、わたしたちは、他人の問題には敏感です。自分のことはタナに上げているのに、人の欠点にはすぐに気づきます。他人の欠点を口にするのは楽しいもので、普段あちこちで悪口に花が咲いていますが、誰でも、自分の悪口は言われたくありません。教皇は大勅書の中で、「誹謗中傷することの害」を指摘しておられます。

無知な人を教える、といっても、本人は無知だと思っていないことが多いのですから、これは難しいですね。もっとも、単純な事実を教えることは簡単です。「小岩教会に行くにはどのように行けばよいでしょうか?」。これに答えるのはあまり難しくありません。が、人生のいろいろなことを教えるということは、なかなか難しいことだと思います。自分が信じ、実行していることでないと、人に教えてもあまり効果がありません。親が子どもに教えても、親が実行していないと、子どもには響きません。そもそも「教える」ということ自体が難しいことだとわたしは思いますが、皆さんはそのように思われないでしょうか。

「罪人を戒める」

これは、さらに難しいかもしれません。罪人が、自分は罪人だと思っているときに戒めることは容易です。しかしだいたい罪人は自分を罪人だと思わないことの方が多いわけですから、その人を戒めるというのは、難しいことだと思います。

「悲嘆に打ちひしがれている人を慰めること」

これは、わたしたちが普通にしていることであります。悲しんでいる人、落ち込んでいる人を慰める。慰めようがないと感じることもありますが、寄り添い、話があれば話を聞く。途中で意見しないで、最後まで聞くことが大切です。「あなたがそんなことだから、そのような目に遭うのだ」などと言わないで、最後まで聞くことです。

「諸々の侮辱を許すこと」

これも、難しいと思います。ロザリオの祈りや十字架の道行で、「主イエスが受けた侮辱を思い、侮辱を耐え忍ぶ恵みを祈り求めましょう」と祈りますが、言葉として口に出しているときは易しいのですが、現実に侮辱されると、なかなか難しいものがあります。侮辱と言うほどのことではないにしても、軽んじる、あるいは馬鹿にする、自分を重んじていない——と感じるときに、どのようにするかは意外に難しいものです。親が、「親に向かって、その態度は何だ」と言う気持ちや、司祭、司教の中にありがちな思いとして、内心、『俺は何々だぞ』という気持ち、口に出さないまでも、そのような気持ちが湧いてくるのではないかと思います。その気持ちに駆られると、他人から軽んじられたと感じるとき、それを〝侮辱〟と受け取ることになりがちです。お互いに、自戒したいところです。

「煩わしい人を辛抱強く耐え忍ぶこと」

これがどのようなことを意味しているか、お分かりですね。しかし、これが七つの「精神的な慈善のわざ」の一つに数えられているということを、わたしたちは「いつくしみの特別聖年」のときに知りました。わざわざ七つの中の一つに挙げられていたのです。いかかでしょうか、皆さん。せっかくの黙想会ですから、振り返ってみることをお勧めします。

同じことを、何度も何度もくどくどと言う。いつ尽きるか分からない。また同じことを愚痴る。あるいは、何をしても満足してもらえない……　そうした体験は、誰にもあるのではないかと思います。聞き役が心得るべきこととしては、分かり易い戒めです。しかし愚痴ったり不満を感じて口に出したりしている方は、自分がそのように（迷惑行為を）しているとは思っていないかもしれません。自分がそんなつもりではない場合、相手がどのように思っているかは分からないからです。人がどのような思いで生きているかということは分かり難いものなので、日常生活の中でその点に気配りしていたいものだとわたしは思います。その辺について、皆さんの体験はいかがでしょうか。さて最後、七番目の徳目は――

「生者と死者のために、神に祈ること」

祈ることとは、誰でも、いつでもできることですが、どれくらい実行できているでしょうか。毎年、11月下旬から12月にかけて、降誕祭前の40日間を私たちは待降節として、主イエスを迎える心の準備をしながら過ごします。また教会は十一月を「死者の月」と定めており、特に、死者のために祈るときを持ちます。亡くなった人は、日々記憶から薄れていきますが、教会は死者のために祈ること、ミサを捧げることを勧めています。そしてご存知のように、ミサの中では必ず、死者のために祈ります。他の宗教では、いかかでしょうか。仏教は亡くなった方のことを大切にし、供養する、お経を上げるということがなされていますが、他の宗教のことはよく分かりません。

その点、カトリック、あるいは東方教会は、「死者のために祈る」という良い習慣、伝統を保持している、と言うことができます。

「生者のために祈る」

これは多分、わたしたちが毎日実行していることです。特に、困難な状況にある人、病気の方などの快復を願って祈っています。朝・晩、あるいは寝るときに、短い時間であっても、亡くなった人や苦しんでいる人、お世話になっている人のために祈ることは、すばらしいことです。

「いつくしみの特別聖年」が終わった後、『自分はどのようにいつくしみを実行したか』、あるいは、『いつくしみに反することをしなかったか』と究明・反省して、悔い改めることを心掛けるようになりました。ぜひお勧めしたい信仰習慣です。

さて、わたしたちが信じている神様はどのような方かということを、今日も深く思い、考えたいと思います。

わたしたちは、イエス・キリストを救い主として、神から来られた「神からの神」、光の源である天の御父から来た「光からの光」であると信じています。「いつくしみの特別聖年」で、繰り返し言われたことですが、イエス・キリストは神のいつくしみの御顔、目に見える顔です。神は霊ですから、目に見えません。しかしナザレのイエスという人は、わたしたちと同じ人間でした。罪ということを除きすべてにおいて、わたしたち人間と同じ存在になられました。

福音書の中では、随所に、人間らしいイエスの姿が述べられています。先ほどの説教でも述べましたが、恐らく「毎日楽しく過ごす」という面もあったのではないでしょうか。よく食べ、よく飲んだ人なのかもしれません。弟子たちの集団は毎日、どのように暮らしていたのか。食事や寝る所はどのようにしていたのか。旅から旅への毎日、その日その日を、どのように過ごし、どのような所で休んでいたのか。寝られる所で寝たとして、食事はどのようにしていたのか……

想像するしかありませんが、砂漠で非常に厳しい生活をし、蜜といなごしか食べなかったというヨハネとは違い、イエスが極めて人間的な生活をしておられたことは事実であると思われます。毎日、人間としての生活をし、弟子たちに向かって神様について話されました。

その神様は父であり、イエスは父を「アッバ」と呼んでおられたそうです。アッバというのは、「おとうさん」と呼びかける、親しみと信頼を込めた呼び方です。しかし、目に見えるお方ではないので、たまりかねてフィリッポという弟子が、イエスにお願いしました、「どうか、わたしに父を示してください。見せてください」と。そのときイエスはフィリッポにこう答えられました。「わたしを見た者は、父を見たのだ。こんなに長い間一緒にいるのに、なぜ、そのようなことを言うのか」。

このときイエスが教え示された神は、旧約聖書で自らを現わされた神です。すなわちアブラハムに現われた神です。イサク、ヤコブに現われた神です。そして、モーセに現われた神です。すべて、同じ神です。そして、イスラエルの民がエジプトで奴隷とされ、苦しみあえいでいたときに、神は彼らの悲痛な叫び声を聞いてモーセを派遣し、イスラエルの民をエジプトから脱出させカナの地に定住させたという歴史が、出エジプト記などに述べられています。「モーセ五書」といって、最初の五つは、非常に大切な書物、「神の啓示の書」とされています。さらに、イスラエルには、預言者という人がいて、神の言葉を伝える役を担いました。

旧約聖書のボリュームは膨大なもので、とても、一人で楽しく読むというわけにはいきませんが、一緒に通読する機会があればよいと思います。上野教会におられたマルセル・ルドルフ神父によって編み出された、「聖書100週間」という聖書通読の方法があります。新約聖書だけでなく旧約聖書をも大切にし、旧約聖書を通読するように構成されています。このような通読方法が有益だと思います。

さて、旧約の民に現われた神は、戒めを授けた神です。「このようなことをしてはいけない。このようにしなさい」と命令され、「それを守り、行います」と、旧約の民は約束しました。しかし結果的に、彼らはその約束を守ることができませんでした。それだけでなく、他の神々を〝神〟として礼拝し、他の神に従うという裏切り、背信行為に陥ったのでした。それで旧約聖書を紐解くと、イスラエルの神は〈激しく憤り、怒りを発する神〉として描かれています。

神様は目に見えませんし、神様のことをすべて分かろうとするには、わたしたち自身が神になるしかありませんが、神様は人間を高く超えた存在ですのでもちろんそれは不可能です。

けれども神は、いろいろな方法で、いろいろな人を通して、いろいろな機会にご自分を現わされます。それが「啓示」ということなのですが、「激しく怒る神」については、分かりにくいと感じる点があるかもしれません。その怒りは何に向けられているかというと、エゼキエル預言者などが指摘しているとおり、神の怒りの対象は「背信のイスラエル」です。イスラエルの民がやったことは、結婚生活でいえば「姦通すること」に等しい裏切り行為でした。そこで聖書には、姦淫の罪を犯すイスラエルに対する神の激しい怒りが綴られています。

他方、神は怒るのですけれども、同時にイスラエルを憐れんでおられるということに着目しなければなりません。イスラエルの罪を赦そうとする、いつくしもうとする——そのような神の姿が、旧約聖書の中で描かれています。ですから、そのような神、つまり、「怒り、憤る神」と「いつくしみ、憐れむ神」、同じ神が、言わば対立するかのように、「葛藤する神」として描かれているということを、わたしは特に強く感じます。

ギリシア人の考える神は、観念的な神でした。人間は、怒ったり悲しんだり、落ち込んだりしますが、『神がそのように人間的な感情に囚われるはずはない』と考えるわけです。神は完全な存在だから、足りないところはない、というのがギリシア人の考え方です。「足りないから欠けた部分を求めるのであれば、それは神ではない」という理屈になります。動くことがない、変わることもない。不動・不変と言いましょうか。怒ることなく、悲しむことなく、憐れむこともない。神が心というものを持っていて、心の中で葛藤するというようなことは、ギリシア人の神の考え方にはありませんでした。

ところが、イエス・キリストはそれと全く対蹠的な福音を宣べ伝えられたのです。イエス・キリストの福音は、旧約聖書の歴史――それは2000年くらいなのでしょうか、ダビデが紀元前1000年頃の人と言われていますから、さらにその前に1000年もの歴史があるのですけれども――を通じて、人類が待ち望んだものでありました。2000年といえば永く感じますが、宇宙の歴史の中では、ほんの一瞬でしかありません。人類の創造からほんの短い期間を置いただけで、創造主は救い主をこの世に遣わされたのです。

ともかく、イエス・キリストの前の時代までヘブライ人が理解していた神が、イエス・キリストによってさらに高められ、深められたのでした。そのイエスは、らくだの毛衣を身にまとい、野蜜といなごを食べていた洗礼者ヨハネとは対照的で、弟子たちと、ときには楽しく食べたり飲んだりしておられたようです。これは今のところ、わたし個人の感想ですが、そうしたイエスの姿と洗礼者ヨハネの生きざまの違いは、旧約と新約の違いを表わす象徴なのかもしれません。

つまり神様という存在は、わたしたちには分かりませんのでそれぞれが勝手に思い描くしかないのですが、預言者の中に『神はこのように思っておられる』と証(あか)す人がいて、その証言はだんだんと広まっていきます。

彼ら証言者の出発点は「バビロン捕囚」という非常に厳しい体験でした。当時、イスラエルの国が北のイスラエル、南のユダというふうに分かれてしまっていましたが、まずイスラエルが外敵に滅ぼされ、その後ユダも滅ぼされてしまって、ユダの国の王をはじめとする主導者たちはバビロンに連行され、そこで捕囚の生活を強いられました。

そのように深刻な体験を重ねる中で、彼らの宗教体験が劇的に深められ、旧約聖書の原型はその時代に作られたと考えられています。旧約聖書の書物は、その時代よりはずっと後に出来た巻物ですが、その書物が編まれていく中で〈神様とはどのような方か〉ということについての理解が深まってきました。

そのような流れの中に、例えばホセアという預言者がいて、次のような彼の言葉が残されております。「ああ、エフライムよ――」（ホセア書11・8～9）に始まるその言葉はよく知られていて、皆さんも幾度となく読み、聞いておられる有名な箇所です（筆者註――その部分の聖書テキストは本書中に引用）。

そのホセア書を紐解く（ひもとく）と、「神は、『神であるのに』というか『人間ではない』からか、『怒りに任せてイスラエルを捨て、滅ぼし尽くすということをしない』と、あたかも自分をなだめておられるようです。「人間ならば、そうかもしれないが、神だから、そのようにはしない」と、自分に言い聞かせているような表現です。

振り返れば、わたしたち人間も、そのような場面に突き当たることはあるように思います。腹が立って仕方がないけれど、腹立ち紛（まぎ）れにそのようにはしない……　腹が立つのに任せて無分別な行動をとることに、わたしたちはブレーキを掛けています。動機にはいろいろでしょうが、その人々をいつくしみ深く思うから滅ぼすことはしない、滅ぼすことはできないのです。目の前にいる人たちの現状を良いと思うわけではありません、むしろ非常に良くないと思う。しかし、だからと言って、その存在をすべて消し去ることはしない、という判断は、誰もが経験しているでしょう。

考えてみると、人間は皆、不完全なものです。イエスが洗礼を受けられたときは、「これはわたしの愛する子、わたしの心に適う者である」と言う声がした、と聖書は記しています。しかし、マリア様は別として、この世に生を受けた人の中に、そのような人はいません。それ自体、わたしたちの不完全性の証しです。わたしたちは、完全に神様のみ心に適ったことを行っている、あるいは、み心に適わないことを行っていないというだけで不完全性を克服したと言えるものではありません。神様のみ心をよく分かっていないのですから。もっとも、分かったから実行できるかというと、分かったとしても実行することはできません。

人間の心は複雑で、あのようにも、このようにもと、思い惑います。思っただけでダメだと言われたら、悪い思いを持っただけで罪だとしたら、だれも神の前で清くあることはできません（天使の場合は悪魔にされましたが）。人間は、思わないわけにはいきません。そのような思いが全然ない人が、稀にはいるかもしれませんが、この世にある限り、思いを抱くという精神作用は避けられません。

神様はそこに「憐れみ」を懸けられます。慈しみ深い神の前では、思っただけで断罪されることはありません。〝思い〟にどう向き合ったかによって、わたしたちの責任は問われるわけです。いろいろな思いが湧いてくることは、人間がこの世にいる限り、避けることができませんし、そのこと自体を、神のみ心に背く罪であると見做（みな）す理屈にはならないのです。神は、「憐れみに胸を焼かれる」と旧約聖書は謳（うた）います。そして「葛藤される」とも。そのように慈しみ溢れる神であるということを、預言者エレミヤは詳しく述べています。

イエス・キリストが登場する直前、紀元前一世紀に編まれた旧約聖書の中に、「第二正典」と呼ばれる部分――他のキリスト教各派では聖書正典に数えていない巻物――があります。「マカバイ記」「集会の書」「知恵の書」などがそれです。

そのうち「知恵の書」は、紀元前一世紀にエジプトのアレクサンドリアで成立したものです。当時のアレクサンドリアには、ユダヤ人が多数移住していたといわれます。ユダヤ人の言葉はヘブライ語（後に「アラマイ語」とも言いました）でしたが、「知恵の書」は、最初からギリシア語で書かれたという説もあります。

「知恵の書」の11章23～25節は今でもよく引用される箇所で、教皇フランシスコも「いつくしみの特別聖年」の大勅書に引用されました。

この世に存在するものはすべて、神のみ心により、神がお造りになった、と「創世記」は述べています。そして、特に人間は、神の似姿として、言い換えれば神に似せて造られた、神の作品です。しかしその人間がいろいろな問題を引き起こしています。地上に存在するさまざまな災厄（さいやく）――戦争をはじめ大量殺戮・環境破壊・飢餓・貧困などは多くの場合、人間が引き起こしているものです。それを思うと、人間が自己嫌悪に陥ってしまうのも無理はありません。

自分の存在に対する絶望的な気持ちに駆られ、『自分がこの世にあることにどんな意味があるのだろうか』と問い続け、答えが見つからないまま自暴自棄になる。「セルフ・ネグレクト」へと真っ逆さま――という例が少なくありません。

人間の大切な課題は、〈自分が何のために存在し、この世を生き抜くことにどのような意味があるのか、どんな価値があるのか〉という疑問に応えることですので、価値があることに疑問を持たない人は、わざわざ問い掛けることをしません。つまり、人は両親から、家族から、周囲から大切な存在として認められ、育てられていれば、ことあらためて『自分は何のために存在しているのか』などと考えずに済むのです。しかし残念なことに、『なぜ自分は、このような目に合わなければならないのか』と思うような体験のある人の方が、はるかに多いという現実があります。

そのような中で、神様がおられる、その神様はどのような人をも嫌われないどころか、いつくしんでくださる――　わたしたちが心の中で温め、隣人に向かって発信しているのは、このようなキリスト教信仰です。

イエス・キリストの十字架という出来事は、「神のいつくしみのわざ」の頂点です。そのことを頭で分かっていても私たちが宣教面に反映できないでいるのは、なかなか「罪を憎んで人を憎まず」の心境に至らず、「悪いことは悪いわけで、悪いことを良いとすることはできない」というありきたりの倫理観に囚われているゆえの拘泥ではないでしょうか。間違いを犯す人を大切に思い、いつくしみ深く思い、その人を退けないどころか、その人のために良いことをする、その人からひどい目にあっても仕返しをしない。その人のために苦しみを受け、極端な場合、殺されても構わない……　そのような形で「愛」を示せと言われても「冗談ではない」というのが、わたしたち、普通の人間の気持ちだと思います。

しかしながら、イエスが言われているように、挨拶してくれる人に挨拶を返したところで、どんな手柄になるでしょうか。それは、誰にでもできることです。イエス・キリストは十字架という出来事を通して、「自分を迫害する者のために祈りなさい」と、わたしたちに促しておられます。とはいえ「自分に敵対する人のために祈り、その人のためになることをしなさい」というその教えは、なかなか実行が困難であるように感じられます。

罪ある人、あるいは、足りないところのある人を受け入れる、愛する――とは、その人の棘を受けることであり、その棘に刺されて痛みを覚えても甘んじて受け止める、ということです。

「いつくしみの特別聖年」の中では「いつくしみのわざを行いなさい」と、繰り返し勧められました。楽しくて、何の苦しみもなければ容易にできるのでしょうが、必ずしもそうではありません。痛みが伴うことです。その痛みを、どのようにすれば受け容れることができるでしょうか。その問いにどう答えるべきかを念頭に置いて聖書を読んでみると、神は決して、痛くも痒くもなく平然と人を愛しておられるのではなく、愛するがゆえに苦しんでおられるのだということが分かります。このことは、あまり普段思うことではありません。

わたしが学生時代、大変お世話になった司祭方の中に、粕谷甲一神父がおられました。粕谷神父様が残されたお話は次々と文字化され書籍となって、女子パウロ会から刊行されています。最近手に取った本の書名は「神よ　あなたも苦しまれるか」。変わったタイトルですが、『神は苦しまないから神だ』という考えはやめなければならないことに気づかされます。「苦しむから神だ」と、逆に考えるべきなのです。〈「苦しみ」あるいは「悲しみ」という言葉に神は属さない〉という考え方を離れれば、神であるということと、苦しむこと・痛みを覚えること・悲しむことは一致するものであり、むしろ「そのような存在であるからこそ神なのだ」ということになります。

その証拠に、聖人と呼ばれるような人たちは、まさにそのような神の〈似姿〉であると言えます。人間の問題が何も分からない、何の痛みも感じず平気なのだ、と言うわけではありません。人間が生きる上で味わうさまざまな悩み・苦しみ・悲しみを聖人たちはつぶさに知っているわけです。人となった神であるイエス・キリストはまさに聖人たちの模範、あるべき姿であって、人間としてそれらをことごとく体験されました。ですから当然、わたしたちの苦しみをご存知なのです。

「いつくしみの特別聖年」のとき使われた言葉の中に、「深く同情する」と訳される単語（ギリシア語で「スプランクニゾマイ」）がありました。人間の体、内臓に由来する言葉だそうです。人の苦しみを考えてみると、なるほど、心身が痛むことを表現して「断腸の思い」と言います。自分のこととして、深い悲しみ、強い痛みを覚えるという意味です。「わたしたちの信じる神は、いつくしみ深い」と言うとき、それは、全く鈍感で、痛みということには何の共感もない、ということではないことを、「スプランクニゾマイ」の一言が端的に教えてくれていると言えましょう。

この機会にお話したいことはたくさんありますが、時間が限られていますので、以下、短く要点だけを申し上げます。

わたしたちは、誰であれ神の民全員が、そのような神のいつくしみを人々に表わし、伝えるという使命を受けています。それを「福音宣教」、あるいは別の言葉で「福音化」といいます。それは司教・司祭・奉献生活者など聖職にある方々が、召命を受けて行うことではありますが、ご自身の信仰を宣言し洗礼を受けておられるすべての信徒の皆さんもまた、神のいつくしみを生き、伝えるという務めを引き受けておられるのです。

皆さんの小教区でも、いろいろと役割を分担しながら、信仰共同体の運用面で奉仕・奉献を実行していただいていると思います。司祭が一人で何もかもすることはできません。信仰講座、入門講座などを神父やシスターがしておられる例もありますが、信徒の皆さんも準備をされ、それを行うようにしていただきたいと思います。教区としては、そのような体制を構築し展開することを念頭に、まずはその準備をなさりたい方のための準備講座を開始したいと思っています。そのようにして、入門講座の担当者、協力者を養成するための講座を開設したいのです。

もちろん、何をするにしても、まずは、教会に来られる方を温かく親切に迎えなければなりません。それは既に皆さんが実践しておられることなのですが、教会には、いろいろな動機、いろいろな理由でイエスの導きを必要とされる方が来られます。必ずしも信者になりたいと思って来られるわけではありません。今の時代、精神的な傷を負い、癒しを求めて来られる方が少なくありません。そのような人に、どのように接したらよいのか。「心の傷を持った人への対応」は、東京教区が掲げる優先課題の一つにもなっています。このことについて、わたしたちは十分に準備をする必要がありますので、担当するチームをあらためて編成することにしました。皆さまにもお願いします、どうぞチームメイトになってください。

それからもう一つ、日本の社会に「イエス・キリストの教え」を、どう伝えていったらよいだろうか、という課題をわたしたちは抱えています。いったいイエスの教えの中のどのような点が、この国の隣人たちにとって〝受け容れがたい内容〟なのでしょうか。人々は教会にどんな疑問をもっておられるのか――そのようなことを徹底的に究明し、最善の対策を練り上げるために、わたしたち自身がもっともっと研鑽しなければならないと考えています。東京教区にはそのためのチームが既にありますが、これを拡充し、強化したいと願っているところです。あまり気の利いた表現ではないかもしれませんが、教皇庁の言う「新福音化委員会」を立ち上げました。これを拡充したいと思っているのです。

小岩教会のみなさん、今日わたしが申し上げた三つのグループ活動――入門講座の充実、教会の訪問者への親身な対応、新福音化委員会の拡充――について、どうぞ奮ってご協力、ご加入ください。ご意思をお知らせいただければ、具体的なご案内をさせていただきたいと思っております。これらの活動がイエスの導きによって意義あるものとなり、教会と皆様ご自身を高めるツールとなりますよう、ご一緒に心から祈りましょう。

（註30）

回勅『神は愛』は「エロース」と「アガペー」の関係に言及している（特に9頁以降。本書別稿で取り上げる）。

個々の人間の唯一性という価値を述べている福音の箇所は数々あるが、特にルカによる福音書が重要。読者の労を省くため、煩（はん）を厭（いと）わず以下に本文を引用する。

◆「見失った羊」のたとえ（ルカ15・1～7）

徴税人や罪人が皆、話を聞こうとしてイエスに近寄って来た。

すると、ファリサイ派の人々や律法学者たちは、「この人は罪人たちを迎えて、食事まで一緒にしている」と不平を言いだした。

そこで、イエスは次のたとえを話された。

「あなたがたの中に、百匹の羊を持っている人がいて、その一匹を見失ったとすれば、九十九匹を野原に残して、見失った一匹を見つけ出すまで捜し回らないだろうか。

そして、見つけたら、喜んでその羊を担いで、

家に帰り、友達や近所の人々を呼び集めて、『見失った羊を見つけたので、一緒に喜んでください』と言うであろう。

言っておくが、このように、悔い改める一人の罪人については、悔い改める必要のない九十九人の正しい人についてよりも大きな喜びが天にある。」

◆「無くした銀貨」のたとえ（ルカ15・8〜10）

「あるいは、ドラクメ銀貨を十枚持っている女がいて、その一枚を無くしたとすれば、ともし火をつけ、家を掃き、見つけるまで念を入れて捜さないだろうか。

そして、見つけたら、友達や近所の女たちを呼び集めて、『無くした銀貨を見つけましたから、一緒に喜んでください』と言うであろう。

言っておくが、このように、一人の罪人が悔い改めれば、神の天使たちの間に喜びがある。」

◆「放蕩息子」のたとえ（ルカ15・11〜32）

また、イエスは言われた。「ある人に息子が二人いた。

弟の方が父親に、『お父さん、わたしが頂くことになっている財産の分け前をください』と言った。それで、父親は財産を二人に分けてやった。

何日もたたないうちに、下の息子は全部を金に換えて、遠い国に旅立ち、そこで放蕩の限りを尽くして、財産を無駄遣いしてしまった。

何もかも使い果たしたとき、その地方にひどい飢饉が起こって、彼は食べるにも困り始めた。

それで、その地方に住むある人のところに身を寄せたところ、その人は彼を畑にやって豚の世話をさせた。

彼は豚の食べるいなご豆を食べてでも腹を満たしたかったが、食べ物をくれる人はだれもいなかった。

そこで、彼は我に返って言った。『父のところでは、あんなに大勢の雇い人に、有り余るほどパンがあるのに、わたしはここで飢え死にしそうだ。ここをたち、父のところに行って言おう。「お父さん、わたしは天に対しても、またお父さんに対しても罪を犯しました。もう息子と呼ばれる資格はありません。雇い人の一人にしてください」と。』そして、彼はそこをたち、父親のもとに行った。ところが、まだ遠く離れていたのに、父親は息子を見つけて、憐れに思い、走り寄って首を抱き、接吻した。息子は言った。『お父さん、わたしは天に対しても、またお父さんに対しても罪を犯しました。もう息子と呼ばれる資格はありません。』しかし、父親は僕たちに言った。『急いでいちばん良い服を持って来て、この子に着せ、手に指輪をはめてやり、足に履物を履かせなさい。それから、肥えた子牛を連れて来て屠りなさい。食べて祝おう。この息子は、死んでいたのに生き返り、いなくなっていたのに見つかったからだ。』そして、祝宴を始めた。ところで、兄の方は畑にいたが、家の近くに来ると、音楽や踊りのざわめきが聞こえてきた。そこで、僕の一人を呼んで、これはいったい何事かと尋ねた。僕は言った。『弟さんが帰って来られました。無事な姿で迎えたというので、お父上が肥えた子牛を屠られたのです。』

兄は怒って家に入ろうとはせず、父親が出て来てなだめた。しかし、兄は父親に言った。『このとおり、わたしは何年もお父さんに仕えています。言いつけに背いたことは一度もありません。それなのに、わたしが友達と宴会をするために、子山羊一匹すらくれなかったではありませんか。ところが、あなたのあの息子が、娼婦どもと一緒にあなたの身上を食いつぶして帰って来ると、肥えた子牛を屠っておやりになる。』すると、父親は言った。『子よ、お前はいつもわたしと一緒にいる。わたしのものは全部お前のものだ。だが、お前のあの弟は死んでいたのに生き返った。いなくなっていたのに見つかったのだ。祝宴を開いて楽しみ喜ぶのは当たり前ではないか。』」

右に上げた三つのたとえ話のなかで、「見失った羊のたとえ」と「無くした銀貨のたとえ」は、なくてはならない固有の価値、代替の利かない価値ある存在について語っている。有名な「放蕩息子のたとえ」には、「そこで、彼は我に返って言った。『父のところでは、あんなに大勢の雇い人に、有り余るほどパンがあるのに、わたしはここで飢え死にしそうだ。…』」とあり、「我に返った」と続く。「本来の自分に返った」という意味だろうか。普通は「回心」という意味に解釈されている。本来いるべきところへ向かって生きる方向を転換する、という意味。

「世界に一つだけの花」というSMAPの歌がある。その歌詞はいくらか、個の唯一性の価値を述べて

註 540

いると思われる。

（歌詞）

Ｎｏ．１にならなくてもいい／もともと特別なonly one
花屋の店先に並んだ／いろんな花を見ていた
ひとそれぞれ好みはあるけど／どれもみんなきれいだね
この中で誰が一番だなんて／争うこともしないで
バケツの中誇らしげに／しゃんと胸を張っている
それなのに僕ら人間は／どうしてこうも比べたがる？
一人ひとり違うのにその中で／一番になりたがる？
そうさ 僕らは／世界に一つだけの花
一人ひとり違う種を持つ／その花を咲かせることだけに
一生懸命になればいい／困ったように笑いながら
ずっと迷っている人がいる／頑張って咲いた花はどれも
きれいだから仕方ないね／やっと店から出てきた
その人が抱えていた／色とりどりの花束と
うれしそうな横顔／名前も知らなかったけれど
あの日僕に笑顔をくれた／誰も気づかないような場所で

咲いてた花のように／
そうさ 僕らも／世界に一つだけの花
一人ひとり違う種をもつ／その花を咲かせることだけに
一生懸命になればいい／小さい花や大きな花
一つとして同じものはないから／Ｎｏ．１にならなくてもいい
もともと特別な only one ／ラララララ
（提供元：LyricFind ／ソングライター：槇原敬之「世界に一つだけの花」歌詞 © O/B/O Jasrac）

【解説】

岡田武夫による「福音宣教」理解についての一試論

――〈単行本十七冊を手がかりにした小教区運営の展望〉の帰結を超えて

司祭　阿部仲麻呂

Ⅰ　はじめに――単行本全十七冊の研究の意義

一　岡田武夫のキリスト者としての活動の概要

長年、司牧者として日本のローマ・カトリック教会全体を導いてきた岡田武夫名誉大司教（学術論文の体裁により、以下の文脈では敬称を省略する）が二〇二〇年十二月一八日に東京都内の病院で逝去した（一九四一～二〇二〇年。享年七九歳、頸部食道癌に伴う出血性ショックによる突然の帰天であった）（註1）。

岡田は、聖書の熟読をとおしてイエス・キリストと出会い、そのよろこびを常に身におぼえて忠実に歩もうと努めた一人の愚直なる信仰者であり指導者であった。彼はもともと特定の宗教には所属してはおらず一般的な家庭で育った日本人だったがキリストに魅了されて洗礼を受け、信仰の奥義を究め、福音宣教者としての人生を全うした。

彼は二〇〇六年に結成された超教派のキリスト者の研究団体である日本宣教学会の顧問としても二〇一一年六月二六日に基調講演「現代の荒れ野で――カトリック教会の福音宣教（福音化）」（日本宣教学会第五回全国研究会、清泉女子大学）（註2）を行うとともに、様々な教派のキリスト教グループとも積極的に交流を深めた。常に向学心に燃え、キリストとともに生きることに情熱を尽くし、謙虚で飾らず、気さくに本音を語り、常にこまやかに相手を見守る慈父として多くの人びとから信頼されていた。

朴訥として武骨で実直に福音宣教に生きた牧者の静謐な闘志は着実に人びとの心に愛の火種を植え付けた。

二　本稿の意図と方法論

本稿では、日本の教会の福音宣教の深まりを振り返り、今後の研究のための基礎資料の作成の一助として、差し当たって岡田による「福音宣教」理解を単行本全十七冊に限定して整理しておきたい。なぜ、そのような作業を行うのかと言えば、ひとえに日本の教会共同体に対する四五年（一九七五〜二〇二〇年）にもおよぶ岡田による多大なる貢献の全貌を描くための最初の段階を見据えるためである。それゆえ、本稿では教皇パウロ六世の使徒的勧告『福音宣教』そのものの解釈は行わない。そして、「開かれた教会」という呼びかけを行うことで日本の教会における福音宣教の活性化を目指し、岡田にも多大な影響を与えた森一弘司教の創意工夫と努力、功績を直接には取り上げない（森の誠実な努力に関して理解するには、『森一弘講話集　今、ナイスの意味を問う』女子パウロ会、一九九二年を参照されたい。他に、森一弘企画監修『日本の教会の宣教の光と影――キリシタン時代からの宣教の歴史を振り返る』サンパウロ、二〇〇三年も日本の教会における福音宣教の歴史的発展と問題点を教示してくれる）。

岡田は一九七五年に教皇パウロ六世が発布した使徒的勧告『福音宣教』をローマで読み、日本における福音宣教の可能性に関して真摯に問い始めた。そして死の直前まで同主題を追究し続けた。それゆえに岡田の司牧者としての歩みの大半を占めていた「福音宣教」への情熱は並外れたものであった。故人の事績を帰天後ほどなくしてまとめることは無謀なことではあるが、岡田の遺した単行本全十七冊に限定して評価することによって、すでに明文化されている「福音宣教」理解の言説をたどることだけは確実に実行可能な方法なのである。しかし、今後の研究のための資料的な基礎づくりに徹するがゆえに「一試論」と銘打つこととしたい。

Ⅱ　岡田武夫の信仰の深まりの背景――「福音宣教」という主題への情熱

一　岡田武夫と「福音宣教」という主題

岡田大司教は一九四一年、千葉県市原市で生まれ、東京大学法学部在学中にプロテスタントからカトリックへと転会するとともに卒業後に東京カトリック神学院や上智大学大学院で学び、一九七三年十一月三日に東京大司教区の白柳誠一大司教から司祭叙階を受け、司牧活動後の一九七五年から七九年にかけてローマ留学し教皇庁立グレゴリアン大学で神学博士号（宣教霊性分野で教皇パウロ六世の使徒的勧告『福音宣教』〔一九七五年十二月八日発布〕の研究を成し遂げた）を取得して帰国し、聖アントニオ神学院で実践神学系統の科目の教鞭を執り、一九八六年から九一年まで日本カトリック宣教研究所所長を務め、『福音宣教』誌（オリエンス宗教研究所）をも創刊し初代編集長（一九八五～一九九一年）を務めた。

一九八七年には「第一回福音宣教推進全国会議」(NICE・1、京都カテドラルにて十一月二〇日～二三日に開催された。なお、NICEとはNational Incentive Convention for Evangelizationの略号である)の開催のため尽力し、「開かれた教会づくり」を目指して日本の教会の福音宣教への意識的な覚醒を図った(Ⅰ．日本の社会とともに歩む教会、Ⅱ．生活をとおして育てられる信仰、Ⅲ．福音宣教する小教区、という三本の柱を掲げて、信徒・司祭・司教・修道者二七四名がともに祈り、討議し、分かち合った)。(註3)

この会議の成果を踏まえた日本の司教団は一九八八年に『ともに喜びをもって生きよう——第一回福音宣教推進全国会議にこたえて』(カトリック中央協議会)を発表した。その後、岡田は、一九九一年に第三代目の浦和教区(現さいたま教区)司教に任命されて司教叙階を受けカトリック中央協議会事務局長も兼務した。その間、一九九三年に「第二回福音宣教推進全国会議」(NICE・2、長崎大司教区を会場として開催された)が開催されたが、(註4)岡田も日本の家庭の現実に向けてキリストの福音の光をもたらす方途を懸命に探った。さらに二〇〇〇年から二〇一七年まで第8代目の東京大司教を務めたが(その間、日本カトリック司教協議会会長も歴任した)、その際にもNICE・1の方針を引き継いで現場の司牧的世話に尽力した。それから、二〇一八年九月二四日まで、さいたま教区管理者として責任を担ってから東京教区のカトリック本郷教会の協力司祭として着任し、二〇一九年四月二一日からは本郷教会小教区管理者としての仕事を果たした。こうして、宗教組織運営や地域貢献や諸宗教対話への努力を評価され、二〇一九年十二月に文化庁長官表彰を受けた。

なお、岡田がさいたま教区管理の重責を果たし終えてカトリック本郷教会での新たな司牧活動に邁進していた二〇一九年三月一七日に日本の司教団は『ともに喜びをもって福音を伝える教会へ――「福音宣教のための特別月間」（二〇一九年十月）に向けての司教団の呼びかけ』という文書を発布している。この文書は、長年にわたる岡田の福音宣教の努力を土台としたうえで教皇フランシスコの使徒的勧告『福音のよろこび』に触発されて編み出された司教団全体の総意であると言えるだろう。

二　「福音宣教」への情熱

しかし、岡田は神の不在や悪の跋扈する社会の現実に打ちのめされる経験もしてもいる。[註5] ちょうど十字架上のキリストが叫びをあげたときのように、もがきながら、他者の痛みを一緒に担いながらも、それでも天を仰いで神にすべての想いを正直に吐露する経験である。そしてイエスの十字架上の死の出来事は同時に裏切り者となった弟子たちの心の闇と悪の跋扈の現実をもあぶり出す。まさに初代教会の始まりは死の闇から復活の光へと過ぎ越す一大転換として理解できる。

ところが、神不在の闇は同時に全幅の信頼に満たされてもいる。闇が深ければ深いほど、そこに射し込む一条の光は明るさを増すからだ。矛盾を、ありのままに生きる、その激しい心の叫びは案外と市井の人びとの現実とも重なっている。十字架上のイエスの叫びと愛ゆえの自己奉献の徹底性は復活のいのちのあかしへと結びつく。岡田の諸著作が復活のキリストとともに生きることのよろこびを情熱をもって描き出すときに、「死からいのちへの過ぎ越しの出来事としての一大転換」が明らかとなるが、その仕儀は、もちろん信仰者にとっても励ましとなるが、特定の信仰をもつ必要性を感じない人にとっても稀有な助言となる。果たして自分が生きている理由は何なのか、さらには闇から光へと転換する生き方とは何なのかを真摯に問うことそのものに価値がある、ということを教えてくれるからである。

Ⅲ　岡田武夫の「福音宣教」に関する全十七冊の単行本の概要と分析

すでに述べたように、岡田が教皇パウロ六世の使徒的勧告『福音宣教』による内容に触発されて「日本における福音宣教の可能性」についての研究を本格的に選び取ったのはローマ留学時の一九七五年であった。それからの博士論文の執筆を経て最初の著書が刊行された一九八三年から最後の著書が刊行された二〇一九年に至るまでの、実に三六年もの歳月をかけて全十七冊の単行本（岡田が生前に刊行した単行本をすべて列挙すれば全十七冊となる）の執筆をとおして考え続けてきた「福音宣教」（イエス・キリストとの出会いのよろこびを全世界に向けて伝えること）という主題を岡田は常に深めて続けていた。その意味で彼の思考と実践とは若いころから一貫しており、決してぶれないものだった。イエス・キリストを発見することで自分が身に受けたよろこびを深めて伝えるという単純明快な筋道を、これほどまでに突き詰めて考察した日本人キリスト者は近年、他にいないのではあるまいか。それでは、以下において全十七冊の単行本の概要を示そう。

一　単行本全十七冊の概要

1　『宴への招き――福音宣教と日本文化』（あかし書房、一九八三年十二月二五日）

この本は岡田が一九七八年に教皇庁立グレゴリアン大学に提出した博士論文としての The Missionary Spirituality of the Incarnation according to the Teaching of Paul VI. という作品の内容の要点を新たに一般向けに組み替えて単行本化した作品である。日本での岡田による最初の著作である。全体の概要としては、御父によって徹底的に認められて復活させられて復活したキリストを自覚することで再起した弟子たちの教会共同体の歩みが使徒的宣教として全世界に向けて広がるという出来事の根底に働く聖霊の導きに息吹かれて生きることのよろこびをそれぞれの地域で経験することへの招きとして本書が執筆されている、と言えよう。岡田は教会共同体を御父・御子・聖霊との深い関係性による立ち直りの姿として描き、そこにおいて得られるよろこびを全世界に伝えること（福音宣教）を教会共同体の最重要使命として把握している。ということは、三位一体の神経験によって実現するよろこびの自覚にもとづく福音宣教が教会共同体の根幹であることがわかる。

「はじめに」および「序章　『よい知らせ』を伝える」（1．「伝える」ということ／2．「すみません」ということ／3．幸福の黄色いハンカチ）では、「なぜ福音がうまく伝わらないのか」を考察している。それに対する応えは「福音宣教は、自分が日々福音を生きることなくしては不可能である」[註6]と述べられている。

「第一章　日本の福音宣教」（1．日本の福音宣教、2．福音の文化的受肉、3．地方教会、4．文化とは何か、5．日本文化とは何か、6．文化の福音化、7．新しい、日本のための神学、8．復活のキリストの現存、9．ミサと日常生活、10．ミサと宣教）では、日本人であるという留学先のローマでの岡田の強烈な自覚が物語られ、「受肉の神秘」に焦点を当てた一九七四年の世界司教代表者会議の議決をまとめた一九七五年の教皇パウロ六世による使徒的勧告『エヴァンジェリイ・ヌンティアンディ（福音宣教）』の発布の現場で日本文化と福音との関係性を考える研究に邁進する決意が回想されている。その際、岡田は「日本文化とは日本語である」(註7)と断言している。そこを出発点として岡田の福音宣教論は日本語の研究と結びつく形式で洗練されてゆくことになる。その際、岡田は聖書学・教父学・教義学・教会史・教会法を基礎医学のようなものと述べ、それらを土台として典礼神学・宣教論・カテケージスなどの臨床医学のようなものが成り立つと書いている。しかも神学の諸分野が指し示す核心は復活のキリストとの出会いの出来事としてのミサ聖祭の味わいによって熟成されて現場で生きられてゆくとされている。活けるキリスト経験のかけがえのない「宴」としてのミサ聖祭を重視することを強調して第一章は締め括られる。

「第二章　福音宣教と受肉の神秘」（1．問題の所在、2．適応と受肉、3．福音宣教の原理と方法としての受肉の神秘、4．受肉の神秘と復活の神秘）では、「神の御ひとり子が人となられ、私たちの中に住まわれ、罪を除いてはすべてを私たちとともにされた」という決して繰り返されることのない「みことばの受肉」の一回限りのかけがえのない出来事の意義を強調している。福音宣教の原理として。しかも、「受肉の神秘」は「復活の神秘」と一体化している（「受肉」と「復活」の一体化は最初の著書から最後の二冊の著作に至るまで岡田によって貫かれた独自の視点である)。私たち教会共同体のメンバーもまたキリストと同様に真の人間としてこの世の生を生き抜くとともに神の栄光を現わす復活のいのちの在り方へと到達するように御父なる神から招かれているからである。

「第三章　復活のキリストのしるしである教会」(1．秘跡であるイエズス・キリスト、2．秘跡である教会、3．教会と「受肉したみことばの秘義」との類比、4．教会の歩むべき道)では、教会共同体そのものが「キリストを現わすしるし」として世間に開かれたあかしを生きなければならないことが強調されている。岡田の教会理解は「キリストを現わすしるし」というイメージに集約される。秘跡論の視点が教会理解の中核となっている。なお、日本の司教団による『カトリック教会の教え』の第二部の秘跡関連の執筆を担当した岡田の立場は既に最初の著作において確立されていた。

「第四章　福音宣教者イエズス・キリスト」(1．教会の本質的使命――福音宣教、2．最初にして最高の福音宣教者イエズス・キリスト)では、使徒的勧告『福音宣教』がイエスを最初にして最高の宣教者と形容していることに着目する。つまり、この視座こそが『福音宣教』という公文書の際立った特色であるとしている。受肉して復活したキリストを、いまここで生きることが教会共同体の最重要使命なのである(岡田独自の視点)。

「第五章　地方教会の問題と受肉の霊性」(1．普遍の教会、2．地方教会の存在、3．地方教会と文化、4．アイデンティティへの渇望、5．地方化[localization]の問題、6．地方教会と普遍教会、7．教会の普遍性と一致、8．地方教会と受肉の神秘)では、キリストの志を引き継いだ十二使徒によって据えられた教会共同体の土台とつながって各地の地方教会が総体的にひとつの普遍的な教会として一致することの重要性を確認している。

「第六章　文化の福音化」（1．文化とは何か、文化の福音化とは何か）では、各地の文化における人間的な生活の仕方をキリストの愛の立場と結びつけることで根本的に変容させることの緊急性を力説している。最終的には、各地での各人の生活の仕方は、キリストの生き方を反映する文化にまで洗練されなければならない。

「第七章　福音宣教と日本語」（1．問題の所在、2．文化と言語、3．日本文化と日本語、4．日常会話に見られる日本文化、5．日本人の具体的人間関係重視傾向、6．新しい日本の神学に向かって）では、生活のなかで用いられている日本語で福音を語ることの重要性が述べられ、日本人が個人の独立や主義主張よりも具体的な人間関係を重視する傾向をもち関係性の網目のなかに収まって生きているという意味で依存的で没個性の要素が強いことを示唆している。そうなると日本においては、個人の独立や主体性やペルソナの尊厳にこだわるヨーロッパの神学とは一線を画した神学を模索しなければならないことになる。

「第八章　神学は複数でありうるか？」（1．「福音宣教」の教え、2．神学の多様性）では、地方教会での特殊性と全世界規模の普遍教会とがどのように連動し、そのあいだの矛盾をいかに解決すべきかが問われている。岡田の応えは以下のとおりである。「もし具体的状況を過度に重視すると教会の交わりの中心からそれてしまう恐れがある。福音宣教の言葉がもはや神のことばではなく単なる人間の言葉に堕ちてしまう」(註8)。「しかしもし人がその実際の問題に答えないならば、いくら福音を説いたとしてもその言葉はきく人々には抽象的で難解なもの、彼らの生活には無縁なものでしかない。わたしたちの課題は決して容易ではない。この両方の必要を満たすことが求められているのである。この問題を完全に解決した模範はイエズス・キリストである。人となった神イエズス・キリストにおいては、その人性と神性の位格的結合により、普遍性と特殊性、原理と適用、超越と内在、福音に忠実であることと、福音を具体化することとの間には何の緊張も矛盾もなかった。イエズス・キリストにおいては、その存在自体が驚嘆すべき調和であった」(注9)。「第九章　キリストの神秘と聖霊の神秘」(1．イエズスの生涯と聖霊の働き、2．教会の中で働く聖霊、3．キリストの神秘と聖霊の神秘、4．文化の福音化と聖霊)では、聖霊の働きがイエスの活動をとおして明らかになったことを強調しており、教会も聖霊の働きを受けて福音宣教すると述べている。なぜならば、「福音宣教の主要な働き手は聖霊である」(註10)としているからである。「第十章　小教区の将来の在り方をめぐって」(1．小教区制度は今日の日本でよく機能しているか、2．小教区は福音宣教に向けてつくられた組織か、3．小教区における司祭――信徒の責任分担はこれでよいだろうか、4．小教区管理・運営をどうするか、5．小教区の司牧はだれの責任か、6．いかに信徒の自覚をうながすか、7．すべての信徒を福音宣教へ向けるために、8．信徒の使徒職のために、9．現代の小教区の司祭の新しい在り方を求めて)では、独身制にもとづく司祭の生き方があらゆる信徒の願いに常に応えやすい対応の柔軟性を可能にしているという長所を述べるとともに、それゆえに信徒たちの自発的な活躍を未熟な状態にとどめてしまうという短所をも指摘している。この短所を補うために妻帯助祭（終身助祭）の活用を提案している。

「補章　故郷へかえる」（1．故郷を想って、2．同窓会名簿、3．H・M君の挨拶――復活祭におもう、4．宴）ではイエスの復活の意義を日常的な事例から確認している。以下のとおりである。「わたしたちの心は悪意に出合うと傷つき、好意に出合うと悦ぶ。イエズスの十字架において人々の悪意は頂点に達する。『今は闇の力の支配するとき』（ルカ22・53）なのである。イエズスの復活は、人々の悪意に対する神の好意の勝利をあらわしている。『悪に負けてはいけません。むしろ善をもって悪に勝ちなさい』（ローマ12・21）。わたしたちの心は悪意と好意の間で揺れ動く。悪意に対しては悪意を抱き、好意に対しては好意を抱くのが自然な人の心理であろう。人が必ずしも悪意に対して悪意をもってむくいることをしないのは、好意を受けた体験もあるからだろう。たとえば、厭な不愉快なことがあっても、H・Mのような子どものあどけない挨拶をうけると心に鬱屈したものが雲散霧消してしまうということがある」。[註11] この文章には岡田の司牧者としての幼子に対する誠意と感謝がにじみ出ている。同時に、最晩年に集中的に考察されていた「悪の問題」に対する鋭い応えにもなっている。東京大司教区の教区長職の定年退職の時期から死の直前に至るまで岡田は「悪の問題」をどのように理解して切り抜ければよいのかを真剣に問い続けていたが、図らずもその英邁な応えは最初期の著書のなかに明確に書き込まれていた。そして「おわりに」と「索引」が続く。

『宴への招き――福音宣教と日本文化』という著書は、日本において日本語でいかにキリストの福音を語り伝えればよいのかを岡田なりに提示している。最終的な結論は、神から宴へと招かれているあらゆる人の救いの意味を日本の司牧現場で把握し直す努力を諦めずに続けるべきことを読者に訴えかけることであった。本書の訴えは、最後の二冊の著書『イエスの福音への招き』や『福音の呼びかけ』にも引き継がれていることから、イエス・キリストの福音を受け留めるべくあらゆる人が神から招かれ、今日も福音を聴き入れることが必要であることを力説する岡田の最終的な望みとも響き合っている。こうして、岡田が最初から最後まで一貫した同一主題を追究していたことがわかる。

2.『宴への旅——体験と祭儀』（あかし書房、一九八四年六月十日）

この本は『宴への招き——福音宣教と日本文化』（あかし書房、一九八三年）の続篇である。『宴への招き』が学術的かつ理論的要素が強かったのに対して、『宴への旅』は司牧的かつ実践的要素に重点が置かれている。具体的には、日本語と福音とを結びつけるための大和言葉の神学を提唱している。それでは、以下において全体の構成を眺めてみよう。

「はじめに」および「序章　ひとつになる」では、「ひとつになる、ということはお互いに自由によろこんで与え合うことです。お互いに、相手のことを、自分とは別な独立した人間であり、自分とは異なる意見や感情の持ち主であると認め、そして自発的に犠牲を捧げ合うことです」(註12)と述べる。そして宣教に関しては以下のように定義する。「宣教とは、すべての人々を、イエズス・キリストにおいてひとつに集めるということであると思います」(註13)。「文化の福音化とは、わたしたちがひとつになるためのたたかいである」(註14)。

教会共同体がひとつになるためには、神からゆるされて生きるという共通の現実から出発してお互いに愛し合い、信頼し、希望をいだくことが欠かせない。こうして第一章から第四章までは、ひとつになるための一連の流れを順に解説している。「第一章　ゆるす」では、無私で寛大な心の必要性を説いており、「第二章　愛する」では、相手に対する思いやりの大切さを再確認している。「第三章　信じる」では、イエスを「信仰の創始者または完成者」(註15)であると述べている。「第四章　待ち望む」では「希望できないときに希望すること、それは聖霊によって与えられる神の愛の働きに他ならない」(註16)と述べている。

これまで「ひとつになること」の諸要素を眺めてみたが、それらを実現するための具体的な動きは第五章から第十章までの筋立てで紹介されている。「第五章　集まる」では、ミサ聖祭を教会の要として強調している。「第六章　祝い祭る」では、忌むべきことを奉ることで祝いの共同体を新たに創出することの意味が確認されている。「第七章　食事する」では、一つの心になるという目的をもって集まることの意味が考察されている。「第八章　感謝する」では、イエスによる御父への感謝の祈りをもとにして私たちも神への信頼の行為と決断を日々成し遂げるべきことを述べている。「第九章　よろこぶ」では、父と子と聖霊の関係性において展開されるよろこびに関して説明しており、ミサ聖祭における復活のキリストとの出会いのよろこびを絶えず生きることが教会共同体の特長であるとともに、その場から派遣されて福音宣教が始めることも確認されている。「第十章　自由になる」

および「おわりに」では、自分の為ではなく他人の為に何か出来ることを無心になってこなす奉仕の姿勢が妄執からの解放をもたらすことが強調されている。

3．『死から命へ――体験のなかに福音の光を探し求めて』（あかし書房、一九八五年四月一四日）

本書は「過ぎ越しの秘義」を日本文化の文脈のなかで捉え直す試みである。人間は皆、死からいのちへと過ぎ越してゆく。あらゆる人に共通する「過ぎ越し」の現実をキリストの死と復活の出来事とつなげてゆこうと志す岡田による生涯の課題がまとめられている。

「第一章　『死ぬこと』と『生きること』」では、死からいのちへと過ぎ越してゆく人間の復活の生の意義を述べている。それは特に以下の二つの文章によって示されている。「死によって、亡くなった人のことが生前よりもよくわかるようになる。それは、亡くなった人が、死によってわたしたちから遠ざかったのではなく、かえってむしろ近い、親しい存在となった、ということを意味しています」（註17）。「人は死によって生きていた時よりもかえってもっと明るく自由な存在となるのです。死とは悲しく暗いわかれではなく、その人がより親しく、より確かな存在へと変えられることなのです」（註18）。

「第二章　『受け容れられる』ということ」では、人から嫌われる要素として「自信のなさ、閉鎖性、自己中心性」を掲げている。これらの三要素を認めて、ありのままの自分を相手に現わし、相手から受け容れられて、ゆるされてともに歩むことが、裏切り者だった弟子たちと復活のキリストとの関わりの出来事と結びつけられて理解されてゆく。「第三章　『きく』ということ」では、自分が聴きたい声だけを集約する人間の耳の性能の高さや相手とともに関わる際のコミュニケーションの基本としての「きき入れること」の重要性が物語られている。「第四章　『わかる』ということ」では、キリストの福音をどのようにして理解すればよいのかを問いかけている。「何かを共にすること」で物事がわかりやすくなる、というのが岡田の見解である。「第五章　人と人とのつながり」では、「ひとりの人、ナザレのイエズスの、徹底的に人を受け容れ、人を大切にし、だれをも憎まず、自分の利益を求めないで、すべてをささげつくして死んでいったあの生き方は、人類の歴史の流れを変えたのでした」[註19]と述べられているように、イエスが抜き出した新たな生き方こそが人と人とのつながりの理想であることが確認されている。

「第六章　『霊』と『風』と『気』」では、聖霊の働きが「風」や「気息」に譬えられて伝承されてきたことが述べられている。しかし、「霊」と訳すと日本では誤解を生むと記す。「第七章　『裁き』について」で、岡田は小笠原優『時の流れと永遠』(南窓社、一九七九年)の第三部からの学びを土台にした考察を書いた。そのうえで、岡田は「裁き」に関する見解を以下のようにまとめている。「イエズスに裁かれるとは、イエズスを受け容れないこと。そしてなぜ人々はイエズスを受け容れないのかと言えば、自分の誤りを認めたくないからに他なりません」[註20]。「第八章　救いの宴への招き」では、神の国の完成を「喜びの宴」に譬えている。そしてキリスト者が参加するミサ聖祭こそが神の国の宴会のかたどりであると断言している。しかも、あらゆる人が神の寛大さによって生きるように招かれていることを踏まえて、神とキリストの特長を以下のように述べている。「どんな事があっても、神は慈しみの心、よかれと思う心を変えたり撤回したりすることがない、そういう方である。そしてその神の愛は、ひとりの人、私たちと同じように疲れもするし、苦しみもするし、悲しみもするひとりの人、ナザレのイエズスにおいて完全に示されたのであります」。(註21)

4．『信仰の喜びを伝えるために』（女子パウロ会、一九八六年三月一日）

日本カトリック宣教研究所所長としての岡田は本書によって最初の三部作の単行本の内容を整理してひとつの「福音宣教論」を提示している。

「はじめに――おしつけではなく、しかし喜びをもって」では宣教の際の「十字軍主義、勝利主義、独善主義」に気をつけるように警告するとともに「消極主義、無気力主義、無責任主義」にも陥らないように読者を励ましている。「1．よいたより」では、福音を定義して「イエス・キリストを通して示された父である神の、わたしたち一人ひとりに対する、けっして変わることなく破られることなく、くじかれることのないあいさつ（神のことば）とほほえみ（好意の表明、神のしるし）である」(註22)と述べている。「2．復活の宣言」ではキリスト者による宣教がキリストの復活を告げ知らせることであると述べている。「3．ケリュグマとカテケーシス」では、宣言・告知の内容（ケリュグマ）から生じる信仰教育（カテケーシス）を真剣に深めるべきことが説かれる。「4．派遣・宣教・使命」では、「宣教とは派遣である」と語られ、私たちはキリストの福音をあかしする使命（貧しさ、奉仕、自己犠牲の道を歩むこと）を果たさねばならない。「5．宣教と福音化」では、宣教とはよい知らせを告げることであるとし、福音化は回心して生き方を転換させることと考えている。

「6. 文化の福音化(Ⅰ)」および「7. 文化の福音化(Ⅱ)」では、使徒的勧告『福音宣教』の特長が「福音宣教とは文化をも対象とすることである(文化の福音化)」と述べる点を強調している。「8. 『布教』から『宣教』へ」では、「教理を教え広めること」(布教)から「喜びのたよりを伝えること」(宣教)へと深まる生き方を提唱している。「9. 『あかし』について」では、「人と人とをバラバラにしてしまう力」としての罪と戦うことが、あらゆる人が求めている安らぎに満ちた共同体づくりに向かうものであり、あかしの極意であると述べている。「10. 福音宣教と日本語」では、「文化とは言語である」という『宴への招き』以来の岡田の持論が展開される。その際、「日本人が重んじているのは、内容の真否よりも相手の意向なのです」[註23]と日本人特有の姿勢にも言及している。「11. 『裁き』について」では、『死から生命へ』を下敷きにしつつも小笠原優の『時の流れと永遠』一〇三頁を根拠としてキリスト者にとっての「裁き」を「不明確な状態から、区分やまとめによって、価値や意義を引き出すこと」[註24]として理解している。「12. 福音と文化(Ⅰ)」および「13. 福音と文化(Ⅱ)」では、福音の中心をイエス・キリスト自身として意味づけている。そのうえで、福音と文化との関係性を論じる際のモデルを掲げている(①適応 adaptation/②土着化 indigenization/③文化受容 inculturation/④文化接触 acculturation)。「14. 社会の福音化(Ⅰ)」および「15. 社会の福音化(Ⅱ)」では、社会に福音が根付くには、まず社会を構成する最小単位としての家庭の福音化が先に行われなければならないという点を指摘している。そのうえで岡田はイエス・キリストがもたらした福音は「神の支配」であり、つまり人間の営みがすべて神の救いの計画のなかに組み込まれていることを確認している。「16．献金について」では、より貧しい他者への支援金を集めて社会の格差を是正する作業に取り組む端緒として献金を用いるべきことを強調している。「17．教会財政を考える」でも16の流れを引き継いで他者を支える義務をもつキリスト者の歩みを強調している。「18．共同祈願と福音宣教」では信徒の祈りとしての共同祈願の充実を図ることで信仰の成熟度を高めることができると述べている。「19．説教と宣教」では第二バチカン公会議以降、ミサ聖祭において司祭が行う説教が「体系化された知識の論述sermo」から「聖書本文に関する解き明かしhomilia（話し合い、交わり）」へと変化してきたことを述べている。言わば、キリストの秘義と救いの歴史の解説に主眼が置かれているのである。そして福音と生活とに接点を見い出す案内として司祭の説教は信徒を励ます力を備えている。「20．『集める』ことと『遣わす』こと」では「教会」の語源が「エクレジア（呼び集める、招集する）」であることを確認しており、しかも「神によって集められた共同体」として教会を理解している。しかも、神は教会のメンバーひとりひとりに使命を与えて派遣するのです。「21．基本方針　1と2（Ⅰ）」および「22．基本方針　1と2（Ⅱ）」では、一九八四年六月に発表された「日本の教会の基本方針と優先課題」の概説である。キリスト者が日常生活のなかで秘跡の意味を生きることが最も重要な課題とされる。そして文化の福音化のためには日常経験と福音とをつなげる作業が欠かせない（その際のキーワードは以下の七つである。①ゆるす、②愛する、③信じる、④待ち望む、⑤集まる、⑥祝い祭る、⑦食事する）。「23．聖職者中心の教会から神の民の教会へ」では、三点の改善策を掲げている

(①司祭が信徒の協力を仰ぐこと、②典礼における信徒の行動的参加を促すこと、③教会財政を信徒にも背負ってもらうこと)。「24．洗礼を受けていないキリスト者」では、日本人が洗礼を受けて教会に所属しない理由を二つ掲げている(①日本人は複数の宗教を同時に認めるので国民性としてキリスト教一本化に向かいにくい、②現実の教会を見るときにそこに積極的に協力するだけの魅力を感じられない)。「おわりに」では初出一覧や本書成立の経緯が述べられている。

5．リーフレット『一人ひとりが大切にされるように』(あかし書房、一九八七年)

これまでの「福音宣教論」にもとづいて、イエス・キリストと出会うひとりひとりの人間の存在価値が考察されている。福音を受け容れる側の人間性に焦点が当てられている。そして、教会共同体は所属するキリスト者ひとりひとりが互いに支え合うときにキリストとの出会いのよろこびを今日において実感できるようになることも強調されている。

6．リーフレット『ともに喜びをもって生きよう――第一回福音宣教推進全国会議にこたえて』(カトリック中央協議会、一九八八年一月一三日)から『明日に向かう司祭のこころ――「宣教・司牧にかんする司祭アンケート」の報告』(日本カトリック宣教研究所、一九八九年)へ

岡田がローマ留学以来発展させてきた「福音宣教論」は日本カトリック司教団が設立した日本カトリック宣教研究所での研究活動によって洗練され、第一回福音宣教推進全国会議の開催へと向かい、

その話し合いの成果をまとめるかたちでリーフレットとして結実した。その小冊子では「ともに」と「喜び」というキーワードの意味が説明されるとともに前向きにキリストと出会う喜びを社会全体にもあかしし伝えてゆくべきことをすべてのキリスト者に呼びかけている。

なお、一九八八年六月二〇日付で行われた日本カトリック宣教研究所（岡田武夫所長、小笠原優所員）によるアンケート調査「宣教・司牧についての神父様のご意見を」は日本国内のカトリック司祭たちの司祭職の遂行上の意識を理解するための試みであった。その成果は『明日に向かう司祭のころ――「宣教・司牧にかんする司祭アンケート」の報告』（日本カトリック宣教研究所、一九八九年、一二八頁）として公刊されたが、岡田自身の文章は「アンケート依頼書」だけが掲載されているに過ぎず、あとはさまざまな司祭たちによる意見だけが掲載されているので、岡田の単著とは見なせないが、日本の司教団の意向にもとづく『ともに喜びをもって生きよう』の路線を司祭たちの意識調査にまで敷衍したことに大きな意義があり、「司祭職を生きることの価値」を明確化しつつも信徒との協働の道を開拓する端緒となったので、この「6」の項目に含めて記載した。

7．『解説　エヴァンジェリイ・ヌンチアンディ　福音をのべ伝える』（日本カトリック宣教研究所、一九九〇年十月五日）

この本は教皇パウロ六世使徒的勧告『福音宣教（Evangelii Nuntiandi／エヴァンジェリイ・ヌンチアンディ――現代世界の福音化について）』の解釈を博士論文の主題として扱った岡田による「解説」

が付された邦語版の作品である。

まず、「解説　エヴァンジェリイ・ヌンチアンディ」(「序章」「第一章　福音宣教者なるキリストから福音をのべ伝える教会へ」「第二章　福音化とは何か」「第三章　福音化の内容」「第四章　福音化の方法」「第五章　福音化の対象」「第六章　福音化の働き手」「第七章　福音化の精神」「結論」)が掲げられている。

次に、教皇パウロ六世使徒的勧告『エヴァンジェリイ・ヌンチアンディ――現代世界の福音化について』(「序章」「第一章　福音宣教者なるキリストから福音をのべ伝える教会へ」「第二章　福音化とは何か」「第三章　福音化の内容」「第四章　福音化の方法」「第五章　福音化の対象」「第六章　福音化の働き手」「第七章　福音化の精神」「結論」)の翻訳全文も掲載されている。

さらに、「NICEの宣教の神学の源を探る――第二バチカン公会議から『エヴァンジェリイ・ヌンチアンディ』そして第一回福音宣教推進全国会議へ」(1.『エヴァンジェリイ・ヌンチアンディ』の構成、2.『エヴァンジェリイ・ヌンチアンディ』の中心となる教え、3.『教会憲章』にみられる「文化・社会の福音化」、4.『現代世界憲章』にみられる「文化・社会の福音化」、5.『日本の教会の基本方針と優先課題』まで、6.NICEの主題決定から答申へ)も収載されている。

最後に、E・ピレンス(小幡義信訳)による論考「宣教の神学的な土台について――宣教の意識を深めるために」(I.旧来の宣教理解、II.宣教は神からのものである―神の宣教「派遣」、III.イエス・キリストの宣教、IV.教会の宣教、V.教会のメンバーとしてのキリスト者の宣教、VI.宣教への新しいアプローチの長所、Ⅶ．新しい宣教理解と結ばれた教会のモデル、Ⅷ．宣教の新しい見解と関連するいくつかの問題）が付録として加えられ、「あとがき」で締め括られている。

この書の刊行後、一九九一年に岡田は浦和司教区の司教に任命された。それから九年後の二〇〇〇年には東京大司教区の大司教に任命された。こうして司教としての働きに集中していた十年間の単行本刊行は特にないが、一九九八年四月一八日から五月一四日までバチカンで開催された、「救い主イエス・キリストとアジアにおける愛と奉仕の宣教『彼らがいのちを豊かに受けるように』（ヨハネ10・10参照）」を主題とする世界代表司教会議（アジア特別シノドス）に参列したときの成果が教皇ヨハネ・パウロ二世使徒的勧告『アジアにおける教会（Ecclesia Asia）』インド・ニューデリー、一九九九年十一月六日（小田武彦訳、カトリック中央協議会、二〇〇〇年七月一五日）にも反映されている。

8．『**キリストの心を生きる宣教**』（女子パウロ会、二〇〇一年一月二〇日）

この本は、一九九一年に浦和司教として活動を始めてから二〇〇〇年に東京大司教に任命され、日本の教会全体を視野に入れた指導力を発揮し始めた時期の密度の高い神学的内省と司牧的配慮とが相互循環的に相乗効果を挙げて二〇〇一年に結実した作品である。それゆえに十年にわたる司教職の経験を反映した本書の内容は司牧者としての岡田の神学的営為の頂点となっており代表作と言ってもよいものである。

「第一章　日本における福音宣教を思いめぐらして」(「1. キリストの心を生きる宣教」「2. かけがえのない私」「3. 私にとって神学とは」「4. 福音が伝わる」「5. 『信仰の喜び』とは伝わるものか」「6. 視点と立場が変わると」「7. 宣教の力となる典礼—日本人とクリスマス」)。この第一章では福音宣教について次のように述べている。「宣教はある人の体験から始まりました。二千年前のイスラエルで人々がナザレのイエスという人と出会い、『救い』を体験しました。そこで、彼らはその体験を人々に伝えようとしました。宣教とはまず、『救いの体験を伝えること』であると言ってもよいと思います。その『救いの体験』とは、イエス・キリストとの出会い、キリストを知ったという体験です」(註25)。さらに、「福音宣教とは何かと自らに問うてみれば」という項目では以下のように述べている。「神はナザレのイエスの生涯をとおして、一人ひとりのかけがえのない尊さを示されました。その神とキリストの心は聖霊として教会に注がれています。教会とは聖霊を受けて自己のユニークな価値に目覚めたキリスト者の交わりです。キリスト者は聖霊に促され、自分がかけがえのない存在として愛されていることの喜びにあふれて、すべての人に、その人のかけがえのない価値を教えようとするのです」(註26)。それから福音宣教を推進する際に基礎的な土台として深めておくべき「神学」の在り方に関しては以下のように述べている。「神学するために三つのことが必要です。①現実をよく見ること。②神の言葉を学ぶこと。③現実のなかにある神の呼びかけを聴くこと。いくら現実を見ても、神の言葉を学ばなければ、現実を解釈し、そこに意味を与えることはできません。いくら神の言葉を学んでも、それを『今、ここで』のこととして受けとめなければ、それは単なる知識や理論で終わります。

両者を一つに結ぶことは不可欠です。従来、『神の言葉を学ぶこと』は当然のこととしてたいせつにされてきました。しかし、『現実をよく見ること』はなおざりにされがちでした。学者は現実を知らず、逆に現実を知る者は神学を知らない、ということで、それは不幸なことでした。これからの課題は両者を統合することです。第一回福音宣教推進全国会議（一九八七年、京都で開催）が目指したことは実にこのことだった、と思います。……第一回福音宣教推進全国会議とは、日本の教会全体がこれから生活のなかでともに神学していきましょう、という決意表明の機会であった、と思うのです」[註27]。なお、福音宣教を実際に社会のなかで行う際の姿勢としては、五三頁でフィリピ２・６～８を引用しているることからも明らかなように、福音宣教者はキリストのように「へりくだりの姿勢」で生きることによって福音をあかしすることが重要であると力説している。

「第二章　月に一度の日記」（「1．カトリック中央協議会事務局長に就任して」、「2．なるほど電子メールというものは便利なものだ」、「3．『まことに失礼とは存じますが申し上げてよろしいでしょうか？』」、「4．暑中、お見舞い申し上げます」、「5．教皇大使エムブロース・デ・パオリ大司教がカトリック中央協議会を訪問」、「6．ものすごい集中豪雨が北関東を直撃」、「7．秋もすっかり深まってきました」、「8．十一月に『近くて遠い国』と言われる韓国へ行ってきました」、「9．旧年中はたいへんお世話になりました。本年もどうぞよろしく」、「10．『デザート』って何？」、「11．司教総会のためにお祈りを」、「12．年年歳歳」、「13．カルー大司教様より」、「14．横浜教区司教叙階」、「15．一九九九年定例司教総会」、「16．今日の北関東はまさに真夏」、「17．今年の夏は意外の猛暑続きです」、

「18．夏過ぎて」、「19．韓国から司教を迎えて」、「20．司祭叙階銀祝」、「21．主イエス・キリストのご降誕とともに大聖年を迎えます」、「22．いよいよ第三の千年紀に入りました」、「23．口語の主の祈り」、「24．退職される皆様、ありがとうございました」、「25．ご復活おめでとうございます」、「26．『神の国』の発言」、「27．カトリック障害者連絡協議会第七回総会」、「28．今年もとくに暑いようですね」、「29．二〇〇〇年八月を振り返れば―『モンゴル』と『引っ越し』と『平和旬間』」、「30．暑さ寒さも彼岸まで」、「31．夏から秋へ」）。これらの内容はカトリック中央協議会事務局長職を務めていたときの『会報』のコラム欄「デザート」に掲載されていたものにもとづく。数々の短文を書き留めることで岡田は司牧者として福音宣教に徹することの意味を再確認しているが、その一文を以下に引用しておこう。「一九九九年五月一五日、横浜教区の梅村昌弘司教の叙階式が横浜双葉学園で挙行され、出席しました。司式は白柳枢機卿様。説教のなかで若い司教を諭し励ます姿と声は感動的でした。自分自身に向けられた言葉として身に沁みて拝聴しました」。(註28) なお、本書の巻末には「付記・インタビュー　岡田武夫大司教　展望と期待」も併録されている。

9．「第二部　典礼と秘跡」（日本カトリック司教協議会監修、新要理書編纂特別委員会編『カトリック教会の教え』カトリック中央協議会、二〇〇三年四月八日、一六一～二六〇頁所載）

この「第二部　典礼と秘跡」は岡田が白浜満の協力を受けて作成した作品であり、日本の教会の独自のカテキズム（信仰教育書）のなかに収載されている。まさに日本と言う土地において福音が浸透して日本文化そのものをキリストの生き方によって変容せしめる一助として生活に根差した典礼と秘跡の解説を目指している。

なお、新要理書『カトリック教会の教え』そのものは、一九九六年の定例司教総会の承認と任命によって三人の司教（糸永真一司教［鹿児島］、岡田武夫大司教［浦和→東京］、深堀敏司教［高松］）が新要理書編纂特別委員会での打ち合わせを経て専門家（岩島忠彦、岡田武夫・白浜満、浜口吉隆、池長潤、溝部脩）への執筆依頼を行うことで完成に漕ぎつけたものである。

「第一章　キリストと教会、そして典礼と秘跡」（「第一節　イエス・キリスト」「第二節　復活されたキリストのしるしである教会」「第三節　キリストの現存のしるし」）。

「第二章　典礼と秘跡」（「第一節　典礼と秘跡、そして儀式と祝祭」「第二節　教会の典礼と秘跡」「第三節　過越の祭儀の挙式」）。

「第三章　入信の秘跡」（「第一節　洗礼」「第二節　堅信」「第三節　聖体の秘跡」）。

「第四章　感謝の祭儀（ミサ）」（「第一節　感謝の祭儀」「第二節　典礼暦と聖書朗読配分」「第三節　信仰成果の源泉であり頂点である聖体の秘跡」）。

「第五章　いやしをもたらす秘跡」（「第一節　ゆるしの秘跡」「第二節　病者の塗油」）

「第六章　奉仕のための秘跡」（「第一節　叙階の秘跡」「第二節　結婚の秘跡」）

「第七章　秘跡以外の典礼」（「第一節　準秘跡」「第二節　葬儀」「第三節　教会の祈り」「第四節　司祭不在のときの主日の集会祭儀」）

「第八章　信徒の典礼奉仕職」(「第一節　典礼奉仕職の歩み」「第二節　第二バチカン公会議による信徒の祭司職」「第三節　朗読奉仕者と祭壇奉仕者の選任」「第四節　聖体奉仕者と集会司式者の任命」「第五節　『奉仕職』という名称」「第六節　司祭の役務への信徒の協力」)。

これらの「典礼と秘跡」の概要を整理して示す内容は簡潔であるが、最初期の単行本としての『宴への招き』や『宴への旅』のなかで描かれていたミサ聖祭に与かってキリストの過ぎ越し秘義を味わってから派遣されて福音宣教者として社会のまっただなかで生きるキリスト者の生き方の中核を再度系統立てて示している。

10．教皇パウロ六世使徒的勧告『福音宣教』(カトリック中央協議会[ペトロ文庫]、二〇〇六年七月一四日)

この本は『解説　エヴァンジェリイ・ヌンチアンディ　福音をのべ伝える』(日本カトリック宣教研究所、一九九〇年)を改訂してペトロ文庫用に編集し直した作品である。

11．『現代の荒れ野で——悩み迷うあなたとともに』(オリエンス宗教研究所、二〇〇九年十一月三〇日)

すでに司教としての経験を積んで、日本社会のあらゆる人と協働する日々を生きてきた岡田が特に弱い立場に追いやられている方々を想いつつまとめた書物が『現代の荒れ野で』である。

まず、「Ⅰ．愛されている喜びを伝えるために」で岡田は「神の愛のメッセージとは、つまるところ、『わたしはあなたがあなたであることを喜ぶ』ということだと思います」[註29]と述べるとともに「荒れ野のオアシスである教会」[註30]を目指すことが司教の務めであると考えている。

次に、「Ⅱ．新しい天と地をめざして――悪の問題」（1．善と悪、2．神のわざが現われるために、3．摂理について、4．子どもは正直？――原罪について、5．わたしたちを悪からおまもりください、6．悪の問題と『パッション』、7．人生は困難なものである、8．教会と癒し、9．贖われるのを待ち望む）で岡田は特に「3．摂理について」の項目では、二つの要因が悪につながることを述べている。[註31]一つ目の要因は、被造物の不完全さつまりまだ完成されていない状態でのゆがみを強調している。二つ目の要因は、人間の自由意志による選択のゆらぎである。

さらに、「Ⅲ．一神教について」（1．一神教の「不寛容」、2．日本文化の福音化、3．一神教への批判、4．ねたむ神と聖絶、5．イエスが示した神の愛、6．十字軍という過去、7．イスラム教とキリスト教）では、岡田はユダヤ教、キリスト教、イスラム教がそれぞれに抱える歴史的な不条理の出来事のあらましを描き、現代の私たちが歴史の限界をどのように評価すればよいのかを示している。

そして、「Ⅳ．イエスによる救いと他宗教」（1．すべての人の救いを望まれる神、2．他宗教を通じて語る神、3．貧しい人を通じて神と出会う、4．他宗教による救いはあるのか、5．イエスによる救いを宣言する、神の愛を日本に伝える）では、日本社会でどのように福音が染み渡ることが可能なのかを論じている。こうして全体の流れをまとめて「Ⅴ．歩みを振り返りながら――これからの福音宣教のあり方を求めて」を提示している。

12．『信じる力——大切なあなたに贈る言葉』（オリエンス宗教研究所、二〇一三年五月二〇日）

東日本大震災後の日本社会において復活のキリストとともに生きるよろこびを告げるという福音宣教の在り方を模索したのが本書である。

「序にかえて——神はすべてをいとおしまれる」では、岡田は司牧者として震災後の不安をかかえる人びとに対する配慮に満ちた呼びかけを発している。

「第一章　3・11後の現実を見つめて　望みのエッセンス」（1．わたしたちは希望によって救われているのです、2．人間はつながりの中でしか存在できません、3．マリアは主のことばは必ず実現すると信じました、4．平和のために祈り、学び、行動しましょう、5．闇は光によってしか消滅させることができないのです、6．十字架に神の愛が示されています）では、困難な闇の状態のなかで、いかに希望をいだいて生きてゆけばよいのかを確認している。

「第二章　光を灯してくださる方　慈しみのエッセンス」（1．自分も神様にとって大切な存在であることを知るのが一番です、2．人生の不条理の中に信仰の光を見ています、3．この世は過ぎ去りますが永遠を目指す生き方があります、4．支え合う共同体を作っていくことが課題です、5．裁きは神の手にゆだねるべきです、6．イエスは「いやす人」でした）では、新約聖書におけるイエスによるいやしの意味を論じることで、被災者たちとともに生きる復活のキリストが現に支えてくださることを示そうと試みている。

「第三章　イエス・キリストの弟子として生きる　幸せのエッセンス」(1．わたしたちは幸福になるために生を受けたのです、2．神の思いは人間の理解を超えています、3．多くの聖人は孤独と神の沈黙を経験しました、4．キリストは正義と愛と平和の王です、5．見えない神を信じ神の愛を信じることが信仰です、6．誠実を尽くして神様の計らいにお任せしましょう)では、最悪な状況のなかで復活のキリストと出会い、ともに生き、そのよろこびをあかしする弟子たちの使徒としての新たな生の在り方を、いま受け継ぐべきことを被災後のキリスト者たちに呼びかけようとしている。

「第四章　ともに旅する教会　つながりのエッセンス」(1．イエスを学ぶことによって教会の使命が見えてきます、2．キリストの十字架は人類の悲惨さを担ったのです、3．だれもが神から出て神へ帰る旅の途上にあります、4．罪人の中にも神様の栄光が輝いています、5．教会には世界の不条理をともに担う使命があります、6．一人ひとりのかけがえのなさこそが大切です)では、今後の教会共同体の方向性を提案している。

13．『希望のしるし――旅路の支え、励まし、喜び』(オリエンス宗教研究所、二〇一五年十月二〇日)

前著『信じる力』の続篇として刊行されたのが『希望のしるし』である。信仰・希望・愛というキリスト者にとっての三つの対神徳の第二の要素としての「希望」に関して論じている。結果的に、岡田は「信仰」と「希望」に関する単行本を世に送り出すに留まり、「愛」に関する単行本は書かれないままで人生の幕を閉じた。その道行きから学び、「愛」に関する実践を深めると同時に考察する作業は後を引き継ぐ私たちに託されていると言えよう。

「はじめに」では、人間が生まれてから世を去るまでのあいだの歩みを「旅路」として把握し、その長い旅のあいだをどのように過ごすべきかを黙想するようにキリスト者に呼びかけている。初代教会から連綿と続く、互いに支え合い、励まし合い、喜び合う生活の大切さを想起させる。

「第1章　キリストの光を証しする」（1．聖ヨセフの信仰、2．自分から出ていく、3．世界を刷新するために、4．信仰の記憶とは、5．尊者・福者・聖人とは、6．イエスは世の光）では、絶えずキリストを意識して生きるキリスト者の信仰の立場を整理して示す。

「第2章　殉教者と現代」（1．世俗社会と信仰、2．使徒ペトロ・パウロの殉教、3．パウロの熱意と悪との戦い、4．ペトロ岐部の忍耐と希望、5．生きる希望を告げる）では、この世のなかにはびこる自己中心的な悪の状況と対峙して徹底的に戦うべきことを殉教者の模範から学びつつ、その歩みを受け継ぐように読者に勧めている。

「第3章　兄弟姉妹に目を向ける」（1．兄弟愛と食糧問題、2．病人の不安と孤独を共に、3．人々の希望のしるしに、4．人生の不公平さに目を、5．世界の問題と真理の力）では、隣人愛に関する社会的な実践の重要性を提案している。

「第4章　救いへの招き」（1．救いを待ち望む、2．癒しの意味、3．神の至福へ）では、この世の苦難のなかで生きるあらゆる人がキリストとともに過ぎ越しの道行きをたどり、悪の状況から解放されてゆく様子（救い）を描いている。

「第5章　宗教と寛容」（1．暴力行使の歴史、2．他宗教の教え、3．神との出会いの機会、4．不寛容を超えて）では、二千年続いている教会共同体内部の諸問題を真正面から論じている。不寛容な姿勢や暴力行使の繰り返しが収まらないままの共同体の現実を見据え、どのようにして欠点を見直せばよいのかを提案している。

「エピローグ――『あなたがたに平和があるように』」では、復活のキリストが弟子たちに与えた呼びかけをそのまま示すことで、今日の私たちも復活のキリストからゆるされて新たに遣わされる弟子であることを再確認している。

14．ブックレット『みんなで考える日本の福音宣教（アレルヤ会主催、ニコラバレ、二〇一八年十一月三日の会合の記録）』（フリープレス、二〇一八年十二月二五日）

一九七三年十一月三日に司祭叙階を受けた岡田大司教の司祭叙階四五周年を記念する行事として二〇一八年十一月三日に「みんなで考える日本の福音宣教」という主題のシンポジウムがアレルヤ会主催で東京四ツ谷のニコラバレで開催された。その会合の記録が本書である。岡田による「発題者の講話――一人ひとりが自分の生活のなかでイエスを証すために」の後で、三人の信徒による「あかし」が行われた。そして、それらの話題に対して「参加者の発言」として八人の方々からの応答が続いた。さらに、阿部による「霊的講話――『寛大な父親』が取った四つの行動こそ、福音宣教を実践する上で最大のヒントです」がまとめとして提供された。

15.ブックレット『続みんなで考える日本の福音宣教（カトリック本郷教会主催、二〇一九年三月二一日の会合の記録）』（フリープレス、二〇一九年六月三〇日）

前回の会合から約四ヶ月後に、続篇として二〇一九年三月二一日に「続みんなで考える日本の福音宣教」がカトリック本郷教会聖堂にて開催された。おりしも世界的な問題提起となっていた児童虐待に対してどのように対処すべきかという課題をも論じ、聖ヨセフの父性の重要性を想い起こして謙虚に奉仕する聖職者の努力を掲げるべきことが提示された。信徒たちも聖職者を支えてともに奉仕するように共同体の在り方そのものを刷新する必要があることに目覚め始める機会となった。

16.『イエスの福音への招き』（フリープレス、二〇一九年一月三一日）

さいたま教区管理者としての責務を果たし終えてから、東京大司教区の菊地功大司教の許可を得てカトリック本郷教会の協力司祭さらには最終的には小教区管理者として司牧現場に復帰した岡田の司牧者としての新たな矜持を物語る著書が『イエスの福音への招き』である。この最後の単行本では最初期の『宴への招き』が強調していた「復活のキリストとの出会い」を再び論じている。復活のキリストからの呼びかけを聴くことがあらゆる人にとって人生の転機となり、愛を生きて相互に支え合う共同体の始まりにつながる。その状況こそがよろこばしい福音を生活のなかで生きてあかしすることであり、そのよろこびの出来事が社会における周囲の他者にも伝わり、宣教が実現する。それでは、以下に本書の内容をまとめておこう。

「第一章　現代人は神を信じ得るか」（第一節「神」とはこんな方、第二節「神」という言葉が誤解のもと、第三節ダビデという人の場合――神の前に罪を認め、赦しを祈り求めた男、第四節「イスラエルの民の神」から人類の神へ――バビロン捕囚の体験と信仰）では、「神論」に該当する内容の神学的考察が展開されている。

「第二章　悪と罪」（第一節なぜ神が造られた世界に「悪」があるのか、第二節神の怒りと神の慈しみ、第三節悲惨な体験が想起させる「神の存在への疑問」、第四節悪についてのイエスの教え――毒麦のたとえ、第五節宗教改革者ルターの体験）では、二千年間のキリスト者の共同体で始終問題となっている「悪や罪の諸問題」に関して論じている。「神義論」の考察である。

「第三章　『復活』という信仰――キリスト教成立の根拠」（第一節ヨハネの福音で知る弟子たちの復活体験、第二節弟子たちの復活体験、第三節ペトロに現われた復活のイエス、第四節イエスの復活を証すべき教会の反省と決意）では、キリスト者の信仰の深まりの端緒としての「復活の出来事」を集中的に論じている。「キリスト論における復活研究・実践」の考察である。

「第四章　折々に福音を読む」（①聖母のエリザベト訪問、②イエスの誕生とヨセフ、③神の母聖マリア、④荒れ野で受けた誘惑、⑤聖霊の促しに応える、⑥主の祈り、⑦十字架を担う生き方、⑧父と息子、⑨神の愛への共感、⑩わたしのもとに来なさい、⑪謙虚、⑫洗礼の喜び）では、聖母マリアの生き方からイエスの十字架の死に至るまでの新約聖書の様々な場面をもとにして信仰生活の基本事項を再確認している。

「第五章　平和」(第一節いのちを大切に――日本の司教団の「いのちへのまなざし」、第二節平和を願う――被爆地・広島のミサで訴えたこと)では、復活のキリストが弟子たちに示した「平和」の呼びかけを現代においていかに引き継いで生きればよいのかを考察している。

「第六章　神の愛と私たちの務め――「慈しみの特別聖年」の後をどう生きるか」では、教皇フランシスコによる「慈しみの特別聖年」(二〇一五年十二月八日～二〇一六年十一月二〇日)の制定に沿って(二〇一五年四月十一日の大勅書『イエス・キリスト、父のいつくしみのみ顔』にもとづく)、その歩みをいかに日本社会において深めればよいのかを論じている。

17.『福音の呼びかけ――折々のメッセージから　日英対訳』(夢想庵、二〇一九年九月二〇日)

先ほど説明した『イエスの福音への招き』が最後の単行本だとすれば、ここで取り上げる『福音の呼びかけ』は最後の単行本と同時期に様々な相手に向けて語られた説教の音声記録の文字起こしの成果をまとめたメッセージ集の冊子として受け留めることができる。以下に、概要を記そう。

「はじめに」では、さいたま教区の管理者として、多国籍化したさいたま教区の人びとに対しての説教の記録を幅広く提供する意図が述べられている。

その後に続く説教記録は全三〇篇である。以下のとおりである。「1．死から命へ、2．復活のキリストの平和、3．神からの呼びかけ、4．イエスの言葉の力、5．祈るイエス、6．清くなれ、7．サマリアの女、8．試練と誘惑、9．契約の血、10．被造物の救い、11．あなたの存在が大事、12．安心して行きなさい、13．あなたの信仰があなたを救った、14．幼子の心、15．平和を実現する人、16．地の塩、世の光、17．悪の存在、18．ホスピティウム、19．5つのパンと2匹の魚、20．わたしのからだ、わたしの血、21．わが腸彼のために痛む、22．いつくしみとまことの神、23．キリストを知る、24．貧しいおとめマリア、25．ぶどう園で働く労働者の報酬、26．苦しみ、ゆるし、活かす、27．不正の富で友達を作れ、28．弱さのなかで働く神、29．悪との戦い、30．世界宣教の日を迎えて、あとがき」。この小冊子においては、主日のミサ聖祭の説教をとおして明らかとなった岡田の司牧者としての具体的な話しぶりが克明に記録されている。つまり、この社会において苦難をなめるあらゆる相手に向けて丁寧に紡がれた励ましの呼びかけが文字化されている。

二．単行本全十七冊の内容の分析——『宴への招き』から『福音の呼びかけ』へ

これまで、岡田が生前に公刊した単行本全十七冊の概要を簡潔に示した。次に全十七冊の単行本の内容の分析に移ろう。全十七冊の単行本に共通する要素を整理して配列すると四点の特長が浮かび上がる。以下において、順に眺めてみよう。

1．「宴＝イエスの福音」という視座

最初期の単行本『宴への招き』から最後の小冊子『福音の呼びかけ』へ。その長い道のりは、昭和から平成を経て新天皇の時代へと時代が移り変わる、まさに激動の日々を反映している。しかし、岡田の筆致は常に「イエスの福音」の意味を問い、そのイエスの福音を「宴」として生きる小教区の実践（ミサ聖祭）として深めるという教区司牧者としての一貫性を備えていた。つまり岡田にとってイエスの福音は宴としてのミサ聖祭において具体的に味わわれ、そのミサ聖祭の場から派遣されて社会に戻るキリスト者ひとりひとりは福音宣教者として歩むことになるのである。

「宴＝イエスの福音」という確信をいだきつつも「キリストから自分も招きを受け・キリストのもとへ相手をも招く福音の呼びかけ」という想いを結晶化させた二冊の著作のあいだには一貫した不変の志が潜み、数限りない奉仕活動と論考の公表という尊い努力の熱量が詰まっている。そのことは以下の項目「『復活のキリスト』の確信」において、よりいっそう明確なかたちで確認できる。

2.「復活のキリスト」の確信

さらに、最初と最期の合計二つの書物に共通している主題は「復活」である。二千年前のイエスが人類に救いをもたらす者（キリスト）として、つまり「復活のキリスト」としていまも生き続けている、見えない姿として私たちの人生を支え、責任をもって導いてくれる、という確信をいだいて、困難な状況から立ち上がって前進することが「復活」と呼ばれている事態である。岡田はキリストとともに歩むことに、得も言えぬほどの安堵感をいだき、そのよろこびを他者にも伝えようとしている。その姿勢こそが福音宣教そのものである。

「キリストの復活」は岡田にとっての最初の単行本『宴への招き』から最後の単行本『イエスの福音への招き』へと一貫して強調されている。その際、興味深いことに、最初と最期の単行本は主題として同一の内容を扱っている。そうなると「宴への」と「イエスの福音への」という形容詞の同一性に気づかされる。つまり、「宴＝イエスの福音への」招き、を岡田が研究・実践の最初と最期とに掲げていることになる。なぜならば「キリストの復活」こそが岡田の「信仰生活の端緒」であると同時に「信仰生活の完成」であったからである。そのことは以下の引用文を読めばよくわかる。「わたくしの信仰は、復活の信仰から始まりました。もちろんイエスの復活の現場を体験したわけではありません。復活を体験した弟子たちが述べた証言を信じた人々が教会となり、現代につなげてくれているわけです。『復活の光を仰ぐ』ということがわたくしの信仰生活の中心となりました。復活の信仰を明るく、しっかりと、危なげなく、そしてけなげに生きている司祭、信徒、奉献生活者との交わりがわたくしを支え導き育ててくれました。いまあらためてその方々に御礼申し上げます」(註32)。

3．聖書熟読と現場での語りの努力との循環

まるで一途な職人のように地道な基礎作業に没頭する大司教の聖書熟読と現場での語りの努力とが循環して、らせん状に深まってゆく。教皇パウロ六世が発布した使徒的勧告『福音宣教』という公文書の解釈と現場での適応の可能性を探る研究をローマで果たしてから帰国した岡田の本音が最初

の著書『宴への招き』には記されていたが、最期の著書『イエスの福音への招き』や『福音の呼びかけ』は自身の長年にわたる司牧上の工夫の苦労話と総括となっている。

一度始めたことを決して投げ出すことなく、粘り強く考え抜いて再度問う手法は、まるで五世紀に活躍した聖アウグスティヌスのようである。彼は『告白録』(三九七年頃)を公表してから約三十年後に『再考録』(四二七年頃)を書き上げて最初の問いを改めて洗練させた。答えはない。ただ、ひたすら問い続けるのみ。それが人生である。普段、学校教育において答えのある課題だけを解きつづけてきた日本人には衝撃的な思考方式を採用するのがキリスト教信仰の極意なのかもしれない。身を以て呻吟しつづけることそのものが誠実な応え方なのであり、その不屈の信念の表明の仕方に対して人は魅力を感じ、キリストの同志となるのだろう。

4.「福音宣教」への飽くなき関心——個人=共同体の連動

岡田の単行本に見られる一貫した一つの筋道は「福音宣教」への飽くなき関心にもとづく意義究明と具体的実践を常に調和させて生きる姿勢として強調されていたものである。そして、岡田の問題意識は決して個人的な都合で生じたものではなく、第二バチカン公会議以降の日本の教会において共同体的な課題としても真摯に問いかけられていたものでもあった(その問いかけが第一回福音宣教推進全国会議[京都、一九八七年十一月]や第二回福音宣教推進全国会議[長崎、一九九三年]であり、それらの話し合いの成果は日本のカトリック司教団による『ともに喜びをもって生きよう』

［一九八七年十二月］や『家庭と宣教』［一九九四年三月］という教書へと結実したのである）。（註33）以下のとおりである。「今、わたしたち教会に求められていることはこのキリストのケノーシスの道、すなわち『神の身分でありながら、神と等しい者であることに固執しようとは思わず、かえって自分を無にして、しもべの身分になり、人間と同じ者になられた』（フィリピ2・6〜7）キリストに倣い、自分をむなしくして互いに『貧しさ』をともにする、ということです。人間はだれでも根源的に『貧しい』ものなのです。もしわたしたちが、苦しんでいる人、悲しんでいる人から遠い所にいて、抽象的な理論を説き、現実から遊離した、どこかでだれかのいったことばを引用するのであれば、わたしたちのことばはむなしく消えていきます。自分だけ現実の諸問題、生活の煩わしさ、苦労から解放されて、安全地帯に逃げていて、きれいなことばを並べても、人の心を動かすことはできません。日本の教会のＮＩＣＥが『ともに』を教会の姿勢と信仰のあり方の転換の鍵ことばにしたのは、きわめて的を得たこと、福音と伝統に沿うことであり、キリストの道にかなうことでした」。（註34）

Ⅳ　小教区運営の展望の帰結——福音宣教理解から神義論への対応へ

これまで、岡田の単行本全十七冊に見られる信仰生活の一つの筋道としての「福音宣教」理解を確認してみた。ここでは、彼が、いかにして信仰生活の筋道としての「福音宣教」理解を実践活動の場で生きようとしていたのかをまとめてみたい。

一．小教区運営の展望

その際、すでに岡田自身が『宴への招き』の巻末の「第十章　小教区の将来の在り方をめぐって」(註35)においても小教区運営の展望を述べている、という事実を決して見逃してはならない。彼はカトリック柏教会における司牧者として活躍し始めた最初期の時代から既に一定の展望を心に秘めていたのである。

1．日本の教会の小教区に関する三つの問題提起

それでは最初期の著作『宴への招き』から該当箇所の項目を以下に掲げておこう。岡田は、まず、日本の教会の小教区に関して三つの問題提起をする。第一として、「1．小教区制度は今日の日本でよく機能しているか」という点であり、第二として「2．小教区は福音宣教に向けられてつくられた組織か」という点が続き、第三として「3．小教区における司祭–信徒の責任分担はこれでよいのだろうか」という点が疑問視されている。(註36)

2．日本の教会の小教区に関する問題解決への示唆

いま述べた日本の教会の小教区に関する三つの問題提起への解決のための岡田による示唆ないし展望は以下のとおりの四点(①②③④)である。その四点は「4．小教区の管理・運営をどうするか」という項目においてまとめられている。それら四点の要点だけを以下に書いておこう。①司祭が出

向いて家庭ミサを捧げたり、地区別の集会を開いて工夫すべきであるとしている。そして②信徒は司祭不在の小教区の管理・運営を行うことができるように所定の養成を受けて終身助祭職を生きる場合もあり得ることを勧めている（岡田は浦和司教として着任し、後にはさいたま教区管理者として再び着任したが、現在のさいたま教区では岡田の指導を受けた篤実な信徒が東京カトリック神学院で所定の学びを終えてから終身助祭として叙階され、司祭不在の小教区を支えたり教区事務職の要職を担って活躍している）。続いて「5．小教区の司牧はだれの責任か」の項目では、終身助祭の実際の活動の可能性に関して提言している。つまり、③終身助祭は教会事務や教会管理に留まらず、さらに司牧的奉仕（各集会の司会と指導、児童青少年の信仰教育、病者や老人の世話、求道者の信仰教育、教会行事の指導、信徒の霊的指導）にも協力すべきことを述べている。そればかりか、岡田は④地域の主婦としての女性信徒たちの協力体制を促進すべきことも述べている。

いま述べた四点の提案を実行に移す前提が「6．いかに信徒の自覚をうながすか」、「7．すべての信徒を福音宣教へ向けるために」、「8．信徒の使徒職のために」で連続して述べられている。特に、「6．いかに信徒の自覚をうながすか」において岡田は『教会憲章』37項を根拠として以下のように述べている。「上述の提案［論文執筆者註、先の①②③④という四つの提案のこと］は信徒の理解、信徒の意識の変革を前提としている。信徒が従来の教会の『お客さま』気分をすて、司祭依存意識を一新し、主体的な教会の担い手、キリストの使徒へと変容していかなければならない。……司祭は勇気と信頼をもって、徐々に自己の責任を信徒に委任してゆかなければならない。もちろん最初は司祭の指導が必要である。しかしいつか信徒がひとり歩きできるように指導し配慮しなければならない」。[註37]つまり、信徒の意識改革に向けて司祭が着実に準備を整えて段階的に伴走すべきことが強調されている。「7．すべての信徒を福音宣教へ向けるために」の文脈では信徒の自発的な福音宣教への熱意の必要性を強調している。以下のとおりである。「人は、だれかに福音を伝えたい、という具体的・実践的動機をもたぬ限り、福音宣教を実践する使徒になることはできない。理論と知識だけでは人を福音宣教の使徒にかえることはできない。具体的に自分の信仰を表現・伝達する必要と渇望があって、はじめて生活の中で福音宣教を心がけることができる」。[註38]「8．信徒の使徒職のために」では、信徒に対する司祭の工夫が示されている。以下のとおりである。「司祭はひとりひとりをキリストとの出会いに導くことにより、キリストにおいてすべての人を一つに結ぶかけ橋とならなければならない」。[註39]「9．現代の小教区の司祭の新しい在り方を求めて」では、信徒の自覚を高めることで、信徒と司祭との相互理解と相互扶助の奉仕体制が教会共同体のなかで醸成されてゆくことになれば小教区共同体そのものがパン種となって社会のなかでのあかしを実現することができるようになり福音宣教が推進されることを確認している。

3．まとめ——福音の経験から社会の福音化へ

これらの諸項目を眺めれば明らかなように、本稿執筆者の言葉でまとめるとすれば、小教区の刷新を目指していた岡田は第一として「復活のキリストと出会う宴（＝ミサ聖祭＝イエスの福音を実

感する場）の経験」（福音の経験）を求めており、その動向から生じる第二の動向として「キリストから派遣されて社会を福音化する使徒たちの育成」（宣教の活動）を目指している。ということは、小教区共同体は二つの動向の連続性（「福音の経験」と「宣教の活動」とが一体化した「福音宣教」という事態）によって社会と接続され、イエスの福音を宣教する使命を生きることになる。このような理念に関しては、既に各小教区の主任司祭・助任司祭・協力司祭が神学校養成の場で学んでおり、実際の司牧現場でも生きていることである。しかし、各小教区の担当司祭たちが福音宣教の理念と実践とを充分に一番理想的なかたちで連動させているかどうかは、絶えず見直さなければならない緊急案件である。

二．小教区運営の展望の帰結

次に、最後の単行本『イエスの福音への招き』のなかから小教区に関する見解を述べている箇所を引用しておこう。その箇所は「司牧者としての最重要課題」を扱っている。「カトリックの司祭・司教として、わたくしが最も重要と考えてきた課題は、『いかにすれば、人々の日々の暮らしとキリストの教え、聖書の言葉、教会のメッセージを触れ合わせ、結びつけることができるか』ということでした。人はこの世に生を受け、人生の歩みを重ね、そして死という厳粛な事実に出会います。その間、数々の苦難を体験します。こうした一生の中で、イエスという人の存在と生涯はどんな意味を持ち、どのような支え、助けになり得るのでしょうか」。(註40)

こうして、岡田が司牧活動の最初と最期の内省において共通して小教区運営の同一の視座をいだいていたことが見えてくる。あらかじめ一定の計画をもって活動を展開し、その流れが一貫して最期まで堅持されていたのである。つまり、岡田にとっては、小教区司牧を行ううえでの理論的な展望と不屈の実践活動とがひとつに結びついていたことが、いまにして明らかなのである。

三．神義論への対応――小教区運営の展望と帰結を超えて

これまで岡田による小教区運営の展望とその帰結を整理してみた。その一貫した岡田の司牧姿勢は今後いったいどこに向かうのだろうか。ここでは岡田が、いかにして信仰生活の筋道としての「福音宣教」理解を実践活動の場で洗練させて生きようとしていたのかを示しておきたい。一言でまとめるとすれば、最後の取り組みとしての「神義論への対応」である。

二〇一六年から二〇二〇年に至る岡田の最晩年の五年間の説教や講話や折々の会話のなかで頻繁に出てきた主題が「神義論」への問いと思索と具体的対応であった。つまり、この世に蔓延する悪の現実にどのように立ち向かえばよいのか、悪の力の前で屈服する人間の愚かさや組織の頑固な現実といかに向き合えばよいのか、という難問を岡田が考え抜こうとして日々格闘していたのである。

復活のキリストと出会ったキリスト者は自分が味わったよろこびを社会の他者にも伝えようとしてあかしを続けることになるが、その福音経験と社会の福音化とが連動するときに福音宣教が成立する。社会の状況を眺めれば、悪の蠢動によって突き動かされた罪の状態から抜け出せないまま捕

囚の日々を過ごす人びとの闇が色濃くなるばかりである。このように理解すれば、福音宣教とは、世の光としてのキリスト者が日々のあかしによって社会の闇を照らす仕儀として見えてくる。相手に対する愛ゆえに自分を捧げ尽くして相手のもとへと出向く（へりくだる）キリストの「受肉の秘義」とケノーシス（キリストが自分を空しくすること、キリストの自己空無化、キリストの自己捧与、フィリピ2・6〜8）とは不可分に結びついており、人間的なあらゆる思惑をはるかに超えている。岡田も「福音宣教」研究の最初の成果としての一九八三年の『宴への招き』においては人間的な努力によって「小教区運営の展望」を掲げており、司教としての司牧活動を経て一定の帰結に至ったのではあるが、さらにその先に一歩踏み出そうとして「神義論」の考察に向かっていたが、その仕儀そのものが、愛のゆえに相手のもとへとへりくだるキリストのケノーシスの秘義の模倣であったのではなかろうか。

岡田の最終的な神学研究・実践の方向性が「神義論」に向かった理由は、相手先の状況を見据えたからに他ならないだろう。相手の社会的な生活状況が闇の状態であるという現実を真正面から見据えたからこそ、岡田は、悪の蠢動（しゅんどう）から生じる人間の罪の色濃い闇を照らすための福音宣教にさらに情熱を燃やすことができたのである。

V. むすびとして

岡田による「福音宣教」研究・実践は第二バチカン公会議後の世界的な教会の刷新の活力に満た

された教皇聖パウロ六世の使徒的勧告『福音宣教』の学びから始まり、日本の教会における宣教研究所での奉仕を経て全国的な規模での福音宣教推進のための会議の開催にまで共同体化されつつ拡張し、さらには司教職の遂行による各小教区への励ましと教導・協働へと洗練されて四五年もの歳月の軌跡を遺した。

その岡田による探究の軌跡をふまえつつも、後続の私たちがさらなる「福音宣教」研究・実践の試行錯誤を今後続けてゆくことになる。先行きは多難ではあるが、しかし、岡田が遺した十七冊の単行本という旅の際の地図を手がかりにすることで、日本社会の数多くの一般人たちへの光を示してゆけるのである。なお、この論文完成後に、岡田の十八冊目の本書の草稿を拝受した。

（あべなかまろ　東京カトリック神学院教授、日本カトリック神学会理事、サレジオ会司祭）

二〇二一年二月九日(火)記／二〇二一年六月二八日(月)改訂

註

(註1)『カトリック新聞』第四五五八号（二〇二一年一月三日付）カトリック新聞社、第一面。

(註2) 岡田の基調講演は以下の学術誌に収録されている。『宣教学ジャーナル』第5号、日本宣教学会、二〇一一年所載。あるいは東京大司教区のホームページの以下のサイトにも全文掲載されている。

http://tokyo.catholic.jp/archdiocese/library/message-okada/14775/

(註3) 第1回福音宣教推進全国会議事務局『開かれた教会をめざして』、カトリック中央協議会、一九八九年。

（註4）第2回福音宣教推進全国会議事務局『家庭の現実から福音宣教のあり方を探る』、カトリック中央協議会、一九九四年。

（註5）「主イエスは、わたしたちにも十字架を担うよう求めています。十字架とは、人生の闇、たとえば人生の不条理、『わけが分からない不当な苦難』です。あの東日本大震災の時に7歳の少女エレナさんが抱いた疑問です。苦しむ者に、神はその理由をすべて説明することはしません。神の応答はむしろ、苦しむ人のそばに寄り添い、共にいるということです。神はイエスの十字架を忍ばれました。今でもわたしたちの不条理な苦しみを分かち合ってくださっていると信じます」（岡田武夫『福音の呼びかけ――折々のメッセージから』夢想庵、二〇一九年、六九頁）。岡田武夫『イエスの福音への招き』フリープレス、二〇一九年、三七〜三八頁にも同様の指摘がなされている。さかのぼると岡田武夫『信じる力――大切なあなたに贈ることば』オリエンス宗教研究所、二〇一三年、一四〜一六頁にも同様の指摘がなされている。

（註6）岡田武夫『宴への招き――福音宣教と日本文化』あかし書房、一九八三年、一五頁。

（註7）岡田武夫『宴への招き』二八頁。

（註8）岡田武夫『宴への招き』一四八頁。

（註9）岡田武夫『宴への招き』一四八〜一四九頁。

（註10）岡田武夫『宴への招き』一六八頁。

（註11）岡田武夫『宴への招き』二〇一頁。

（註12）岡田武夫『宴への旅――体験と祭儀』あかし書房、一九八四年、一三頁。

(註13) 岡田武夫『宴への旅』二八頁。

(註14) 岡田武夫『宴への旅』二九頁。

(註15) 岡田武夫『宴への旅』一〇六頁。

(註16) 岡田武夫『宴への旅』一二五頁。

(註17) 岡田武夫『死から命へ――体験のなかに福音の光を探し求めて』あかし書房、一九八五年、一三頁。

(註18) 岡田武夫『死から命へ』一四頁。

(註19) 岡田武夫『死から命へ』一二七〜一二八頁。

(註20) 岡田武夫『死から命へ』一九一頁。

(註21) 岡田武夫『死から命へ』二一二頁。

(註22) 岡田武夫『信仰の喜びを伝えるために』女子パウロ会、一九八六年、一五頁。

(註23) 岡田武夫『信仰の喜びを伝えるために』四八頁。

(註24) 岡田武夫『信仰の喜びを伝えるために』五二頁。

(註25) 岡田武夫『キリストの心を生きる宣教』九頁。

(註26) 岡田武夫『キリストの心を生きる宣教』三七頁。

(註27) 岡田武夫『キリストの心を生きる宣教』四四〜四七頁。

(註28) 岡田武夫『キリストの心を生きる宣教』一三六頁。

(註29) 岡田武夫『現代の荒れ野で』一五頁。

（註30）岡田武夫『現代の荒れ野で』二三三頁。

（註31）岡田武夫『現代の荒れ野で』五一～五二頁。

（註32）岡田武夫『イエスの福音への招き』フリープレス、二〇一九年、一九〇～一九一頁。

（註33）日本カテキスタ会二〇〇八年度信仰養成講座「教皇パウロ六世使徒的勧告 Evangelii Nuntiandi に学ぶ」における岡田武夫による第二講話「NICE・1、NICE・2」ニコラバレ、二〇〇八年八月二二日、を参照のこと。テクストは以下のサイトで読むことができる。https://tokyo.catholic.jp/archdiocese/library/message-okada/14363/

（註34）岡田武夫「解説」（教皇パウロ六世使徒的勧告『福音宣教』カトリック中央協議会［ペトロ文庫］二〇〇六年所載）一三五頁。

（註35）岡田武夫『宴への招き』一七七～一九四頁。

（註36）岡田武夫『宴への招き』一七七～一八四頁。

（註37）岡田武夫『宴への招き』一八六～一八七頁。

（註38）岡田武夫『宴への招き』一九〇～九一頁。

（註39）岡田武夫『宴への招き』一九二～一九三頁。

（註40）岡田武夫『イエスの福音への招き』五頁。

■あとがきに代えて

岡田武夫師の尊い志を受け継いで前に進みましょう！

東京カトリック神学院教授
日本カトリック神学会理事
阿部仲麻呂

「消極的な孤独のうち危険なものは、本質的に他者から来る。それは他者によって無理やりに、自己を閉鎖させられてしまった状態である。それは愛の欠けた状態ということが出来る。この場合に、愛とは常に他者からの愛である。例えば母親が死ぬという経験。それは多くの人が知っていることだし、一つの普遍的な悲しみとして納得してしまえばそれで済む。が、理性がどのようになだめようとも、母親は常に一人であり、この一人はかけがえがない。その場合に、子供の方の愛は、母親が死んだからといって消滅するわけではない。いな、それはこうした契機によって、一層高まり、鋭く心を突き刺す。しかしその時の傷は、自分はまだ母親を愛しているのに、それに応えてくれるべき愛がないということだ。子供の心の中に母親の愛の占める部分はちゃんと残っているのに、肝心の愛は欠け落ちてしまった。その空虚感が、孤独となって彼の意識を閉ざしてしまう。傷となる原因はすべて他者からの愛である」（福永武彦『愛の試み』新潮社〔新潮文庫〕1975年、16～17頁）。

本来ならこの「あとがき」を書くべき岡田武夫師（一九四一―二〇二〇年、カトリック東京大司教区名誉大司教）は、もうこの世におりません。私たちより先に天国へ旅立ったからです。しかし岡田師は２０２０年12月に最期の草稿を完成させており、彼の不屈の心は、いまもなお私たちとともに確かに在ります。彼は死の前日まで研究作業をつづけました。まさに本書は「希望の呼びかけ」です。それは「愛情に満ちた呼びかけ」としての「創造の出来事」、「過ぎ越しのわざ」、「復活のあかし」、「宴としての想起記念」、「福音のよろこび」でもあります。

岡田師の遺言にもとづき、不肖この阿部が「あとがき」を代筆することとなりました。つまり、岡田師が２０２０年12月18日に帰天してから、ちょうど半年後の２０２１年６月18日に、この「あとがき」を書かせていただいています。

岡田師の帰天の報を受けてから虚脱感にさいなまれて何も手につかないほどの悲嘆の状況で生きてきた阿部にとって本書の校正用ファイルを２０２１年６月17日にフリープレス社の山内継祐社長から受け取ったときの悦びと感謝の念は筆舌に尽くし難いほどに感動的なものでした。最期の挨拶もできないままで岡田師と生き別れとなってしまったことへの慚愧の念に打ちのめされていた阿部にとって、半年を経て、おもいもかけず、まるで岡田師のほうから救いの手が差し伸べられたようなものです。死して尚、相手のことを決して忘れずに手厚く関わろうと望む大司教のこまやかで「いき」なはからいを改めて実感しています。

現在、震災や自然災害やウイルス禍によって打ちのめされている私たちにとって神の愛が実感できないままでの生活がつづいています。それゆえ、「どうして悪がこの世にはびこるのだろうか」という切実な問いを誰もがいだいています。しかも、困難の積み重なる現代社会の教会共同体において、いまだに有効な解決策を持ち合わせないままで、人びとを導く牧者となるべく努力している司教や司祭たちの苦悩にもまた計り知れないものがあります。

こうした状況のなかで神の愛の意義と人間の可能性に関して考察し直すことが緊急課題となります。そこで、いまこそ神義論の研究をとおして、悪にのまれないための冷静な姿勢を保ち、人間の自由意志の価値を確認し、苦を乗り越える方途を探ることが必要となります。

こうした難問に対して、いのちを賭して真正面から応えたのが岡田師です。岡田師にとってのこの地上での最期の著書『「悪」の研究』は同時に復活のいのちの在り方において開き出された最初の著書でもあります（死から復活のいのちへと過ぎ越す作品）。おりしも２０２１年9月は岡田師の司教叙階30周年の記念を祝う時節になるはずで、その際に参集者たちに手渡されるはずだった本書は「死してなお相手を励まそうとする痛切なる遺言」としての位置づけを備えたものとなりました。

しかも本書は『「悪」の研究』と銘打たれております。その書名は西田幾多郎の『善の研究』を彷彿とさせます。ということは、西田の哲学書と岡田師の神学書とは密接に対応して相互補完的に一体化しつつ今日の私たちの進むべき道を案内してくれているとも理解することができるでしょう。暗い世情と肉親の死に幾度も打ちのめされた西田が苦難のさなかで「善」を求めて生きたように、岡田師も「悪」のはびこる社会のまっただなかで「善」を望んでやまなかったのです。昭和の大ベストセラー『善の研究』は数多くの青年たちの心を駆り立てて新たな時代を創らんと逸らせました。岡田師の遺著もまた令和の青年たちの心を静かに支える励ましとなりますように、と願ってやみません。なおキリスト者として西田哲学の意義を理解し直すためには小野寺功『随想　西田哲学から聖霊神学へ』（春風社、二〇一五年）をも読むべきことを読者に強くお勧めします。岡田師の思索と連続性があります。

ここで、僭越ながら私事を幾つか書かせていただきます。これまで2016年から2019年にかけて阿部は岡田武夫大司教との約四年間にわたる協働作業をとおして「福音宣教」の意義を問い直すとともに①「アレルヤ会主催『みんなで考える日本の福音宣教』ニコラバレ、2018年11月3日」および②「本郷教会主催『みんなで考える日本の福音宣教・続』本郷教会、2019年3月21日」）、「悪」についての講座を二つの小教区（③「鷺沼教会、2018年前期（全三回の阿部の講演、岡田師の協賛）」および④「浦和教会、2018年後期（岡田師と阿部の発題と討議）」）で集中的に行いました［「この世に存在する悪」（全三回、聖書に親しむ会）岡田武夫大司教＋阿部仲麻呂　1．「主の祈りにみる悪」2018年11月17日（土）午後二時から四時半／2．「悪と罪」2018年12月15日（土）／3．「あがないと救い」2019年1月19日（土）］。

その後も様々な小教区で考察を発展させる予定でしたが、2020年は新型コロナウイルスの感染拡大により講座の中断を余儀なくされ、岡田大司教の帰天により計画は途絶し、2021年を迎えたのです。しかし、阿部は岡田大司教の尊い遺志を引き継いで作業を再開し、今後も困難な課題に果敢に挑戦してゆきたいと決意を新たにしています（四年目に入る「悪」をめぐる考察を深めたいからです）。具体的には、２０２１年の前期は東京カトリック神学院の助祭コースにて「神義論」を講じ、夏期にも上智大学神学集中講座にて「神義論」の講義を行います。

さて、本書の成立の経緯に関しても述べておきましょう。２０２１年6月14日に山内継祐社長からメールを拝受しました。6月17日には岡田師の遺稿ファイルを手にしました。そして6月23日に山内社長と打ち合わせを開始することになっています。

6月14日に山内氏から届いたメールの文面を読んでわかったことですが、岡田師は本書の「あとがき」を阿部に託していたのでした。『「悪」の研究』という大著は、まったく予期せぬ、おもいがけない贈りものです。生前17冊ほどの著書を世に送り出した岡田師でしたが（その刊行年順の状況解説の論考を本書の巻末に載せました）、死後もこれまで以上に大きな著書を公刊されるのです。稀有なことです。本書は岡田師の18冊目の本になります。

『創世記』において描かれる「神による世界の創造」とは、「苦難のまっただなかを生きていたイスラエルの民にとっての理想の出来事」として編み出されたイメージであったのかもしれません。苦しみのどん底で生きていたイスラエルの民にとって、生き残る道は神に頼ることだけでした。最悪の状況を「新しい天と地」としての「最善の楽園」にまで変貌させる神が確かにいることを信じてやまないイスラエルの民の不屈の想いを岡田師も共有していたからこそ一貫して「新しい天と地」を待ち望むように読者たちに勧めているのです。

今日の私たちも疫病感染拡大の苦難のなかで生きていますが、そのことによって『創世記』を書いたイスラエルの民と同じ物の観方をすることができるようになるのかもしれません。「神はすべてをよしとされた」という発想が「創世記」において語られている理由は、おそらく、相手に対する、神による徹底的な全肯定あるいは全面的な祝福を強調するためだと言えましょう。これは、バビロン捕囚期のイスラエルの民の壊滅状態（カオス）の際に、彼らが何としても自己を肯定しなければ生きてゆくことが出来ないほどにもがき苦しんでいたからなのでしょう。自分たちの憧れ、つまりかすかな希望を投影する物語をつむぐことで、彼らはかろうじて心の平安を保とうと躍起になっていたのかもしれません。最悪な状況においても決して諦めることがないほどの信念の強さという意味では、イスラエルの民の忍耐強さにかなう民族は他にはいないのです。そして、「決して諦めないで相手を信じつづけて前進するイスラエルの民」の姿勢はキリスト者によっても受け継がれています。

愛する相手との別れ。恋愛の破綻にせよ、死別にせよ、愛する相手との別れは自分自身の人生にとって最も重大な問題です。この生身の痛みからは誰も逃れることができません。この痛みは「苦」そのものであるとともに、自分の人生を崩壊させる「悪」としかおもえないものです。しかし、この痛みを乗り越えなければ、人は生きてゆけません。それでは、いかにして痛みを乗り越えて前進すればよいのでしょうか。この難問は、古来あらゆる人が考えつづけてきたいのちがけの主題です。岡田師も九鬼周造や西田幾多郎の痛みを引き継いで思索を洗練させました（西田は１９４１年に弟子の九鬼に先立たれ悲嘆に暮れて墓碑銘を書きました）。

神学が、神と人間との関係性を問う学問であるかぎり、やはり「愛する相手との別れ」の痛みを乗り越えて前進する方途を考究することを決してないがしろにすることはできません。神と人間もまた、互いに別離の痛みを身に負いながらも、その苦悩の深淵から這い上がるべく生きているのですから。キリスト者の生活において「愛」とは、何よりもまず「神の愛」を指す言葉です。それゆえ、本来的に愛を語ることは神への信頼を抜きにしては不可能なのです。神こそが愛そのものであり、愛を生きる人は神を経験的に理解し始めます。キリスト者は、御父なる神による分け隔てのない愛を信じており、その神の愛を体現してくださったイエス・キリストに倣う生き方を保つことにいのちをかけてきました。そのような道行きには、常に「悪」に打ち勝つ忍耐強い「祈り」と「回心」とが伴っています。キリスト者は、限りない神の愛を理解すべく意識的に不断の努力を積み重ねるのです。

日本の近代および現代は、１８６８年の明治維新以後から今日に至る時期であると言えましょう。この１５３年の間において、キリスト教的文化背景を持つ「愛」という用語がヨーロッパから日本に流入しました。しかし、日本にキリスト教的な「神の愛」という発想が初めて導入されたのは16世紀のフランシスコ・ザビエル以降の宣教師たちによります。当初、敢えて「御大切」という言い回しが用いられていました。「御大切」という言い方では、この世のあらゆる物事よりもまず神を最優先する姿勢が示唆されていたからです。それゆえ、日本の多くの殉教者たちは御父なる神のみむねを第一として生きた御子イエスの十字架上のいのちの捧げの姿に倣ったのです。こうして、キリスト教的な愛とは「十字架におけるイエスのいのちの捧げ尽くしによる万人への徹底的なゆるしと肯定」を身に受けて自らも同様に生きようとする意志的な決断において特徴づけられているのです。「悪」を「善」に転換する神わざとしての独自の仕儀がイエスの十字架上の死の出来事（いのちの捧げ）です。

日本の近現代文学において主題化された愛は総じて「恋」つまり「男女の色恋沙汰」です。そこには常に欲望と自己中心的な態度が伴います。しかしキリスト者が掲げている愛は「ケノーシス」（自己無化＝自己捧与(ほうよ)）であり、常に自分よりも他者を優先する姿勢に貫かれています（フィリピ２・６～８で使徒パウロが「キリスト讃歌」を引用しつつ強調しました）。「ケノーシス」とは、神による人間に対する徹底的な愛の捧げ尽くしのダイナミズムのことです。神は自身を空にしてまで、相手に対して自分のすべてを与え尽くします。自分を一切顧みることなく、相手のことだけを考えて激しい愛情を捧げ尽くすという事態は、とりわけ十字架にかけられたイエス・キリストを通して歴史的に実現します。使徒パウロは初代教会における礼拝実践の伝統のなかに連なる者として、初代教会以来の「キリスト讃歌」を引用して受け継ぐことでイエス・キリストの十字架上の死を「神による人間に対するいのちの捧げ」の事態として自覚し直しました（十字架の神学）。言わば、パウロにおいては、惨めな十字架上のイエスの刑死の姿が異化されて新たなる視座のもとで眺めなおされています（信仰にもとづく新たなる認識）。――「キリスト・イエスがいだいておられたのと同じおもいをいだきなさい。キリストは神の身でありながら、神としてのあり方に固執しようとはせず、かえって自分をむなしくして（＝相手を徹底的に大事にするがゆえに自分をあますところなく捧げ尽くして）、しもべの身となり、人間と同じようになられました。その姿はまさしく人間であり、死に至るまで、しかも十字架の死に至るまで、へりくだって従う者となられました」（フィリピ２・５～８、フランシスコ会聖書研究所訳『聖書』サンパウロ、二〇一三年も参照しました）。

僅か五三歳で逝った、日本の近代を代表する孤高の哲学者九鬼周造の生涯は絶えず揺れ動いていました。二つの極のあわいを。「端正さ」と「くずし」のあわいを遊ぶ思索者、九鬼周造。まったく逆方向の性質が彼の哲学を形成しています。矛盾の緊張関係に耐える強靭な意志は危うい魅力を醸し出すほどに。表面上の自己と真の自己、男女関係、西洋と東洋、身心関係、偶然と必然、日本文化と世界文化、自然と人為、詩と哲学。二つのもののあわいを往還する九鬼周造。彼は知識の伝達だけを目的とするような無機質な文体で哲学書を書きました。つまり、書き手の体験が一切浮かび上がらないほどの形式論理にもとづいて文章を構成したのです。かと思えば、逆に一日中酒をくらい、京都の街を遊び歩きました。

外交官の九鬼隆一と波津の子として生まれ出た周造は絶えず男女の恋愛沙汰に左右されて人生を歩みつづけることとなりました。駐米公使を務めていた隆一のもとで波津は周造を身ごもりますが、慣れない異国暮らしで憔悴しきっていました。隆一は部下の岡倉天心に波津を護衛させて、船で帰国させました。その一ヶ月にわたる長い船旅の際に波津と天心は恋に落ちました。その後も、二人は十数年の逢瀬を重ねつづけました。こうして、生まれ出た後の周造は幼い頃から家に頻繁に出入りしていた天心を父親と思い込むようになりました。実の父である隆一は海外勤務の連続でほとんど家には戻らなかったからです。後日、東京帝国大学に入学した周造は美術史の教員の天心を心底憎んで受講を拒否していますが、独逸各所や巴里に遊学した際に天心の『茶の本』や『東洋の理想』を熟読するにおよんで考えを改めて、天心の天賦の思想的偉大さに脱帽しました。波津と天心の関係はスキャンダルとして世間の顰蹙を買い、隆一は波津を離縁し、天心は日本での名誉と職を失って海外逃亡をはかりました。波津は精神に破綻をきたし、病院に収容されて30年にわたる拘束の末に病死しました。周造は実の父と思想的父のあわいで揺れ動き、幼い頃に憧れた母と家を捨てた女性としての母という二重性のあわいで心を引き裂かれたのです。

しかも九鬼周造自身も恋に破れます。東京帝国大学の同期だった岩下壮一師との友情を温めるうちに、岩下師の妹に恋心をいだいて告白するも振られました。岩下師の妹は修道女になる志をいだいていたからです。言わば、九鬼周造は神に負けました。その後、彼はカトリック神田教会で洗礼を受けて、アッシジのフランシスという洗礼名を選びましたが、それは聖女クララとともに活動した聖フランシスコの清い愛に倣うためだったのかもしれません。1936年8月に『文藝春秋』に掲載された随想「書斎漫筆」の一節を引用することで九鬼周造の述懐を聞きましょう。――「私は聖フランシスの『小さき花』からも青年時代に深い感銘を受けた。…中略…私には『小さき花』に絡んで魂のどこからともなく浮かんでくる連想がある。それは卓抜な学才をもちながらカトリックの司祭になって富士の裾野ちかくライ病院の経営に身を捧げている私の同窓の旧友（岩下壮一）と花のような容姿を惜しげもなく捨てて聖心会の修道女になって黒衣に銀の十字架を下げている彼の妹のことである。こういう清純な記憶が私の頭の片隅か心臓の底かどこかに消えないで残っているのは、私にとって限りもない幸福である」（『九鬼周造全集』第五巻、岩波書店、1981年、47～48頁）。

二元的なるものの「いき」な緊張。九鬼周造は留学先の巴里において、『「いき」の構造』を書き上げました（1926年に着手し、帰国後の1930年に刊行しました）。そこには九鬼独自の哲学思想のエッセンスが詰まっています。「媚態」と「意気地」と「諦念」とが織り成す独特なる前進。それは「いき」な態度です。限りなく相手に接近しつつ（媚態）も、決して安易にくっつかない（意気地）ことで、相手との一線を保って潔く見守りつづける静かなる愛の意志を貫くこと（諦念）。憧れの母のもとへ向かおうとして、恋した彼女とともに生きようとして、どんなに努力しても近づき得ない不条理を引き受けながらも九鬼は人生を決然として生きつづけましたが、その生涯はまさに「いき」なものでした。実現しなかった愛を求めつづける九鬼周造の生き方には、プラトニック・ラブのごとき純粋さが見受けられます。もの哀しさを漂わせながらも、暖かいのです。岡田師も母親を深く慕い、大切な他者への純粋な愛情を人知れず生きた牧者でした。なお、ガンで急逝した九鬼哲学研究者の宮野真生子（まきこ）氏は近代日本の恋愛研究も手がけていましたが、その渾身の思索に岡田師が共鳴したのも「いのち」への飽くなき情熱を人知れず燃やしつづけていたからなのでしょう。

「宣教霊性学」を深めてきた司牧者としての岡田師が「聖書学」や「哲学」の専門家たちと語り合うという「いき」な風情の出来事もまた本書に収録されました。聖書を心底味わって、いのちの尊い輝きを秘めて誇り高くもあらゆる人を活かそうと献身する太田道子氏の迫真の祈りの力量には敬服させられます。そして特定の信仰の立場には立たないという正々堂々とした自力の奥深さを心に湛えつつも宗教者に徹底的に心を開いてやまない白井雅人氏の純心で真実一路を旨とする清新なる生き方もまた魅力的な喜悦を読者に与えます。

岡田師のやまとことばを見直すことから開き出された「宴」としての福音宣教論や「復活」の意義の味わいの日々からの影響を受けた阿部は過去にマイスター・エックハルトの思想や九鬼周造の文藝論や西田幾多郎の哲学やギリシア教父神学を研究していました。今回、奇しくも岡田師の最新の著作からもまた心の琴線に触れる数多くの助言を賜るようで、非常に親近感がわきました。阿部もまた青年期の頃からブッダ、シャンカラ、末木文美士（すえきふみひこ）先生、ペックの著作に親しんできたからです。特に阿部は京都の国際日本文化研究センターで末木先生から長年直接薫陶を受けて研究し、今日も

「未来哲学研究所」の仕事に関与させていただいていますので、学際的な研究の最前線に岡田師を招きたかったと、今にして強くおもう次第です。なお、岡田真美子（真水）先生からもコルモス会議（現代における宗教の役割研究会）の際に御世話になりましたこと（「死者の行方と儀礼」ＡＮＡクラウンプラザホテル京都、二〇一五年十二月二六〜二七日で阿部が基調講演したときに岡田真水先生に司会していただきました）も、本書１７８頁を読んでいて懐かしく想い出しました。

『「悪」の研究』はイエス・キリストを派遣してくださった神への感謝の念に満たされて、聖母マリアの謙虚な姿を黙想しつつ祈りのうちに静かに締め括られています。深い想いをゆっくりと丁寧にかみしめながら、岡田師は祈りのしじまに消え入るようにして私たちに後を託してくださいました。私たちの心の底にもまた岡田師の尊い志がしみこむようにほのかな希望が芽生え、ゆるぎない信頼とともに今日もまた愛情の炎が確かに燃えています。

２０２１年６月18日　恩師の帰天から半年を経て、東京カトリック神学院にて祈りつつ

【筆者略年譜】ペトロ岡田武夫（おかだ・たけお）

1941 年 10 月 24 日	千葉県生まれ
1963 年 12 月 24 日	改宗（上智大学学生会館チャペル）
1973 年 11 月 3 日	司祭叙階
1974 ～ 75 年	船橋教会助任司祭、西千葉教会主任司祭代行
1975 ～ 79 年	ローマ留学
1979 ～ 86 年	柏教会主任司祭
1986 ～ 91 年	日本カトリック宣教研究所所長
1991 年 9 月 16 日	浦和教区司教叙階（～ 2000 年〔第 3 代司教〕）
2000 年 9 月 3 日	東京教区大司教に着座（第 8 代司教）
2013 年 7 月 27 日～ 18 年 6 月	さいたま教区管理者（兼務）
2017 年 10 月 25 日	東京大司教位を引退
2019 ～ 20 年 6 月	本郷教会小教区管理者
2020 年 12 月 18 日午後 1 時 22 分	帰天

生前、筆者はカトリック中央協議会事務局長、日本カトリック司教協議会会長、同副会長、教皇庁諸宗教対話評議会委員、社会福祉法人ぶどうの木 ロゴス点字図書館理事長、公益財団法人東京カリタスの家理事長、日本カトリック神学会会長、日本宣教学会顧問などを務めた。

「悪」の研究　　定価（本体価格 2,000 円＋税）

初版発行　2021 年 9 月 20 日　ISBN 978-4-434-29450-1　C0016

著　者　岡田武夫
監修者　阿部仲麻呂
編　集　諸田遼平
編集協力　米田友義
発行人　山内継祐
発行所　株式会社 フリープレス
112-0014　東京都文京区関口 1-21-15
関越事業所／ 355-0065　埼玉県東松山市岩殿 1103-51
☎ 049-298-8341　Fax 049-298-8342
e-mail　info@freepress.co.jp
印刷所　モリモト印刷 株式会社
販売所　株式会社 星雲社（共同出版社・流通責任出版社）